難得糊塗

房文齋・著

難得糊塗
——鄭板橋傳

自序

許多朋友大概都有著這樣的體會：傾心敬慕著某一個人，不論他是今人還是早已作古的前賢，總是抑止不住要將一腔崇敬之情形諸語言或筆墨。筆者對於鄭板橋先生，正是懷著這種激情。

筆者對板橋先生的崇仰，始於少年時代。早在五十年代中期就讀大學期間，即開始搜集有關板橋先生的資料。無奈，接踵而至的是政治風雲變幻，命運多舛！直到陰霾蕩盡，尊嚴復歸的八十年代，才先後發表過幾篇有關板橋先生的論文。一九八八年，又出版了長篇小說《鄭板橋》。不料，這些鄙陋的文字，竟得到不少行家和讀者的肯定和歡迎。

現在，筆者又把《鄭板橋》的姊妹篇——《難得糊塗——鄭板橋傳》，奉獻到讀者面前。有人或許要問：有了論文所作的理論闡述，再加上一部近五十萬字的長篇小說的藝術描繪，要說的話該說盡了，哪來的如許嘮叨？

這話，聽起來不無道理。

不過，正如筆者在《鄭板橋・後記》中所說的：「板橋先生痌瘝天下，從不謀一己私利的奉獻精神；他那師法造化，矻矻以求的創新精神；那閃耀著民主思想光輝的詩詞文章；那超塵脫俗的機智、幽默和戲謔……一句話，他是一個當之無愧的巨人！」面對這樣一位巨人，決不是幾篇短文，一部長篇所能描摹窮盡的。更不要說在下這支拙筆了。況且，拙作《鄭板橋》篇幅雖長，僅是以板橋先生「坐濰縣」為中心，集中筆墨刻畫他「十載縣令」的撫民賢政、俠膽義腸，以及坎坷際遇，憂樂侘傺。而對他一生中許多富有教益及十分有趣的事蹟與故事，如三歲喪母的淒苦哀憐，青年時代的發憤苦讀，塾師生涯的寂寞憂憤，獨創「六分半書」的嘔心瀝血，以及探索終生、彪炳千秋的蘭竹畫藝，憎愛分明的俠膽義腸，卓然不群的情操風采等等，都不可能作正面細緻的描繪。這部難得糊塗——鄭板橋傳，正是為了彌補這一缺憾而作。筆者乃一介寒士，絕無意借助不朽之人，來傳這速朽之文，討個「文以人傳」的便宜。

近年來，有關板橋先生的故事、傳說、軼聞之類的小冊子，出了不少。其中不乏精彩的構思，解頤的妙筆。但毋庸諱言，大部分作品都有一個通病：過分的溢美和神化。似乎揚善定要隱惡，歌頌必須拔高。不遺餘力的敷粉施彩，反倒把一個性格極其鮮明、感情十分豐富的血肉之軀，捧成了不食人間煙火的神仙、翱翔九天的超人——目的是禮讚，卻走到了出發點的反面！

鄭板橋所擔任的，僅是山東范縣和濰縣[①]兩任地方小吏，不可能作出經天緯地的業績。但他利用七品小吏手中的權力，最大限度地做出了其他人難以做出的貢獻。甚至置削職下獄於不顧，幹了不少超越職權、饜塞眾望的偉績。他是當之無愧的強者與偉人。他還是一個奇人、

[①] 今山東濰坊市。

怪人。但他決不是一個完人。更不像有人描繪的那樣，是一位痛恨一切富豪權貴，體恤一切窮苦百姓的階級論者。鄭板橋是一個人道主義者，所以，他極端同情不幸者；他又是一個人性論者，所以，他痛恨一切貪官汙吏、土豪劣紳；對於那些為吏而廉、為富而仁的人，他還是相當敬重的。說到底，他的思想核心，不過是儒家所倡導的「仁」。而作為封建士大夫中的一員，在他身上仍有著清晰而深刻的封建階級烙印。他的私生活也不無瑕疵。這一切，拙作不但沒有迴避，有的還做了正面描寫，力求描繪出真實可信的「這一個」。

需要說明的是：筆者絕無意附庸名家風雅。不過，動筆之初，確也遇到了魯迅先生當年為阿Q「立言」時，所遇到的「正名」問題。本書的素材，大部得之於嚴肅的考證和史實的勾沉。但仍不是一部可入正史的「本傳」，因為仍有少數篇章取材於野史記載或民間傳聞；加之，為了故事的生動完整，免不了來一些「合理的想像」和細節的虛構，更加背離了立傳的規範。因此，稱之為「外傳」，庶幾乎名實相符。

本書的故事，許多都與板橋先生的詩詞、楹聯或打油詩有著密切的聯繫。除了打油詩外，所有引用的詩詞，都是先生的原作，由於版本的不同，可能會有出入，但總的筆者未敢妄改。這也是需要說明的。

目次

一往情深古板橋

揚州八怪中，有一位被譽為詩書畫「三絕」的大才子，他就是蜚聲海內外的鄭板橋先生。

板橋，姓鄭名燮，字克柔。生於清康熙三十二年（癸酉）（西元一六九三年），十月二十五日。他的名字，是出生不久祖父給取的。「燮」字的本意是「調和，和順」。老人家分明希望孫兒長大後，做一個性情柔和、馴順隨俗的人。板橋的父親鄭立庵卻認為，男子漢都像自己似的，生來性格柔順，缺少剛烈之氣，活在世上易受人欺。於是，便給兒子取字「克柔」。希望兒子長大成人，克制柔順，做個剛直不阿的偉男子。跟名字比較起來，鄭板橋更喜歡父親給取的「字」。中了秀才之後，他開始賣畫補貼家用，便常常在名字之前署上「板橋」二字。從此，人們都直呼他「鄭板橋」。時間久了，他的本名反被許多人忽略了。

自古以來，我國的文人學士，就有以出生地，或出仕地做別號的習慣。鄭燮的故居附近就有一座古板橋。一般人都認為，他取號「板橋」，是對前人雅癖的模仿。殊不知，他之所以鍾情古板橋，內中有一段與那木板橋緊密相連的幽情衷曲。

鄭板橋是江蘇省揚州府興化縣人。那裡東瀕黃海，北臨淮河，地處裡下河腹地。境內河港縱橫，湖泊棋布，風光優美，地靈人傑。建於春秋時代的古縣城，更是名勝眾多，文人薈萃。北門外有著名的鸚鵡橋。那裡虹橋凌波，華亭擁翠，風光十分宜人。城東南角的文峰古塔，七級八角，寶頂飛簷。風搖簷角鐵鈴，叮叮咚咚，悠揚悅耳，使人頓生思古之幽情。城南的才子花洲，更是遠近聞名的勝跡；綠水浩淼，芳洲堆秀，綠荷紅花，柳浪鶯啼。花洲中央的白玉台基上，高高聳立著一座「四牌樓」，紅柱碧瓦，彩繪耀金。牌樓四面掛滿了各種色彩、大小不等的匾額。凡屬興化境內，歷代有成就的文入學士，興化人都給他掛一塊匾，以志其詩德文功。鑒於鄭板橋在詩書畫方面的傑出貢獻，人們竟破例地給他奉獻上兩塊金匾：一塊是鎦金正楷「文步七子」，另一塊是陰文漢隸「中原才子」。譽他是緊步「建安七子」後塵的中原大才子——崇敬之誠篤，前所未有。

鄭板橋的家，住在縣城東門外偏南不遠處。站在鄭家大門口，仰看文峰古塔，俯臨迷人的才子花洲，可謂占盡了地利。板橋成年後，曾撰寫過一副對聯，懸在自家堂屋北壁上，讚頌家鄉環境之幽美。寫的是：

東臨文峰古塔，
西近才子花洲。

可是，鄭板橋無視這些聞名的勝跡，卻將一座小小的木板橋，作了自己的名號！

這木板橋，不知建於何代，坐落在鄭家東面不過一箭之地。因為年代久遠，人們習慣稱它「古板橋」。木橋長不過兩丈，寬不過五尺，低欄圍護，橋面微拱。橋身泛著灰白色，已辨不出是什麼木質。橋下一條小溪，自北向南潺湲流過，岸邊長滿茂密的蘆葦，常有一群鴨子聒噪著在水中嬉戲、覓食，此外並無引入的風光。莫非是因為鄭板橋童年時代常在木橋畔撈魚捉蟹，打鬧戲水，這裡凝結著他的童年歡樂，所以才一往情深？據說板橋童年時代，最愛玩的地方，並不是古板橋，而是才子花洲。殊不知，他之所以特別鍾情古板橋，內中有著一段鮮為人知的初戀故事。

板橋有一個表姐，姓王名喚雲蕙，是一位姑父的長女，長板橋一歲，因家中生活拮据，常住外婆家。小雲蕙心靈手巧，女紅針黹一學就精。但她厭惡縫衣繡花，動不動停下手中的活計，側耳細聽學塾裡傳來的讀書聲。有時索性躲到學屋的後窗下靜聽，一待就是半個時辰。靠著偷聽，她竟把《三字經》、《百家姓》、《千字文》等開蒙讀本，背得滾瓜爛熟。惹得外婆常常罵她「心野、不習正」。這事被當塾師的舅父立庵先生知道了，便說：「莫難為人家孩子，愛念書，總比拿針弄剪更能知事明理，索性就讓她到我的學屋去念書吧。」從此以後，小雲蕙便成了學塾中唯一的女學生。

立庵先生的教館，設在自己家裡。將五間堂屋的東頭，用一道短牆隔開，做了教室。近二十名從開蒙到快讀完「六經」的學生，擠在兩間小屋裡。遲來的小雲蕙已無處安放書桌，便和小自己一歲的表弟板橋，擠在一張二屜桌上。十五歲的雲蕙念書分外聰穎，不到半年工夫，便熟讀了「四書」，要求舅父開講《詩經》。課餘，她向板橋學習作詩、填詞，很快便能寫出韻律對仗頗為工整的詩篇。立意雖然透著稚嫩，卻常有脫俗的妙語，使板橋又驚訝，又興奮，於是對表姐的指導更加細緻耐心。

不知從什麼時候開始，板橋漸漸發現，表姐不但念書極其聰明，吟詩的聲音也是無比悅耳動聽。她研墨時高高翹起的小手指，竟像白玉雕成一般，晶瑩、柔嫩。尤其她寫詩作文時，筆管抵著鼻尖沉思時的神情，更使他百看不厭。那長睫毛後面忽閃忽閃的大眼睛，每當瞥他一眼，他都覺得兩頰燥熱，心房在不住地顫動……

雲蕙求知心切。散學後，她常常把表弟拉到西廂房，掩上門，逼他給「正書」，「改詩」。板橋怕表姐累壞了身體，不斷約她在花叢旁下圍棋，有時順手摘一朵花，插上她的鬢角。她總是一面嬌嗔地嫣然一笑，一面伸手把花扶正。有時，下著下著，板橋故意偷吃她幾枚子兒，惹她生氣；常常氣得她伸出柔軟的手指，扯拽表弟的耳朵。板橋假裝敵不過，雙手抱頭，任她擰耳朵，捏鼻子……

暑往寒來，轉眼到了年關。表姐要回家過年了。頭天晚上，板橋約表姐在掌燈後，到古板橋上「說句話」。雲蕙順從地按時來到橋上。她斜倚著欄杆，兩手搓弄著辮梢兒，一會兒抬頭瞟表弟一眼，一會兒低頭凝視著橋面的積雪，一言不發。板橋兩腳替換著，輕輕踢著雪；許久，許久，仍然不知該從哪裡開口。

「冷嗎，表姐？」他終於打破了沉默。

「不。」答話聲音很低。

「明天，一定要走嗎？」

「嗯哪。」

「讓我搖船送你回去——好嗎？」他望著她的臉懇求。

「謝表弟。我爹進城辦年貨，順路接我回去。」

「明年還來？」

「當然來！」她興奮地回答。

「早一些來，行嗎？」

「咋不行！」

橋橋突然伸出兩手將雲蕙的雙手緊緊握住：「多謝表姐！」

「謝——我？」她分明吃驚了；抬起頭，兩眼望著表弟，似在自語。

「是的，是的——表姐。」他的一雙手握得更緊了……

「為什麼？」

「我……不知道……」

第二天，板橋站在古板橋上為表姐送行。他目不轉睛地望著表姐在家人的攙扶下登上小舟。表姐向橋上回望了好幾次，似乎啟齒說了句什麼，但他沒聽到。直到小舟早已隱人天際的蘆葦叢中，仍像木雕似的站在那裡，過了許久、許久……

新年過去了。元宵節過去了。眼看來到清明節，卻是望眼欲穿，遲遲不見雲蕙表姐的蹤影。酷愛杜詩、蘇詞的鄭板橋，整天無精打采，不斷吟詠唐代詩人劉禹錫的一首詩：「春江一曲柳千條，二十年前舊板橋。曾與美人橋上別，恨無消息到今朝。」他覺得，詩人早在一千年前抒發的惋惜惆悵之情，正是眼下自己心情的寫照。

「但願當初古板橋上的握別，不致成為『二十年』後『恨無消息』的痛憾！」板橋在心裡反覆地祈禱著，兩行熱淚悄然爬上他瘦削的雙頰。

不料，端陽節過後不久，便得到雲蕙已經出嫁的消息！

一連許多天，板橋像丟了魂兒，中了魔。每晚跑到古板橋上，站到與雲蕙握別的位置，仰望著灰暗的天空，摩挲著冰冷的橋欄，一再默念劉禹錫的詩句；直到夜深，仍不願離開。

三年後，板橋到姑父家探親，終於見到了已經做了媽媽的雲蕙表姐。當時，他正在庭院中漫步，忽見雲蕙表姐從側門走進來。頃刻之間，萬種思緒，湧上心頭。他正想迴避，不料，表姐卻高聲喊著「表弟」，快步走上前來。來到他面前，她忽然斂住笑容，猶疑了一下；然後深深地福了一福，輕輕地問了一聲「表弟好」，又急忙轉身低頭走了。直到板橋告別，她再未露面。在回家的路上，無恨惆悵的板橋，無精打采地搖著船，望著滔滔的逝水，吟成了一首新詞——《踏莎行．無題》：

中表姻親，詩文情愫，十年幼小嬌相護。不須燕子引入行，畫堂得到重重戶。

顛倒思量，朦朧劫數，藕絲不斷蓮心苦。分明一見怕銷魂，卻愁不到銷魂處。

回到家，板橋沒有吃晚飯，回到臥室兼書房的西廂，一頭扎到床板上，呆呆地躺了許久。他忽然爬起來，俯到桌上，又寫下一首《美人．無題》：

盈盈十五人兒小，慣是將人惱。撩她花下去圍棋，故意推她勁敵讓他欺。
而今春去花枝老，別館斜陽早。還將舊態作嬌癡，也要數番憐惜憶當時。

古板橋上，失落下鄭板橋一個朦朧而苦澀的夢！難怪他不但要以「板橋」為號，而且對古板橋也是一往情深，始終不渝！

到了乾隆中期，板橋見木板橋日漸頹敗，便帶頭捐款重建石橋；並工整地寫了「古板橋」三字，請人刻成一塊漢白玉碑，嵌在橋欄中央。等到他成名之後，許多當年鄙視過他的人前來求畫，他不但嚴詞拒絕，還將自刻的一方「二十年前舊板橋」印章出示，以譏諷勢利鬼們的前倨後恭。

不幸，十年浩劫期間，古板橋也受到早已作古的鄭板橋的株連。不但一代詩書畫「三絕大家」，成了「牛鬼蛇神」，被批倒批臭；他的遺骨也在劫難逃——被毀墳曝骨！濟世渡人千百年的古板橋，也成了「四舊」；一夜之間，石橋被砸毀，小溪被填平，修成了一條「革命的新路」。多虧一位有心人，趁月暗天黑，將鐫著板橋手跡的石碑抱出來，偷偷掩埋了。今天，人們才能夠在興化縣板橋故居，瞻仰到鄭板橋寶貴的手跡。那描繪著一腔少年之戀的《踏莎行‧無題》和《虞美人‧無題》詞，我們也幸運地可以在板橋的文集中讀到。

鄭板橋一生，大智，大勇，大奇，大怪；視民如傷，嫉惡如仇。酷似他無比摯愛的古板橋，巍然屹立，風雨不動。將驚濤駭浪踏在腳下，敞開寬闊的胸膛濟世渡人，使浩浩行人，安然渡河，如履平地。但他卻始終不能感動上帝，終生與困厄、不幸結伴。

他出生不久，便痛失生母，成了可憐的三歲孤兒……

平生負恩獨乳母

「媽媽，媽媽——我要吃奶！」

小板橋雙膝跪在母親身邊，扠開兩手搖晃著母親胸膛。喊了許久，病入沉疴的母親，仍然像睡著一般，雙眼緊閉，一動不動。饑餓的孩子，索性伸手掀開母親的藍衫，露出了乾癟的雙乳，孩子雙手捧住一隻，俯身用力地吮吸起來……

「哇——」母親的乳房是空的。孩子吸了許久，並未吮到一滴奶水，便鬆開乳頭，咧開嘴大哭起來。

正在灶下給妻燒蛋湯的鄭立庵，聽到兒子的哭聲有些異樣，急忙奔進臥室。只見兒子在仰頭大哭，妻子汪氏仍一動不動地仰睡在那裡。他俯身推推妻子，喊著兒子的乳名說道：「丫頭餓了，快給他餵餵奶！聽見了沒有？你醒一醒，醒一醒呀！」

汪氏甦醒過來了。剛才，她暈了過去。她緩緩睜開雙眼，呆滯的目光久久地停留在兒子的臉上。她的嘴唇翕動著，彷彿要開口說話。孩子止住哭泣，再次俯到媽媽的胸膛上。

「媽媽，我要吃奶——」

「媽媽——再也不能——餵你——奶了」，汪氏的聲音微弱，一面吃力地抬起右手，撫摸著孩子消瘦的脊背，兩眼呆呆地注視著孩子，豆大的淚珠，從雙眼中滾落下來。她的目光又從孩子身上緩緩移到丈夫臉上：「你要——照顧好——咱們的——兒子——我再也不能……」

突然，她的頭垂了下去……

「媽媽，我要吃奶嘛！」孩子仍然抱著媽媽哭喊。

鄭立庵一手接過孩子，一手拍床慟哭：「ㄚ頭媽！你不能去！你看：三歲的孩子，這個家——叫我怎麼過呀？」

汪氏再也沒有醒過來。她正當盛年，卻遺下孤兒和丈夫，帶著饑寒、操勞和一腔深情，滿腹依戀，痛苦地去了！永遠地去了！此時，小板橋剛剛三虛歲。

由於家中生活拮据，原本就身體瘦弱的汪氏，經不住生活的重壓。兒子麻ㄚ頭一出世，她就得了咳喘之症。夜間常常咳得上氣不接下氣，一陣長咳之後，只能將頭抵在枕頭上，不住地喘息；近來又大口咯血。正是這肺癆病奪去了她的生命。

鄭立庵先生差一點病倒。他哪裡經受得住痛失端莊聰慧的愛妻的打擊喲！更使他為難的是，無法安置嗷嗷待哺的三歲孤兒！身為塾師，他總不能將孩子帶到學屋裡去呀。為了孩子，他只有續弦。但是，那得花錢呀！可錢又到哪裡去籌措呢？鄭立庵抱著哭喊著要奶吃的孩兒，仰首長天，聲聲歎息。遇到困厄，讀書人更顯得慌亂無計。

「大先生，小哥就交給我啦。」背後伸過來一雙粗糙的大手，將孩子從立庵懷中接了過去。

抱孩子的，是一位三十多歲的中年婦女，姓費，當年曾是板橋祖母的使女。鄭家家道式微後，她嫁了人，但依然時時關心著鄭家。她剛剛幫助料理完汪氏的喪事，便作出了撫育孤兒的決定。

板橋曾祖一代，家境較好。當時有地三百餘畝。祖父鄭湜，曾做過幾任儒官。有一次，在與官吏宴集時，忽然刮來一陣大旋風。一時間飛沙走石，赤日無光。大風過後，有人提議，以「颶風」為題，每人賦詩一首。鄭湜才思敏捷，略加思索，便隨口吟道：

山驚水激萬木嘯，
掀天揭地來重霄。
漫道日燁遮不住，
萬丈黃龍氣正豪！

剛剛吟完，鄭湜便見在座的幾位官吏，一齊變了臉。這分明表示，他吟的詩出了漏子。他一時不解，仔細一想，額頭立即掛滿了汗珠子。天哪，當今萬歲爺康熙皇帝，名叫玄燁！萬歲爺的名字尚且要避諱，何況吟出「日燁」被「遮」，連遮住太陽光輝的「黃龍」，也大加讚頌！如此犯上之舉，跟「謀反」何異？至少是滅族之罪呀！如今文字獄正熾，這一來，不但自家性命難保，只怕連鄭氏九族也要橫遭刀斧之禍了……

鄭湜驚得目瞪口呆，木棍似地站在那裡，一時不知該說什麼，更不知該怎樣加以掩飾。

這時，在座的一位摯友，站起來叫著鄭湜的表字，高聲笑道：「清之兄，不愧才高八斗，這『漫道玉葉折不得，萬丈黃風氣正豪』兩句，既抒發了惜春之情，又諷刺了驕風之癲狂，真乃即景即情，貼題入理之至！妙哉，妙哉！看來，在下只有狗尾續貂了。」說罷，他也吟出了一首詩。精明的朋友將「日燁遮」，改為「玉葉折」，「黃龍」改為「黃風」；聲音相去不遠，詩的原意卻完全改變了。加之，鄭湜只是口吟，並未寫在紙上。白紙黑字，眼見是實，耳聽為虛。況且人們也會聽錯嘛。經過朋友這樣一番巧妙的掩飾，在座客人的注意力，便都被引回到了飲酒賦詩上，似乎再也無人留意「日燁」和「黃龍」的事。但是，鄭湜的一顆心始終懸在嗓子眼裡。他自信，平生為人惇厚，從不樹敵，座中確無與自己有嫌隙過不去的仇人。但利令智昏，焉知沒有貪利之徒，暗暗將此事稟報上去，邀功請賞？他的朋友也同樣為他擔心。為了消弭後患，酒宴後，鄭湜只得賣掉大部家產，買回珍珠、瑪瑙、貓兒眼等各種珍寶，一一給同席的人，登門奉敬了「薄儀」，總算避過一場滅族大禍。但是，薄儀雖然堵住了知情人的嘴，他的家產卻三停去了二停多。後悔加上懊喪，不久，鄭湜便鬱鬱死去。從此以後，鄭家便走了下坡路。

僕人先後被打發走。祖母也給使女費姑娘找了個合適的人家，嫁了出去。如今費氏已經做了孩子的媽媽了……

「費姐，你的境況也不佳呀！況且，還有侄兒……」鄭立庵伸手要抱回孩子。

「大先生放心。有我孩子的吃穿，就有小哥的。要是走了樣兒，對不起疼惜我的鄭家兩代人！」費氏態度堅決，沒有商量的餘地。

就這樣，鄭立庵眼淚汪汪地瞅著費氏將孤兒領走了。

使女出身的費氏，雖然身體健壯，但一個人的奶水，畢竟餵不飽兩個嗷嗷待哺的孩子。費氏的兒子比板橋小五個月，此時正處餵奶期。她見小板橋身體比自己的孩子瘦弱，總是先讓板橋吮飽，然後才把癟下去的乳頭，放進自己兒子的口中。看著親娘的乳頭，先往別人嘴裡送，幼小的兒子總是爬過來，用力地往外推小板橋。

「阿牛懂事——先讓鄭哥吃啊！」費氏摟過自己的兒子，輕輕拍著。孩子咧開嘴哭了。她只得抱著板橋到一邊兒去餵奶。等到板橋吃飽，已經沒有多少奶水留給自己的兒子。費氏無法，狠狠心，硬是給兒子斷了奶。費氏不但對小板橋照顧得無微不至，每天還要背上孤兒來到鄭家，幫立庵打水備柴，拆洗縫補；但到了吃飯的時候，卻從不留下。

不久，在朋友的資助下，鄭立庵續娶了郝夫人。自己有了繼室，不能再讓兒子拖累旁人。他幾次跟費氏商議，要將板橋接回，但費氏執意不允。

「大先生雖有了家室，但太太並無奶水餵孩子呀——小哥還得留在我這裡！」

鄭立庵的聲音有些顫抖：「費姐，丫頭已經滿四周歲了，也該斷奶了。為了讓丫頭吃奶，你讓阿牛斷了奶……」

「咦，阿牛跟小哥不一樣，是條小牛犢。看，小哥這身子，」她指指坐在自己腿上的板橋，「能忍心讓他一起跟大人吃糙米？」

盛情難卻，鄭立庵只得繼續把兒子交給費氏撫養。費家凡是有了好吃的東西，鮮魚呀，瓜果呀，總是先讓小板橋吃，剩下的才自家人享用。小板橋漸漸大了起來，到了斷奶的年齡，但他不喜歡吃興化家家都吃的白米飯，卻喜歡吃那烤得黃蠟蠟、香噴噴的燒餅。五六歲的大孩子，每天早晨，乳母總是背著他，越過古板橋，穿過竹竿巷，去到東市上，花一個大銅板買回一個燒餅塞在板橋手裡。看見小板橋大口地吃著，她才興沖沖地回家忙早餐。天天如此，從不間斷。她不但不向鄭立庵索取一文錢，也不讓立庵先生知道兒子的喜好。板橋的一舉一動、一喜一悲，處處牽著乳母的心。看到孩子歡天喜地的玩耍，她那過早爬上皺紋的眼角，總是浮著笑容。一旦孩子不悅或哭鬧，她就憂傷得連飯都吃不下。

不料，興化遇到了大旱。費家人多田少，漸漸難以支持。費氏和丈夫不得不外出謀生，直到這時．板橋的父親才把兒子領回家，交給繼室郝氏撫養。

大饑之年，鄭家同樣陷入吃上頓無下頓的困難境地。家中的米已經不多了，可是，立庵先生的束脩還遙遙無期。善於持家的郝氏，只得細水長流，一天的口糧三天吃。每餐每人只吃半碗飯。板橋碗裡的飯，雖然和大人一樣多，可在乳母家養成了事事佔先的習慣，一旦不偏他，便嫌飯少，常常哭喊著，撲倒在地上打滾兒。直到繼母把自己的飯倒進他的碗裡，給他脫下沾滿汙泥的髒衣服，空著肚子，到河邊洗刷去了，他才止住哭泣，端碗吃飯。

立庵先生對兒子的「霸道行徑」很生氣，常常加以呵斥。可是，不但郝氏總是擋在前面加以阻止，他的堂弟鄭省庵也跑來護持侄兒。省庵見堂兄怒髮衝冠的樣子，怕侄兒吃虧，急忙將歪頭噘嘴的小霸王領回自己家裡，一住就是幾天，不讓回去。他白天和小侄兒一起吃，晚上摟著侄兒睡在一個被窩裡。小板橋有尿床的習慣，常常在半夜三更，撅起「小雞雞」朝叔父澆去。尿完了，就將叔父擠到濕漉漉的尿窩裡，自己睡在乾處，叔父不但不生氣，總是哈哈笑道：

「呵，『小雞雞』又吐水了！怨阿叔沒叫醒你放水。哈——」

三年後，乳母費氏又從外鄉歸來，雖然立庵再也不答應小板橋去「拖累費姐」，但費氏仍一如既往，每天都要到鄭家幫助郝氏料理家務，照料板橋的生活。不幸，板橋十四歲那年，溫柔善良的繼母因病去世，費氏又把照顧板橋祖母和小板橋的擔子，一人挑了起來。直到板橋到外地教書賣畫，數十年如一日，從不改變。板橋在外面謀生，也總是擠時間返回老家看望乳母，儘量帶些乳母喜歡吃的東西，孝敬老人。

後來，乳母費氏的兒子，在京城做了江防大員的駐京師傳令官，一個被稱之為「操江提塘」的八品命官。多次要接一生困苦的生母赴京師養老享福。但因捨不得小板橋和他的祖母，費氏仍斷然加以拒絕。

板橋四十四歲那年，去北京赴禮部會試，進士及第。返回興化的當天，便去拜見乳母。一聽板橋高中，古稀老人樂得像三歲娃娃似的，拍著兩手又笑又喊：

「好，好！小哥成了名，我的兒子也做了八品官——老身該歡歡喜喜閉眼了！」

「乳母是應該高興呢。」板橋上前攙扶著老人：「老人家快到我家喝喜酒去！」

家宴設在鄭家堂屋。此時，板橋的祖母早已去世，費氏便被請到上席，板橋堂叔省庵和父親立庵分坐在左右兩邊。他自己則和堂弟鄭墨在下首相陪。

喜事臨門，親人團聚。既是在為黃榜進士賀喜，也是在慶賀鄭費兩家的三代友誼。席上，互相敬酒，笑語不斷。費氏更是歡喜得不知怎麼好。她眼含激動的熱淚，一會兒數落「小哥」童年那些淘氣的「稀罕事」；一會兒誇「小哥好天分，鄭家福大」從來沒喝過酒的人，一杯接一杯，接連喝乾了鄭家兩代人敬上的紹興名酒「狀元紅」……

酒筵一直進行到夜深。深情的費氏不但毫無醉態，而且談笑的興致依然很濃。板橋怕累著老人，親自和鄭墨攙扶著，將古稀老人送回家去。直到老人睡下了，他們才返回。

板橋平生得到過很多人的恩惠，但最使他銘刻於心的，卻是乳母的深情厚恩。特別當他已是兩女一男的父親時，家中仍是「寒無絮絡饑無糜」。不但每天早晨沒有燒餅給兒女吃，孩子餓了啼哭幾聲，他動不動抓起竹篾抽打。打著，打著，手軟了，扔下竹篾，躲到一旁暗暗流淚。無奈何，只得勸孩子們遲起床，以抵禦早晨的饑餓。想到這一切，更感到乳母恩重如山。所以，總想重重加以報答。誰知功名遲至，縱有報效之心，卻無報效之力。如今兩鬢生霜，總算功名到手，窮愁盡洗，終於到了報恩的時候了。

可是，正當他忙著祭祖宗，迎酬賀喜的親友，卻傳來了噩耗——費氏乳母去世！她享年七十六歲，無疾而終。

「黃泉路遙，鄭燮報恩無日了呵！」

撫著費氏的靈床，板橋哭暈過去……

殯葬了費氏，心頭的痛苦、惋惜，久久不能平復。板橋流著淚，吟成了一首《乳母詩》，以表達他的痛惜和感恩之情：

平生所負恩，不獨一乳母。
長恨富貴遲，遂令慚恧久。

黃泉路迂闊，白髮人老醜。
食祿千萬鍾，不如餅在手。

「平生所負恩，不獨一乳母。……食祿千萬鍾，不如餅在手！」乳母的恩澤，板橋看得比俸祿還重，刻骨銘心，終生難忘。常以富貴遲至，報恩無期而慚愧不止。費氏那種先人後己的犧牲精神，不但使年幼的板橋避免了凍餒之苦，還給板橋一種優秀的品德影響。板橋小小年紀便堅毅勇敢、勤奮穎悟，不能不說是得益於費氏從小所給予的良好影響。這就不僅是餅餌之恩了。

難怪，就連板橋父親立庵先生，對兒子幼年的許多「旁門左道」，都自歎弗如，暗誇「麻丫頭果然聰悟！」

堅毅穎悟麻丫頭

鄭板橋幼年，由於家境貧寒，營養不良，長得身材矮小，比同齡孩子矮了足有半個頭。瘦削的雙肩，細細的脖頸，腦袋似乎過分大了些，黑瘦的臉上，一雙眼睛顯得又大又亮。板橋上無兄，下無弟，是個獨生子。父親怕這棵獨根苗苗「不好養」，給他起了個奇怪的乳名——丫頭。乍一聽，都會認為板橋是個女孩子呢。

揚州鄉下風俗，給男孩取個不倫不類甚至女孩的名字，像石頭、瓦塊、狗蛋、牛崽、丫頭之類，不但會使閻王爺聞而生厭，不屑於來「勾魂」；而且「一咒十年旺」，孩子終日被「狗蛋」、「牛崽」地咒著，哪有不旺之理？所以取個賤名的孩子，命根子反倒能像牛腿、石頭那樣「壯」起來，十之八九能夠「長命百歲」。小板橋六歲那年，生了一場天花。性命保住了，臉上卻留下了幾顆淺細麻子。結果，在「丫頭」之上，又添了一個「麻」字。他的名字從此成了「麻丫頭」。

麻丫頭自小聰明伶俐，知道用功讀書，在同齡學生中，不但寫詩作文總勝他們幾籌，就是斷事論理，也常常與眾不同。

板橋十歲那年，有一天，一個叫宋四的同鄉，要將一部風車賣給本族鄭五。兩人搖船來到鄭家，向作塾師的鄭立庵先生「借字」——寫一張賣契。立庵先生慨然應允，立刻命兒子麻丫頭研墨，一面仔細詢問賣方姓名，賣風車的原因，風車的質量，交貨的日期等。麻丫頭研好了墨，立庵先生便鋪開了一張桑皮紙，揮筆寫了起來。他洋洋灑灑地寫了兩百多字，一張桑皮紙寫滿了大半，賣契尚未寫完。這時，在一旁觀看的麻丫頭，「噗哧」一聲，笑了起來。

「你笑啥？」立庵不解地望著兒子。

麻丫頭胸有成竹地答道：「我笑阿爹學究——寫一張賣風車的契紙，焉用這大塊文章！」

「傻丫頭，你懂什麼！」父親板著面孔教訓起來：「寫契不是兒戲，豈可馬虎？要對買賣兩家負責——不將必要事項寫個一清二楚，往後出了糾紛，我這『借字人』，於心有愧呀！懂嗎？」

「當然要寫清楚。我是說，用不著長篇大論。」

「字少了，焉能寫清楚？」

「怎麼不能？依我說只用二十個字，就能把該寫的事項，寫得一清二楚！」

「小子口出狂言，不怕鄉親們見笑！」父親分明生氣了。

「阿爹不信就算了。」麻丫頭轉身就走。

「慢著！」立庵先生喊住兒子，語氣溫和下來：「你就說說看。」

麻丫頭轉過身來，認真唸道：「宋四舊風車，賣與鄭五家；搖起扇幾扇，一點也不差——阿爹，這不都清楚了？」

立庵先生一聽，半晌無語，然後緩緩點頭道：「唔，這二十個字嘛，不但點明了買賣雙方，『搖起扇幾扇，一點也不差』——連風車的質量也寫得十分了然。哼，算讓你蒙對了！」

這時候，在一旁的宋四和鄭五一齊拍手道：「鄭先生，您就照小哥的詞兒寫吧。俺們覺得挺明白踏實呢！」

立庵先生搖搖頭，笑道：「也罷，麻丫頭，這契就由你來寫吧。」

麻丫頭並不相讓，接過筆，另取過一張紙，三下五除二，就寫好了。將宋四和鄭五歡歡喜喜地打發走了。

鄭立庵心裡為兒子的聰明高興，嘴上卻教訓兒子道：「丫頭，記住：心計要用在讀書上，一門子耍小機靈，爾後準無大出息。」

麻丫頭斜瞥阿爹一眼，沒再吭聲。

想不到，過了不久，麻丫頭的「小機靈」竟幫助父親渡過了一次難關。

立庵先生是一位教私館的塾師，靠一點微薄的束脩，實在難以養家糊口。他不得不常常向東門裡興隆米店借點米，以為斷炊之繼。日積月累，米錢竟超過了十吊。興化舊俗，債不隔年。自從喝了臘八粥，興隆米店的二掌櫃，幾乎隔幾天便來催一遍。每次來催債，立庵先生都是打恭作揖再三懇求：「貴號諒情，再緩幾天，小人務必想法子還債。」這話，一次兩次還能敷衍，回數多了，任憑立庵先生磨破了嘴皮子，人家還是吹鬍子瞪眼，不肯離去。立庵先生沒了招兒，只得溜到城東一位親戚家躲藏起來，再不敢跟討債人照面。

到了臘月廿九這天，米店二掌櫃又來了。他擂得鄭家大門咚咚響，嘴裡還不住地大聲潑罵。「混蛋，無賴」連成串兒，腳板踢得門框咚咚響。板橋父親早已外出躲債，不到除夕夜不敢回來。繼母郝夫人躲在屋角啼哭，不敢出去開門。小板橋一時想不出，該如何止住門外的叫罵，打發走撕破面皮的討債鬼，急得屋裡走到屋外。過了好一陣子，忽然，他跑到西書房，摸過一張紙頭，草草寫了幾行字，拿著走了出去。他猛地敞開大門，一手扠腰，一手將紙條遞給二掌櫃，兩眼盯著對方，一言不發。二掌櫃接過紙條兒一看，寫的是一首打油詩：

小小十吊錢，
何必傷臉面？
容情好還債，
惡逼拿命還！

二掌櫃正想臭罵一頓，低頭看看雙手扠腰、怒目而視的麻丫頭，不由得忍了下去。轉念一想，鄭家乃是書香門弟，並不是故意賴帳的人家。眼下雖是榨不出油的癟芝麻，以後總短不了十吊錢。況且，儘管鄭立庵老頭是塊好捏的麵團兒，但綿羊逼在旮旯裡也能牴人。萬一逼迫太甚，狗急跳牆，露出窮骨頭來刺人；甚至給櫃上一個難防的暗虧吃，那時就成了咱惹的禍，吃不了還要兜著走！不如再寬限一步，一來送個人情，二來免得東家吃虧，自己也用不著擔意外的風險——一舉三得。想到這裡，他冷笑幾聲說道：「麻小子，告訴你爹：看在鄉里鄉親的分上，讓你們過個安樂年。這債，今年不討了。過了年，乖乖送到櫃上去，別讓爺們跑斷腿！倘使吃紅肉拉白屎，忘了今天的情分，別怪爺們帶人來揭鍋，砸門！」說罷，二掌櫃搖晃著禿腦袋走了。

望著討債人遠去的背影，兩行熱淚，滾下了小麻丫頭的臉頰……

逼債人走了之後，郝氏立刻命板橋到鄉下叫回躲債的父親。立庵先生並不相信，一個十歲孩子寫上一張字條兒，會將逼債人乖乖打發走；甘心讓「當年現帳」，變成「隔年陳帳」。命兒子前頭先行回家，自己在外面直磨蹭到暮色蒼茫，才溜進家門。仔細一聽，妻子的敘述與兒子說的一般無異，這才放下心來。他坐在床邊的方杌子上，喝著妻子遞上的熱湯，自語似地說道：

「呵，巧寫風車賣契，倒還容易。可一紙短箋，區區二十個字，竟使逼債人情願歸去，實非易事！咳，果然有智不在年高！老夫枉活到知天命之年，竟想不出這等簡便法子。不知滿腹經綸，都躲到哪裡去啦？」

「唉，還是麻丫頭的『針線』妙哇！」妻子含著眼淚，笑著補了一句。

過了好一陣子，立庵先生繼續說道：「不過，人生在世，處事待人，應時刻存忠厚、去澆薄。似丫頭這種金剛怒目、鋒芒畢露之舉，分明有失忠恕之道！」他扭頭向兒子語氣嚴肅地教訓道：「麻丫頭，我的話，你要牢記！」

「哼！他吹鬍子瞪眼睛，狼嗥獅吼一般，不仁不義。我們怎麼跟他做笑臉？」板橋心裡不服，但沒敢直說出來。望著父親威嚴的目光，他只是輕輕點了點頭。

立庵認為兒子接受了教誨，高興地說道：「丫頭記住：只要去澆存厚，不讓小聰明分心，把精神全部用到讀書上，囊螢映雪、懸樑刺股，苦熬十年寒窗，奪回份功名頂戴，不但再也不會有人來我家門前催討，我們還能毫不猶疑地慨然濟人呢！丫頭，我的話，你聽清楚了沒有？」

板橋大聲答道：「阿爹，孩兒記住啦！」

「好，給我研墨。我先寫一副春聯，貼上大門口。」立庵彷彿忘了苦惱，「明天一大早，我再找老朋友借幾吊錢，雖說又得欠債，可年總是要過的。」

顯然，老塾師不忍心讓十歲兒子看著人家明燭響鞭過大年，自家黑燈下火關門睡覺。他覺得，那不僅愧對兒子，更愧對鄭氏祖先。

板橋研好墨，立庵從書櫥中找出一張褪色的灑金紅紙，工工整整寫下一副春聯：

忠厚傳家遠，
詩書繼世長。

板橋深知父親的良苦用心，爾後時時以「忠厚」與「詩書」為目標，激勵自己讀書做人。但無意之間他往往又要露出些「小聰明」，甚至讓「旁門左道」分了心，惹得父親大發雷霆，厲言指斥。為了維護他的「閒情逸致」，有時他不得不再次使出「小聰明」……

四十年來畫竹枝

板橋低頭端著飯碗，無精打采地拿筷子往嘴裡扒米飯。今天早晨，他的食慾特別不佳。糙米飯嚼在口中，像嚼著鋸末子一般，難以下嚥；連平時最愛吃的醋漬蒜、醬蘿蔔條，也失去了誘人的鮮美。

前天晚上，父親把他叫到跟前，教訓了大半夜。現在，父親嚴厲的聲音，依然迴響在耳畔：

「眼下，當務之急，是發憤讀書，爭個功名，爾後得個一官半職。難道甘願像你沒出息的老子這樣，一生做冬烘？掙破嗓子，磨破嘴皮，到頭來終生窮困，債務纏身？你已經是快二十歲的人啦，難道還不懂事明理？什麼竹子、蘭花，那都是溫飽之人的消遣、裝飾，頂得了柴，抵得了米？總不能望著滿牆畫竹，畫蘭，不饑不渴吧？孩子，我們是寒家，要的是發憤，立志，改換門庭，要不得半點閒情逸致呀！想想吧：自打你高祖父算起，我鄭家歷代讀書，可沒有一個人得來個像樣的功名頂戴。什麼庠生、廩生，那都是讓人臉紅的名號！有出息的後生，不屑於那些旁門左道。應立志作舉人、進士，出仕為官，方才不愧人生一場！你看本城李鱓先生，剛交二十五歲，年紀輕輕，便榮赴鹿鳴宴，成了金頂舉人。難道你就不眼熱嗎？你說正在

『用功讀書』，哼，我看，只不過是做了個讀書的樣子。業精於勤，荒於嬉。整天想著南朝，戀著北國，功名不會來找你！固然，李鱓先生也愛好繪畫，可人家永遠牢記課業；繪畫只作茶餘酒後的消遣，困倦時的休歇。你呢？不知中了什麼邪祟，竟年復一年地戀上那不開花不結果的竹子！白天照著日影兒畫，夜間照著月影兒畫。一旦鑽進竹叢裡，莫說詩書課業，連吃飯睡覺也忘了。這能說是『偶然畫畫嗎？』我看你是中了魔，成了癡子。不錯，是癡子——竹癡！捫心自問吧：打算如何對待鄭氏祖宗的期望，如何打發自己的年華？哼，沒出息的頑劣東西！」

一向溫和慈祥的父親，竟如此對自己大發脾氣，分明已在心裡慪悶了許多日子。板橋長到十九歲，還是第一次碰到。他感到不解：老人飽讀詩書，竟只知舉業做官的實惠，而不知寫字作畫，五匠八作，都是知識和技藝。不錯，自己對竹子是過分迷戀了一點，看到修竹那帶露的碧葉，搖曳的疏枝，月中倩影，日下風姿，總是像少年時見到了雲蕙表姐似的，不願須臾離開。而他在看到冷豔的梅花，華貴的牡丹，雍容的蓮荷，絢麗的大麗花等各種競奇鬥豔的花束時，卻從沒有這種感覺。連他自己也說不出這是什麼原因。「捫心自問」，他花在畫竹上的工夫，確實不少。可竹君的姿態精神，自己還遠遠沒有把握住呢。他恨不得扔下詩書，忘掉世上的一切，跑進竹叢，吃住在裡面，一口氣畫上十年八年，直到畫出竹君的風骨精髓為止。可是，卻不敢忘掉苦了他十多年的詩書。他知道老父對他期望的是什麼。不料，竟落得個頑劣嬉戲的罵名。他感到十二分的委屈！

聽著父親的訓斥，他幾次想據理反駁。可是，除了垂手站立，作幾聲低沉而無力的解釋，他始終克制著自己，沒有發作。這倒不是懼怕父親的威嚴，他看到父親焦急痛苦得臉都扭歪了，不忍再使老人傷心……可是，叫他如何使老人放心滿意呢？

祖宗的期望，難道就是除了舉業，別的不得問津？難道世界之上，就沒有既不違逆祖宗，又不冷落竹君的兩全之計？即使真的沒有，那就寧肯不要那勞什子的「舉業」，也不能放棄畫竹的毛筆。可是，那樣一來，豈不又是一場暴風驟雨……

好容易吃完了碗裡的飯，他回到西廂，仰頭倒在竹床上，煩躁地瞪著雙眼，望著青磚房頂出神。

「你看本城李鱓先生，剛交二十五歲，便榮赴『鹿鳴宴』，成了金頂舉人……」

聽說，李鱓先生從沒放下過手中的畫筆，依然在龍虎榜上題名，姓鄭的怎麼就不能？可是，眼下總得想法子別讓老父奪下手中的畫筆呀。可是，自己實在無力使老人回心轉意。既然老人特別敬重青年得志的李鱓，也許只有他的話，或許有些效力。看來，只有請李鱓先生一伸援手了。不過，自己跟他並無交往，請他幫助，不知會不會遭到拒絕？

他想碰碰運氣，站起來轉身往外走，剛出大門，不由吃一驚！只見李鱓笑嘻嘻地朝自家門口走來了。

「克柔老弟，要到何處去？」李鱓拱手施禮，搶先打起招呼。

「宗揚先生，在下正想前去拜見你。」板橋急忙還禮，囁嚅地答道。

「哈……巧得很！我也正想找賢弟一敘呢。」

板橋想到李鱓家境富裕，猶豫地答道：「只是舍下鄙陋、狹窄，先生莫見笑。」

李鱓雖是初次到鄭家拜訪，但並不客套。在堂屋的八仙桌旁，分賓主坐定之後，他劈頭便問道：「克柔賢弟，不知近來都忙些什麼？」

「咳，除了『詩云』、『子曰』，在下還能忙什麼！」板橋一開口，就露出幾分不快。

「莫非老弟對聖賢書有些生膩了？」客人也很直爽。

「膩味倒還不至於。不過，一個人總不能從朝至暮，念經和尚似的，口不停經文，手不離木魚——那豈不要把人憋殺，悶殺？」

「不受十年寒窗苦，哪得南闈捷報傳——這話婦人小子都知道，老弟難道忘了？」

板橋覺得，剛剛南闈告捷的同鄉，是在擺舉人架子，教訓自己。於是，他語氣粗魯地答道：

「其實，科場順利與否，並不全在文章才華上，世間多少士人，十年寒窗，磨穿鐵硯，依然布衣終生。恐怕那怨不得沒『苦讀』，而是命運不濟！」

一開始，便話不投機。脾氣倔強的板橋，故意言不由衷地頂撞客人。可是，他偷眼看看客人，對方臉上不僅毫無慍色，而且正目不轉睛、笑咪咪地盯著自己。板橋正不知李鱓葫蘆裡賣的什麼藥，客人卻哈哈一笑，說道：

「果然如此！怨不得令尊大人說，『九條水牛拖不轉呢』，哈——」

板橋正不解，從無深交和往還的鄉鄰，為何突然造訪。一聽客人的話，才知，原來是老父親敦請新科舉人前來作說客，勸投降。老人竟比自己搶先了一步。也好，省了自己的事。這一想，板橋反倒心情平靜了。他語氣誠懇地問道：

「既然家父求到仁兄駕前，就請宗揚先生不吝指教：這攻讀之餘，畫畫蘭竹，寫寫字，算不算是『頑劣越規』？」

「『頑劣越規』談不到。」客人字斟句酌，「不過，還是心無旁騖的好。孟子曰：『天將降大任於斯人也，必先苦其心志，勞其筋骨，餓其體膚，空乏其身，行拂亂其所為』……」

李鱓跟父親竟是一個腔調！客人後面的話，板橋根本未聽著。他不想再談下去。轉念一想，萬一錯過這次機會，李鱓拂袖而去那就真成了不遵父命，不聽朋友勸導的頑劣孽種了。想到這裡，他假意應承道：

「仁兄言之有理。從今往後，小弟收起畫筆，焚光畫稿，專心讀書就是。」

「不然，不然。」李鱓頻頻搖頭，「令尊大人的意思，並非要老弟洗手擱筆。物有本末，事有先後。不過希望賢弟時刻記住讀書為先，舉業為本而已。」

板橋無可奈何地歎口氣：「就依仁兄所言，往後，鄭燮一定一日不忘『根本』，永遠牢記『先後』。」

「好。這才是光耀祖先，告慰高堂的終生大計。說良心話，李鱓何嘗不希望我們興化縣多建幾座功名牌坊呢？」

客人站起來，準備告辭：「賢弟課業繁劇，不多打擾，告辭了。」

「且慢！」板橋站起來阻攔，「小弟還有一事不明，想請宗揚先生指教呢。」

「哦！不必客氣。」李鱓重新坐下去。「不知賢弟有何見教？」

「我聽說，宗揚先生酷愛山水、花卉。如今南闈告捷，功成名就。先生可該無掛，無礙，盡情，盡興，大畫特畫了吧？」

「好一個『盡情盡興，大畫特畫』！」李鱓笑得前仰後合，「怪不得令尊大人說你是『竹癡』。果然，一語洩露了天機。想不到，賢弟為繪事，竟是如此之情篤！」

「不，我是請教。宗揚先生，您是如何使繪事與舉業，相輔相成的呢？」

「什麼『相輔相成』？不過幸運而已！」李鱓顯得很興奮。「不瞞賢弟，那根小小的『桂樹枝』到手之前，我也一天未放下過畫筆呢。」

「原來宗揚先生也是一個『畫癡』呀！」

「彼此，彼此。哈——不過，倘有老弟之『癡』情，李某的畫藝，決不會是今天的面目！」

「宗揚兄，」板橋隨和地改了稱呼，「你既然從未耽擱過繪事，為何又屈駕教誨小弟呢？」

「老弟不知，在我南闈告捷時，令尊前去賀喜，就跟我透了消息：對老弟的迷戀字畫，頗持異議。只是當時客人多，未來得及細說。不料，昨天上午，老人家又屈臨舍下，專程訴苦。說他敦促老弟，未獲成效。令尊焦急之狀，令人動容。嚴命難違，在下怎好不來做這違心的說客呢？其實，我是大姑娘做媒人，說著人家的事，忘不了自家的病——同病相憐喲！」

「哈——」兩人一齊開懷大笑起來。

情趣相同的人，一旦拋開客套，立刻便見真情。李鱓不但忘了「說客」的嚴命，而且抖出了作說客的老底。連自己從未停止作畫的隱密，也講了出來。勸阻者，成了同情者；被勸者，找到了知音，談話自然更加熱烈起來。

板橋興奮地問道：「宗揚兄，聽說你先前是宗本朝初年山水大家王翬、王時敏、王鑒、王原祁四家的山水，不知為何，後來又改攻花鳥畫呢？」

「說來話長。」李鱓呷一口茶，咂咂嘴。「開始，覺得四大家的山水畫，清秀淡遠，頗得宋元以來畫壇的真髓，著實刻意模仿了一番。後來，漸漸覺得，四家刻意仿古，缺少自然真趣。那些枯山淡水，殘月古寺，愈學愈僵，愈僵愈死，像身上多了幾道掙不開的繩子。後來，在揚州見到石濤的大筆，為那豪爽奔放的筆墨所折服，便改攻花鳥。試著用破筆潑墨，方感酣暢淋漓。」李鱓得意地點著頭，「喂，克柔老弟，我聽說，老弟在繪畫上，卻是心無旁騖，專攻蘭竹幾種，連人人愛畫的梅花，都極少涉筆，不知這是為何？」

「梅乃『四君子』之首，鐵骨霜肌，虯枝芳蕊，何嘗不惹人愛。不過，我總嫌它冷豔高潔有餘，挺拔瀟灑不足。雖有少婦的香豔綽約，卻無少年的風流倜儻。所以，要說愛，我更愛竹蘭菊石。」

「這麼說，這『竹蘭菊石』，堪稱克柔先生的『四君子』咯？」

「不敢。在下確有些偏愛而已。」

「能否說說你那『四君子』的妙處呢？」

「無非是偏愛而已，實在並無多少道理可說。」

說起自己喜愛的「四君子」，板橋一面推辭，一面卻像繡花女數點自己的花樣子一般，滔滔不絕地說了起來。什麼「竹君兀傲剛勁，挺拔灑脫，貞潔虛心，不卑不亢；蘭花晶瑩委婉，淡妝素裹，恬靜幽雅，不狂不浪；菊花扶疏綽約，深沉含蓄，孤傲俊逸，不諂不媚……」說到石頭，更是活靈活現，奇語連連，什麼「石頭有磐、鈍、巧、滑之形，清、濁、鄙、爽之氣，險、奇、醜、怪之態……」

直到日上南房，兩位新結識的朋友，談興依然很濃。這時，李鱓提議道：「老弟高論，在下受益匪淺。可否將大筆出示一二，讓在下一飽眼福呢？」

「這有什麼不可以的，只要仁兄不怕汙了清目。」

板橋並未推辭。立刻去到西廂狹窄的書齋裡，不一會兒便抱回一摞畫稿，撒手放到堂屋八仙桌上，指著說道：「請老兄指正吧。」

這全是已完成的畫幅，有二十多張。少數幾張畫的是蘭菊，絕大部分畫的是竹子：或者風晴雨露，或者俯仰搖曳；或者數竿，或者叢竹；或者一枝獨秀，或者竹石相依。李鱓仔細看著，連稱「功力匪淺，功力匪淺！」

仔細看過一遍，李鱓向板橋說道：「賢弟筆下的竹君，如此飄逸、剛勁，使人耳目為之一新。莫非這就是長期與竹為友，爛熟於心，像蘇東坡先生所說的，達到了『胸有成竹』的境界？」

板橋搖頭道：「也不儘然。動筆之先，固然成竹在胸，而一旦行筆，雷霆霹靂，草木怒生，難知其紙上姿致，這又是胸無成竹。用生宣紙作畫尤其如此。試想，留在紙上的筆墨，豈是動筆之前能夠料得到的。不知仁兄以為然否？」

李鱓激動地上前握住板橋的雙手，用力地搖幾搖：「賢弟一番高論，在下茅塞頓開。不知爾後有暇，能否多到舍下走走——你我弟兄多做些切磋琢磨也好！」

板橋忽然記起自己的心事，不由皺眉道：「好倒是好，在下正想拜師。不過，常常前去談畫，豈不又是『捨本逐末』？只怕家嚴又要罵『頑種』了！」

「只要賢弟莫誤了正課，我想不妨事的。」李鱓想了想，語氣堅定地說道：「令尊那方面，全包在我身上啦。你就放心吧，朋友！」

說罷，李鱓從板橋的畫稿中，挑出兩幅竹子，說道：「這兩幅大筆，送給在下做個紀念如何？」

「仁兄不嫌筆墨拙劣，儘管拿去就是。」

李鱓告辭後，並未徑直回家，卻拿著板橋的畫稿，到古板橋畔的塾館裡，找鄭立庵先生去了。

李鱓的慨然保證，使板橋像三伏天喝了幾碗「井拔涼」似的，滿心透著爽快。父親器重大器早成的李鱓，他的勸說，無疑會改變老人的固執。板橋滿懷信心，期待著父親的讓步……

俗話說，出門看天色，進門看臉色。當天傍晚，父親從塾館歸來時，一進大門，就向西廂冷冷地瞥了一眼。板橋透過紙窗的空隙，望見父親的臉色，像梅雨季節的天空，不由煩躁地放下了手中的筆。看來，李鱓的遊說，根本沒奏效。唉，難以打動的年邁人喲！

「好嘛，今晚又將是一場暴風雨！」板橋作好了挨訓的準備。

吃晚飯的時候，父親竟沒開口。板橋匆匆吃完，不知該站起來走開，還是坐在原處，等待父親說出那句：「站過來，我有話說……」

可是，父親面無表情地細細嚼著滷豆腐，遲遲不開口；過了好一陣子，方才說道：「不去念書，坐在這兒幹啥？」

板橋像遇赦似地，急忙站起來往外溜。出了堂屋，背後傳來父親的聲音：「哼，果然『功力匪淺』！」

這是李鱓誇自己畫竹的話。父親在這裡重提，分明不是誇他的畫藝，而是別有所指。莫非是因為自己說服了李鱓，使他由父親的說客，變為自己的說客？

一連兩天，板橋興味索然。雖然仍然偷偷畫他的蘭竹，但筆底枯澀。他覺得，讀書人如想躋身科場，便無異於帶上了幾副枷鎖，連自身的脾性、愛好，統統都得拋開。駿馬般的年輕人，變成了套進犁套的耕牛，只能沿著前面的犁溝規規矩矩地前進，若有半步差池，就得等候著挨鞭子！

第三天，李鱓派一名老僕來向鄭板橋的父親致意：他借去大相公的兩幅畫，本想展玩幾天就送還，不想越看越愛。「只得懇求鄭老先生笑允，將畫幅買下。」老僕說著，從懷中摸出幾塊碎銀子，放在立庵面前：「這是我家老爺交付的畫資——紋銀二兩。請老先生收下。」

「咳，這是從哪裡說起！犬子的塗鴉，宗揚兄不怕汙了清目，已屬萬幸——豈敢收銀子！」

「我家老爺說，如老先生不收下畫資，不准小人回去覆命呢。老先生就可憐可憐小老兒吧。」

老僕一面說著，一面打著躬往後退，退到院子裡，轉身匆匆去了。

鄭立庵抓起銀子往外追。一出大門，忽見李鱓帶著三位陌生客人來到面前。

李鱓將來人向立庵先生作了介紹，然後說道：「鄭老伯，這幾位是我外地的好友。他們三位在舍下玩賞過令郎板橋先生的墨寶，連誇『超塵出俗，自成天趣』。非逼著愚侄帶領，來府上求畫不可。我想，府上有板橋先生現成的大作，您老人家一定會慨然允諾遠道客人的懇求吧？」

「小兒無出息，實在是不務正業。我正想……咳，萬萬使不得！」

但鄭立庵拗不過李鱓和客人們的堅請，只得喊叫兒子，抱出畫稿，「讓客人隨便挑選。」

一見板橋抱畫進來。三位客人不但急忙上前，打躬施禮，握手表敬意，一派肅然敬慕的神色。而且，這個想請板橋傳授畫竹技藝，那個相邀板橋「到寒舍做客」。推讓了許久，才開始挑選畫幅。有的選兩張，有的選三幅。李鱓自己竟又選中了五幅。已經有畫價在先，不容主人推辭，每幅畫都留下一兩銀子。直到李鱓一再叮囑：「請板橋賢弟，明天到舍下與朋友小聚。」方才歡歡喜喜而去。

十多兩銀子，抵得上鄭立庵半年的塾資。但鄭立庵望著那白花花的一堆銀子，卻皺起了眉毛。兒子的幾根竹枝，竟抵得過他半年的束脩。而且一幅竟值一兩銀子——二斗白米的價錢！他的眉頭剛一展，旋即鎖起。事情太蹊蹺。抬頭看見兒子正站在一旁，瞅著自己。立刻板起面孔，一語雙關地斥道：

「果然是『功力匪淺』！」他指指桌上的銀子，「你的歪畫，幾個小錢也不值——弄的什麼鬼畫符？」

板橋心裡高興，卻用十分委屈的語氣答道：「此事，孩兒實在不知。」

老人兩眼一陣紅，一字一頓地說道：「孩子，明白嗎？人家是在成全你。莫忘了朋友的情誼！」

從此以後，板橋與李鱓的友誼與日俱增。板橋不論走到哪裡，總把老友記在心頭。贈畫，寄詩，表達思念深意。直到鄭板橋居官山東濰縣時，因賑災、理刑獄，得罪了世家大戶，連遭攻訐彈劾，歸林之意，再次激越。他首先想到的是歸去與李鱓住到一起：「待買田莊然後歸，此生無分到荊扉。借君十畝堪栽秫，賃我三間好下幃。柳線細拖波細細，秧針青惹燕飛飛。夢中長與先生會，草閣南津舊釣磯。」在這首《懷李三鱓》的律詩中，花甲老人，對摯友依舊懷著一片赤子童心。李鱓果然不負老友信任，當板橋六十一歲上被罷官，「囊橐蕭蕭」回到故里時，鸚鵡橋畔，建宅閒居的夙願，化為泡影。他便將老友接到自己的浮漚館內暫住。接著又出資在館旁建一小園，竹叢、蘭圃環繞其間，取名「擁綠園」，送給老友娛老。板橋自題一匾：「願借一枝棲」，掛在擁綠園內，曲折地表達了自己的感激之情。這是後話。

自從李鱓帶人買走了兒子的畫竹，鄭立庵再也沒有干涉兒子畫竹的事。板橋也就放心大膽，苦苦鑽研畫藝。不久以後，他畫的竹蘭，不僅獨領揚州八家風騷，而且成了八怪領袖。但他仍苦苦追求，終生不懈。直到六十六歲那年，他還寫過一首七絕，總結一生畫竹的甘苦與心得：

四十年來畫竹枝，
日間揮寫夜間思。
冗繁削盡留青瘦，
畫到生時是熟時。

「日間揮寫夜間思」！由於把過多的精力投入到了畫事上，板橋畫藝日進，遠近知名。但父親立庵先生期望於他的「仕進」，讀書人苦苦追求的「科名」，依然遙遙無期。

當初，他剛剛二十歲，便在縣試逐鹿中，連戰皆捷。五場考下來，不論是「四書文」、「經文」、「時文」，還是詩賦、律詩、試帖詩，無不精到入式，輕易地便奪回一個「雀頂秀才」。可是，此後進了兩次鄉試考場，依然「孫山」在前，榜上無名。

莫非真是畫業妨礙了舉業？板橋有時也在心裡嘀咕。而老父的身體，眼看著一天不如一天。腰背傴僂，腳步蹣跚，龍鍾之態，日見清晰。講書講多了，便聲嘶力竭，不斷喘息。冬烘先生，本是賣唾沫星子的職業，中氣不足是難以應付的。板橋不忍心眼巴巴看著老父累死在教壇上，苦苦勸說老人，辭教歸家，頤養天年。二十三歲上，他便接過父親手中的教鞭，先在本鄉，後到真州[①]江村，謀得一個教館，做起了孩子王。靠一年幾十兩束脩，養活一家老小。

冬烘生涯像囚犯一樣不自在，他恨不得拂袖而去。但整天與幾十個孩子相處，反倒給他提供了一個幫助窮孩子的機會，這使他感到很欣慰。在江村，他還意外地遇到了一件「掃開窮霧」的大幸事，並結交上一位始終不渝的摯友。

板橋也有大走其運的時候……

① 今江蘇儀徵縣。

無枷無鎖自在囚

一座獨立的瓦房，坐落在略微隆起的高埠上。瓦房右側連著廂房，彎成了一個大拐子。兩株梧桐，一叢修竹，從矮牆中探出身子，呆呆地看著面前滔滔東去的大江逝水。

「嗡嗡嗡」的念書聲，自瓦房中傳出。聲音嘈雜、激越，像梧桐樹上落下了一群小麻雀。顯然，這裡是一座私塾。

一位青年人，站在大門口，一動不動地向東瞭望。他頭戴六塊瓦單帽，身穿青竹布長衫，寬寬的額頭，略高的顴骨，一雙大眼睛露出焦急的神色。張望了好一陣子，他搖搖頭，輕歎一聲，回到了屋裡。

他是這裡的塾師——鄭板橋。

見先生進屋來，坐在不同式樣桌子後面，捧著書本，仰頭高誦的學生，聲音立刻降低了許多；但仍然拖腔拉調地朗讀著「詩云」、「子曰」、「之乎者也」。學塾的規矩，書本必須讀得滾瓜爛熟，會講能背，才算學會。所以，每天早晨學生到校的第一件事，便是高聲朗讀。先將頭一天先生給「正」的書，背得爛熟；然後再溫習以前學過的。不管上了幾年學，也不管讀了多少本書，始終要保持從頭至尾一口氣全部背下來的功夫。不然，那長長的戒尺，准夠小手心享用的！

板橋在西面臨窗的一張八仙桌前，緩緩坐下來。他挺直身子，神色嚴肅地把橫在桌上的一根約二寸寬、三尺長的戒尺，挪到右手邊，抬頭望望面前的十多名學生，聲音沉重地吩咐道：

「背書！」

背書，可以說是學塾晨讀之後的第二堂課程。每個學生，都要輪番來到先生座前，把所有讀過的書，從準備背誦的地方展開，捧到先生面前；然後轉過身，像和尚誦經似的喃喃背誦。先生如不中途喊「停止」，就要一口氣把應背的書全部背完。

從前排座位上，走上來一個六七歲的孩子，手裡倒捧著一本《三字經》。無疑，這是一個剛剛開蒙的學生，他向先生恭恭敬敬地施一禮，雙手將桑皮紙做封面的《三字經》打開，放在先生看著方便的位置讓書的正面對著先生。

「背吧，慢一點，不要怕。」板橋用鼓勵的目光望著學生。

學生點點頭，背過身去，低聲背了起來：「人之初，性本善。性相近，習相遠……」開始，小學生背得還算流暢，越往下背，越生澀起來。

「夏有禹，商有湯……周文武，稱，稱，稱三王……稱三王」孩子的額頭上滲出了汗珠，他背不下去了，便一再重複著前面的一句：「下有魚，上有糖……上有糖，下有魚……」

孩子低頭揉搓兩隻黑乎乎的小髒手，恐懼地不敢抬頭。看樣子在準備挨戒尺了。

先生沒有生氣。顯然，他被「上魚、下糖」逗樂了。他忍住笑，語調溫和地說道：「太生。下去再念——要下力喲！」

小學生慌忙退下去了。接著上來一個十多歲的學生。他雙手端著一摞打開的書，足有四五本之多。他麻利地把書放在先生面前，背轉身，爆豆似地朗朗背了起來。

學生的流利背誦，分明沒有引起先生的興趣。板橋心不在焉地聽著，不時向塾屋門外瞥一眼。他彷彿聽到了什麼聲音，側耳細聽一陣，忽然說道：

「不要背了——下去吧。」

說罷，他站起身向外走去。大門外，有一個孩子俯在左側門框上，正在低聲啼哭。

「呀！是尤興！尤興，你怎麼在這裡？」板橋快步向前，「我還認為你今天不來了呢，快快進屋去！」

孩子一動不動，紅腫的雙眼裡，淚水滾滾而下。

「該你背書了——快進去！」

「老師，我，不，不念……書啦……」孩子再次抽噎著，用力止住哭泣。

「為什麼？」板橋蹲下去，握著孩子的兩隻小手。

「我媽說，沒錢……給先生。」孩子再次嗚嗚哭了起來。

「尤興，不要哭。詳細告訴我，是怎麼回事？」

其實，板橋早已得知了學生家中的境況，現在見他來到，已經猜透了八九分。可憐的孤兒，命運比自己還慘！板橋的心在隱隱作痛。

尤興的父親當年跟自己一樣，也是一名藍衫秀才。有一年，去省城參加鄉試，舉人未撈到，卻染上時疫，病死在南京。等到將屍體運回殯葬，僅有的幾畝水田，全部耗費進去。尤秀才給年輕寡婦留下的，只有幾竹箱書籍和尚未出世的孩子。等到遺腹子來到人間，已是家徒四壁，一貧如洗。年輕的小寡婦，一天到晚守著丈夫的書籍出神。儘管腹內饑腸轆轆，丈夫心愛的圖書，她卻不忍賣掉換嚼穀。為了防蟲蛀，每當抱著一捆捆圖書到外面曝曬時，她都要大哭一場。看到一天天長大起來的兒子，不過才三四歲，卻摸著老子當年用過的毛筆，在光光的四壁上，亂抹亂塗，年輕的寡婦忽然看到了希望——小孩子愛玩筆是吉兆！終於等到兒子七歲。立刻送他進了學塾。白天，她十指不停地為人家做針線活兒，到了夜間，把昏暗如豆的燈光讓給兒子讀書，自己在黑暗的牆角，蹬著木機織布。好不容易挨過十幾年饑寒勞累，兒子長成了半大小子，她卻憔悴枯瘦得像個半百老婦。自從去年冬天以來，她拿起鋼針，兩眼便發花。兩條腿也一天比一天沉重僵硬，木棍似地，再也蹬不動「吱喲」嗚響的織布機。而停下鋼針和織布機，尤家便失掉了食路。上一次給先生的束脩，還是賣掉織機交付的。眼下，再也沒有東西可以變賣了。萬般無奈，尤興的媽媽忍痛懇求孩子，放棄上學，「隨娘討飯活命去……」

「孩子，不能退學，你娘也不能去討飯。一切有先生擔待。走，快進學屋好好念書！」板橋緊咬著下唇，上前拉孩子。

板橋把小尤興扶進屋裡，送回到他的座位上，將一冊《詩經》展放在學生面前。他拍拍學生的肩頭：「念吧，孩子。」說罷，輕歎一聲，回到自己的座位上。

早在去年，板橋即得知尤興的不幸身世，同病相憐。他悲憤地狠罵蒼天之不公，當即寫下一首古體詩《撫孤行》，抒發胸中的哀憐之情：

十年夫歿扃書篋，歲歲曬書抱書哭……孀婦義不賣藏書，況有孤雛是遺腹。
四壁塗鴉嗔不止，十日索墨五日紙。學俸無錢愧塾師，針線腳頭勞十指。
燈昏焰短空房黑，兒讀無多母長織。敗葉走地風沙沙，檢點兒眠聽曉鴉。

能眼睜睜看著當初勤勞縫補、紡織的「十指」，去握討飯棍嗎？不，他不能見難不救，見義不為。決不能讓尤家母子去乞討，更不能讓聰慧懂事的孩子失學！他要想辦法……

鄭板橋動了惻隱之心。可是，他的辦法在哪裡呢？

板橋下意識地將右手伸進懷裡，摸索了好一陣子。袋裡空空如也，什麼也沒撈到。轉身來到西廂，翻遍了自己的包袱、竹箱，依然一無所獲。他苦笑起來：上半年的束脩，除了幾個貧窮的學生，大部分已經繳齊，他托人捎回家五兩銀子糊口，自己留下的二兩，早已跑進了江村酒館的酒罎子裡了。

「一切有先生我擔待！」這話說來容易，可是對一個窮教書匠來說，自顧尚且不暇，要兌現，就不那麼輕而易舉了。

「唶，何以救此燃眉之急喲！」板橋像熱鍋上的螞蟻，急得團團轉。

心裡煩躁，做事便無興致。他草草給學生「正」完書，信步來到院中，手扶矮牆，俯看滔滔東去的大江。江邊蘆葦叢中，露出一葉小舟。一位披著蓑衣的老翁，正悠閒地坐在船頭，舉竿垂釣。板橋端詳許久，頓生幾分羨慕之意。面前又駛過來一隻運米的小船，木船沿著江邊，逆水而上，船夫俯著身子，拼命地搖櫓，似乎用盡了所有的力氣。但那木船彷彿被纜繩拴住一般，仍一動不動地停在原地。難行的上水船喲！板橋覺得，那小船頗似自己二十六年來所經歷的坎坷與艱辛……

歷歷往事，伴和著無盡的酸澀，一齊浮上心頭。他二十歲上便縣試中了秀才，算得是青年得志。區區「功名」，雖不能幫他洗盡貧困，卻給了他一種資格：可以像父親那樣，做一個名正言順的塾師。他不忍心再讓年老體弱的老父一人獨支家庭開銷。三年前，便在興化東門外竹竿巷賃屋收徒，今年又來到真州江村坐館。可是，教幾個學童的微薄束脩，擺脫不了「空床破帳寒秋水」的窘境。儘管身子倒還清閒自在，可是到何時方能洗盡窮愁呢？「傍入門戶度春秋」！整日愁緒纏身，他只有借酒澆愁。無奈，「舉杯消愁愁更愁」！父親一生舌耕，教出的學生著實出了一些人才。可老人一生都和貧窮結下了不解之緣。自古窮愁舌耕匠。難道自己也要像父親那樣，舌耕一生，貧窮一生？不，他要翻新鄭家的「皇曆」，改變鄭氏的門風！

院子裡的梧桐樹伴著叢竹，齊聲蕭蕭悲鳴，哭泣似地敲擊著他的耳鼓。已經打過二更了，板橋卻毫無睡意。驀地，一首新作忽然浮上心頭，他披衣下床，點上菜油燈，揮毫寫了下來：

飄蓬幾載困青氈，
忽忽村居又一年。

得句喜拈花葉寫，
看書倦當枕頭眠。
蕭騷易惹窮途恨，
放蕩深慚學俸錢。
欲買扁舟從釣叟，
一竿春雨一蓑煙。

他覺得意猶未盡，略加思索，又揮筆寫了下去：

教館本來是下流，
傍人門戶度春秋。
半饑半飽清閒客，
無鎖無枷自在囚。
課少父兄嫌懶惰，
功多子弟結冤仇……

寫到這裡，板橋的筆停在了空中。他不滿意剛剛想好的結句，愣愣地站在那裡，舉筆思忖。「咳，可恥！可恥！盡為自身煩惱，怎麼救得了尤興的急！」他的思緒又回到了現實。擲下筆，剛要轉身，他的目光又停在了剛剛扔下的毛筆上，又從毛筆慢慢移到旁邊的端硯上，目光來回遊動了幾次。忽然，他的臉上浮出了笑容，點點頭，吹熄燈，翻身上床，伸手拉過藍布漏花被，往身上一蓋。不一會兒，便呼呼睡去。

第二天一大早，趁學生尚未到校，板橋將兩支毛筆，一支大抓筆，和桌上那塊盛在紫檀硯匣中的硯臺，一起用一方白布包袱包好。當他往包袱裡放硯臺時，雙眼不由一陣潤濕。這是一方名貴端硯，是他爺爺鄭湜當年用過的，後被父親繼承下來。當他來江村設館時，父親將這寶硯親手交給他，並叮囑說：「這是祖傳的東西，好好珍惜。但願它能輔佐你早就舉業。」舉業，舉業，難以「舉起」的「事業」喲！當了整整七八年藍衫秀才，舉業依然杳如黃鶴。眼前，想典當幾個錢，卻連一點值錢的東西都沒有。即使做個不孝子孫，把「傳家寶」也典當出去，可又救得了尤家多少急呢？

從當鋪回來，板橋順路到了尤興家。尤家破門緊閉。他側耳諦聽，屋內傳來一聲長歎。他重重地拍拍門板，聽到屋裡有人向外走著問「誰敲門？」便俯身將典當得來的二兩銀子，放在門前的踏腳石上，快步溜到房後，繞路返回了村塾。

這一天，尤興按時來上學了。只見他的臉上，帶著又喜悅、又惶惑的神色。一整天，尤興不時抬起頭來，忽閃著兩隻大眼睛，在先生身上打旋兒。板橋只當沒看見，照常講他的書。心裡卻感到，像嚼著狗肉，痛飲了二斤老酒一般，無限舒暢和得意。

典當筆硯後不幾天，江村臨江樓酒館老闆前來向板橋求字。他剛剛翻新酒樓，想求一副新對聯，雕板懸掛。板橋笑呵呵地答道：

「趙老闆，這寫對聯嘛，並不難。可巧匠難解無鋸之木——在下缺少筆硯呀！」

「這有何難！」老闆臉上堆著笑，「小店湖筆、徽墨、端硯、宣紙——文房四寶，樣樣俱全。請先生勞步，隨小人到店中寫就是。」老闆往前湊了湊。又說到：「不瞞鄭先生，小人還備得一罈紹興老酒——二十年的陳釀，為大筆助興呢！」

「咦，」板橋坐著不動，一面頻頻地搖頭。「工欲善其事必先利其器！別的筆硯再好，用不慣，順不了手，焉能寫的出好字？倘使老闆一定要寫呀，必須用我自己的那一套。」

老闆看著光禿禿的書桌，不解地問道：「鄭先生的四寶，不知放在哪裡？」

板橋仰頭大笑道：「哈……我的束脩、『四寶』，一切的一切，不都進了趙老闆的錢櫃？何必明知故問嘛！哈——」

老闆眨眨眼，抱拳回道：「鄭先生真會開玩笑，小店哪有這份福氣。」他俯下身，放低了聲音，「不知先生送到了哪裡？」

「盛隆當鋪。」

「好，小人馬上贖回，送到大駕座前！」

趙老闆轉身往外走，板橋一面往外送，一面說道：

「不必啦。趙老闆贖出來帶回櫃上就是。一散學，在下馬上前去應命！」

「就依先生吩咐。多謝，多謝！」

幾天後，臨江樓酒館正面的廊柱上，果然掛上了一副散發著油漆清香的新招牌，黑底金字，一看就是鄭板橋的「六分半書」，寫的是：

山光撲面因朝雨，
江水回頭為晚潮。

板橋這一副對聯，不但贖回了祖傳的寶硯，還在臨江樓上盡情暢飲了紹興美酒，另外還得到五兩銀子潤筆。這筆錢，他如數送給了尤家，足可緩解他們大半年的饑寒之苦。

但他萬萬沒有料到，正是這一副得意的妙聯，竟給他帶來了大好運氣。十八年後，一位安徽歙縣籍，名叫程羽宸的官吏，來到了真州江村。程氏不但善詩詞，寫出了《練江詩鈔》等著作，而且登臨不倦，遊蹤遍及大江南北、楚越東魯。這一天，程羽宸來到真州，在著名的江村臨江樓飲酒觀江景。無意之中，他發現了板橋寫的對聯。他為撰聯人超眾的才氣，脫俗的書藝所折服，連稱「奇才，奇筆！」急忙趕到板橋老家興化，登門拜訪。不料板橋已到鎮江焦山讀書去了。程氏怕妨礙板橋學業，只得轉道北上。但他從板橋老朋友李鱓那裡得知了「奇才」的窘況；行前，慨然解囊，留下千金而去。

正是這一千兩銀子，不但使板橋娶回了鍾情於自己的年輕小妾饒氏，而且填平了歷年債壑。板橋覺得，自己終生助人，都只不過是杯水車薪，而別人對自己，卻是救難賑災之恩。像乳母費氏、程羽宸，以及無限器重他、並把他引為知己的同鄉李鱓、山東巡撫包括等人，均對他無比厚愛。尤其是程羽宸，與自己素昧平生，竟慨然一擲千金，使自己從困厄中掙扎出來，並喜結良緣。難怪事過十多年後，他還寫下一首《懷程羽宸》，表達他的一片感戴深情：

世人開口易千金，
畢竟千金結客心。
自遇西江程子駿，
掃開寒霧到如今。

涓滴之恩，湧泉相報；知恩不報非君子。板橋正是這樣一個人。對於生平中曾同情、體恤、護持、資助過他的人，他不但視同朋友、恩人，並且總是想著給予重重的回報。

但是，也有一次例外：淮南鹽運署官員鍾矜才，對他慷慨解囊，資助旅費，使他得以溯江西遊，他似乎並沒有記在心上。因為「施主」對他的「慷慨」，為著一己私欲——想趁機「偷」走他的畫藝。

他感恩於心、銘記不忘的是無私的援助！

使板橋始料不及的是，正是那次壯遊，他差點將性命丟在石鍾山下的波濤之中……

石鍾山下秋水寒

被稱作詩書畫三絕大家的鄭板橋，跟許多騷人墨客、風流才子一樣，平生酷愛山水名勝。誠如杜甫所吟：「平生為幽興，未惜馬蹄遙」為了一盡「幽興」，總把山險路遙拋在腦後。所謂「泉石膏肓，煙霞痼疾」，正是說出了他的癖好。

板橋每到一個地方，總要忙裡偷閒，千方百計探幽訪勝。他跟許多文人雅士的不同之處，是特別喜歡瞻仰道觀寺院，結交脫離紅塵的出家人。為了研討書法藝術，他還常常去到荒廟古墳，觀賞殘碑斷碣。

道觀寺院之中，那凌霄的殿閣，參天的古木，精美的壁畫，呼之欲下的塑像，往往使他無限欣喜，感歎不已。「愛看古廟破苔痕」，其至古廟中的斷壁頹垣，也使他神往。對於那些看破紅塵、遁跡空門的山僧野道，他總是懷著幾分敬慕。十年前，他就刻了一方「板橋道人」的印章，至今經常在他的書畫作品中使用。寺廟中那叮咚的玉磬，橐橐的木魚，悠揚的晨鐘、暮鼓和香爐寶鼎中嫋嫋升騰的香煙，都會使他神思悠悠，沉醉癡迷。似乎自身也變成了不食人間煙火的隱士，總有一種想立即換上袈裟、道袍，坐禪學道的慾望激動著他。

板橋一生結交的山僧高道不計其數，在感情上特別深摯的，即有海陵光孝寺梅檻上人、北京香山臥佛寺青崖和尚、萬壽宮數真人、真州劉道士、濰縣關帝廟恒徹上人、北京甕山白雲寺無方上人等等。特別是跟後兩位出家人的友誼，更是情同手足，終生不忘。

說起與無方上人的相識，還有一段有趣的故事呢。

板橋三十二歲那年，淮南鹽運使官署中的一位屬員，找到在揚州賣畫的鄭板橋，邀他一起赴江西遊廬山。那官員，姓鍾名矜才，湖北黃石人。因久慕板橋蘭竹技法純熟高逸，本想當面求教，但又覺得一位六品朝廷命官向一位窮秀才請教，有失尊嚴。便趁回鄉探親之機，邀板橋同行；想在溯江而上的緩慢旅途中，窺探板橋作畫的奧祕。

「鍾老爺，鄭燮囊空如洗，莫說數千里遠遊，隔宿之糧常常難以為繼呢！」板橋指指長木案上的畫筆與宣紙，「鍾老爺，倘若扔下這玩意兒，叫在下哪裡求嚼穀去？多謝鍾老爺美意，在下奉陪不起呢！」板橋一開口便拒人於千里之外。

「咳，你先生就放心好啦。」客人的語氣很懇切，「休說嚼穀，就是先生平時的潤筆，此行的全部遊資，統統包在鍾某身上。鍾某別無他意，無非是為了多一位品茗賞酒、談詩論畫的朋友，以消除旅途寂寞罷了。」

板橋見來人誠懇相邀，自己又早已夢想溯江西遊。況且，鹽務官從來就是肥缺，這位鹽運使的大紅人，腰包肯定脹滿得很，既然他肯照顧畫資，又可趁機暢遊長江沿途名勝，何樂不為?!於是，當即慨然應允。並商定，板橋只陪鍾矜才至鄱陽湖口便登岸，在那裡等候鍾矜才探親歸來，一同返歸揚州。

鄭板橋在鄱陽湖入江之處的湖口古鎮與鍾矜才分手。他選了一家乾淨又臨江的小客店安頓下來。接連好幾天，他早出晚歸，逗留在湖口望山樓、江天一覽亭等形勝之地。賞不盡層巒聳翠，飛閣流舟，整天陶醉在落霞孤鶩、秋水長天的景色之中。

板橋盡情地暢遊了握大江而控彭蠡的湖口一帶，打算於第三天晚上，進湖口訪石鍾山，親耳聽一聽那「噌吰鏜鞳」的石鍾長鳴。親自驗證一番當年蘇軾親驗石鍾鳴響的奧妙。

第三天薄暮時分，板橋雇了一艘小舟，向著離湖口鎮不遠的石鍾山慢慢搖去。板橋斜歪在船頭上，面前擺著一壺酒，四碟下酒小菜。酒是江州陳釀，菜是滷豆腐、糖漬藕、燻魚片、牛肉鬆。聽著吱喲喲的櫓聲，他舉杯慢慢飲著，一面觀賞著四周的山光水色。

三三兩兩的漁夫，正在撒網捕魚。幾隻白鷺貼近湖面翩飛著，不時像箭一般射入水底，旋即又浮出水面，伸長了脖頸將嘴裡銜著的捕獲物吞下肚去。對於漸近的櫓聲，似乎毫不在意。

褐紅色的太陽已經離湖面不遠，在煙光暮靄的籠罩下，失去了白天的刺目光芒，正恬靜而羞澀地注視著湖面上的一切。遠處，在瀲灩水波的映襯下，一座山峰仙島似的自湖面拔起。在夕陽的照射下，山峰泛著紫紅色，赤玉雕成的一般。板橋忽然想起唐朝詩人王勃《滕王閣序》中的名句，不由得高聲吟道：「潦水盡而寒潭清，煙光疑而暮山紫……」他正在感歎前賢們寫景狀物的真切與精到，忽聽背後傳來朗朗吟哦聲：「閒雲潭影日悠悠，物換星移幾度秋。閣中帝子今何在？檻外長江空自流。」

自己剛吟過《滕王閣序》中的佳句，立刻有人吟唱起同一篇妙文中的詩句。板橋實在感到意外和驚訝，急忙回頭一看，不知什麼時候，靠緊自己的船後，跟來一隻小船，上面站著一位高個子中年和尚。他臉頰瘦削，眉目清秀，身穿黑袈裟，項掛佛珠，正笑咪咪地望著自己。板橋對面前這位斯文的出家人，頓時發生了興趣，不由得放下酒杯，高聲問道：

「何方仙師，不期鄱陽湖幸遇？」

「關山難越，誰悲失路之人；萍水相逢，儘是他鄉之客。」和尚沒有正面回答，繼續吟著《滕王閣序》中的名句。

和尚的巧妙回答，分明道出了幾分人生坎坷。板橋一聽，頓生親切之感，便拱手說道：

「如蒙仙師不棄，請過船來，一同小酌如何？」

「多謝先生盛情，無奈貧僧不動葷腥。」和尚指指面前的紫砂茶具，「一杯清茗，就足可驅除夜遊寂寞咯。」

「雅興，雅興！」板橋又邀道：「請仙師過船，你我一酒一茶，共度良宵如何？」

「平湖浩渺，漁人都已收網，你我何妨高談闊論。」和尚指指四周揚起歸帆的漁舟，「先生肯容貧僧與先生並船而行，便是賞光不淺。」

「既然如此，就依仙師。」板橋高興地向那小舟靠攏。

暮色蒼茫，風息浪靜。遼闊的湖面，安靜得像要沉沉睡去。連勤奮的水鳥也不知什麼時候消失得無影無蹤。坐在兩隻緊緊相傍而行的小船上對話，用不著提高聲音，也跟在一條船上一般方便。兩位他鄉萍水相逢的遊子，親切地隔船暢談起來。

這和尚法號無方，是廬山簡寂觀的住持。青年時代，苦讀十年寒窗，但三次參加歲考，始終未能如願。看到那些不讀詩書的紈絝子弟、花錢捐功名，甚至可以捐到現職。他一怒之下，放棄舉業出了家。他雖在廬山出家近二十年，但廟小僧少，終日被暮鼓晨鐘纏身，難酬山水之志。前幾年收了一名徒弟，現在已能獨立主持佛事。他才抽出身來，作鄱陽湖之遊。早在總角之年，他就從蘇軾的《石鍾山記》中神游了石鍾山。但總覺不能親身登臨，難免東坡先生所譏諷的那樣：「事不目見耳聞，而臆斷其有無，可乎？」現在想親自「目見耳聞」一番，看看蘇子對酈道元、王勃兩位前賢批評得是否確當？

「不謀而合，不謀而合喲！」聽罷無方上人說出遊石鍾山的原由，板橋興奮得撫掌大笑。「在下未聞鍾山鐘鼓鳴響，先結識高雅仙師，真乃平生之大幸也。哈……」

「彼此，彼此。哈哈哈！」無方也仰天大笑起來。

望月升上了東南天際，天上不時有幾片輕雲拂過。那噴灑著銀輝的月華一旦被浮雲遮住，湖面立刻變得黑黝黝的，使人頓生幾分恐懼。等到浮雲緩緩向北退去，月光重新映在平靜的湖面上，粼粼波光閃爍著，像無數精靈的眼睛，引逗得遊人頓生無限遐思。

時令已是季秋九月，但湖水仍然溫煦煦的。板橋伸手掬起一捧水，洗了一把臉，大聲喊道：「仙師你看，明月，良宵，廣湖，潔水，你我何不跳下水去，學一番弄潮兒？」

「好！游罷石鍾山，一定奉陪。」

二人正在說笑，舟子告知已到石鍾山。

小舟前方出現了一座雄據浩淼大江之上的山峰。仰頭看，奇峰矗天，絕壁千仞。山崖崚嶒奇突，形象雄異。正如蘇子在《石鍾山記》中所描寫的一般：「大石側立千尺，如猛獸奇鬼，森然欲搏人」！

「危乎高哉！」板橋忘情地高喊起來。

「嘎嘎！」懸崖上的宿鳥，被板橋的喊聲驚醒，驚叫著四散飛去。

前面傳來了「瞠瞠咚咚」的響聲。小船越往前搖，聲音越響亮。開始，響聲像鐘鼓間奏；到後來，簡直是金戈鐵馬，千鍾萬鼓齊鳴。這時，小船已進入峭壁夾峙的窄港之間。忽然，一塊巨岩擋住了去路。那金戈鐵馬之聲，分明就發自巨岩之間。

板橋大聲喊道：「仙師，這巨岩，莫非就是蘇子所寫的那塊『當中流，可坐百人』的大石？」

「也許正是它。不知它是否真的『中空而多竅』」，無方站起來大聲向舟子喊道：「喂，將船靠近石岸，我們要尋一尋孔竅在哪裡！」

無方話音未落，由於他站起的太猛，加之窄港中水流甚急，小船猛一搖晃，只聽「撲通」一聲，無方掉進了深水之中，轉眼無影無蹤……

「我來救仙師！」隨著喊聲，板橋白鷺似地朝無方落水的地方一個猛子紮了下去……

一個人影從水中浮了上來。舟子急忙用篙將落水人拉上小船。一看，正是落水和尚，但四處不見救人的先生。正在驚異，不遠處好像浮出了一個人頭，旋即又不見了。

「你攏好船！」無方向年老的舟子吩咐，又向年輕的舟子說道：

「快隨我救人去！」

兩個人相繼紮入了水中。他們一會兒浮上來，一會兒又潛入水底。過了好一陣子，才見無方拖著一個人遊近小船。這時年輕舟子也遊了過來。年老的舟子在船上拖，兩人在水下往上推，好歹把板橋弄上了小船。

板橋已經昏迷過去。

年老舟子急忙將他斜放在木船上，腳高頭低，向外控水。不多久，板橋口中便「哇哇」地向外噴水。艙板上已經積起了一攤水；板橋依然雙目緊閉，又吐出幾口水，方才慢慢睜開眼。不料，他竟笑著說道：

「好個閻王爺呀，連遊湖的人也不放過！不是老鄭懂水性，保准被他拉了去——翹辮子了！」

聽了板橋的戲謔，三個人誰也笑不出來。

板橋生在水鄉，不但會搖船，游泳也來得。幼年時，與小夥伴在興化南門外才子花洲比賽游泳，他雖然很少奪魁，卻也永不做殿軍。今晚，當他下水救無方時，不料，兩腿一齊抽了筋。任憑他兩手如何擺劃，還是不住向下沉。憋氣又憋不久，只得大口灌水。後來的事，他就不知道了。

就這樣，救人的反倒成了被救的。石鍾山的奧祕未探到，板橋卻灌了一肚子鄱陽湖水，險些把性命丟在那裡！

暮秋的深夜，雖然無大風，但霧寒露冷，渾身濕透又無干衣更換，三個下水的人都凍得上牙敲下牙，支持不住。年老的舟子要他們脫光衣服擰乾，讓板橋、無方二人合披一件蓑衣，鑽入船艙取暖。年輕的舟子把船拴在老人的小船上，也鑽進了木船艙底。兩隻小船由年老的舟子一人搖著，慢慢往回劃。

等到返回板橋下宿的客店，已是東天塗朱，晨鐘報曉。舟子泊住船，推開烏篷一看，兩位落水人摟抱在一起，睡得正香。

板橋留無方在客店休息了一天，便應邀跟隨和尚上了廬山。

「廬山細瀑鳴秋窗」。板橋借住在無方上人的簡寂觀裡。白天，兩人結伴徜徉在風景幽雅的靈岩秀巒，蒼松清泉之間；夜間，則品茗揮毫，談文論詩。直到半月後，鍾矜才從湖北歸來，邀板橋返揚州，他才戀戀不捨地與無方握別。

一夕壯遊遇險，半月抵足共眠。一僧一俗，結下了深厚的友誼。分手時，他們相約明年北上，再作京師暢遊。第二年，二人又同在京西甕山[①]相聚數月之久。

與無方的友誼，板橋終生不忘。一生中多次寄詩、字畫，表達思慕之情。獻給無方的詩，僅在《鄭板橋集》中保存下來的即有六首之多。

「一見空塵俗，相思已十年。」相別十年後，板橋寫下了這樣深情的詩句。

「我已心魂傍爾飛，來歲不歸有如水。」板橋出仕山東范縣之後，思念老友之情有增無減。他的「心魂」時刻飛向老朋友身邊。

可是，自從出仕之後，板橋的自由之身成了官身。「官身不自由！」與老友的重聚，共游名山勝水的宿願，只能在夢魂中實現了。

---

① 今北京萬壽山。

一提起山水，板橋總是哀歎自己的命運不佳，自從高中黃榜進士，整整「候補」了六年，竟被放到了地僻人稀的范縣小邑。在那裡，一待就是五年。那坐落在黃河與金交河夾角的小邑，被兩條大河像兩條夾棍似的緊緊夾在當中，彷彿隨時都會被夾碎。到了那裡，就像一頭鑽進了牛角尖，動彈不得。

聞名遐邇的九曲黃河，連流水都是自天而來[②]。按說，住在它的身邊，不時登高遠眺，以窮「千里之目」，自會心曠神怡，寵辱皆忘。尤其是，那仲夏的洪峰，三冬的凌汛，更會有一番壯觀景象。但是，鄭縣令每當站上「大河」的防洪長堤，面對浩渺的黃濤，或者似山的冰凌，不但激不起胸中的豪情，反而總是捏著一把汗：擔心不定何時，黃龍或銀蟒發了怒，眨眼的工夫便會破堤而出，把千里平川上的生靈席捲而去，吞噬乾淨。他彷彿看到，滔天的濁浪，虎視眈眈的冰峰，已經在向他腳下撲來，不由得匆忙逃下大堤。所以，那「浪濤風簸自天涯」的「通天之河」，給他留下的只有焦慮和恐怖的記憶。

他也多次登上小邑的城樓遠眺，但所看到的也是茫茫無垠的平地，星羅棋布的荒村。常常使他滿興而去，惆悵而歸。

等到他調署山東濰縣時，過了濟南東行，沿途南望，群山連綿，看不盡的龍騰蛇舞、峰紫巒青。可是，一過了青州府，山勢越來越平緩。到了離濰縣只有十多里的地方，放眼四野，除了西南方有幾座小山頭，牯牛似地蹲伏在曠野裡，東、北、西三面又是一望無際的浩茫平川，

② 李白《將進酒》詩：「君不見，黃河之水天上來，奔流到海不復還。」

見不到個山姿岫影。連濰縣東面那有名的大澤山也蹤影全無。所以，他剛剛踏上濰縣地界，就在驢背上吟成了一首《惱濰縣》：

行盡青山是濰縣，
過完濰縣又青山。
宰官枉負詩情性，
不得林巒指顧間。

這首詩，再次傾吐了由於他五載羈留官場，終日為兵備、錢谷、文案、刑名等「吏治」纏身，不能寄跡於使他魂牽夢縈的深林秀巒，所感到的痛苦與寂寞，以及平淡無奇的濰縣給他帶來的失望。

可是連他自己也沒有想到，在與濰縣父老共處了七載，並結交了恒徹上人、南花園主人郭偉業、秀才韓夢周等摯友之後，他對濰縣居然產生了深厚的感情。直到離開濰縣十年之後，他七十一歲上，在一首《懷濰縣》詩中這樣寫道：

相思不盡又相思，
濰水春光處處遲。
隔岸桃花三十里，

鴛鴦廟接柳郎祠。

像鍾情山水一樣，板橋更是十分珍惜昔日的友情。凡是有著肺腑良朋、詩畫同道，甚至青樓知己的地方，總是牽縈著他的思戀與嚮往。對范縣、濰縣是如此，對鎮江、揚州更是如此。誰都知道，詩人、作家無不是思想家。他們胸襟開闊，感情磅礴，愛憎特別強烈。身為詩人兼藝術家的鄭板橋，不但有著思想家的深邃磅礴，還有著藝術家的纏綿與熱烈。對朋友、情侶，他情摯溫存，對生活中的不幸者他體恤哀憐，一副菩薩心腸。而對豪強及奸佞之徒，他視同寇仇，譏諷、懲治，無所不用其極，不啻是怒目的金剛。

可是，當他在不惑之年，遇到少女的勇敢追求時，卻驚恐得倉惶逃去。

他不願締結「梅老杏勻」的姻緣……

梅花老去杏花匀

鄭板橋四十歲那年，赴南京鄉試，得中舉人。當「南闈捷音」到達籬門時，他悲喜交集。「一枝桂影[①]功名小，十載征途發達遲……」二兩銀子打發走了「報祿」人，他反而傷心起來。歷歷往事，不堪回首啊！近二十年的窮秀才，靠舌耕、筆耘，仍不能養活一家數口，常常要「傍入門戶度春秋」！後來，他又做了四年被人稱作「老爺」的舉人。可是，名號翻新，貧苦依然！明年便是丙辰科會試之期，他決心躲進長江中流的鎮江焦山，閉門苦讀，以期一戰告捷，實現他二十多年的宿願。

行前，他忙裡偷閒，到雷塘探尋玉鉤斜遺跡。

雷塘在揚州城西北十五里處，又名雷陂。西元六一八年，隋煬帝南游江都。當他陶醉在古城的湖光山色、玉女金食之中而忘乎所以時，他最親密的寵臣宇文化及卻割下了他的腦袋。死後葬於吳公台下。唐代又遷葬於雷塘。雷塘附近有一處地方名叫玉鉤斜，是大批宮女殉葬的地

① 舊時稱登科為「折桂」，這裏的「桂影」指板橋考中舉人。

方。所以又被人稱作「宮女斜」。對於那些年輕、美麗的無辜殉葬者，歷代騷人墨客於感歎唏噓之餘，不知寫過多少哀傷的詩文！唐代詩人迂遲寫過一首《宮女斜》：「雲慘煙愁苑路斜，路旁丘塚盡富娃。茂陵不是同歸處，空寄香魂著野花。」

江南春早，正當二月花時。昨夜一場春雨，晨來春意更濃。一路上，曉風拂面，水光瀲灩，鳥語陣陣，綠柳籠煙。板橋為春色所迷，不由得放慢了腳步。等到覓到玉鉤斜，逗留了一陣子，已經過了巳時。他覺得口中乾渴，想找一杯茶水喝喝。四下一看，不遠處有個人家。那人家的房屋面對池塘，一條曲徑通向柴門。矮矮的粉牆內，露出一株盛開的文杏，滿樹繁花，搖曳在竹叢綠樹之間。板橋推開虛掩的柴門，走進院中。但見竹木扶疏，幾方花圃中春花正豔，環境十分幽雅，不似平常農家模樣。他正在詫異，屋裡走出一位年約六旬、身著粗布衣裙的老嫗。板橋上前拱手施禮，討一杯清茶解渴。老嫗將客人請進客堂，端出一甌香茶，請客人品嘗。板橋一進客堂，便見壁上懸掛的都是自己的詩詞，不由驚問道：

「老人家，你們認識鄭板橋嗎？」

老嫗搖頭答道：「久聞鄭舉人大名，但鄉野人家，無緣相識。」

板橋一聽，頓有偶遇知音之感，便指著自己笑道：「在下就是鄭某人。」

「啊！你就是板橋先生？」老嫗驚訝地上下打量著不速之客。

「正是鄙人。」

「小女有幸！」老嫗說著，轉身向內室喊道：「五姑娘快來，五姑娘快來！板橋先生光臨啦！」

過了好一會兒，並不見女兒出來。老媼看看日色，對客人說：「日已近午，如不嫌棄，就請先生在舍下用點淡飯。」

板橋走了許多路，已經饑腸轆轆，便滿口應承道：「打擾，打擾。」不一會兒，老媼端來一碗辣豆腐花，一碟炒筍尖，一碗白米飯。

板橋舉箸便吃，一面與坐在一旁的老媼攀談起來。

這人家姓饒，世居揚州。主人饒宏，坐過一任知府。因厭惡官場虞詐，忿而辭歸。他賣掉城內房產，來到雷塘隱居，靠種植花木度日。他膝下無子，只有五個姑娘。四個姑娘先後婚嫁，幼女五姑娘年方十七，待字閨中。五姑娘白日幫助侍弄花木，夜晚跟父親讀書、學琴。不料，兩年前，饒宏突然去世。寡母弱女，不能外出賣花，生活日見支絀。老母日夜憂愁，五姑娘卻只把詩詞、古琴放在心上……

「咳，昨夜練琴直到更深，先生到時，她還未醒呢！」老媼半嗔怪地說道。

「荒郊村野，不想竟有如此高雅女子！」板橋心裡暗暗敬佩。

這時，只見內室簾影拂動，款款走出一位妙齡少女。她，衣衫淡雅素淨：上身穿一件淡茄花色寬袖夾衫，下身是一條淺豆青壓條散腿褲。頭綰雙髻，斜插一枝文杏。齊眉的劉海下，閃動著一雙清澈深邃、眼梢微微上翹的大眼睛。她臉上露出微笑。板橋和她的目光剛一相遇，她便微紅了臉，低下頭去愣愣地站在裏間房門口。一時間，倒使大家都很尷尬。過了一會兒，她定了定神，輕步向前，向客人福了一福，莞爾一笑，說道：「不知尊客光臨，有失遠迎。請恕村女慵懶。」

五姑娘那明目、皓齒，那落落大方的言語，反倒使板橋拘束了。他匆忙答道：「豈敢，豈敢。無端打擾，望姑娘海涵。」話一出口，又覺得有些失禮，忙忙地又向老嫗拱手說：「請老人家海涵。」

五姑娘站到母親身旁，正色說道：「板橋先生，村女有一事相煩，不知能見允否？」

「這，這個麼……一定從命。」

「村女酷愛先生詩詞，尤喜《道情》十首，先生肯為村女書寫嗎？」

板橋平靜下來了，微笑道：「這有何難？只是——」說著，往桌上看了看。

「筆墨紙硯都有，請稍候。」五姑娘說著，進房取來淞江密色花箋，湖穎筆，端石硯。她左手攏住右手的寬衫袖，輕舒纖手磨好了墨，然後目不轉睛地注視著客人飛舞的筆鋒。

板橋寫罷《道情》，剛要放筆，五姑娘又說道：「先生盛日壯遊，必有所吟。村女再請先生題即興一首，如何？」

板橋心裡高興，不覺脫口應道：「既如此，妄吟幾句罷！」

五姑娘立刻展開一方花箋。板橋略一沉吟，提筆寫下一闋《西江月》：

微雨曉風初歇，紗窗旭日才溫。繡幃香夢半朦朧，窗外鸝歌未醒。

蟹眼茶聲靜悄，蝦須簾影輕明。梅花老去杏花勻，夜夜胭脂怯冷。

寫罷，板橋雙手將詩箋遞給饒母。老嫗看完新詩，連連頷首，扭頭向女兒瞟去一個會意的目光。姑娘臉色一紅，匆匆進房去了。老嫗等女兒進了房，歉歉地向客人說道：

「板橋先生，老身也有一事相請。先生萬勿推卻。」

「一定，一定！老人家請講。」板橋坐下去，慨然答道。

老嫗近前一步，鄭重地說道：「小女敬重先生已久，願以身相許……」

「啊唷喂！這是從何說起？」板橋忽地站起來，又搖頭，又擺手，「老人家不知，鄭燮四年前喪偶，早已經繼娶郭氏……」

「這，老身知曉。有郭夫人為先生持家，小女可以為先生洗衣漿紗，掃地抹桌。再一說……」

「老人家，」板橋打斷老人的話，「鄭燮乃一介寒士，當年續弦，還是幸賴朋友資助呢！」

「先生不必為難。村婦不求金錢富貴，只求幼有所歸，老有所養。」

「咳，老人家，令嬡年方十七，鄭燮已四十有三。豈可耽誤令嬡青春——萬萬使不得！」

「先生，此事非老身獨專，無奈小女一再明志。難道先生忍心使小女絕望嗎？」

板橋歎了口氣，決絕地說：「並非鄭某心冷，實為令嬡著想，萬望見涼。罪過！罪過！」

他不敢久留，匆匆施了一禮，慌忙逃出門去。

第二年，板橋進京應禮部會試，得中二甲第八十九名進士。年底，當他從京城返回興化老家時，萬沒料到，一進門竟發現五姑娘母女都在自己的家裡！

郭夫人告訴他：自從去年春天他拒絕了饒家的親事，五姑娘悲痛欲絕，矢志終身不嫁。無奈饒家錢財有出無入，日益窮困。去年夏天，即把僅有的二畝園子賣掉了。到了今年，完全靠變賣衣物、首飾度日，光景十分艱難。揚州有一個富商，早就傾慕五姑娘的姿色，想把她買回去做妾，聘金已出到七百兩。雖遭女兒嚴詞拒絕，饒母為貧窮所苦，無奈暗地應允了婚事……

板橋曾將一年前在雷塘的奇遇，繪聲繪色地告訴過老友李鱓。李鱓心有所會，卻笑而未答。當他得知五姑娘將落入虎口之時，心急如焚。正苦於無計可施，不料闖出了一個外鄉人，為他解了圍。此人就是慷慨解囊的程羽宸。當初，他趕到興化，登門拜訪板橋，不巧，板橋上了焦山。他從李鱓那裡得知了五姑娘的事，便立刻慨然拿出一千兩銀子相贈。李鱓為板橋還清債務，又商得郭夫人同意，背著板橋，派人用七百兩銀子將五姑娘贖出來。然後，由郭夫人親到雷塘，將饒氏母女接回了興化老家……

「怪哉！我並未與復堂講，要納饒氏為妾呀？」板橋十分不解。

郭氏答道：「復堂大伯說，你寫了一首叫什麼《西江月》，還是《東江月》的，說得明明白白呢。」

板橋沉默了。仔細一想，肯定是那首《西江月》中，「梅花老去杏花勻，夜夜胭脂怯冷」一句，洩露了天機。他不由得瞥一眼羞答答侍立一旁的五姑娘。瞥見她的左腕上有一隻亮閃閃的翡翠玉鐲。他認得，那是郭夫人的愛物。是當初李鱓送給他，他又贈給郭氏的訂婚信物。再看郭夫人的手腕，卻換了一副普通的銀鐲。一切都明白了。他輕歎一聲，感激的目光久久望著用心良苦的郭夫人。

出仕范縣前夕，他和五姑娘——筠青結了婚。婚後即一同赴任。多虧筠青陪同，才給冷落的衙署增添了溫暖與快樂。「訟庭花落，掃積成堆；時時作畫，亂石秋苔；時時作字，古與媚皆；時時作詩，寫樂寫哀、閨中少婦，好樂無猜……」公務悠閒，加之有「好樂無猜」的愛妾在身邊，使他心暢意適，深感知足。一時興之所至，寫下了如此佻撻的《細君》：

為折桃花屋角枝，
紅裙飄惹綠楊絲。
無端又坐青莎[②]上，
遠遠張機捕雀兒。

由於朋友的仕途之前，便喜結「梅老杏匀」之良緣。每當他沉浸在幸福知足之中時，卻有一種負債折磨著他，總希望早日「征途發達」，重報知遇之恩。

但是，人生畢竟不能永遠與如意事結緣，晦氣事，甚至不幸事，常常也會光臨到你的頭上。與饒氏相識後，板橋便上焦山讀書。在那裡，他既得到了友好的接待，也受到了冷眼的嘲弄。真可謂悲喜交集……

② 一種草。

焦山苦讀嘗冷暖

元宵節第二天，鄭板橋便從興化老家匆匆趕回揚州。收拾行李，匆匆上船，來到鎮江焦山。他是來焦山讀書的。這一年，他已是四十三歲的中年人，而且已經做了三年舉人了。身為「舉人老爺」，為何要躲進人跡稀少的焦山讀書呢？莫非他有著與眾不同的癖好，或者有什麼難言之隱？要不然，何至如此甘於寂寞呢？

是向多舛的命運進行抗爭的決心，將他驅趕來的。

板橋雖出身寒門，但卻受到了良好的教育。幼年時，他先跟作塾師的父親上學。十五歲便到真州毛家橋拜名師苦讀。二十歲上，又拜當地著名詞人陸種園先生學填詞。名師的傳授教誨，加之他天性聰敏，讀書又極刻苦，二十歲上便縣試中榜，成了「雀頂秀才」。既然雀頂秀才能夠輕易到手，那麼由秀才而舉人，由舉人而進士，再由進士而做官——只要沿著舉業的階梯苦苦攀登下去，何愁達不到目的？

於是，課徒之餘，從朝至暮，他手不離詩書，筆不離「八股」文章。省城的貢院，他進了一遍又一遍。無奈，龍虎榜上卻始終沒有他的名字。是他讀書不努力？不，「四書」、「五經」，這些仕進的敲門磚，他不但誦讀千百遍，爛熟子心，在十六歲那年，還將「四書」工工整整默錄了一遍。舉業遲遲不到手，債台卻越築越高。「爨下荒涼告絕薪，門前剝啄來催債。」寧靜的書房，清閒的教館，再也容不下一張安靜的畫案、書桌。三十九歲上，他跑到揚州，在竹林古寺中，借了兩間舊屋，開始了他的賣畫生涯。但是，在「筆墨因人貴」的社會，窮秀才的書畫值不了幾文大錢，貧困仍像影子一樣跟定了他。

從秀才到舉人，他整整追求了二十年！下一個臺階——鄉試中舉，仍像永遠攀不上去的天梯，可望而不可及。正當他心灰意懶，想把聖賢書付之一炬時，不料「報祿」的來了，南京鄉試告捷——他考中了「金頂舉人」！布政司頒給的二十兩「牌坊銀」，不但建不起「牌坊」，招待完一批批賀喜的親友，「牌坊銀」也花了個精光。而陳年舊債卻依然紋絲不動地積在那裡。「待我富貴來，鬢髮短且稀！」四十整歲的老秀才，夢寐以求的舉人到了手，竟是滿腹苦澀。「忽漫泥金[①]入破籬，舉家歡喜又增悲！」遲至的功名，連家人也感到了幾分悲涼。

但是，他畢竟從「天梯」上又上升了一級，離舉業的峰巔越來越近了。

本來，按照清朝科舉制度，舉人參加過京試、會試之後，如沒有考取，還有「揀選」的機會，即擇優選擇授官。但那必須具備四個條件——身、言、書、判。即：一要體貌豐偉，二要語詞辨正，三要楷書清麗，四要判斷文理優長。板橋自信，言詞、文理，不在他人之下。但自己身體瘦小，面貌寢陋。加之幼年生天花，臉上還留下了幾顆麻子——缺乏「完身」。而他那被稱

① 忽漫，即忽然；泥金是一種金色顏料，用以書寫喜慶貼子。此處係指考中舉人的報喜帖子。

為「六分半書」的怪字，離那循規蹈矩的所謂「館閣體」正楷，也有著天壤之別。因此，「揀選」這條路，對他說來，不啻是水月鏡花，望梅畫餅。擺在他面前的，只有兩條路：或者做一輩子窮賣畫的「舉人老爺」，或者百尺竿頭更進一步，蟾宮折回桂枝，奪個進士及第。只要是補上了實缺；徹底擺脫窮困，就容易得多了。

「如其窮死，何如拚死！」板橋下了狠心。他扔下手中的賣畫筆，背上詩書被囊，躲進了遠離塵囂的孤島焦山……

焦山坐落在鎮江城外北固山的斜對面，雄踞在大江中流，是一座不大的孤島。焦山形似鼇魚脊背，山頂有兩座山峰，東西雄峙。山上除了三五戶漁家，就是四五座寺院了。只有一家小客店，孤零零地守在渡口旁邊，為香客提供借宿的方便。焦山上最大的寺院要數海若庵，庵裡有一座遠近馳名的高閣——望峰閣。這閣因面對雙峰、占盡地利而得名。閣高三層，碧瓦朱柱，斗拱彩椽，八角飛簷。站在閣上，憑欄遠眺，雙峰景色一覽無餘；浩浩大江，波光帆影，盡收眼底，使人心曠神怡，寵辱頓忘。

板橋沿著焦山轉了一圈兒，只相中了海若庵。便決定在這裡覓個暫居之地，安靜地苦讀一年書，為明年丙辰科會試作最後的一搏，板橋來到海若庵老方丈面前，恭恭敬敬地施禮說道：

「老方丈好！在下冒昧打擾。」

正盤腿坐在廊簷下，曬著太陽品茶的四空和尚，看到走進個陌生人，只當是隨意瞻仰廟容的遊客，斜眼瞟了瞟，繼續品他的香茶。等到來人站到他的面前，並深深作揖問安時，他才點頭招呼道：

「施主上姓？莫非前來獻香燭？」

「在下鄭板橋，從揚州來。想到寶剎借住一些時日，不知老方丈能笑允否？」

老和尚曾聽說，揚州有個叫鄭板橋的賣畫舉人，書畫極精妙，尤其擅畫蘭竹，每一幅都值幾兩銀子，不由斜瞥一眼面前站著的客人。只見他身著已經褪色的青竹布長衫，腰帶上的荷包、佩玉，普普通通，看神色也不似舉人老爺模樣，便疑心對方是冒名誆騙。於是，老和尚語氣粗魯地答道：

「要借宿容易——呶，山下就是客店，先生盡可去住。店房便宜得很呢！」

板橋從旁邊拖過只蒲團，在老和尚對面坐下去，答道：

「老方丈不知，在下不是一時借宿。是要找個安靜的地方，住一些時日。我見寶剎正有幾處閒房子，故而……」

老和尚冷笑著打斷了他的話：「佛門乃是清靜之地，縱然有幾間禪房，也不是供閒人居住的。那是為遠道而來的高僧、施主所備。」

「在下並非閒人——是想找個安靜的地方，埋頭讀書。」

「什麼？找地方讀書？」

「正是。」

老和尚真起腰，從上到下仔細打量客人一番。見客人面目瘦削，精神委頓，尖尖的下巴上飄著稀疏的細鬍子，分明已是半百老人了。便冷笑道：

「先生這把年紀，不回家抱孫子，卻要讀什麼書——莫非中了邪祟？」

板橋正色答道：「有志不在年高，無志空長百歲。在下雖然已逾不惑之年，但依然滿腹糙糠，必須再苦讀一番……」

「這是為何？」老和尚再次打斷了客人的話。

「為了明年的會試。」

「啊？」老和尚一聽，急忙站起來，雙手合什。「阿彌陀佛！這麼說，恩施主真是揚州的鄭舉人，鄭老爺啦？」

「我已說過，正是在下。」

「我聽說，那位鄭舉人正在揚州賣畫呢……」老和尚忽然又猶豫起來。

「不錯，那就是我。」板橋拍拍身上的舊長衫：「老方丈請看，我賣了十多年的畫，至今連件像樣的長衫都穿不上。所以，我想再喝幾升墨水，染出件黑官衣穿穿。」

聽到這裡，老和尚方才滿面堆笑，說道：「小僧法號四空，既然鄭老爺不嫌棄小寺齷齪，貧僧情願破例，為鄭老爺收拾出一間大房子，供您居住。」老和尚伸出左手指著問道：「鄭老爺您看，望峰閣前，花圃旁邊那一間如何？」

「嘿，再好沒有啦！」板橋站起來，高興地長揖至地。「老方丈，在下一人來此，還要向寶剎借齋飯呢。」

「那是自然，那是自然——只要鄭老爺不怕齋飯粗糙、寡味，難以下嚥，就是小寺的福氣咯！」

「多謝老方丈！」板橋又恭敬地深深一揖，「不過，凡事應該先小人、後君子，不知每月須向寶剎繳多少飯費、房租？」

「咦！鄭老爺見外啦。你老人家不嫌棄小寺，已是闔寺僧眾之光彩。且不說，小寺不乏施主們的布施，就是僅有一碗齋飯，也得讓鄭老爺一人吃飽呀，哈……」

老和尚的朗朗暢笑，像一陣和風，吹散了板橋心頭的積鬱。想不到，一上山，便遇上了如此慈祥的出家人。自己來焦山的第一步，竟是出乎意料的順心遂願。他本想再說幾句感謝的話，老和尚卻站起來，向外大聲吩咐道：

「松風，速速給施主收拾房間。水月，去客店中取施主的行李！」轉過身，他又向板橋雙手禮讓：「鄭老爺，請到方丈待茶。稍候，一切都會安置妥帖的。鄭老爺，請！」

鄭板橋算是交了好運氣。他的臨時書房寬敞明亮，華貴幽雅。精美的紫檀細雕傢俱，床帳嶄新潔淨，牆上是古人字畫，博古架上擺放著玉器、珊瑚、青銅古瓶。推開窗戶，仰看飛閣凌雲，鳶鷺遨空；俯臨浩淼大江，波光帆影。一日三餐，精美的素菜素飯，由小和尚端到面前。飲的是沏在銀鑲細瓷茶壺中的西湖龍井茶，聞到的是院中飄來的陣陣臘梅異香。讀書累了，漫步焦山之巔，北固雄姿，金山塔影，瓜州古渡，邗江銀輝，一一盡收眼底。他到山上的第二天，便高興地吟成了一首！《遊焦山》，表達了他初進山時心滿意足的恬靜心情：

日日江頭數萬山，

諸山不及此山閒。
買山百萬金錢少，
賒欠何曾定要還。

板橋到海若庵的第二天，老和尚四空便親自送來一束畫筆，十幾張宣紙，讓板橋「讀書累了，隨便寫寫畫畫消遣」。可是，板橋一心想著明年的會試。唯恐書畫分心，歲月蹉跎，一旦蟾宮折桂遭挫，不僅壯志難酬，而且愧對鄉里；若是一年中毫無進項，越來越深的債壑，也休想填平！由於他把全部心思集中到了詩書舉業上，老和尚的紙筆送來了半個多月，依然靜靜地待在那裡，一動未動。他實在沒有閒心寫字作畫。

有一天，一位姓袁的朋友，因為板橋愛蘭竹，派僕人搖船自鎮江送來了四盆盛開的蘭花。板橋將花盆放在臨窗的小几上，愛惜地不住端詳。傍晚，老和尚過來閒坐，「給鄭老爺解悶」時，對蘭花的幽香繁茂，著實誇獎了幾句，並露出羨慕的眼光。板橋一時心粗，並未在意。

等到坐下之後，和尚不住地向送來的宣紙和畫筆瞟幾眼。板橋雖明白老和尚的意思，但也只說了幾句感謝饋贈紙筆的話。心想，等到要離開時，一定擠時間認真畫幾幅畫，寫幾幅字，以答謝老和尚長達一年的關注和無償招待。而且他已經構思出一副妙聯。不過，眼下不僅無興致，倘使匆忙送了字畫，反倒有以利換惠之嫌。那豈不成了勢利小人？他不屑於那樣做。

不料，第二天上午，便發生了一件使他意想不到的事。這年春遲。昨夜竟下了一場中雪。等到赤日升天宇，溫煦撒遍大地，簷瓦上便滴滴答答落起了水珠。

板橋拍拍昏沉的頭腦，邁步來到花圃間。十幾株臘梅，披著一身雪衫，倔強地挺立在那裡。白雪映黃花，分外清爽俏麗，灑脫超俗。陣陣異香，彌漫在潤涼的空氣中。深吸一口，直沁心脾。板橋欣賞多時，不由得伸手折下一枝臘梅，帶回書齋，插進博古架上的古銅瓶裡，灌上水，供到了桌案上。

板橋被那橫斜而出、綽約多姿的臘梅深深陶醉。一首新詩浮上腦際，便隨口吟道：「簷雪才銷日上遲，古銅瓶插臘梅枝……」剛吟到這裡，忽聽背後傳來一陣重重的腳步聲。一回頭，四空和尚走了進來。

「鄭老爺，恕老僧直言。」老和尚的臉色，像昨夜降雪時的天空。他指著瓶中的花枝，聲色俱厲地說道：「折花傷柳，乃婦孺所為！佛門乃慈悲之地，豈容此等行徑？」

「這……老方丈，恕在下魯莽。我覺得，不過一株花……」

「小寺向無折花插柳之例！」

「那……以後不再如此就是。」

「那就好！」老和尚鼻子哼一聲，扭頭而去。

板橋萬萬想不到，折下小小一枝梅花，會是什麼了不得的事。他雖然半生潦倒，但半點看不得別人的冷臉子。他呆坐在那裡，越想越氣，本想追上老和尚回敬幾句。想到「端人碗，受人管」的古語，只得把火氣壓了下去。但仍氣乎乎地坐在那裡，大半天看不下一行書。

「嗡嗡嗡」，一隻蒼蠅低低叫著，無力地觸著窗紙，想要逃出去。倘使在平時，板橋定要抓起掃帚，將討厭蟲殺死。此時，不知為什麼，他竟頓生憐憫之心，站起來慢慢推開窗戶，將半死的蒼蠅放了出去。呆呆坐了半晌，他忽然記起剛才被打斷的新作，索性補上了後面兩句，並高聲念了出來：「觸窗無力癡蠅軟，切莫欺他失意時！」

從這一天開始，板橋再也見不到四空和尚的面。對他的招待，也忽然變了格局：青花細瓷茶具換成了瓦壺，香茶變成了乾山菊花，白米飯變成了糙米飯，下飯菜也是清水煮青菜加鹹鹽；飯菜吃到嘴裡，像嚼苦藥渣。板橋明白了：人家是在下逐客令！

此時，他才意識到因何得罪了四空和尚。儘管他捨不得那寬敞的書齋，幽靜的環境。但他不願祈求。「長鋏歸來乎，食無魚！」高傲的性格改不掉，他決定另覓住處。誰知，問遍了山上山下所有寺廟，家家婉言拒絕。最後，好不容易說動了山頂別峰庵老和尚松風，方才答應將神殿東側的一間小房借給他居住。板橋千恩萬謝，當天就搬了過去。離開海若庵時，他用和尚送來的紙寫了兩行文字，留在房間的長几上。寫的是：

此山不留他山去，
大屋何止換畫幅！

「是的，四空和尚，留著你的大房子換錢去吧。我的畫，逼是逼不去的！」話是這麼說，吃一塹，長一智。在別峰庵安頓好被褥書籍後，板橋第一件事，便是展開一張四尺宣，寫下了那首《游焦山》，送給老方丈。

老方丈接過題詩，長歎一口氣：「難為先生，阿彌陀佛。」停了半晌，他向海若庵的方向努努嘴：「貧僧所以冒得罪芳鄰之憾，收留先生，並非眼饞先生的大筆，實在是有些看不過去。不過，小庵非海若庵可比，不周之處，還望先生海涵。只要先生不嫌棄小寺，儘管住下去就是。」

熱淚湧上板橋的雙眼，他恭敬地長揖至地：「板橋不忘方丈厚恩！」

別峰庵坐落在焦山北側，雙峰之下的別峰上。這「別峰」，名之為「峰」，實在無峰可言，不過是一快略微隆起的傾斜山坡而矣。別峰庵就坐落在這裡，是闢出一片平地而建起的。板橋的住處十分狹窄，不過方丈之地。老和尚幫他用隔扇將屋子分開，前面做書房，後面做臥室。室前是狹廊，右前方有一小院，三五株花木在冷風中抖索。小庵香火稀少，在這裡讀書，比海若庵更加清靜。難得的是，老方丈雖然清苦，卻總是同桌共餐，熱情相待。板橋感慨系之，便撰寫了一副對聯，貼在住處的窄門上：

室雅何須大，
花香不在多！

是的，別峰庵雖無寬敞講究的房間，寬廣蔥蘢的花圈；但卻有著金錢買不到的安靜與友誼。斗室雖小，卻清雅；庭花不多，還溢香。「室雅何須大，花香不在多！」這對聯，既是對別峰庵松風禪師的讚頌，也暗含著對四空和尚的傲然回敬。

這一年，臨近辭灶了，板橋才戀戀不捨地辭別老方丈，回家過年。臨行前，他忽然記起還有一件未了卻的心事：雖然海若庵的四空和尚勢利得令人作嘔，毫無情誼可言，自己畢竟在那裡白吃白住了近二十天。當時囊空如洗，轉身離開，分文未付，不欠友誼還欠人情呢。如再無任何表示，有失做人本分。於是，他展開紙，將當初構思好、打算寫給海若庵的一副對聯，寫了出來：

楚尾吳頭，一片青山入座；
淮南江北，半潭秋水烹茶。

寫罷，他不願見四空和尚，便求別峰庵老方丈得便交給海若庵——「從此兩不賒欠！」

第二年，四十四歲的板橋北上京師，參加會試，僥倖得中二甲八十九名進士。告捷歸來後，第一件大事就是祭奠乳母，然後帶上禮物，專程到焦山別峰庵，看望老朋友松風法師。一生中，他永遠牢記著別峰庵的深厚情誼。

二十載寒窗之苦，別峰庵中足不出戶一年苦讀，板橋總算攀上了「舉業」的盡頭。不過，二甲進士，僅是「賜進士出身」離一甲「進士及第」尚有半步之差。板橋深感委屈與不平！但，半生束狂守拙，晝拼夜爭，總算天從人願。從今往後，他可以拋棄折磨人的「八股」，踢開束縛真性的「館閣體」，放開手腳，實現創立新書體的夙願了！殊不知，等到他成功地創出獨樹一幟的「六分半書」時，隨著讚譽之詞而來的，竟是許多意想不到的非議與侮辱！使他於欣喜之中平添了許多苦惱。尤其是「六分半書」給他帶來的那場京師蒙羞，許多年後他都難以忘記。但他並不退縮，仍然沿著認定的目標走下去。真可謂：

束狂守拙違真性，
破陳出新任頑愚……

千人罵香「六分半」

鄭板橋「嘿嘿」笑著，醒來了。

外面傳來了一聲接一聲的鳥鳴。鳥聲嘹亮婉轉，悅耳動聽，比畫眉清脆，比黃鸝柔婉。也許是白靈，或者別的不知名的鳥兒？大概正是這勁亮的鳴囀，擾醒了他的清夢。來京城後，他好像第一次睡得這樣香甜。

剛才，他做了一個美夢。剛剛登基的乾隆皇帝，相中了他獨樹一幟的「六分半」書，破例降詔，恩賜他為「翰林院掌院學士」——翰林院最榮耀的官職！他清楚記得，那寫在聖旨上的贊詞是：「昨覽鄭燮殿試卷文，不唯忠悃廟堂，議論精確；抑且書體峻奇：所創『六分半』書，燦若霜花綺石，堪稱前無古人。足堪矜憐，朕心甚喜。擢授翰林院學士，以備朕躬不時召詢……」

按照清朝定例，進士殿試得「庶起士」方得點翰林，進翰林院。然後沿著庶起士、檢討、編修、侍講、修撰、侍讀、掌院學士的臺階，向上攀登。而板橋自己不過得中二甲八十九名進士，已經臨近末榜了。連「庶起士」的資格都沒有，哪來的翰林院可進？更何言「掌院學士」

想到這裡，不由撲哧笑了起來。嘻，光棍漢做夢娶媳婦——盡想美差事！

不過，為啥會做這樣一個自己想都沒想過的怪夢呢？

仔細想想，也許與近來的心境不無關係。自己功名遲至，四十四歲上方才把進士攀到手。雖說那名次足以使人臉紅，但「進士出身」畢竟是非同等閒。讀書人終生夢寐以求的殊榮呀！自己二十歲上縣試中式，整整苦拼苦熬二十年，好不容易才把舉人爭到手。焦山別峰庵中的一年長夜寒燈苦讀，總算沒白熬。折來桂枝，贏得光彩，可以告慰老父於泉下了。當五風樓前看過金榜，太和殿赴罷瓊林宴歸來時，他連夜畫了一幅《秋葵石筍圖》，並題上一首七絕，以抒發他的幸福和喜悅之情：

牡丹富貴號花王，
芍藥調和宰相樣。
我亦「終葵」[①]稱進士，
相隨丹桂狀元郎。

喜悅歸喜悅．心頭總覺有幾分苦澀。若論學問才識，自己斷不至於屈居末榜位置。倘若不是因為自己幾十年來，苦心孤詣追求書體改新，一直寫不好、也十分厭惡考場必用的字體——

① 諧音「中魁」。

館閣體，躋身「頭甲」諒無問題。他當然明白，寫不出工整清麗的毛筆字，幾十年的苦苦追求就將毀於一旦。因此，不論南京鄉試，還是禮部會試，他總是小心翼翼地摹寫著入規合範的正楷體。但筆下放蕩慣了，總要露出幾分悍霸狂悖之氣。這樣的字體，落到那些手握予奪大權而又恪守舊習的主考大人眼裡，簡直是狂妄不敬之極！他們的朱筆不把你勾掉，就是萬幸中之萬幸了。「窗下莫言命，場中不論文！」古人的話，可謂說出了舉業的真諦。沒有十年寒窗苦，談不到命運好。但閱卷官造詣高低，差之毫釐，失之千里；而評語的優劣，所依據的並不是文章的道理辨識，而是他們的個人偏好。何況，自己連規範的「館閣體」都寫不好！如此說來，方才夢中的得意，無疑是對自已的諷刺！哼，諷刺在他，揮筆在我，我行我素。讓抱殘守缺的愚夫子笑罵去吧。什麼「變而無度，失之過怪」，什麼「墮入魔道！」我還嫌入「魔」不深，「怪」得不夠呢！

可是，那南轅北轍的怪夢又從何而來呢？也許是因為這幾天求字的人特多，心暢美夢至？是的，多半是這麼回事。

板橋上次進京是在雍正三年。當時他三十二歲，不過是一名在村塾混嚼谷的藍衫秀才。他在京城逗留了大半年。大部分時間住在甕山無方上人的寺院裡。白天跟上人一起引山泉灌菜園。到夜晚，便品茗，談詩，論畫。外出遊覽的地方也多是道觀禪院，結交的多是禪宗尊宿及羽林子弟。窮秀才不願低聲下氣與達官貴人攀附，出家人中，能詩懂畫的畢竟不多，像無方上人那樣的飽學之士，更是罕見。板橋只與他唱和較多，也曾多次將詩詞題贈，並認真為他畫過幾幅畫。無奈，他的「六分半」書，連同他最拿手的墨竹，除了少數幾位摯友，真正能賞識的的人並不多。

而此次卻大不相同了。剛赴罷瓊林宴，求畫求字的人便絡繹登門。特別感到意外的是，他這名噪揚州的畫竹大家，剛來到京城時，他的墨竹竟沒有引起多大的轟動。他的書法反倒獲得不少讚譽之詞。諸如：「獨闢蹊徑」，「自樹旗幟」，「脫盡前人窠臼」，「一字一筆，兼眾妙之長」等等。唉！二十餘年辛勤追求、磨穿鐵硯般的苦練，總算得到了明眼人的肯定與賞識。他的心血與努力終於得到了報償。

是的，今晨的美夢，很可能就來自這種得意舒暢的心境。倘若說，這是因為他成了皇榜進士，「字因人貴」，所以人們競相求字。事實絕非如此。平心而論，他今天的字，確已非十多年前可比了。因此，對那些讚譽之詞，他覺得當之無愧。

尤其使他感動的是一位名叫圖清格，字牧山的滿族工部郎中。此公進士出身，晚年隱居蘆溝橋附近的沙窩村。該村離京城四十餘里，他竟然幾次來甕山訪板橋。圖清格善繪畫，學石濤和尚技法，花卉極精。他與板橋一見如故，盛情邀板橋至沙窩村做客。板橋前去拜訪時，盤桓十幾天方歸。每次相聚，圖清格差不多總有畫幅相贈。而他索要的「回贈」，必是板橋的書法作品。板橋在《又贈牧山》詩中，曾寫下這樣深情的詩句：

訪君古樹荒墳邊，
葉凋草硬霜凜栗。

一醉十日亦不辭，
　蘆溝歸馬催人疾。

三天前，圖清格到了香山，下榻臥佛寺，派車接板橋去香山看紅葉。板橋慨然相允。雖然圖清格所邀的朋友中，有幾位頗多綺羅之氣，使人不堪忍受。但有了飽學主人美酒佳饌的款待，加之，秋高氣爽，巧雲片片，楓葉流丹，瓷塔滴翠。兩天中，一直處於陶醉狀態的揚州才子，不但詩興勃發，而且筆底煥彩，佳作連篇。他並不吝惜，有索即贈。以詩會友，以字會友。看到相識和不相識的人，一致對自己的「六分半」傾倒，板橋感到無比的幸福與驕傲。

他覺得，自己的字所以會有今天的境界，固然由於幾十年的執著追求；但也與他元配夫人徐氏的開導，絕對分不開。

中秀才之後，板橋久久陷入痛苦之中。他覺得聖賢書中，確有著很多修身、齊家、治國、平天下的大道理。那不但有益於國家，也有益於自身，即使不為功名，人生在世讀聖賢書也是多多益善。但要走舉業的路，光書讀得多，會寫八股文，試帖詩，遠遠不夠，還得寫出一筆規範的小楷字。多年中，他就將宋四家之一、黃山谷的碑帖作為範本，刻意摹寫。可是，仍然學得不到家。他深感苦惱。

有一天晚上，他思考如何將字寫好，久久睡不著。妻子已經呼呼入睡了，他還在苦苦思索。一面伸開右手食指。運筆似地不住地在被窩中劃來劃去。不知什麼時候，他的手指在妻子的背上劃寫起來。妻子被劃醒了，朦朧中問道：「你不好好睡覺，劃拉什麼？」「我在摹體。」「你自己有體嘛。」「你說什麼？」「你自己有體，為何摸別人的呢？」「噢，不錯，不錯！」他興奮地大聲喊了起來。

妻子說的「體」是身體，他領會成了字體。不料，一句睡夢之中的巧合話，卻給了他極大的啟迪。從那一天開始，他苦苦思索走自己的路，創自己的體。是的，不論黃山谷也罷，顏真卿也罷，就是學得跟他們酷似逼真，也還是黃字，顏體。學了人家，失掉自己！倘使自古以來，人人都只學他人，恐怕至今仍然只有甲骨文一種書體。莫說真、草、隸，連大篆、小篆也不會有，更不要說崔蔡鍾繇，歐柳顏趙，書苑百家了。

經過許多天的琢磨，板橋決定在隸書的基礎上，將真、草、篆幾種書體融合在一起，創造一種新書體。即：以楷隸為主，草篆為副，再融入畫蘭、畫竹筆法。經過數年的摸索，反覆的試驗，終於漸漸形成自家風格：撇筆長而瘦，宛如蘭葉，用內壓法；捺筆短而肥，酷似竹葉，用外拓法；其蹲岴之處，撇筆在接近收尾的中部，捺筆則在收筆之處，宛如隸書的隼尾波。運筆倏而多變，中鋒、側鋒、方筆、圓筆、岴筆、渴筆、蹲筆、挫筆，兼收並蓄。尤其是側鋒，更是被他運用的得心應手：飽含飛動之勢，而無嶙峋之弊。在字體上，他更是不拘繩墨，大、小、方、圓、正、斜、長、短，什麼奇形都有；甚至加以增筆、減筆、移位、換筆。這樣寫，看似雜亂無章，實則亂而有致，趣味盎然。在章法布局上，更是刻意追求峭拔，或如風起雲湧，時得舒卷變幻之氣；或似飛花霰雪，極盡自然灑脫之趣。這樣數年苦練，異峰突起，許多人為他的書法所傾倒。當人們詢問他的字體名號時，板橋隨口答道：「似『八分』而短，就叫『六分半』吧。」

「哈哈！二十年的心血沒白費！『六分半』不但征服了揚州，也開始征服京師咯！」他高興地自語起來。

他忽然記起，昨天與圖清格約定，今日同游宣武門內的法源寺。法源寺建於唐代貞觀年間，原名憫忠寺、順天寺、崇福寺。雍正十二年始改法源寺。該寺不但歷史悠久，而且憫忠台內藏有歷代石刻、經幢，是吊古和研討書法藝術難得的場所。更使板橋感興趣的是，據說北宋徽宗皇帝趙佶，就曾在法源寺做過階下囚。這位迷信道教的皇帝，善畫翎毛花卉，「知百藝、通學問」，寫得一手婦人氣十足的「瘦金書」。但他秉性昏庸，毫無治世之才。在位二十六年，最大的「建樹」，除了宴樂冶遊，就是重用奸臣蔡京、童貫，以及貶斥飽學而卓有識見的政治家司馬光等廉吏。以致奸佞滿朝，賢士絕跡；哀鴻遍野，民不聊生。結果，金兵乘虛而入。這位只會向拿筆的忠臣施淫威的宴樂皇帝，在拿大刀、騎快馬的異族侵略者面前卻嚇掉了三魂七魄，慌忙將皇位讓給兒子。但為時已晚，已經救不了垂危的國勢。兒子欽宗坐了不到兩年皇帝，就跟老子一起做了金人的俘虜。父子二人被押解北上，就囚在法源寺內。趙佶滿以為得到了苟全性命之所，作畫賦詩以表感戴，高興了好一陣子。不料，不久之後，又乖乖地被押送到關外遙遠的五國城，直到病死在那裡。與之形成對照的是，他的一位名叫謝枋得的臣下，生前曾寫過一篇《祭辛稼軒先生墓記》為「精忠大義」的辛棄疾蒙天地間大冤而吶喊。當他擔任信州知州時，金兵來犯，他率部英勇抵抗。城破後，隱遁建甯唐石山。元代建國以後，終於將他找到，強制他歸順。但他「一身不事二主」，像文天祥一樣，堅決拒絕做元人的臣僕。當他被拘在法源寺內「自擇生路」時，毅然絕食而死！

唉，在同一座古寺內，宋室一君一臣，竟演出如此天差地異的歷史活劇！如此勝跡，豈可不遊?!其實，這個願望，並非始自今日。板橋三十三歲那年，北游京師時即曾造訪過，因該寺正在大修，向隅而歸。

「篤，篤，篤！」有人在敲門。「日上三竿，大進士該起駕啦！」

是老友無方上人在門外催促。

是的，今天赴圖清格的詩會，應該趕早，以便儘先憑弔謝公殉難遺跡。他趕忙起床梳洗，用過朋友備下的素餐，雇上一輛騾車，進西直門，過新街口，奔法源寺而去。

圖清格已經先一步到達，板橋反倒遲了一步。由老方丈陪著，草草瞻仰過山門、鐘鼓樓、大雄寶殿，藏經樓，便向老方丈打聽謝枋得殉難的地點，不料，老方丈搖頭道：

「小僧聽師父說過，有位宋代大忠臣在小寺的後院殉國。至於究竟哪座房子，當初師父也說不清。」

「唉！如此忠良，也有被人遺忘的時候！」板橋感到一陣悲涼。他轉向老和尚問道：「禪師，可否帶我去看看後院——我真想親筆撰一塊『憫忠碑』豎在那裡！」

老和尚應著，立刻領著板橋向後院走。這時，圖清格派人來催促入席。板橋只得暫時作罷，轉身到風雨閣上入席。

今天，赴詩會的客人，除了裕福未到，圖清格邀請的都是香山賞紅時的原班人馬。酒筵開始不久，寒暄剛過，便開始行酒令。過了不一會兒，圖清格的一個年輕僕人便來到閣上報告說，寺前來了個奇怪的賣字畫的人。

「怎麼個奇怪法呢？」板橋及圖清格同聲問道。

「他要價稀奇得很——三幅字，只要一個錢！給多了反倒不賣。說什麼．奶奶的，別看字孬，紙卻好。一個小錢準值——不過，多給一點也不賣！世界上哪有這樣做買賣的？老爺，你們說怪不怪！」

「走，我們看看去。」板橋好奇，站起來準備往外走。

「咳，有啥可看的？」圖清格一心留戀行令，「八成是個瘋子。」

僕人又補充道：「老爺，看他的穿戴、氣色，倒像是個富貴人呢。」

「老先生，我們看一眼就回。」板橋說罷，站起來往外走，圖清格和另外兩位客人只得跟著一起走了出去。

法源寺山門正中的石階上，擺放著三幅字：一張四尺宣中堂，一個豎幅和一幅小橫額。三幅畫的四角隨便用石塊壓住。一個穿戴頗華麗，左手拇指上戴著翠玉扳指兒，身材魁偉的年輕人，正叉開兩手，在大聲叫賣：

「諸位，貨賣予識家，別嫌價錢便宜。一分錢，一分貨！買回去引火擦屁股，總能派上用場的。便宜貨，快買喲——多了不要，一個小錢！」

板橋一看地上擺的畫幅，竟全是自己此次進京後的作品，不由大吃一驚。這些字都是被人索要去的，怎會到了這裡？仔細一看，畫的上款全部挖了去。他推開圍觀的人，擠進去問道：「請問，你這字幅，從哪裡來的？為何要賣？」

賣字的人上下打量一眼問話的人，陰聲陰氣地答道：「什麼『字幅』？幾張給糟蹋了的宣紙！是俺從茅廁坑裡揀來的。放著噁心人，不得不賣。你先生缺擦屁股紙，就買回去——便宜——三幅，一個小錢！」

板橋忽然明白了，這是有人在故意作踐自己。此次進京以來，有好幾次，他當眾揮毫寫字時，有人露出不以為然的神色。有人雖然嘴上不住喊「不凡」、「開眼」，雙眼中卻是一派鄙夷和不屑的神色。前天在香山，酒宴後有個叫裕福的皇室子弟向他索字。話雖然甜得像蜜糖，目光銳利的板橋卻看出他並無誠意。但怕有礙於圖清格的面子，只得給他寫了一幅中堂。不料，今天竟擺在這裡叫賣。「哼！哪裡是什麼叫賣，分明是在辱罵鄭某！」

板橋越想越生氣，不由脫口罵道：「混帳東西！」

「呀哈，買賣不成仁義在。你為何罵人！莫非皮子癢啦？」賣字人說著，伸胳膊捋袖子，近前一步，伸出左乎，揪住了板橋的衣領。「來，爺爺給你治治癢！」

「放肆！」圖清格大聲怒喝，「鬆手！你知道他是什麼人嗎？」

「罵人就該揍，我管他是什麼玩意兒！」賣畫人氣勢洶洶，毫不退讓。

「你……我就是寫字的人！」板橋氣得臉色雪白。

「呵！原來寫這種狗屎臭字的就是你呀！你吃飽了撐的是嗎？多好的宣紙，你拿來瞎糟蹋！」

「大膽，他是新科進士，鄭板橋——鄭老爺。」

「什麼，進士老爺？」賣畫人鬆開手，做出吃驚的樣子，向板橋拱拱手：「對不起，進士老爺。這事怨不著在下，得怨你這筆好字——我尋思是哪個放牛、趕車的裡把頭，瞎抹糊呢？這麼說，這字，十文錢也不賣啦。大進士的字嘛，回去拿來引火，准旺呢！」

板橋被氣得怔怔立在那裡，一時不知該怎麼做；半晌，才向圖清閣說道：

「大人，那裕福到底是你的什麼人？」

「咳，不過是一位朋友的本家。」圖清格見賣畫人收起畫幅要走，向身邊的幾個僕人吩咐道：「不能放走這混帳東西，我得弄明白是誰讓他幹的！」

這時，板橋卻大聲說道：

「大人，讓他走就是。此事毫不足怪！」他又向賣畫人說道，「回去告訴你家主人，鄭燮的『六分半』書，不管值幾文小錢，反正寫定了。誰也別想讓老鄭放下筆！呸！」

惡作劇給詩酒歡聚蒙上了一層陰影。今天的酒宴，再也歡樂不起來了。臨別時，圖清格再一次向板橋賠禮，埋怨自己有眼無珠，上次不該接納無恥蠢種，以致給朋友帶來羞辱。

誰會想到，這場侮辱板橋書藝的惡作劇，不僅沒有使板橋退縮，反倒激勵了他，使他永遠記住這次京師蒙羞。他暗暗下定決心，非把「六分半」練得爐火純青，海內稱奇不可。功夫不負有心人。板橋五十歲以後，他的書法漸漸出神入化。橫塗豎抹，涉筆成趣。以致，海內公認他的「六分半」超過了他的人人稱絕的蘭竹。後來，老友李鱓作了畫，特別喜歡請他題詠。一時間，「李畫鄭題」成了江南瑰寶。連乾隆皇帝的十六叔父慎郡王的詩集：《隨獵詩草》、

《花間堂小草》，在請板橋「指正」之後，也非要板橋書寫雕版不可。後來，板橋的字不但為國人珍視，連高麗國宰相李艮來中國，也親到揚州投刺，向板橋索字。

鄭板橋的字很快傳遍古國神州，天涯海角！

多年以後，想到苦練「六分半書」的甘苦，板橋吟過一首打油詩：

領異不避世人嫌，
標新難於上青天。
卅載寫活鄭家竹，
千人罵香「六分半」！

不信邪、不媚俗，是鄭板橋的稟性。他堅信，被稱作「亂石鋪階」的「六分半書」，一定會越罵越香，人人喜愛。眼下最使他憂慮的，是倒楣的官運！題名的金榜代替不了補缺的委任狀。繼續滯留京師，茶飯住宿，無一不需白花花的銀子去打發。原先鼓鼓囊囊的錢搭子一天天癟下去，叫他到哪裡籌措去？

正當他打點行裝，準備南歸時，去了一趟琉璃廠書肆。歸途中，偶然結識了年幼的青樓女子招哥，惹動起不盡的愛戀和惆悵……

畢竟惜玉還憐香

鄭板橋忿忿不平。

乾隆丙辰科黃榜題名的進士中，凡是有根基、有銀錢的，一個個先後得到實職，紛紛走馬上任而去；而自己卻滯留京師半年多！眼下已是綠柳含煙，春燕呢喃，授官的消息卻仍然杳如黃鶴。

進京時帶的銀兩本來就不足，原想靠賣字賣畫賺一點潤筆，補貼異鄉作客的食宿之資。不料，他的「六分半」竟遭到無恥文人的譏諷攻擊。一怒之下，對外封筆——只練字，不賣字。發誓「三年之後見分曉」，決心用他的「板橋體」征服京師，飲譽神州！

可是，眼下怎麼辦？自己一沒有硬挺的靠山，二沒有敲門的金磚，僅憑「進士」的虛銜，只怕一時間仍難候來「朝廷的恩典」。雖說當今乾隆皇帝的十六叔父慎郡王十分賞識自己，但一則剛結識數月，算不得是深交；二則，侯門深似海，自己又不願跪叩王府大門，執晚輩之禮，前去乞求。人家哪會不請自來，主動提攜？看來，除了返歸揚州，重操舊業，賣竹賣蘭，耐著性子「後補」下去，眼下別無他路。

大運河早已開凍。春江水暖，該是南歸的時候了。

行前，板橋到琉璃廠去了一趟。三朝古都，文物薈萃之地，說不定能碰到藝術價值頗高，而價格並不昂貴的碑帖、古書、舊字畫之類。可是逛遍了所有的古玩店、舊書攤，雖然中意的東西並不少，但都不是他目前的財力所能支付得起的。結果，費去大半天的工夫，只花了五錢銀子買回一隻刻著孤雁蘆葦圖形的青玉水盂。

一面走著，伸手摸摸躺在懷中的水盂，心裡像撒上了一把鹹鹽。他覺得，自己就像那只雕刻得極其逼真的雲雁：頭頂是空空的天，腳下是冰冷的水，雖然從不停下振飛的翅膀，卻始終找不到落腳安息的理想之地。此時，皇榜高中時的興奮歡娛之情，彷彿被京城那漫長冬日的凜冽寒風掃蕩殆盡；又像高中之前一般，只剩下滿腹的孤獨和惆悵。

他漫無目的地信步走著。一輛馬車從對面飛快馳來，高高揚起一股黃塵。板橋厭惡地急忙拐進一條窄胡同裡。

胡同很深，青石路面打掃得很乾淨。巷中的門戶都不大，但都粉刷得油光彩亮。許多門口旁邊，都掛著彩燈，上寫「惜紅」、「擁芳」、「蘊玉」、「天香」等字樣。原來，他走進了花街柳巷。正想轉身往外走，忽然，眼前一陣明亮。身子一顫，低低「呀」了一聲，兩腳不由自主地停了下來。

在一家牆頭拂著楊柳，門楣旁嵌著「韻秀」豎額的大門口，正站著一位淡妝女子。看年紀不過十四五歲，正所謂「豆蔻年華」已過，「桃李年華」將屆。她頭上綰兩朵雲髻，頗似富貴人家小丫環模樣。上下一色翠綠衣裙，衣袖和裙裾上滾著寬寬的豔紅花條，白皙的瓜子臉上，朱唇微閉，一雙明亮的美目，露著探詢的目光。

雙眼瞅著倚門而立的小姑娘，板橋不由心中念道：「世界上竟有如此奇事！除了年歲稚嫩，跟她簡直是一對雙胞胎！」

板橋想到了自己在揚州的一位情人。

板橋四十歲那年，南京鄉試得中舉人。剛回到揚州，幾位朋友在瘦西湖設筵為他賀喜。當時，他借住在揚州城北竹林寺中。他雇了一隻小船，赴瘦西湖的慶宴。小船出了鎮淮門，沿著小秦淮北行。走不多遠，使追上一隻畫舫。舫中有幾位闊人在飲酒、猜拳。船舷上卻坐著一位靚妝女子。也是這般翠襖、翠裙，雙鬟墮雲，面容跟面前的女子一模一樣。只見她面帶慍色，雙眼望著滔滔逝水，彷彿有無限心事。板橋被這帶怒的絕色女子所吸引，低聲命船家「慢些搖」。小船便放慢速度，拉開兩丈的距離，緊緊跟定在畫舫後面。

不知是因為板橋衣衫簡樸，使那女子瞧不起，還是因為他直勾勾的兩眼，一眨不眨，傻呆呆的死看人，使人家生了氣。漸近虹橋時，畫舫上的女子竟指著板橋冷冷說道：「你這客官好沒道理！沒看見我在陪客人？愛看，到同雲里去。我叫婉蘭——只要帶足銀子，我們一律奉陪！」

對於女人粗魯不敬的「邀請」，板橋並沒生氣。第二天下午，他竟然真的去了同雲里。同雲里在揚州鎮淮門裡邊，面臨保障河。那裡綠柳拂岸，荷香陣陣，風景十分幽雅。

板橋來到同雲里，說明要「找婉蘭陪著吃盞茶」。婉蘭便應聲而出。她見昨天一句氣忿戲言，竟使這小店夥計模樣的人，如約而至，不覺有幾分驚訝；立刻作出應酬的笑容，將客人迎上樓去。

婉蘭年方十九，十三歲上被賣到妓院。六七個春秋下來，她身上的爛漫貞潔之氣已銷蝕殆盡，只剩下掩飾冷漠的笑臉，出於職業本能的柔順。因為她從那些熟悉的或陌生的客人身上所得到的只有厭煩。什麼芙蓉帳內的歡愉，溫柔鄉里的眩暈，她幾乎從未體驗到。她的心已經枯萎了，只把無靈魂的、赤條條的軀殼交付出去，任憑人家蹂躪……

昨天，她坐在船頭上，見後面小舟上有一個瘦削矮小的中年人，貪婪地注視自己，開始並沒在意。她知道，她的容貌給她帶來的，首先就是行人的注目。就像人們在一隻美麗的鸚鵡或一叢芳香的秋蘭前駐步一樣。後來，見那小船故意放慢了速度，緊緊跟在後面。那個穿著與其說樸素，倒不如說是寒磣的男子，始終出神地緊盯不捨，便不由得又厭惡、又惋惜。哼，既然逛不起青樓，何不收起淫心。女人又不是止渴的梅子，一望便生甜津；女人是乾柴烈火，越靠近越燒烤得厲害！於是，她作了那樣粗率而語含譏諷的「對話」。

現在，見遠遠坐在對面的男子，茶不當真飲，她剝出的瓜子仁也不往嘴裡送。瘦削的臉頰上帶著惋惜與幾分痛楚，清亮的明眸中露著愛憐。既不像那些如饑似渴的嫖客，屁股未坐定，便上前摟抱，動手動腳；也不像那些等不得一盞茶吃完，便急不可耐地往床上拖，餓狼般往身上撲的淫棍。

好奇心驅散了婉蘭心頭的冷漠，便和客人親切攀談起來。當她得知客人竟是一位舉子，現在借住揚州城北竹林寺賣畫為生時，立刻語氣誠摯地問道：

「鄭老爺既靠賣畫為生，為何還有這等閒心和餘錢，來這種地方玩呢？」

「這，我也說不清。」板橋低頭喝了一大口茶。

「是因為我昨天的話賭氣嗎？」

「不。」板橋抬起頭，深情地望著對方。「姑娘不那樣說，只怕我也會來的。」

「那是為何？」

「說不清。一見便推脫不開——不瞞你，昨天一夜未睡好。」

「那要花費金錢的，難道你不知？」她的語氣中含著關注，分明錯會了他的意思。

「怎會不知。不過是為了一飽眼福，別的都拋在腦後啦！」

「難道只是為著『飽眼福』而來？」

「正是。」

婉蘭一聽，趨步向前，扯過扳橋的一隻手緊緊握著，詫異地問道：「這是真的？」

「鄭燮雖是讀書人，但性格粗直——從不會說謊！」

婉蘭久久望著板橋的眼睛。忽然，她一頭撲進板橋的懷裡，明眸中閃著淚花，溫情地說道：「光『飽眼福』，我不答應——我要把一切都給你。」

「我不想……」

「那不行！」

一個畫壇曠夫，一個青樓怨女，兩人緊緊地擁抱在一起……

據記載，遠在兩千年前的漢代，神州大地上便出現了被稱之為「妓女」的職業。開初，泛指歌舞女藝人，後來則專指出賣肉體的女子。到了唐代，貴族諸侯們又發展了妓女的功能：隆冬數九天氣，讓身體豐腴的妓女團團圍在四周，美其名曰「妓圍」。「妓圍那解思寒穀」——有了「妓圍」取暖，一切寒冷自然統統忘在腦後了！歷代封建王朝，作為有閒階級的生活必需品——妓女，也就有了用武之地。加之天災兵禍洗劫，苛捐雜稅勒逼，賣兒鬻女者不絕，妓女這一畸形社會的畸形產物也就後繼有人，歷久不衰了。

上行而下效。帝王將相們的雅範，自然遺傳給了歷代文人雅士。他們把歌妓侑酒，絲竹酬酢，視為時尚雅行。在聲色繁華之地的揚州，此風更熾。

板橋長期羈留揚州，操筆墨生涯。人雖貧困，卻結交了不少富貴的詩朋畫友。在那無妓不成歡的年代，身為文人的他，自然難以脫俗。許多次，他應朋友之邀，參加過依紅偎翠的詩會酒筵。那敬茶勸酒時的秋波暗送，嬌滴柔語；把臂摩肩時的鬢香體軟，胸酥肉溫；都曾使他觸景生情，免不了也來一點放任而不失文雅的輕佻。但是，他始終能夠克制自己。朋友的相勸，女人的挽留，都不曾使他心地坦然到「暢玩」不止，更不肯在那種地方留宿。「糟糠之妻」不可欺。他覺得，倘若不加約束，就愧對一往情深的賢慧淑靜的元配夫人徐氏。

不料，徐夫人去世不到兩年，又無朋友強邀，今天自己竟主動跑到了往常懼於涉足的地方！

板橋心裡有幾分躊躇。他本想吃一杯香茶，談談知心話就走。但又不忍心推開偎依在懷中，淚眼模糊，哽哽咽咽傾訴不幸身世的美人。他的心動了。當晚，他接受了婉蘭的挽留，宿在了同雲里。

一夜銷魂，知音難尋。從此以後，板橋欲罷不能。隔不幾天，他就到同雲里與婉蘭相會。告別時，便把婉蘭暗暗送給他的銀子，再交回老鴇手裡。

有一天，板橋忽然跟婉蘭說道：「蘭蘭，做我的妻子吧——我已經求朋友們幫忙，為你贖身……」

「不！鄭老爺，婉蘭能做你的朋友，但不能做你的妻子！」婉蘭雙眼中淚花晶瑩，語氣卻很堅定。

「怎麼，怕我不敬重你？」板橋想到了風塵女子的自尊心。「放心，鄭燮不是那種人！」

「不，正因為我已深知先生的為人，更不能那樣做！」她的聲音顫抖得很厲害。「再說，我這人放蕩慣了，過不多時，怕會喜歡上旁人的。」

說罷，她伏在板橋懷中，哭了很久。

後來，由於板橋忙於學業，加之朋友的資助，雖續得起一房繼室，卻贖不起一位名妓。續娶了郭夫人之後，他漸漸與婉蘭疏遠起來。但婉蘭的音容笑貌，酥胸玉體，傾談時的純真，相擁時的溫柔，時不時地在他面前映現。尤其是婉蘭那坦蕩的胸懷，真摯的情愫，更使他縈繞於心，難以忘卻。

相識恨晚，永聚無緣。直到續娶郭夫人許久之後，他還填過一闋《柳梢青‧有贈》，傾吐與婉蘭的深切戀情：

韻遠情親，眉梢有話，舌底生春。把酒相偎，勸還復勸，溫又重溫。
柳條江上鮮新，有何限鶯兒喚人。鶯自多情，燕還多態，我只卿卿。

板橋正在想著往事，只聽那小姑娘說道：「客官何必躊躇，這裡就是客人玩的地方嘛。」

「噢，不，不是。」板橋慌忙答道：「我是問路的。」

「你要到哪兒？我告訴你嘛。」

「是，到……到天橋。」板橋隨口作答。

「吶」，小姑娘伸手向東一指：「向東走，出了胡同口，往南，再往東就是。」

「多謝，多謝。」板橋又瞟小姑娘一眼，方才轉身朝東，緩緩走去。

板橋無精打采地回到寄住的甕山寺，無方老和尚便交給他一份請柬。發請柬的人，姓那拉，名伊福納，滿州人，進士出身，現任戶部郎中。此公酷愛詩詞，是圖清格的好友，去年秋天在香山看楓葉詩會上與板橋相識。由於十分欣賞板橋詩詞，幾次帶領奴僕，攜帶酒菜，駕車到甕山寺拜訪板橋。二人猜枚行令，飲酒賦詩，盡歡方散。

伊福納多次來訪，不但千杯恨少，而且總要向板橋索詩。交往漸多，更是熟不拘禮。他常常自己翻開板橋的詩稿，把喜歡的篇什抄錄回去。儘管板橋堅持「尚未刪定」，他也毫不在意。

摩挲著「敬請鄭大進士大駕光臨」的大紅飛金請柬，板橋心中的惆悵不覺減少了幾分。人生難得一知音。此次進京所結識的朋友之中，伊福納也算得是知音之一。明天，大概圖清格老人必然在座了。酒逢知己千杯少，明日先來個一醉方休。管他川資夠不夠，車到山前必有路！

這一夜，板橋雖然睡得很香，但仍改變不了夜夜長夢的習慣。他做了一個美夢：楊帆直奔揚州，一下船，他便奔向同雲里，與情人婉蘭作了竟夜之歡。好一個綺夢！

不料，第二天他遇到了比做夢更為奇特的事情。

板橋被伊福納的駿馬轎車接到了酒宴上，老朋友圖清格已經在座，還有兩位不相識的朋友。飲過一盞茶，便入席飲酒。三杯剛過，主人伊福納便站起來向板橋問道：

「克柔仁兄，可知今日的便宴為何擺設？」

「不知呀！」

「聽說仁兄要南歸，特此餞別。順便介紹幾位新朋友給大進士。」

板橋既感意外，又十分感動，急忙站起來拱手答禮：

「多謝福翁美意，實在受之有愧！」

「嘿，你我兄弟，何必客氣！」伊福納說著，向侍立一旁的僕人吩咐道：「請招哥姑娘來唱段曲子，為鄭老爺助興！」

僕人向外吩咐一聲，應聲走進來兩個姑娘。走在前面的，一手提著一隻小皮鼓，一手提著一個湘竹鼓架；走在後面的，抱著一把三弦。

「原來是她！」板橋驚訝得幾乎喊出聲來。

不錯，正是她。那提鼓的，竟是昨天他見到的那位酷似婉蘭的小姑娘！只是今天換了一身粉色春裝，宛如一樹盛開的桃花，飄飄然來到面前。天底下，竟有這樣的巧事！

兩位姑娘安排停當，不用主人吩咐，雙雙行了一個屈膝禮。一個彈三弦，一個手揮著細鼓簽，敲擊著小皮鼓，開始了她們的彈唱。

琴鼓和諧，歌音清亮甜潤。

只聽那位名叫招哥的姑娘唱道：

老漁翁，一釣竿，靠山崖，傍水灣；扁舟來往無牽絆。
沙鷗點點清波遠，荻港蕭蕭白晝寒，高歌一曲斜陽晚。
一霎時波搖金影，驀抬頭月上東山。

「啊！唱起了我的《道情》！尚未定稿付梓的作品，怎麼竟被她們學去啦？」

板橋扭頭一看，伊福納正閉著雙眼，搖晃著腦袋，右手有節奏地拍著膝頭，陶醉在清歌聲中。不錯，一定是他把《道情》教給了招哥。如此看來，他們已經是舊交了。

琴鼓叮咚，歌音繚繞。不知是純淨的京音唱出的曲子特別甜潤悅耳，還是因為唱的是自己的新作，特別令人心馳神往，鄭板橋被深深地陶醉了。

什麼坎坷的人生，不平的世事，鍾情的蘭竹，青樓的纏綿……此時此刻，統統忘卻了，消失了。面前只閃動著老樵夫、老頭陀、老書生、小乞兒的身影；變幻著野草秋山，斜日亂松，紅葉山徑，蓬門僻巷，迴廊古廟，西風衰草的意境……

滾滾大江東去，滔滔紅日西沉。
世間多少夢和醒，惹得黃粱飯冷！

唱到這裡，「咚」地一聲，琴聲，歌聲，戛然而止。

板橋睜開了雙眼，仔細打量垂手侍立一旁的招哥。緊接著，他像忽然從夢中醒過來一般，猛地站起來，拖著伊福納往閣外就走。來到回廊盡頭，他神色莊嚴地說道：

「福翁，你老積積德如何？」

「噢！」伊福納眨眨眼，面帶微笑，「只要力所能及，在下敢不從命，但不知為著何事？」

「招哥！」

伊福納大笑起來，一面指著板橋調侃道：

「好哇，美人唱名曲，竟吊起了大進士的胃口！真不愧是風流雅士也！」伊福納又壓低了聲音：「不過，這尤物與眾不同，當初是大戶丫頭，因性情倔強，惹惱了主人，才被賣入青樓的。已經快三年啦，至今只賣唱，不賣身。不瞞老弟，我相中這小雛已經一年多了，可至今……嫑只怕一時難以辦到。」

「不，福翁錯會了我的意思！」板橋激動地揮著手。「讓如此佳女子久墮風塵之中，有仁心者，於心何忍！福翁平素仗義疏財，何不行這仁義之舉呢？」

「原來如此。」伊福納點著頭，緩緩答道：「這小雛一曲清歌，風靡京師九城。如今正在走紅，奇貨可居，老鴇絕不肯輕易放手。」

「只要價錢到了，只怕貨再奇，也無不出手之理吧？」

「那……就得從長計議了。」伊福納的話使人難以捉摸。「不過，克翁莫太性急……」

「嗐，福翁又錯會了我的意思！在下乃一介寒士，焉敢有此奢望。況且福翁與她相識在先，在下也不敢僭越呀！不過一時想到救人積德的古訓，才動此惻隱之心。而自己卻囊中羞澀……」

「哈……」伊福納又大笑起來。「恕老朽直言，克翁倘使想『金屋藏嬌』，老朽還真願效犬馬之力。要說行善積德，非不為也，實不能也。你想：普天之下，饑婦寒士，數不勝數。就是京城八大胡同的風塵女子，也是車載船裝，成百上千。你我乃微末小吏，祖宗的基業不敢擅動，僅憑一點官薪，焉能做得起那大善人？」

「倒也是。」板橋深為自己的貿然求人而後悔。

「走吧，招哥姑娘的金喉曼歌，拿手好戲，正等候老兄清賞呢！」

板橋怏怏地回到席上。再聽招哥的歌唱，覺得先前的甜潤悠揚沒有了，只剩下冷淡的呻吟，苦澀的淚音。他真想抱著這小女人大哭一場！他覺得明明是強加給一個人的惡運，竟是如此的不可抗拒！婉蘭是這樣，招哥是這樣，八大胡同，普天之下的風塵女子，哪個不是這樣！而自己的大半生又何嘗不是這樣！眼下已經成了人人矚目的「大進士」，不是依然成不了自己的主宰嗎?!

離京前夕，板橋專程來到招哥的妓院，與姑娘話別。招哥再一次給他唱了《道情》十首。分手時，他悄悄問招哥：

「姑娘，給你贖身願意不？」

「啊？」對方好像未聽懂他的話。

「願不願……有人替你贖身？」板橋也不知自己為什麼會這樣問。

「多謝老爺！」招哥雙膝跪在他的面前，懇求道：「俺聽候老爺差遣！」

「別，別這樣，快起來。我不過是……好吧，讓我回揚州後，想想辦法看！」

可是，「辦法」能被他「想」到，卻不讓他得到。連板橋自己也沒料到，他整整地「後補」了六年多，才被派到山東河南交界之處，黃河和金交河夾角中的一個偏僻小縣做了知縣。做了縣太爺，總不像以前那樣貧窮了，但要籌足一筆可觀的贖身錢，他仍然辦不到！

儘管他始終沒有忘記小招哥……

到范縣任所的第二年，板橋托一位進京的同鄉給招哥寫了一封信，並附上二十兩銀子請求姑娘饒恕自己的「食言之罪」。信尾附了一首七絕《寄招哥》，以表達自己的思念與不安：

十五娉婷嬌可憐，
憐渠尚少四三年。
官囊蕭瑟音書薄，
略寄招哥買粉錢。

不知為什麼，招哥沒有回信。板橋一生也再未見到招哥。

鄭板橋雖然矮小醜陋，但風流倜儻、柔情滿懷。他一生中不止一次地幹過憐香惜玉的「韻事」，但從不像有些無行文人那樣，沉迷癡醉到不能自拔的地步。進得去，出得來，顯得出剛強果斷的大丈夫本色。而對於泉石煙霞、道觀禪院之類的「幽境」，他比許多墨客還迷戀，簡直到了入迷著魔的程度。世間萬事，有一利必有一弊。他從探幽訪勝中得到了無數的享受，也遇到過勢利鬼的冷眼和鄱陽湖中的險事。也許正是看不盡的人間冷暖，孕育了他特別強烈的愛憎之心，他才有著那麼多異於常人的異端怪行。尤其對於滿腹糟糠的假斯文，欺凌鄉里的惡紳，作威一方的官吏，更是視同寇仇，恨不得親手摑上幾個耳光。中進士之後，他在揚州賣畫「後補」，不但敢於駕船猛撞現任州太守的畫舫，還敲了他一筆竹杠，用來賑濟災民。

他的膽子，真是大得可以……

瘦西湖上巧撞船

板橋興沖沖地從外面歸來，一邁進屋子，便向如夫人饒氏嚷道：

「筠青，快派小廝出去置買些酒肉菜蔬……」

「又要幹什麼？」是一句冷冷地反問。

「我想邀幾個好友，在家裡聚一聚。」他朝著愛妾呶呶嘴，「你把拿手菜亮出幾個來，讓朋友們打打牙祭！」

饒氏伸出右手：「拿銀子來！」

「咦，不是剛剛給了你二兩銀子嗎？」

「老爺子，那已經是上個月的事啦！」

「唔。」板橋摸摸腦袋。「唉，這可怎麼辦呢？」

「你不是剛剛從胡太守那裡掙了三百兩銀子嗎？」

「咳，都讓我散給城南遭受水災的窮苦百姓啦。嘿，乍看起來三百兩銀子也是個可觀的數目，可要解救一方災民，卻是杯水車薪呀！」

饒氏輕歎一聲：「哪，你們的『牙祭』就別打了。」

「可我已經跟朋友們打過招呼啦。」板橋在地上兜著圈子，「早知如此，該多敲那翹辮子的胡混官幾兩銀子！」

三天前，板橋接到友人李蘿村一封信，乞板橋為他的一個同鄉瑯玡氏畫四幅墨竹條屏。言明：「如肯落墨，潤筆一定加倍奉敬。」

不料，板橋剛看完信，便將信擲到地上，冷笑不止。

板橋脾氣古怪，平生最喜愛的就是書畫，但連續終日寫字作畫，忙得推撇不開，便覺心頭煩悶，動不動便想罵人。要是幾天不摸筆桿，他又想寫上幾幅。他的另一個怪脾氣，更是讓人難以理解。這年月，有錢能使神抱窩，有錢買得鬼推磨。有幾人不是見錢眼開？但板橋偏與常人不同，只要求畫的人把金錢擺在前頭，裝慷慨闊氣，他偏偏不肯落筆，甚至冷言冷語搶白求畫的人：

「呀哈，你拿銀錢作釣餌，鄭某偏不上鉤。對不起，尊駕請回吧！」

他最討厭那些有了幾個臭錢，便附庸風雅，假作斯文的「肥豬」。結果，不知多少不惜重金求畫的人被他斥之於門外。而有些人想求板橋作畫，但因囊中羞澀，甚至有人並未索畫，他反而會畫一幅主動相贈。如此異癖怪行，不知遭到多少白眼、咒罵，但他一如既往，終生不知改悔。

冷笑過去之後，他覺得總該跟朋友有個交代，於是提筆寫了一封回信：

……瑯玡氏多財，板橋早已知之；瑯玡氏好畫，板橋今日才曉。如今畫家多矣，大江南北，以畫鳴於時者，不勝枚舉。瑯玡氏不求張、不求李，獨求板橋為之作畫，可謂三生有幸哉！惜乎，板橋乃窮措大出身，最喜金銀，也最怕金銀。喜者，金銀能養家糊口，救人性命；怕者，金銀能熏灼心肺，使人喪志變節也。而瑯玡氏之金銀，尤使人不敢生喜，何耶？怕他叫痛而詛咒也。因瑯玡氏之為人，愚弟略知一二也。

寫了幾張紙，不曾說明到底畫與不畫？請費神轉告：「怕他錢多，不畫不畫！」如再囉嗦，請以鄙意相告。至於足下與板橋，無一絲一毫芥蒂在也……

板橋寫罷復信，一陣無名惆悵襲上心頭。飲罷一壺釅茶，仍然提不起寫字作畫的興致。今天偏偏又無契友來訪，索性一個人出外走走。出了鎮淮門，板橋雇了一條小舟，命舟子駛過廿四橋，沿著小秦淮向瘦西湖蕩去。

淡雲依依，清風煦煦，一輪光燦燦的春陽，斜掛東南天宇，將一束束靄靄金線灑向大地。小河兩岸，那款款拂動的柳絲上，古城鋸齒般的城垛上，都像鍍上了一層金箔。春意已經很濃了。但見柳堤搖煙，野花燦爛，曲橋飛虹，碧水漣漣。一陣熏風拂過，傳來一陣陣沁人心脾的柳潤花香。河面上泛起層層漣漪，頓使板橋想起了宋人金碧山水畫中所勾勒出的波光水影。櫓聲咿呀，三兩遊船相傍而行。柳浪中不斷傳來嘹亮的黃鶯鳴囀，彷彿正為早到的春天唱著一支支暢想曲。

出門時的惆悵，不知什麼時候消失得無影無蹤。詩人的激情在板橋心中迴盪。他正想以春景為題，吟一首《春日遣興》，不料後面傳來了呵叱之聲：

「閃開，快閃開！——不長眼嗎？」

板橋扭頭一看，一隻裝點得金碧輝煌的畫舫自船後搖來。畫舫前頭，一邊站著一個手持竹篙的奴僕，正大聲呵叱河上的遊船給畫舫讓路。揚州乃江南繁華之地，富商巨賈極多。他們有了金錢壯著膽子，不論在水上還是在陸上，總是頤指氣使，不可一世。剛剛前去的畫舫上，笙管悠揚，笑語喧嘩，無疑又是一頭「肥豬」在耍威風。久見不怪，板橋並沒十分在意。只顧放眼四望，尋覓表達的詩句。

不料，船到瘦西湖之後，那只畫舫竟在湖中蕩來蕩去。遇到小船擋路，畫舫上的惡僕不但叱罵不止，還不住地用竹篙戳人搗船。橫衝直撞，如入無船之境。只見一艘小船被捅翻了，另一艘小舟上的舟子竟被竹篙搗入水中。板橋見狀，不由得怒從心底起。心想，「肥豬們」使錢耍威風，也還罷了，怎可仗勢欺人，只顧自家遊湖，不准別家蕩舟！難道這瘦西湖也成了他們私家的湖塘？

板橋向鄰船一打聽，方知畫舫上坐的不是別人，乃是現任揚州太守胡以遜遊湖宴客，詩酒取樂。板橋一聽，不禁勃然大怒！

「哼，倘使無知富商倒還情有可恕，堂堂一郡之守，本是親民之官，竟毫不自重，橫行至此！若不給他一點顏色看看，不但朝廷法度盡被玷汙，也難泄鄭某胸中之氣！」

板橋出聲地罵了起來。轉念一想，人家是炙手可熱的太守，自己乃是一個「候補」進士，怎麼惹得起人家，敢跟四品官論長短呢？

板橋正在想主意，忽見畫舫又向他乘坐的小船駛來，便急忙低聲向舟子吩咐道：「別怕。出了事，自有我來擔待。搖上前去，猛撞畫舫的船舷！」見舟子猶疑不決，板橋又催促道：「此番不要躲。搖上前去，猛撞畫舫的船舷！」

板橋話音剛落，只聽「咚」地一聲響，小船的船頭已經狠狠撞在畫舫的左舷上，只撞得畫舫上杯傾壺倒，猛搖不止。

「混帳東西，你瞎了狗眼！驚了府尊的大駕，你敢擔待？」一名惡僕舉篙要往下打。

「不，把狗雜種綁起來，請府尊發落！」另一名僕人喝住了舉篙的僕人。

聽到兩名惡僕瘋狗一般斥罵威脅，舟子驚得臉色煞白，渾身篩糠似地抖個不停。板橋見狀，緩緩站起來，平靜地向上問道：

「這裡並非私家花園，難道只准官家蕩舟，就不准百姓游湖？」

「娘的，你小子倒有種！不但不給太守大人的船讓路，還敢故意衝撞——好大的狗膽！」要打人的惡僕嗓門大得驚人。

「嘿嘿！」板橋仰頭一笑，「兩船相碰，誰撞誰？只怕是你們以大船欺小船，故意找岔子吧？」

「不要跟他囉嗦。快快捉過來，見府尊！」

另一名惡僕吆喝一聲，率先跳到小船上，伸手抓住板橋的胳膊。板橋甩開惡僕的雙手，怒喝道：

「閃開，我自己會去見你們大人的！」

說罷，板橋攀著船舷登上了大船。只見舫內華筵正開。八仙桌旁圍坐著四五位客人。幾個盛裝女子，手持樂器伺候在一旁。居中主席上，坐著一位身軀高大、方額圓腮的中年人。他向著背手而立瘦小的板橋端詳了半晌，厲聲問道：

「請問先生：這瘦西湖難道是你的『私家花園』嗎？」問話的人顯然已聽清了板橋剛才的答話。

「當然不是！」

板橋認定問話的就是太守本人，態度更加倨傲。他指指身上的灰布長衫：「在下的破長衫都無錢更換，哪會有什麼『私家花園』喲！」

「既不是私家花園，為何故意衝撞本府的坐船？」

「嘿嘿！一葉輕舟，豈敢與艨艟戰艦般的畫舫相抗衡。實在是無路可走，不得不如此呀！」

「一派胡言！平湖闊水，處處是『路』，怎說『無路』？好一個不通道理的無賴之徒！」

胡以遜彷彿坐在公堂上審案，只差沒有拍響驚堂木。

「請問知府大人，『道』在哪裡，『理』在哪裡？」板橋越發提高了嗓音。

太守兩眼圓睜，猛地一拍桌子：「你——什麼意思？」

「大人，天下百姓，誰人不知，哪個不曉，眼下正是高宗皇帝[①]生母皇太后歸天忌期。大

①即乾隆皇帝弘曆。

人身為一方之守，自應做百姓之表率。爾今不但視百姓為螻蟻，平白無辜搗船淹人，而且，忘卻國喪，畫舫聽歌，竟日遊宴！國典灼灼，請問大人：這不是大逆之行，又是什麼！嗯？」

胡以遜一聽，倏地變了臉，慌忙問道：「先生，你是何人？」

「在下乃是賣畫揚州的鄭板橋。」

「莫非是興化鄭燮——正在候補的鄭大進士？」

「慚愧呀，鄭某才疏學淺，躋身榜末，已逾五載，至今仍未獲恩遣呢？」

「啊呀呀，本府有眼無珠！不知大進士駕到，唐突，唐突！」胡以遜慌忙下席，近前俯身禮讓：「哈哈，今日幸會大進士，真乃三生之幸。仁兄，快快入席，與諸君一起，飲酒賦詩。來，我先給仁兄作一介紹。」

「咳！府尊大人不降罪鄭某，已是萬幸，怎敢與大人及眾貴賓同席飲酒？況且，在下的歪詩，也恐有汙府尊與諸公的清目——不敢。告辭了！」

板橋說罷，返身跳上小船，命舟子速速遠劃。小船剛劃開不遠，便傳來了板橋的吟詩聲。畫舫上的人聽得很清楚：

竹篙戳人落深潭，
今朝又識「親民」官。
山川草木猶含淚，
太守聽歌樂畫船！

第二天，胡太守派了一名師爺，來到板橋住所，一再懇求板橋，「務將昨日湖上之事隱密，以免張揚開去，有礙官場名聲。」

板橋眨眨眼。認真地答道：「聽說胡太守手面很闊綽，只要肯贈銀三百兩，以為板橋壽禮，保密有何難哉？」見師爺面露為難之色，板橋又補充道：「如太守不肯，鄭某也不強求。只將昨日所詠之詩，刻印加注，遍散揚州全郡——使人人得知胡太守『懿德嘉行』，也就是了。」

師爺一聽，慌忙告辭。下午旋即轉來，不但帶來三百兩足色紋銀，還一再陳述太守悔恨之意。板橋不願把事情做絕，只得點頭應允。

「不過……」他朝著白花花的六隻大元寶，狡黠地眨眨眼。「鄭某此生從不平白收取他人錢財。……也罷，在下既然以賣畫為生，讓我給府尊大人寫一塊匾，權當以銀錢買字。你看如何？」

師爺一聽，立刻滿臉綻笑，長揖至地，畢恭畢敬地答道：「多謝，多謝！鄭老爺果然是耿介之士！」

板橋展開一張四尺宣，裁去一段，濡筆運腕寫下了四個大隸字：「德沐一方。」

「好，筆力遒勁，渾厚古樸，不愧是揚州大家！而且，詞也……」師爺忽然停止了誇讚，指著「德」字不解地問道：「鄭老爺，恕小人無知：這『德』字，怎麼『心』中少了一『點』呢？莫非老爺筆下……」

「哈……」板橋朗聲大笑，然後答道：「鄭某也算是人人皆知的寫家——『寫家筆下無錯字』嘛！況且，老鄭不但最善於寫『德』，而且能寫出『德』字的脾性、靈氣。這心中缺『點』的『德』，正說明太守心中只有外人，從不想到自己。這樣寫，正是費了一番苦心呢。放心吧，先生拿回去，府尊不重重賞你才怪呢。哈哈！」

師爺走了以後，板橋便命小廝去銀樓將元寶兌成碎銀子，全部散給了城南一帶災民。聽說，胡以遜得到「德沐一方」的匾額時，頗高興了一陣子。但不久即悟出了板橋的真意，原來是咒罵他「心中缺點德」！後來又聽說，板橋答應為他「保密」的遊湖韻事，一傳十，十傳百，鬧得揚州府沸沸揚揚，無人不知。正應了「好事不出門，惡事行千里」的古語。胡太守更是咬牙切齒，恨不得將那「強驢」一口吞下肚去。不過，這已是後話了。

「鄭老爺在家嗎？」板橋正發愁無處對付銀子，外面忽然傳來一聲呼喊。他幾乎從椅子上跳起來：「好！有人送銀子來了！」

「嘿……叫花子盼著天上下饃饃呢！」筠青甩過一句俏皮話，回敬丈夫。

「嘿，不信就等著瞧嘛！」

來人是曹府大管家，是來為主人求畫的。板橋早就聽說，廣儲門裡有一家姓曹的大糧戶，良田百頃，倉廩滿溢，卻極其慳吝卑汙，不論對佃戶、乞丐，難得施捨一文。撥他一根「汗毛」，也要叫痛半日。但他卻不惜重金，四處收購名人書畫，聽說家藏書畫，已逾三百幅。如在平時，遇到此輩假斯文，無論出多少銀子，板橋絕不肯動筆。不巧，偏偏今日壺中少酒，灶上缺肉，只得慨然應允。便讓如夫人磨墨扯紙，在一張豎幅上畫了兩株蘭花。只見左面一株，佔據了畫面左上方，蔥蘢繁茂，一簇簇修長的蘭葉，披散而下，卻並無一朵花兒。右下方的一株，乾枯瘦削，只有三四支長莖，挑著幾枝半近枯萎的花朵，卻無一片葉子。

大管家一見，拈著山羊鬍子問道：「鄭老爺，你老人家畫的蘭草怎麼這麼怪哪？一棵不開花，一棵不長葉。小人活了大半輩子，還從未見到過這般怪蘭呢！」

「嘻嘻！」板橋瞟一眼大管家，一面拿過一支中楷羊毫，答道：「有人窮煞，有人富煞，天下事本來就如此『怪』嘛。」

「這……只怕小人不好向主人交代呀！」大管家可憐巴巴地哀求。

「別慌，我這裡還有交代呢！」說罷，他飛筆寫下了一首七絕：

寫來蘭葉並無花，
寫出花枝無葉遮。
我輩何能構全局，
也須合攏作生涯。

寫罷，又加上「板橋道人」、「樗散」兩顆朱印。然後指著畫幅說道：

「大管家請看，有了這兩株與眾不同的蘭花，再加上這首解詩，可謂珠聯璧合，非同一般──鄭某平生只畫過這樣一幅奇蘭。奇貨可居。你拿回去，你家主人准會獎賞你呢！」

「也是，也是。」

大管家放下五兩銀子，高高興興地走了。板橋把銀子交到饒氏手中，調侃道：

「呶，一桌酒席，用不到二倆銀子。餘下的一多半，又歸了你的『宦囊』了。哈……」

饒筠青剜丈夫一眼，噗哧笑了……

敲了人家的竹杠，卻不給人家保密；收了人家的畫資，卻拿畫加以調侃。對仗勢之官、貪吝之徒，鄭板橋總是這樣橫眉冷對，毫不留情。手法之奇妙，令人拍案叫絕；愛憎之分明，令人肅然起敬！

板橋一生，做怒目金剛的時候固然不少，做笑面菩薩的時候更多。尤其是在他出仕之後，他利用手中的權力，對治下的子民不知做過多少好事。為了革除積弊、伸張正義，他常常置「職權範圍」於不顧，而「一意孤行」下去。

在山東范縣任上，對童生李夢雲的刻意維護和栽培，不但冒著「私有所循」，即貪贓枉法的嫌疑，還有著開罪上司的風險。

但板橋都沒把這些放在心裡。他耿耿於心的，唯有莫讓人才受糟蹋……

亭亭孤竹動人憐

鄭板橋手執一支斑竹竿的大號狼毫筆，在一幅二尺宣上，飛快地遊動。一眨眼的工夫，一枝亭亭玉立的瀟湘竹便躍然紙上。竹枝正抖索在料峭的寒風之中。枝葉雖搖曳倒卷，竹竿卻巋然勁挺，露出一派剛勁靈秀之氣。

板橋曾在一幅《墨竹》上題過這樣一句話：「一枝瘦，兩枝夠，三枝湊，四枝救。」意思是：一枝雖秀，但太單薄；兩枝映照襯托，正合構圖法則；如再多一枝，則顯得蕪贅，而生蛇足之感。為了補救，只有再加上一枝，使之緊密，輻湊，造成「叢竹」的效果。現在，不知為什麼，他對著「孤竹」端詳了好一陣子，竟放下了手中的狼毫筆，換過一支中楷羊毫，在畫的右角上，題了一首七絕：

只畫瀟湘竹一竿，
疏疏綠影動春寒。
人生獨立能如此，
不怕紅塵惹眼看。

這首題畫詩，是板橋今天早晨躺在床上構思完篇的。他自己也不明白，為什麼忽然對綠影扶疏、傲寒獨立的孤竹，產生了如此深厚的愛憐之情。不但興奮地揮筆畫了出來，而且把這首新作也急不可耐地題了上去。詩畫互映，相得益彰。他感到很滿意。

板橋忽然意識到，他的《詠孤竹》詩的靈感，正是來自李生。那後生不正是一枝綠影離離、挺拔獨秀的瀟湘竹嗎？

李生，名夢雲，原籍四川綿陽。其父有一手編竹席的好手藝。二十年前輾轉來到山東范縣，改用黃河之濱盛產的蘆葦編席，開了一座編席作坊。幾年下來，竟有了一點積蓄。他鄉交好運，不思舊故園。李父便在范縣娶妻定居。三年後生下李夢雲。夢雲聰明穎悟，少年有志，年紀雖小，讀書極其刻苦。論詩書文章，在同窗學友之中，無人能夠企及。板橋一生珍惜人才，前年來范縣後，聽說李生才氣橫溢，便親自看望了他。一席長談，果見夢雲才識超卓，非俗流之輩可比。從此以後，板橋便常常對後生的讀書、作文加以指點，希望他將來做一名折桂得手的良吏。名師出高徒。有了板橋的教誨，夢雲的學業更如順風揚帆，一日千里。自去年秋天起，板橋便教他作試帖詩、八股文，準備今年縣試科考。讓他先取得個秀才的頭銜，然後再沿著舉人、進士，放官的途徑走下去。對於聰慧勤謹的後生來說，錦繡前程，絕不是夢寐中的事。在自己治下的小邑，能有這般「可畏」的後生，板橋深為范縣慶倖。

按照清代科舉考試定例，未「進學」的後生稱「童生」。童生縣試，為三年兩考。即丑、未、辰、戌年為歲考，寅、申、巳、亥年為科考。今年是乾隆八年，歲在癸亥，正是「科考」

的年份。童生縣試，要通過正試、招複、連複等五場考試。五場順利通過，再到府裡參加三場考試。如三場皆中，便登上了讀書人渴求仕進的第一個臺階——生員，即盡人皆知的「秀才」。有了這樣的「出身」，便可應三年一科的省城「鄉試」。如蒙文曲星照命，科運通達，再得個「舉人」的頭銜，去京城應會試和殿試便有了資格。只要奪得個「進士及第」的殊榮，便正式踏進了仕途的門檻。至於從此以後，是青雲直上，還是原地固守，抑或橫禍加身，那就不再取決於每個人的學識、運氣，而主要看他的德性、手腕和應變的本領了。

十天前，李夢雲便挎上長耳竹籃，帶上筆墨硯瓦，囚犯似地被鎖進考棚，投入了連續五場的拼搏。作為一縣之宰，板橋是當然的縣試主考官。他雖不具體插手考場事宜，但在入場前他就深信，他的得意門生絕不會使他失望。因為夢雲不惟學問扎實，還有著臨場不懼的性格。果然，昨天下午，縣教諭史效儒向他進呈「生員花名冊」時，他一眼就瞥見，榮居榜首的正是他的愛徒！

「夢雲高中『縣案首』。好，好！」一高興，當著部下的面，他竟連聲高喊起來。

此刻，錄取題名榜，該已經貼上縣學的大門外了。夢雲肯定已經得知，十年寒窗，磨穿鐵硯，終於得到了可喜的報償。大概過不了多久，他就會來向師父報喜的。

「好哇，小夢雲！美女似玉，黃金大屋，頂戴補服，朝靴佛珠，離你已經不太遠了。更為可喜的是，不久的將來，大清朝又將增加一位治世的良臣咯。」板橋給剛完成的墨竹，加上了兩顆朱印，指著笑道：「不錯，這畫作為賀禮，送給夢雲，正當其時！哈……」

「老爺，縣學教諭史老爺，要求立刻見你。」背後傳來小皂隸的稟報聲。

「快請史老爺到客廳。我就到。」

板橋認為史效儒是來向他道喜的。不料，一進客廳，未及坐穩，史效儒便站起來，惶恐地回道：

「縣尊，榜前出事了！」

「出了什麼事？」板橋摸出旱煙袋，一面裝煙，一面問道，「老頭子莫慌——坐下慢慢說。」

史效儒在椅子上坐下去，袖口裡摸出汗巾，揩揩額上的汗珠，聲音顫抖地回道：「縣尊，今晨辰正時刻，題名榜一貼到縣學大門外，便招來一陣喧嘩……」

「哦，那是為啥？」板橋感到很意外。

「卑職到外面一看。幾十名生員，大喊大嚷不止。有幾個年輕人，叫喊得更為……」

「老夫子，他們都嚷些什麼？」

「他們說……」史效儒捋著下巴上的花白鬍鬚，「他們說，李夢雲祖籍四川，卻來范縣應考，實屬『冒籍』，於大清朝科舉定制相背。還說……」

「他們還說些什麼？」見老夫子欲言又止，板橋催促道。「說沒說，李夢雲是我的學生，他高中縣案首，是老鄭我從中做了手腳？」

板橋快人快語，史效儒反倒囁嚅起來。他輕咳一聲，低頭答道：

「唉，眼下的年輕人，實在不可理喻！卑職一再向他們解釋：縣父母雖是主考，但從命題、監考，到閱卷、排定名次，並不直接插手。況且，考規森嚴，任何人想從中做手腳，也難以覓到縫隙。可是，可是，唉！縣尊，小人實在無計可施喲……」

「夢雲那後生在不在場？」板橋放下了旱煙袋。

「在，在。唉！他吃不住眾人的譏罵，哭著跑回家去了。」

板橋倏地站起來，手一揮：「走，我們一起看看去！」

「唉，驚動縣尊，實在……」老夫子腳下猶疑。

「咦，這也是我的事嘛，快走吧！」

板橋雙手攙扶著年近古稀的部下，急急向衙外走去。

黑壓壓的一片人，像趕廟會似地聚集在縣學大門前。幾十名本屆應考生員，站在人群的中央。有的在大聲議論，有的向圍觀的百姓叫嚷，有的甚至在高聲謾罵。尤其那些名落孫山的，叫喊得更凶。

板橋讓史效儒留在人牆外面，自己悄悄擠進人群。他並不急於答話，只是站在那裡諦聽。他身材矮小，又穿著一身便裝，並無人注意到縣太爺親自駕臨。

「誰不知道李夢雲的老子是四川人？四川人的種，有什麼資格來我們山東范縣應考？」

「毫無疑問——『冒籍』唄！」

「『冒籍』是該問罪的呀！」

「哼！豈止是『冒籍』，怕是還有……唔，別的嫌疑吧？要不然，為什麼案首會讓一個四川蠻子奪了去？難道我們范縣真的沒有人才啦？」

「娘的，這話說到點子上啦！有錢買得鬼推磨！李夢雲的老子，這些年刮了我們范縣不少銀子，不成留在錢櫃裡，讓它發芽生霉！」

「嗨，看起來滿像個『清官』的樣子，來我們范縣兩年多，辦了那麼幾件大快人心的好事，原來都是做樣子裝點門面呀！到了該伸手撈的時候，手腕子一點也不含糊呢！」

「哼！這一回，有他『清官』好看的！」

「走！大夥到縣衙找鄭板橋評理去！」

「不，讓他到這裡來，當眾跟大夥說清楚！」

高音嘎嗓，粗聲大氣。議論的矛頭逐漸集中指向了縣太爺身上。板橋本來想多諦聽一會兒，聽聽他們到底有多少不平。但聽到這裡，終於抑止不住了。他高聲答道：

「用不著費事去找——我鄭板橋送上門來啦！諸位閃開！」

隨著一聲剛勁的呼喊，板橋登上了縣學高臺階的頂端。他抑止住胸中的怒氣，極力壓低聲音說道：

「諸生員的話，剛才我已經聽明白啦。你們的不平，除了因為李夢雲『冒籍應試』，和我鄭板橋『循私舞弊』還有別的事由沒有？」

「難道這兩條罪過還不夠嗎？非得一千條，一萬條？」人群中，有人在尖聲叫喊。

「大老爺，小人們主要是為『冒籍』不平，別的，那是有人猜疑……」

「哼，並非是我們多疑。難道我們范縣的生員個個是草包，單單一個四川蠻子，腦瓜機靈，璣珠滿腹？」一個尖嗓門叫得特別響。

「好！這話說到點子上啦！」許多人在叫喊。

「縣父母明察。您老人家要給閤縣生員做主啊！」也有懇求的聲音。

「哇，哇，哇！」有一個考中第二名的，分明認定是「四川蠻子」奪走了他的縣案首，竟跪到地上，哭了起來。

「縣父母，給閤縣生員做主啊！」又有許多人跪地懇求。

等到喊聲靜了下來，板橋方才高聲答道：「既然諸位生員的不平，只是因為『冒籍』和『循私』。本縣可以明白告訴諸君，我雖然是江蘇揚州府人，但朝廷命我『主范縣事』，我不但是范縣百姓的父母官，還是范縣的一員。當然要為范縣做主……」

「縣父母聖明！」一片歡呼聲，打斷了板橋的話。

「不過，大夥該知道，李夢雲出生在范縣，至今已逾十七載，理應算得是一個范縣人。我身為一縣之宰，難道就不該為他做主？不要吵嚷，聽我把話說完。」板橋連連揮手，繼續說道，「況且，普天之下，莫非王土；率土之濱，莫非王臣。試問：萬里疆國，哪裡不是大清朝的疆土？億兆百姓，哪個不是大清朝的子民？科舉本來就是為朝廷選擢英才嘛，不論在四川選，還是在山東范縣考中，爾後，不都是為朝廷效力？怎可因為李夢雲的父親不是范縣人，就不准他的兒子應試呢？至於李夢雲高中縣案首，本縣有無從中貪贓枉法做手腳，任憑諸位懷疑。不過，今年應試的童生，都該明白：今番科考，不要說是李夢雲，怕是哪一位想作弊，都沒有得逞吧？不是已經有四五個人，因為『夾帶』和違規被逐出考場嗎？難道那李夢雲生著三頭六臂，可以僥倖成功？如有人認為評卷不公，本縣並未介入閱卷。況且，有李夢雲的五場考卷在，你們盡可查驗！」

板橋停下來，環視竊竊私語的人群。忽然，有人再次領頭狂喊起來。板橋繼續高聲說道：「喂，喂！你們在這裡吵嚷有何用？哪個不服，儘管到曹州府、山東巡撫衙門，甚至到京城，告我鄭板橋去！」

說罷，板橋分開眾人，走下臺階，揚長而去。

來到衙前十字街，板橋沒有徑直回縣衙，而是掉頭向西門大街走去。這時，兩名穿著便裝，暗暗跟隨在後面的皂隸，慌忙上前，攔住問道：

「老爺，您老人家要去哪兒？」

板橋一怔，手一揮：「我要串個門兒——去不了人。用不著跟隨，你們回去吧！」

「是——老爺。」兩個皂隸只得站住腳，望著上司走遠。

去年秋天，板橋微服私訪歸來，曾順路看望過書生李夢雲，並就讀書作文，當面進行過指導。李夢雲家住西門裡一條曲巷。該巷三彎四拐，是條一頭開、一頭閉的死胡同。想抄近路的人走進去，必須回頭退出來。因而得了個奇怪的名字——回頭巷。現在，板橋要去的正是那裡。

板橋雖然身材瘦小，但腳下卻很俐落，只是因為老家興化是水地，青年時代即患上「腳濕病」，終生未治癒。前幾天又犯了，走起路來，肥鴨似地，一扭一歪。但今天竟忘了腳下疼痛，彷彿腳濕病已痊癒了。

范縣是一座小城池。不過一袋煙的工夫，板橋便來到回頭巷。轉了兩個彎兒，來到一座面東的黑漆大門前，伸手輕輕扣響了門環。不料，連扣數次，院內竟無動靜。門環未上鎖，分明家中有人，為什麼無人開門呢？板橋輕輕一推，虛掩的門閂開了。他不便貿然進去，便高聲喊道：

「夢雲在家嗎？夢雲在家嗎？」

無人應聲。只聽到傳來一聲木器倒地的鈍重聲響。板橋一驚，急忙跨進院內，徑直奔向李夢雲的書房。書房門從裡面上了栓，他用力推了幾次，依然紋絲不動，急忙奔到窗前，戳破窗紙向裡一看，李夢雲直挺挺地掛在了梁頭上！

「夢雲……救人哪！」板橋狂呼起來。

「老爺，老爺──什麼事？」

奔進院來的是兩名皂隸。原來他們並沒遵命返衙，為防不測，仍然遠遠跟在上司後面。直到老爺進了院子，他們才快步跟來。

「快，快撬開門──救人！」板橋氣喘吁吁。

兩名皂隸很熟練地將門撬開了。一衝進書房，板橋大聲吩咐道：

「快，一個抱腰，一個解繩子！我堵上他的屁股眼──走了『氣』，就無救了！」

上吊的人很快被救下來，被安放到了南炕上。兩名皂隸，一邊一個，扳起李夢雲的上身，按著雙肩，一鬆一按，進行「人工呼吸」。按了不幾下，李夢雲長舒一口氣，醒了過來。他睜開雙眼，呆呆地瞪著炕前站著的縣太爺和兩個不相識的漢子。驀地，他喊了一聲「老爺」，溜下地，「撲通」跪在板橋腳下，哭喊起來：

「大老爺，學生無路可走了哇！」

板橋勸道：「夢雲，先別哭，有話慢慢說。」

「老爺呀，老爺。」李夢雲聲音哽咽，「夢雲生在范縣，長在范縣，整整十七年了，還說是『冒范縣籍』。從今以後，學生不但永遠不能在范縣應考，今番考中第一名，也要給除名！以後要想應考，只能回四川原籍。可是蜀道難行，千里阻隔。加之學生一口范縣口音，也無法應面試呀！」夢雲哭得說不下去了，停了一會兒，他斷斷續續地說道：「老爺，讀書破萬卷，卻不能應科考，求仕進，揚名聲，顯父母，憂患天下。不如死了乾淨！」

「夢雲，夢雲！」板橋彎腰雙手攙起學生，一面勸道：「夢雲，我來你家正是要告訴你，舊例可以變通，人才不可埋沒；為了你的前程，也是為了國家朝廷，今番老鄭我要斗膽做主——保住你的縣案首！」

「老爺，只怕『定制』難違啊……」夢雲依然痛哭不止。

「夢雲，你先坐下。」

板橋扶起倒在地上的椅子，讓學生坐下；自己坐到炕沿上，然後緩緩說道：

「夢雲，坐好，擦乾淚，聽我仔細跟你說……」

五天後，曹州府的差役，送來知府于金粲的一封快函。板橋拆開一看，信雖然寫得很短，卻是知府大人的親筆。

克柔年兄足下台鑒：

昨有貴縣治下十數名本科生員，奔來府衙投訴。云：范縣此次歲考，縣案首竟讓一名四川籍童生李夢雲奪得。眾生於不平之外，尚有諸多激憤之詞。你我乃「正途」出身，熟知我朝科舉法度之嚴酷。僅「冒籍」一款，即不是儕輩所能轉圜的。李生雖堪矜憐，年兄何必為一外籍無名童生，冒此無端之大嫌？眾意難拂，物議不可不顧。事理昭然，何必首鼠？願足下其三思之。

于金粲頓首

「哼，那般患了紅眼症的讀書人，果然告到了府尊那裡！」板橋暗暗冷笑幾聲，扭頭向聽差吩咐：「立刻為上差備飯。」他又向公差抱拳說道：「卑職失陪。我要為府尊寫一封回信，去去就回。」

板橋的覆信，不但申明范縣科考法紀嚴明，判卷秉公，無人做得手腳；還把朝廷求賢若渴，廣擢天下英才的宏旨重敘一遍。最後，竟遏止不住一腔忿怒，寫出了一連串牢騷：

自康熙朝興起「捐納」之風以來，只要有了白銀，便可授職放官。以至不學無術之輩，奸貪強悍之徒，大量充斥官場。正所謂「及第不必讀書，做官何須事業」，實在令人心寒齒冷！長此下去，只恐與開科擢才的初衷，不啻南轅北轍！

最後，他決絕地寫道：

卑職堅主，眾生員的喧囂理應駁回，李夢雲的案首必須衛護。如此中有納賄偏袒等情，鄭燮甘願以身試法！

末了，他學著于金粲的口氣，又補上了一句：

革除一外籍童生事小，朝廷失卻可用之人才事大。眾意未必在理，物議盡可不顧！尚祈府尊其三思之！

發出這樣一封態度倨傲、語言唐突的書信，板橋反而認為自己公心灼灼，持論有據，上司無法不予允准。接下來，便是欣欣然等待著上司的批復。

三天後，曹州府的批復到了。但不再是一封私函，而是一份加急文書。上面寫道：

查范縣童生李夢雲本屬巴蜀人氏，混跡范縣試場，實屬冒籍。范縣知事鄭燮不惟有失察之過，且再三庇護，私有所循！似此乖違公義，藐視法紀，著予記過在案，並速革李生學籍。如稍有羈延，將奏請省憲重治！毋謂言之不預也！此示。

「翹辮子的！只怕『私有所循』的不是老鄭！不然，身為五品大員，為何置朝廷利害、童生前程於不顧？」板橋把公文狠狠擲到公案上，罵了起來。

一連三天，他吃不好，睡不好。他並非顧惜自己的面子，而是為上進聰慧的英才無端遭到摒棄而忿忿！

「哼，天下的『公義』在哪裡？那些屍位貪狡的徇吏，除了關心自己的烏紗，哪管百姓生死？我真傻呀，還到處為夢雲爭理哪！」

可是，總得向那個後生有個交代呀……

第四天上午，板橋袖了十天前畫的《墨竹》，再次來到回頭巷。李夢雲比十天前又憔悴了許多，方圓臉變成了蠟黃的長條臉，兩隻閃光的眸子，也像蒙上一層雲翳，失卻了往常的光彩。一見面，板橋便說道：

「夢雲，老夫向你賠罪來了！」

「老爺，這……學生不敢當！」夢雲臉色煞白，無限驚恐。

「是的，是要向你賠禮。你坐下，聽我慢慢跟你說。」

接著，板橋將眾生員曹州府告狀，以及知府于金粲先私信、後公文，軟勸硬逼，定要革除他的考籍等情，說了一遍。然後，他長歎一聲勸道：

「夢雲，胳膊扭不過大腿！我雖敗在膠柱鼓瑟的法度上，你可是要三回九轉，不可一頭撞南牆！」停了一會兒，他繼續說道：「你想呀，連你住的巷子都叫『回頭巷』，人生的路長著哪！哪有一往直前，從不回頭的道理？」

「老爺，教學生『回頭』往哪兒走呀。」夢雲又傷心地哭了起來。

「夢雲，俗話說，『不為良相，便為良醫。』良相固可醫國，良醫也可醫人，依我說，良藝更可醫心。你想呀，那些出色當行的優伶，詩家，書家，畫家，他們唱的曲，演的戲，寫出的詩、書、畫，除了可以娛人、醒人，不是還能使人清心揚神，蕩除胸中惡濁之氣嗎？不是『醫心』，又是什麼？」

「老爺說得極是。」夢雲痛苦地望著縣太爺，「不過，小人除了讀書，一無所長呀！」

「這好說。」板橋雙眉頓展，苦澀地一笑。「我從你平時的字體上看，你學習繪畫，肯定會有出息。乾脆，你就跟著我學畫、學字，做一名醫治人心的『良藝』！如何？」

「真的，老爺？」

「怎麼不真！」板橋從袖中取出畫幅。「吶，師傅連見面禮都帶來咯。」

「承蒙老爺不棄，學生三生有幸！」夢雲撲通跪在地上磕了三個響頭。「我一定盡心盡力把老爺的畫藝學到手。」

「好哇，世間無難事，只怕有心人！我相信你。從今天起，你就是我的學生啦。往後，只准叫師傅不准再稱老爺。快快起來！」等到夢雲站起來，板橋展開畫幅指著說道：「這幅《墨竹》一來是讓你臨摹；二來還望你像這翠竹一般，耐冬雪，抗春寒，傲然獨立，不為流俗所染……」

「是，老爺——老師！」

李夢雲又一次跪下了。

在板橋的精心指導下，李夢雲的畫藝突飛猛進。兩年後，板橋離開范縣的時候，他的畫技已打下了堅實的基礎。後來，果然不負師望，成了聞名一方的名畫師。

飽受儒家仁愛思想薰陶的鄭板橋，痛百姓之所痛，急百姓之所急，愛百姓勝於愛自己。但七品小吏的力量畢竟有限，他始終無力讓李夢雲走上仕途，只得讓他邁進藝術的殿堂——他的仁心終於得到了補償。

等到他騎著毛驢到濰縣上任，擺在他面前的重重障礙，更是遠非幫助一介童生可以比擬的……

三頭毛驢下濰縣

老頭陀，古廟中，
自燒香，自打鍾，
兔葵燕麥閒齋供。
山門破落無關鎖，
斜日蒼黃有亂松，
秋星閃爍頹垣縫。
黑漆漆蒲團打坐，
夜燒茶爐火通紅……

濟南府東去的驛道，過了青州府，路面逐漸平展，但彎曲卻越來越多，宛似一條粗大的黃蛇，蜿蜒曲折，吃力地向東爬去。路旁的樹木，幾乎已被砍光。只剩下一個個樹根，高低不齊地露在地面上，圓圓的，像一張張蒼白的孝婦臉，哀愁地仰望著空曠、遙遠的天穹。幾株倖存下來的老柳，光禿禿的樹幹彎向地面，像衰弱的老人，紮煞著雙手，傴僂著身子，在為同類的慘遭戕害，呼天搶地，悲痛不已。荒寂的曠野，一派悲涼淒慘……

大路轉彎處，走過來一老一少兩個騎驢的人。走在前面的是位老者，看年紀，五十餘歲，身材瘦削，面目清癯，雙顴微微聳起，略尖的下巴飄著三綹疏鬚，顯得坦蕩、慈祥。只是那高挑的劍眉，寬闊的前額，露出剛毅睿智的神氣。他頭戴褐色氈帽，身穿一件褪了色的青布棉袍，腳上是一雙薄底棉鞋。風塵僕僕，面有倦容。他騎在一頭小黑驢兒上，卻與別人的姿勢不同，兩腿擺放在一邊，左手持韁，右手在毛驢屁股上，有節奏地輕拍著，瞇著雙眼，搖頭晃腦，出聲地哼著前面的歌曲兒。

大路旁的一株枯柳上，停著兩隻烏鴉，被歌聲驚嚇得「呱呱」叫著，慌忙飛去。路上的幾個行人，都用驚訝的目光，打量這奇怪的老人。一個戴重孝的後生，停下腳步狠狠盯了老人一會兒。老人似乎並未察覺，繼續旁若無人地唱下去：

老書生，白屋中，
說皇虞，道古風……
倒不如蓬門草巷，
教幾個小小蒙童……

在老人後邊的小灰驢上，坐著一位十六七歲的後生。他那端正而略尖的鼻子，白皙的臉色，線條柔和的面頰，頗有女性的樣子。他眨著聰明的大眼睛，嘴角上帶著沉思的微笑，看上去，很像中藥鋪裡「拉藥斗子」的俐落小夥計。他見老者的歌聲越唱越高，已經引起了行路人的注意，便抽打著轠繩，催促灰驢快行。等到與老人並轡時，便輕聲地說道：

「阿叔，別唱啦。」

老者停下歌唱，向四外指了指：「阿田，你看：天蒼蒼，野茫茫，一派肅殺景象。沒有賞心悅目的風光讓眼睛看，只得借幾首《道情》來排遣旅途的寂寞咯！」

後生提醒道：「已經進了濰縣地界……」

「怎麼，到了濰縣地面，就連曲兒也不能唱，難道有人封嘴？這地方跟別處不一樣？」

「不，惹得行人注目——你是縣太爺嘛！」

「噓！不愧是你阿嬸的高徒！」老人搖頭苦笑，「總怕我忘記端官架子喲！」

這位騎毛驢唱曲子的老人，就是奉旨到濰縣上任的鄭板橋。

板橋四十四歲那年，進士及第，眼巴巴「候補」了六年，才「蒙恩」放了荒僻小邑范縣知縣。在那裡，一待就是五年。如今，地處東魯的濰縣遭了百年不遇的水災，拯民賑災的苦差事，便落到了他這不擅通關節，政聲又特別顯赫的清廉小吏身上。

十天前，他交卸了范縣的差事，去到濟南府，拜會了既是上司，又是莫逆之交的山東巡撫包括。聆聽面諭之後，他便兼程東進，向出任地迸發。為了領略一番沿途的山光水色和風土人情，他一反官吏遠行的常例，沒有使用驛站的快馬。而是掏光腰包，買下了三頭毛驢，自己和侄兒鄭田各騎一頭；另一頭，馱著他的全部家當——兩隻書箱和一把古阮[①]。

板橋居官范縣時，他的如夫人饒筠青就時常提醒他注意「官儀」。他自己卻常常把「官儀」丟在腦後。不料，現在又受到侄兒鄭田的干涉。他無可奈何地苦笑搖頭，走了幾步，自語似地說道：

「離縣城還遠著呢。唉！」他歎口氣，不再出聲了。

鄭田看了看叔叔的臉色，搭訕著問：「阿叔，你老人家為何總愛唱《道情》呢？」

「嘿，孩子是自家的好，曲兒是自家度的妙——《道情》是阿叔的得意之作嘛！哈……」

年輕人搖搖頭，微微一笑：「我看不是——」

「怎麼，你說是為何？」

「我一說，准錯不了。」後生調皮地眨眨眼，「五年官場生涯，使阿叔生倦，思歸了——對不？」

板橋反問道：「這話從何說起？」

鄭田毫不遲疑地答道：「阿叔如此愛唱老漁翁、老頭陀、老書生，分明正是羨慕他們。」他看看叔父低頭默然不語，輕聲吟道：「『楓葉荻花並客舟，煙波江上使人愁；勸君更盡一杯酒，昨日少年今白頭。』——阿叔在范縣寫下的這首《道情開場詩》，不是說得明明白白的嗎？」

老人半晌不吭聲。走了幾步，他掉頭望著侄兒，聲音略帶顫抖地緩緩說道：

---

① 又稱阮咸，是琵琶的一種。四柱，四弦，用撥子演奏。傳說因東晉人阮咸精於此琴而得名。

「是呢，思鄉之情人皆有之。何況，阿叔素性散漫，最愛古寺雅居，青山秀水……」

話沒說完，他卻驟然止住了。

細心的鄭田看到叔父露出惆悵不快的神色，便指著路旁一株停著四五隻烏鴉的歪脖子老柳，說道：

「阿叔，這地方討厭的烏鴉真多。你的歌聲剛歇，就又飛了回來。」

板橋好像沒聽見侄兒的話，問道：「阿田，你留神過沒有，自從進了濰縣地界，穿重孝的人越來越多，足見人死得不少！」

「嗯，這場災，真的不輕呢。」

「嗐，要不是遭了大災，像濰縣這樣的肥缺，不通關節，咱爺們能得到手？」

鄭田突然想到橫在叔父面前的困難，不解地問：「阿叔，光山東就有一百單八縣，縣縣有縣令，朝廷為何單單讓阿叔來捧這難誦的經卷呢？」

「咳，人怕出名，豬怕肥！阿叔當上和尚專會撞響鍾，得來個『清廉幹達』的虛名，就讓人家給戴上籠頭咯！」板橋調侃地指指座下的毛驢，臉上卻露出得意之色。見侄兒會意地點頭，他繼續說道：「不過，食君祿，報皇恩，乃人臣之道。既奉皇上欽命，自當竭誠效忠，治地於荒瘠，拯民於饑餒。改地回天，大展宏圖，方不負朝廷倚重，上憲知遇之恩。」接著，他高聲吟起了杜甫的詩句：「致君堯舜上，再使風俗淳……」

鄭田打斷叔父的吟誦，興奮地說道：「對！就像在范縣那樣！」

范縣的五年，給板橋留下了許多美好的記憶。開頭兩年，為著防澇、治城，肅盜、審案，雖然受了不少熬煎，但後來，在他的努力下，地處黃河和金交河夾縫中的小邑，一切頓改舊觀，真可謂歲稔民康，訟減吏樂。每天，他把並不繁忙的公事料理完畢，回到後衙，寫詩、繪畫、種菜、養花，「拈來舊稿花前改，種得新蔬雨後肥」。過的是「落花廳事淨無塵」的日子。儘管有時也發發牢騷：「苦蒿菜把鄰僧送，禿袖鶉衣小吏貧」！可是，這怨不得天，尤不得人。怪自己十個指頭並不攏。那足夠穿衣吃飯、撫妻育子的薪俸，不知有多少，都被他花在了可憐的饑寒者身上。但他並不後悔。相反，覺得那是為著自己的良知和本分。五年吏治，雖不敢說已把荒城貧瘠之地治理成了物阜人泰，夜不閉戶的清平世界；雖說「尚有隱幽難盡燭，何曾頑梗竟能馴！」可決沒愧拿朝廷的俸祿，白吃范縣的小米。想到這裡，心頭的鬱悶和不快，消失得無影無蹤。他平靜地轉臉問侄兒：

「阿田，說心裡話，你覺得范縣如何？」

「阿叔，范縣人，心地好——知情，知義。」

「對，對！范縣民風實在淳樸可愛！」說到這裡，板橋默然了。

那天，離開范縣的情景，又清晰地浮現在眼前……

十月初九早晨，他草草吃過早飯，便和侄兒騎上毛驢，離開了范縣縣衙。一出街，兩人都愣住了。並不寬廣的衙前大街上，竟是五步一桌，十步一案，一字兒擺在大街中央。桌案上擺著香爐、燭臺、米酒、菜餚，燭臺上明燭高燒，香爐中香煙嫋嫋。路兩旁，密密匝匝，跪滿了送行的人。每張桌案前，已有兩三位長者，侍立在那裡。看到縣太爺走近，一齊趨步向前，跪地施禮，連聲高喊：

「請大老爺暫留步，嘗一口小民家釀米酒。」

板橋慌忙下驢，將長者攙起，一面長揖至地，連連說道：「父老深情折殺鄭燮。不敢當，實在不敢當！」老人們個個流著熱淚，扶他坐上案前的太師椅，恭敬地獻上斟滿醇醪的酒杯。板橋站起來接杯在手，第一杯奠天，第二杯奠地，第三杯仰頭一飲而盡；然後，接過竹筷，嘗一口菜餚。

這時候，候在第二桌旁的老人，又迎了上來。

「鄭田兄弟，你飲下這一杯！」每張桌上，也都要恭恭敬敬地敬板橋侄子鄭田一杯酒。

小小范縣城，從衙門到東門，不過半里之遙。一一飲完送行酒，已經過了一個多時辰。出了東門，送行的人群遮道蔽路，或立或跪，綿延好幾里。板橋一路作揖告別。父老們勸板橋騎上牲口，他勸父老們留步。但是，個個嘴裡應著，腳下卻並未停步。直到送出了四五里路，板橋站住不肯再往前走，鄉親們才不得不停下腳步，戀戀不捨地揮淚告別了他們的父母官。

走在後面的鄭田，催驢追上叔父，激動地說：「阿叔，今天范縣父老，足有上萬人來送行呢！」

「是的，是的。」板橋一面用衣袖揩著臉上的淚痕，一面頻頻回頭張望，過了好久才說道：「除了幾戶劣紳，可謂傾城而出。唉！范縣父老知我——慚愧喲！」

十月小陽春，斜掛東天的朝陽，發出耀眼的光芒，照得人身上暖煦煦的。范縣東城樓沐在一派金色的光輝裡，遠遠望去，像金子雕成的瓊樓仙閣。那是板橋經常登臨遠眺的地方。就在一個月前，他還在上面吟成了一首詩——《登范縣城東樓》：

獨上秋城望，高樓出曉煙。
西風漳鄴水[2]，旭日魯鄒天[3]。
過客荒無館，供官薄有田。
時平兼地僻，何況又豐年。

古人說的好，得之如瓦罐，失之成珠玉。板橋剛剛離開范縣，立刻便有痛失知己之感。范縣城東樓早已隱沒在綠樹村舍後頭，他還頻頻回首觀望……

想到這裡，板橋掉頭看看一直沉默不語的年輕人，只見侄兒眼圈發紅，面露淒涼神色，便岔開話頭說道：

「田兒，剛才我在驢背上吟成一首新詩。」

「啥詩，阿叔？」

「惱濰縣。」

---

[2] 漳河在河北南部；鄴在河南北部，都在范縣西面不遠。
[3] 魯，古國名，在山東曲阜一帶；鄒，在山東鄒縣一帶。

「怎麼？剛踏上濰縣地界，阿叔就生濰縣的氣？」侄兒十分不解。

「你聽呀——」板橋大聲吟了起來。

行盡青山是濰縣，
過完濰縣又青山。
縣宰枉負詩情性，
不得林巒指顧間。

板橋剛吟完，鄭田便笑著說：

「我看阿叔想當老漁翁的心思還真的放不下了呢。」年輕人忽然想到，老人流露出歸意，一定是思念親人了。便問：「阿叔，等在濰縣安排定了，我回興化接阿嬸和鄭麟兄弟吧？」

「傻孩子！這趟差事可不是鬧著玩兒的。上面看准了我們爺們，咱就得識抬舉，殫精竭慮，創下一番業績，以慰濰邑父老。眼下何暇顧及妻孥呵。等到一切有個眉目之後再說吧。」

其實，板橋何嘗不思念溫柔體貼的愛妾和剛剛三歲的兒子——五十歲上方才老來得子啊！可是，他知道，接任後，光是救災、安民，就夠招架的，哪能讓家小來分心。他不願再談這話題，便掉轉話頭說道：「田兒，你還沒給我的詩挑挑毛病呢。」

鄭田略想了一下，說道：

「阿叔常講，寫詩作文，要事出有據，言之成理，看之有形，聞之有聲……」

「不錯。」

「阿叔這詩的前兩句是寫景。我們從濟南府來，一路遠山近岫，可進了這濰縣地界，反而不見山影啦，真的是『行盡青山是濰縣』呢。可是第二句『過完濰縣又青山』卻不同，阿叔從未到過濰縣，怎知濰縣東邊還有山呢？」

「你是說『語出無據』咯？」板橋笑咪咪地問。

「嗯哪。」

「問得好！」板橋高興地點頭。「須知：秀才不出門，遍知天下事。別忘了，阿叔是比秀才還高兩大級的進士呀。普天底下，哪兒有山，哪兒有水，豈能瞞得了阿叔呵！」

「噢，我明白了——阿叔是從地理圖上知道的。」年輕人笑了。

板橋繼續說道：「濰縣往東百餘里，就有座大山，名叫大澤山。不但山勢雄偉崚嶒，還有稀世的摩崖石刻。聽說那山上出的龍眼紫葡萄，賽過吐魯番的名品，每年都向朝廷進貢呢。」

「嘿，真想不到，往東還有那麼好的地方！」

「山東好地方多著呢。大澤山再往東，有座蓬萊閣，是八仙過海的地方。」他慈祥地望著侄兒，「阿田，等到公事有點頭緒啦，我們就去爬大澤山，親口嘗嘗龍眼紫葡萄的味道，如何？」

「好！再登上蓬萊閣，嘗嘗飄洋過海的滋味。」年輕人高興地點著頭，「還要採回一些大澤山葡萄種，將來種在老家的園子裡，阿叔就能年年吃上『貢品』啦。」

「嘿，又發傻！記住：物有本性，地有所養。你忘了『淮南生橘，淮北生枳』的掌故嗎？——橘樹在淮河以南，結的是香甜的柑橘，而一到淮北，就變成苦澀的酸枳。可見，一塊土，長一種物；換了地方，良種也可以變壞的。」

鄭田接著說：「阿叔，我看，人也是一樣，生活在什麼境遇裡，就有什麼出息。」

「說得對！」板橋高興地捋著疏鬚，瞅著青年人，認真地說出了近來心中的打算：「阿田，你跟隨阿叔十來年了，前幾年只學著磨墨、扯紙；這兩年長了不少見識，學業大進。到了濰縣要幫我幹點公事了。」

「不，我懂什麼？再說，別人服侍阿叔，我不放心。」

「哎，人總得有點出息，不能一輩子光侍候人，不懂就學嘛！不要怕，事情說定了。以後再詳細跟你說。」

不知什麼時候起了風。風越刮越大，一團團濃濃的黑雲，低低的，從西北天穹中滾來。一群大雁匆匆向南飛去，「人」字形的隊伍零亂不整。

鄭田大聲說：「阿叔，要反天了。」

「喲！真是天有不測風雲呢——怕要下雪，快快趕路！」

說罷，板橋往毛驢屁股上用力拍了一記：「駕！」

剛剛踏上濰縣地界，板橋便為「無青山」而苦惱。殊不知，濰縣給他的「見面禮」，決不只是「無青山」，而是泛白的大地，枯黃的農田，烏鴉聲聲，餓殍盈野！

板橋深知，像濰邑這樣的肥缺，在正常年月，不通關節休想得到手。如今不求自至，其中大有文章。不是有一本難念的經卷讓他捧，就是有意想不到的溝坎等他穿越！他覺得自己像一頭戴上籠頭的牲口，正由一隻無形的大手牽著，向不可知的方向走去。一切都由不得他自己。到任後他才知道，濰縣的一切，比原先預料的不知嚴酷兇險多少倍！他彷彿被置於了死地！

但是，他又想到，回天必得奇術，拯民正需謀臣。上憲選中他治理這荒瘠之地，正是對他的信任與倚重。他不能有負知遇之恩。應該改地換天，大展宏圖。別的，他都拋在了腦後！

「置於死地而後生！」抱定這樣的決心，他接過了「知濰縣事」的官印……

蕭蕭竹聲似民怨

鄭板橋是乾隆十一年（西元一七四六年）從范縣縣令任上調署濰縣的。不知內情的人，會以為他從一個彈丸小邑調到大邑濰縣是得了個美差，揀了塊肥肉吃。殊不知，他被推進了是非之地！

濰縣地處海濱，北臨萊州灣。放眼望去，沃野百里，空闊遼遠，坦蕩蕩，平展展，一馬平川，渺無涯際。像水波不興的太湖，安然睡去的洞庭。泥土肥得像要出油，抓起一把嗅一嗅，一股沁人心脾的淳香，撲鼻而來。真是個抗旱耐澇、十年九豐收的大糧倉。難怪自古以來就流傳著一個民諺：「金濰縣，米糧川；守著聚寶盆，捧著金飯碗。」原來濰縣是金鑄的飯碗！

但是，厄運不光在貧瘠的地方駐足，也常在富饒的地方落戶。誰會料到，這得天獨厚的「金地」，一朝忽然背了運！

乾隆十年（西元一七四五年）七月十九日這一天，龍王爺無端發了狂。它猛烈地抖動著身子，大吼幾聲。大海便像抽風似的上下翻騰不止。傾刻之間，滔天的巨浪像從海裡跳出來一般，向著南岸猛撲過去！黑壓壓，轟隆隆，兩三丈高的浪頭，像錢塘江的秋潮，壁立如山，洶湧澎湃，呼嘯奔騰而來。狂濤向南直衝擊了一百多里。轉眼之間，把大半個濰縣壓在了身子底下。直到被南面的丘巒擋住去路，惡濤濁浪才無可奈何地掉回頭，喘息著，慢慢爬回萊州灣。

瘋狂的惡龍縮回到了龍宮，不見蹤影。暴虐的傷痕卻淒慘地留在了人間。莊稼，那繁茂的、眼看到手的冬小麥被海水浸成了枯草；綠油油的大地，成了黃裡泛白的鹽鹼灘；房舍，除了豪紳大戶的青磚瓦舍，還照常屹立在那裡，莊稼人的土坯茅屋，像冰塊遇上了滾水，都溶成了一堆稀泥；人，不知有多少男女老幼，像枯枝敗葉似的被海浪捲走，連屍首的影子也找不到……

聚寶盆變成了爛泥塘！

龍王爺的魔爪，緊緊地攫住了濰縣百姓的脖子！

不料，老天爺也趕來趁火打劫。海嘯過後，緊跟著便是百年不遇的大旱。俗話說：「伏裡雨，不能斷——五日不下一小旱，十日不下一大旱。」這年，從立夏到第二年小滿，整整四百多天，滴水未降！每天，烈日炙烤著大地，燥熱的西南風吹個不停。冬小麥堿死了，秋莊稼沒法下種。放眼百里濰河平原，不見禾苗，不見青草，只剩下黃蒿枯草，一片灰濛濛、白茫茫和閃著耀眼銀光的鹽鹼灘！

就在這個時候，原任濰縣知縣秦甸升遷了。現任山東范縣知縣鄭燮便被派遣來「知濰縣事」。

曠古罕見的水旱大災，壓在了窄肩細腰的鄭縣令身上！

一到任，板橋急忙辦完交接，立刻換成便裝，帶上侄兒，到四鄉勘察災情。

「長太息以掩涕兮，哀民生之多艱！」

三天私訪，鄭板橋的眼淚從未乾過。一路上的所見所聞，處處使他怵目驚心，憂心如焚！

私訪歸衙已經半個多月了。彷彿始終有一股腐屍的惡臭，煮人肉的腥氣，在周圍彌漫。只要深吸一口氣，那氣味便直往鼻孔裡鑽。漫漫長夜，輾轉難眠。而一旦閉上雙眼，面前便現出斷炊的茅舍，哭墳的少婦，遍野的餓殍，奄奄一息的饑民……

夜裡，庭院中傳來的蕭蕭竹聲，板橋聽來，宛如饑民的啼饑號寒之聲！饑荒和隨之而來的瘟疫，像兩條毒蛇似的，緊緊地纏得他透不過氣來。

昨天夜裡，他剛剛睡下，便做了一個噩夢。他獨自一人走在荒草叢生的崎嶇山路上。他正吃力地向上緩緩攀登。突然，前面荊棘叢中，橫出兩條蝮蛇，就像縣衙院中那兩棵石榴樹一般，身子直立著，擋住了他的去路。那三角形的蛇頭上，四隻黑油油、亮閃閃的小眼睛，一眨不眨，貪婪地盯著自己，一面伸出長長的毒舌，上下擺動著，向自己的面孔舔來。他驚恐萬狀，想喊，喊不出，嗓子像塞上了棉團；想逃，跑不動，兩腿麻酥酥、軟綿綿，沉重得像被拴住在地上。正在萬分危急之時，兩條毒蛇已經盤繞在他身上，緊緊纏住了他的細脖子。頓時，他的頭在脹大，眼珠向眼眶外迸突，喉頭在窒息。他覺得，生命像蜘蛛絲似的，越來越細，似乎就要離開瘦弱的軀殼而逝去…

「阿田救我！」

一聲驚呼，他從夢中驚醒過來。

「阿叔、阿叔，怎麼啦？」睡在外間的侄兒，被喊聲驚醒，光著身子奔了進來。黑暗中他伸開兩手，上下左右，撫摸著叔父的身子。

板橋完全清醒過來了，他握著侄兒的一隻手，說道：「剛才，我做了一個噩夢——」

「噢！」侄兒放心地長舒了一口氣，摸索著將被子給叔父蓋好。

「田兒，莫著涼，睡覺去。」

侄兒低低應著，悄無聲息地回到外間睡下。不一會兒，便發出了均勻細微的鼾聲。板橋用力地閉上眼睛，一面警戒自己一定要再睡一覺，以免舊病復發。他到范縣之初，因公務繁劇，睡眠太少，患了偏頭痛。以後，每當連續少睡，準會發作。一旦犯病，右側太陽穴，便像被火炙烤著一般，火辣辣，一紮一紮地痛。但是，越是緊張，越睡不著。過了許久，仍然毫無睡意。他失望地睜開了眼睛。窗外，墨藍色的天宇上，繁星點點。寒夜的風，從房頂樹梢上掠過，發出時高時低的嗚嗚聲，好似一群老婦在哽咽啼哭。既然睡不著，索性披衣坐起來，徹夜苦思，定要尋覓出一條救濰邑父老生命的應急之計。

前幾天，他親自查看了全縣的人丁、田畝、工商冊籍，又攜鄭田到城裡、四鄉，進行了勘察。把濰縣的財產分布情形，瞭解得一清二楚。

不知從何年何月起，濰縣的好地，十之七八都集中到了少數富紳地主手中。「繞郭良田萬畝餘，大都歸併富豪家」。他們的土地在鄉下，人卻十之八九都住在縣城裡。因為，一則縣城裡有深溝高牆作屏障，沒有被搶劫綁架的危險；再則，住在城裡還可以就近開設錢莊、當鋪、作坊、商號。把錢櫃裡的死錢，變成叮噹鳴唱的活寶。因為只要有了銀錢，供給子弟讀書科考，撈個功名頂戴，費不了多大的力氣。即使養了個看到書本就頭痛，只會鬥雞耍狗、賭錢好嫖的不肖種，花上點銀子，捐個知縣知州的，也易如探囊取物。就這樣，錢生功名，功名又生錢。到了這「乾隆盛世」，濰縣城裡有功名的縉紳，以及有幾頃、幾十頃，甚至幾百頃土地的糧戶，竟多達一百餘家。到大街上走走，隨處可以看到八字粉牆、一高兩低的走馬門樓。飛簷抱廈、明堂華宅的大戶，街連巷接！「連雲甲第尚書府，帶宅園林太守家。是處池塘秋水闊，紅荷花間白荷花。」[①]不少富紳也像太守家一樣，一家佔據一條胡同或者一條街。看一眼這些富麗堂皇的連雲甲第，便可斷定，那磨磚線縫的高牆後面，都藏著用不盡的金銀，堆滿倉廩的谷米。

對鄉間、城裡、衙門三個方面，進行過一番調查、勘核之後，鄭板橋終於拿定了主意。他像一位運籌帷幄的將軍，手揮令旗布下了「官紳兩助」的賑災之計！

三天前，他給朝廷和上憲發出了「奏呈」，懇祈「恩准開倉放賑」。他命錢谷師爺依據已經核實的人丁名冊，不論大口小口，災民每人立即發放三錢白銀。這是「官助」。「紳助」的計策，是那張使饑民含淚歡呼、富豪驚恐不安的「告諭」。命令三天之內，濰縣凡有田五頃以上的糧戶，每頃地每天舍粥二百勺——每勺水飯二斤，用三兩小米熬成。風雨無阻，不得中停。嚴命闔邑積粟之家，只准平糶，不得哄抬糧價。並號召闔縣紳士捐款，以工代賑，修復年久頹毀的城牆。

三天的限期，快得像閃電，倏然而逝。

① 鄭板橋〈濰縣竹枝詞〉之十三首。

官倉中的銀子，已經放發完畢。只是尚不知大戶們，是否都遵諭開鍋捨飯。

昨天，板橋派出八名皂隸分赴城裡、四鄉，查看捨飯情況。今天，派出去的人先後回來稟告，除了少數幾家糧戶已經施捨，絕大多數沒把縣衙的告諭放在眼裡，連濰縣首富郭尚書家也是安坐不動！也有的大戶，雖然壘起了鍋灶，但並不開火。

「好一群一毛不拔的鐵公雞！——見死不救的馱錢驢！」聽著皂隸們的回稟，縣太爺不住地跺著腳罵。

典史蒯弼見上司氣惱地在地上打轉兒，近前勸道：「縣尊，紳士們的步調如此一致，分明背後有人撐腰鼓氣……」

「不謀而合！」板橋踱到部下面前，一拍桌子。

「縣尊，擒賊先擒王。是否先向郭家——」蒯弼伸出右手向下一按，「施加點壓力？」

板橋略一思忖，高聲答道：「不，槍打出頭鳥。我要叫他們自己找上門來。眼下，先讓他們吞一粒『懸心丸』！」

人們通常只聽說過吃「定心丸」，從來沒聽說過吃「懸心丸」，蒯弼一時不解。縣太爺看出了部下的疑惑，神祕地笑著，近前低聲說道：「是這樣……」

半個時辰以後，兩名皂隸，一前一後，出了縣衙。走在前面的，手提一面開道用的大鑼；走在後面的，手裡拿著一紙公文。提鑼的皂隸，一面走，一面「哐哐」地敲著。鑼聲一停，拿公文的皂隸便高聲念起來：

「濰縣正堂鄭大老爺告諭：捨飯限期已過，有困難者上稟，無困難者遵行。過了今日，再不開鍋捨飯，以抗諭諭，嚴辦不貸！」

「哐哐哐！」大鑼響著，繼續向前走去。

傳遍縣城大街小巷的鑼聲，像滾過天空的一聲巨雷，把蟄伏的「冬蟲」，統統驚了起來！

自從縣衙出了告諭以後，紳士們個個像熱鍋上的螞蟻，紛紛壘鍋備米準備捨飯。但是，剛過了一天，他們又鎮靜下來。是呀，既然濰縣首富郭彪尚且按兵不動，穩坐釣魚舟，咱們著的哪份急呀？風雨再大，有高牆擋著；高牆不倒，會吹到自家頭上？況且郭彪還傳話安撫：「法不罰眾！」對，不採耳朵莫出聲，看看這新官有什麼道行！

可是，這震耳欲聾的大鑼聲，一聲聲直往耳朵眼裡鑽，震得心頭一陣陣發虛。懷裡的炭火盆雖然爆熱，仍然禁不住渾身哆嗦，心頭突突直跳。一個個不約而同地從暖窩裡爬出來，紛紛聚到了尚書府——郭彪家。

「咳，聽到了吧？要嚴加究辦呢！」

「歹毒！還不如把這條老命給他鄭板橋哪！」

「難道窮鬼就該活，財主就該死？」

「這算得是哪家王法？大清朝哪有這規矩！」

「火燒眉毛，先顧眼下。大夥總得想個主意呀！」

「哼，別無他路！只有求情一條啦。」

「對！說的是『有困難上稟』嗎！」

「咋？求情？哼！」郭彪不愧是尚書的後代，一派大將風範。他橫著眼，對紳士們的建議，嗤之以鼻。「你們去試試吧——那『講理』的雜種，我領教過！何況，尚書府還沒買來向別人磕頭的皇曆！」

「郭老爺說的是。『井蛙不可語於天，夏蟲不可語於冰』。要使新官改弦，無異與虎謀皮！唉，劫數，劫數！」

「悠悠蒼天，此何人哉？」

「你們不去，我去！」說話的是郎知府的三少爺郎驥。他嘎著粗嗓子吆喝道：「我就不信，針尖大的官兒，改得了濰縣的風水！來，有膽的跟我走，會會那雜種去！」

「好，三爺！你敢領頭，咱就敢去！」不少人起而回應。

一百餘位「告諭」榜上有名的紳士，像奉到了一聲將令，在太守府三公子郎驥的率領下，從四面八方，彙成一股人流，閃耀著綢光緞彩，口裡噴著酒氣，浩浩蕩蕩向縣衙挺進。他們一個個沉默不語，繃緊的臉上帶著不同的表情：有的昂首挺胸，忿忿不平；有的步履蹣跚，憂心忡忡；有的傴僂扶杖，心事重重；有的舉步踉蹌，氣喘咻咻……

請願的隊伍來到縣衙大門前，把門的皂隸剛剛通報進去，縣太爺便像早已候在了門房裡似的，跨過門檻，來到門口的臺階上。他頭戴玄頂瓜皮帽，長棉袍上罩著一件青布衫，若不是腳下穿著一雙薄底官靴，人們真會誤認為是一名開門揖迎佳賓的僕役呢。

眾紳士看清了來人正是縣太爺，除了有功名的舉人、秀才之外，其餘的人，爭先跪了下去，齊聲高呼：

「給縣父母請安。」

「諸位免禮，快快請起。」板橋拱手還禮，一面高聲說道。他見大多數紳士磕過頭，已經站了起來，但仍有幾十人，以頭觸地，不肯起來，便又催促道：「大家快快起來，本縣有話與諸公商量。」

縣太爺面上的微笑，彬彬有禮的儀態，和緩的語氣，使紳士們懸著的心，漸漸落了下去。人們紛紛從地上爬起來，仰著臉，靜候縣太爺開口。

板橋提高了聲音，朗朗說道：「本應請大家裡面飲茶，細細攀談。無奈，客廳狹小，實在容納不下。只有請諸位在此委屈片刻。」他停下來，環顧一眼焦急等候下文的長袍馬褂們，接著問道：「諸位紳士，不顧嚴寒，光臨縣衙，想必都是因為無力捨飯、捐錢，而來告窘急的吧？」

「是，是。大老爺真是體恤小民們的艱難！」

「大老爺，小人們何嘗不從心底樂助此善舉，無奈錢米支絀，入不敷出……」

「倉廩空虛，心有餘而力不足呀！」

「縣父母開恩，小人家裡，已經斷炊啦。」

「嗚，嗚，嗚！」有人說不出話，竟大聲哭了起來。

「諸位先別吵，聽我說下去！」板橋朗聲高喊，打斷了富紳們的陳情和哭泣。等到聲音靜下來，他繼續說：「連富冠齊魯的郭彪先生，前天都來告窮喊苦，更難怪諸位『家中斷炊』嘍！逢此凶年饑歲，窮者無米果腹，富者租米難討，大家的日子都不好過。諸位為捨飯修城而焦急，本縣何嘗不知——「我心悲傷，莫知我哀呀！」

縣太爺神態慈祥，語氣親切，像一陣和煦的春風，輕拂在紳士們的心頭。一個個臉色放鬆，露出了感戴的微笑，不眨眼地仰望著青天老爺，焦急地等待他開金口、啟玉牙，赦免這苛重的負擔，無端的催討。板橋沒有讓他們失望，稍停一下，立刻接著講了下去。

「不過，話雖如此，困難家家都有，輕重畢竟相距千里。諒諸位不會不知道：濰縣農夫，每日餓死者，數以千百計。眾紳士雖云斷炊，不要說無人餓死，只怕連餓瘦的也沒有吧？濰邑百姓如此窘況，但凡有仁心德行者，能不心驚魄動，慨然相救？須知天下第一等，只有農夫。他們苦其力，勞其身，耕種鋤割，供養天下之人。設若天下無農夫，世間能活一人？如今，本縣懇求諸紳，開仁愛之心，行仗義之舉，將農夫輸來的租米，撙節出少許，救活他們的性命，爾後自會輸來十倍、百倍租米，養活諸紳。足見，本縣的告諭，貌似為農夫謀飯，實則為諸紳造福。正所謂受無足輕重之損虧，得天長地久之綏福。——何得何失，事理昭然。焉用細講？」

縣太爺停下來，喘口氣，看看哭喪著臉、低頭不語的富紳們，音調鏗鏘地繼續說了下去：

「倘若有錢不捐，有米不出，見義不為，見死不救。一旦農夫逃光，死盡；請問諸公，你們手中的良田，靠誰耕種？諸君哪一位脫下長衫，會驅牛扶犁，趕馬挽車？至於築城固垣，無非為了平時防盜，亂時防賊。試問：恐懼盜賊者，非諸紳屬誰？濰縣數萬窮苦農夫，身無長物，何其懼哉？」

「難道只怕饑民造反，就不怕紳民餓死嗎？」

人群中忽然飛出一句粗魯的叫喊。板橋眼尖，瞥見喊叫的人，是郎知府的三公子郎驥。他冷笑幾聲，朝著郎驥說道：「本縣兩手空空，何懼饑民——怕他們剝我的破棉袍不成？」他凜然不可侵犯地逼視著貴公子。「哼，怕饑民的，自有其人！」

「窮富都是人。難道我們就該餓死?!」郎驥又逼上了一句。

「倘使為了賑災，餓死一位紳士，自有本縣擔待！」

「人死不能復生，你擔待又能如何？」從另一個方向又傳來一聲尖利的叫喊。板橋的目光像利劍似地怒視著說話的地方。他聲音高亢，斬釘截鐵的說：「是神歸廟，是鬼入墳——如有人喪盡天良，一心做鐵公雞、馱錢驢——本縣只有按告諭行事！」

「悉聽尊便！」還是郎驥的粗嗓子。

「說得好！願以身試法者——悉聽尊便！」板橋手指郎驥，大聲吩咐：「給我把這個帶頭抗拒賑災拯民的惡棍抓起來！」

一聲呼喊，大門內衝出來七八名皂隸。他們衝到人群中，架起郎驥兩臂，仰臉朝天，拖進大衙去了。

「老爺開恩！」殺雞嚇壞了猴子，驚恐的紳士們見狀，黑壓壓跪了一片。許多人頭觸著冰凍的土地，磕起了響頭。不料，過了許久，竟未聽到回聲。等到他們再次抬起頭來，面前不見了縣太爺。臺階上只站著那兩位敲鑼念公文的皂隸。

「哐，哐，哐！」一個把大鑼敲得震天響。

一個高聲念道：「……過了今日，再不遵諭，派員查抄，多餘錢糧，一律充公！」略一停頓，又加上了一句：「開鍋捨飯者，不得設在城裡，佃戶在哪裡，設在哪裡。此諭！」

兩名皂隸喊罷，轉身走進衙門。只聽得「吱油油」一陣響，兩扇朱漆大門緊緊閉上了。

第二天，全縣縉紳幾乎無一例外地都遵諭舍了飯。有人並開始捐錢修城。

鄭板橋聽說自己的「鐵公雞身上拔毛」之計，大獲全勝，在簽押房裡，當著許多部下的面，搖頭晃腦，隨口吟起了一首打油詩：

鐵公雞，琉璃貓，
心肝全無毛卻牢。
一朝槍打出頭鳥，
統統拔下幾根毛！

愛民如子，嫉惡如仇，可謂是板橋吏治的兩大特點。要不是他冒著革職拿問的風險，開倉賑災，並使出辣手段，制伏了那些為富不仁的縉紳，從鐵公雞身上拔了毛，濰縣百姓真不知能有幾人活到今天！

板橋的愛民，可謂無所不至。就連裝神弄鬼，欺騙無知百姓的行徑，本來不屬於「吏治」的範圍，他也要管一管，而且管得那樣痛快與巧妙。

難怪，「鄭板橋打油戲神仙」的佳話，至今仍在濰縣百姓中廣為流傳……

「神仙」「善人」難售奸

一支零亂不整的隊伍，長長的，像一條褐色的蟒蛇，在柳樹屯的大街上緩緩地遊動。帶領這支隊伍前進的，是一個五十來歲，留著八字須的細高個子。他的辮子盤在頭上，身穿一件寬大的八卦衣，手裡高擎著一枝長柳條。宛如七星壇上祭蒼天、借東風的諸葛亮。他的身後是八個穿黑袈裟的和尚，每人手裡都拿著一件樂器：玉笙、雙管、木魚、銅鈸……合奏著一支緩慢而帶哀傷的曲子，跟出殯時和尚們奏的樂曲差不多。再往後，便是一大群穿著土褐色短褲褂的農民。個個光頭赤腳，手裡大部分拿著一枝小柳條，也有的打著一面小紙旗，上面寫著「風調雨順」，「五風十雨」，「國泰民安」，「雷動雨行」，「沛然下雨」等字樣。

原來，這是一支祈雨的隊伍。

這支虔誠的隊伍，穿過村莊的主要街道，向著一個可以給他們帶來幸福和希望的地方走去。空闊的，幾乎泛著白色的天空上，沒有一絲雲影。幾隻燕子停在紋絲不動的柳枝上，張著嘴喘氣。漸近中午的赤日，噴吐著炙人的烈焰。汗水從農民們的額頭上、脖子上，敞開的胸膛上，光光的「和尚頭」上，汩汩往下流淌。但是並無人去擦一擦，因為要祈求蒼天布雨，就要拿出不怕烈日燒烤的虔誠。

隊伍來到了柳樹屯村東頭關帝廟山門前的空場上。因為這一帶不靠江河，沒有龍王廟，祈雨的儀式，就在這裡進行。山門前早已擺下一個大祭壇，紅燭高燒，香煙繚繞。祭案上有一個高大的木牌位，寫的是：「天地三界十方萬靈真宰之神位。」今天享祭牲，受跪拜祈禱的，就是這位主宰風晴雨露、五穀豐歉的大神——天帝。

虔誠的村民都在廣場上跪了下來。八個和尚分立祭壇兩側，有的手持點燃的香炷，有的敲著木魚、鐵磬，咿唔哼呀地念起了經。聽不清他們念的什麼，只聽到最後有一句：「阿——彌——陀——佛！」

和尚念罷經，一位穿八卦衣的法師，登上了祭案前面的一張八仙桌。他左手舉寶劍，右手舒劍指，口中念念有詞。一會兒，揮劍指天；一會兒收劍指地。然後放下寶劍，拿起柳枝，從身邊一個水瓶中蘸著清水，向天帝的牌位四周撒去……

當祈雨的行列在村子裡遊行時，一個身穿土布褲褂的老人，始終跟在隊伍的後邊。他頭上戴著一頂壓得很低的斗笠，腳穿一雙麻鞋，手裡挎只竹籃，上面蓋條汗巾，像是走親戚的樣子。老人來到廣場以後，走到離祭壇不遠的地方，仔細打量起仗劍作法的人。不知什麼時候，他又悄然離去了。

這位戴斗笠的老者，不是別人，正是濰縣縣令鄭板橋。而那位祈雨的法師，板橋已認准，乃是濰縣著名的古董商陳瑜利。

濰縣的地勢，西南略高而東北低。柳樹屯地處濰縣西南角，所以，去年鬧大海潮，這裡並未遭災，只是秋天的乾旱減了產。因此，這一帶是全縣災情最輕的地方。算是得到了蒼天的特別憐惜。可是，今年人夏以來，別的地方洪濤滾滾，這裡卻滴雨未降。秋莊稼有的已經枯死，有的像遭了霜打，黃蔫枯瘦，眼看著沒了指望。板橋得知後，立刻換上便裝到這一帶私訪，不料，遇上了祈雨的場面。

回到縣衙以後，板橋換上一件本色麻布長衫，快步來到簽押房，立刻吩咐小皂隸去請陳瑜利到縣衙「有話說」。不一會兒，小皂隸回稟：「陳瑜利外出未歸。」板橋這時才想到，由於生氣，竟忘了陳瑜利現在可能還在祭壇上仗劍作法，或許是正代表著「十方萬靈真宰」，在大享祭品呢！

直到第二天上午，門上才稟報，陳瑜利求見。板橋吩咐請客人到客廳等候，自己仍然低頭審閱案卷。

過了一個時辰，小皂隸又來問道：「老爺，陳瑜利等急了。老爺如無吩咐，他要回去。」「咦，別讓他走。我就去！」板橋是在故意冷落陳瑜利。他冷笑幾聲，拿過一張公事紙，在上面寫了幾行字，對折了起來，拿著向客廳走去。一進客廳門，他便向站起來恭敬行禮的古董商問道：

「陳先生，柳樹屯一帶降雨了嗎？」

「沒有。」陳瑜利脫口說道。

板橋坐下來，又問：「這麼說，你老先生的法術並不靈驗呵？」

「這……」機警的古董商，忽然明白過來，臉色蒼白，一時語塞。

板橋本來提醒自己，見了陳瑜利，要溫和地曉之以理，使他不再做那坑騙災民的傷天害理勾當。因為他已探聽明白，柳樹屯一帶，為了祈雨每戶攤派了五錢銀子。不料，一見了古董商，竟抑制不住胸中的怒氣。他犀利的目光盯著客人，繼續說道：

「陳先生，原先我認為你只會販古董，賺大錢。想不到你還會舞劍念咒，驅龍改天！」

陳瑜利的八字鬍子抖了一抖，鄭重其事地答道：「鄭老爺，聖人云：『惻隱之心，人皆有之』，這祭天祈雨，乃是一方百姓吃飯活命的大事。小人如若不允他們之請，豈不會使災民生怨？何況，小人的一點田產，也在那邊。所以……」

「所以，你就使出了『絕招』，是吧？」縣太爺幾乎吼了起來。

「這……」陳瑜利似乎聽出了縣太爺的雙關語意。他略一沉吟，反問道：「鄭老爺，今日召小人來，到底為著何事？」

「為著贈送先生一件禮物。」板橋把一直捏在手中的紙片，遞給客人，「先生請看吧！」

陳瑜利展開紙片一看，原來是一首打油詩：

祈雨能下雨，高山可種田；
戒色能益壽，太監活千年；
吃齋能積善，騾馬上西天；
有錢能買命，你活萬萬年！

陳瑜利看罷，氣得臉色鐵青，眼珠轉了轉，極力做出平靜的樣子，抬起頭來，打算分辯幾句。不料，縣太爺已不知去向，客廳裡只剩下他一個人。他在看打油詩時，縣太爺已經走了。

「呸！」他低聲罵了一句，氣急敗壞地走出了客廳。

從此以後，再沒見陳瑜利裝神弄鬼騙人。

板橋性佻撻，善諧謔。他不但常常以題詩作畫，譏貪吝，懲欺詐，還善於用打油詩，譏諷奸偽逞能之徒。教訓陳瑜利後不幾天，板橋又幹了一件令奸佞小人生畏的趣事……

濰縣城西宋村，有個遠近聞名的善人——宋風慶。他雇了一名長工名叫于四旺。四旺正當盛年，肩寬力大，幹活一人頂仨。可是，鐵杠也有磨損的時候，長年過度的勞累，四旺終於染上病。牯牛似的壯身子一天天瘦弱下去，動一動，便喘息不止。東家見他已經成了不能拉犁挽車的病牛，將他一腳踢開了。

四旺回到家裡，除了捶著胸膛不斷喘息，再也無力養家糊口。晦氣加上焦急，不久便一命嗚呼。寡妻一手扯著孤兒，一手拍著冰冷僵硬的丈夫屍體，哭得死去活來。

親人哭不轉，往後的日子不知怎麼打發且不說，眼下殯葬費便無處告借。正在無計可施之際，東家宋風慶急匆匆來了。他帶來一疊紙錢，虔敬地在靈前焚化畢，長歎一聲，痛惜地說道：

「老四家，光哭哭不來銀子錢——總不能讓四旺臭在家裡呀！」

四旺妻哭著答道：「宋大爺，可俺母女倆到哪兒去求殯葬錢呀！」

「唉，我這人就是見不得傷心事。」宋善人眼睛夾兩夾，彷彿要擠出眼淚來。眼珠兒卻在四旺女兒臉上停留了好一陣子。然後又是一聲長歎，用哭音說道：「也罷，誰叫我是你們的東家來，這殯葬費就包在我身上啦。」

「秋妞，趕快磕頭——謝宋大爺的大恩大德。」四旺妻拉著女兒朝宋風慶跪了下去，頭碰地面磕起了響頭。

「不必謝，不必謝！」宋風慶雙眼盯在秋妞的臉上，一面說道：「宋某向來濟人不言謝，行善不圖報！這點小事算不了什麼。往後，你們母女的生活，我也不忍心不管。除非小妞找了富裕的好人家！」

宋善人言出行隨，回家立刻派僕人送來十兩銀子。殯葬了四旺，宋風慶便正式開始照料于家。隔不上半月十天，便派僕人送錢送米，于家母女再無衣食之憂。隔三斷五，善人還親自登門，將秋妞一人關在房內，進行教導。于寡婦明知善人會怎樣「教導」十五歲的女兒。但拿人家的手短，吃人家的嘴軟。喝著膽汁嚼黃連，苦水只能往肚子裡咽。

轉眼過去了三年。腰身豐滿的秋妞到了擇配出嫁的年齡。于寡婦想給女兒找個遠鄉婆家，母女一同遠走高飛。不料，宋善人一聽這消息，前來狠抽了寡婦一頓耳光。抽罷，他照舊對秋妞進行「教導」，臨走時扔下一句話：

「想溜掉也可以，宋某決不阻攔——只要還清全部欠帳！不然，休想囫圇著離開我宋村！」

板橋在私訪時，得知宋風慶「行善」的真相，不禁大怒。本想讓典史蒯弼替于家寫張狀子，到縣衙控告宋風慶霸佔民女，狠狠拔一拔那廝身上的「善毛」。仔細一想不妥。那樣一來，勢必搞得沸反盈天，首當其害的還是于家母女。還是不加聲張，暗暗處理的好。於是，他便派一名小皂隸，拿著名帖，將宋風慶請到了縣衙門。

板橋將客人請到縣衙東廡，獻過香茶之後，他向故作鎮靜的宋善人，緩緩問道：

「宋先生，你可知道本縣今日因何勞你大駕？」

「小人不知，望縣父母明示。」宋風慶疑惑地答道。

「本縣一心想做善人，無奈缺少師承。」板橋面色嚴肅，語氣卻分外和緩。「聽說宋先生是城西一帶有名的大善人，不知可是真的？」

宋風慶爽快地答道：「不錯，老爺，鄉親們都這樣稱呼小人呢。」

「好！」板橋一拍几案，「這師傅，我真的找對啦！」

「嘿嘿。」宋風慶一時不知怎樣作答。

「但不知宋先生都是怎樣行善？」

宋風慶又「嘿嘿」了兩聲，提高了聲音答道：「無非是哀人、憐人、濟人、助人而已。」

「果然十二分地周全！」板橋意在言外。

「老爺你這話……」

「明白得很！」板橋用手指戳著長几，「聽說你連『教導』年輕姑娘的差事都承擔起來了。」

「這……」宋風慶猛吃一驚。接著鎮靜下來，他乾咳兩聲，答道：「四旺遺孤，年幼無知，看在死人的面上，小人不得不助一臂訓教之力……」

板橋打斷了善人的話：「是教導人家姑娘如何生孩子嗎？」

「小人，不，不敢！」宋風慶慌忙垂手站立。「小人怎會幹出那等喪天良的事呢！」

「我也覺得那不似善人之所為。」

「正是，正是。老爺。」宋風慶又坐了回去。

「不過，為何有人告你宋善人，行善是假，作惡是真呢？」

「大老爺有所不知。」宋風慶一派委屈的樣子，「這普天之下，有苦有難的人家太多；小人縱然富甲齊魯，也有周濟不到之處呀。因此，有人懷恨在心，瘋狗咬人。」

「原來如此。這麼說，你是受了冤枉啦？」

「老爺，『揀不到，便喊丟』的人並不少呀！」宋風慶重新鎮定下來。

「唔，貪心不足的混貨，本縣何嘗不是經常碰到。真是人心不可測！老天降雨還不能八方一樣勻呢，何況是施財濟人。」板橋彷彿被說服了，一派體諒的語氣。「宋風慶，你多年行善舉，不知受惠最多的有哪些人家？」

宋風慶兩條短眉一揚，輕鬆地答道：「那……多得很呢，實在不勝枚舉。」

「不妨擇其要者而言之！」

宋風慶眨眨眼，略一猶豫，朗聲答道：「宋得寶家斷糧，小人給他送去一斗米；張守財家過不了年，小人給他送去年貨；卞瘸子欠債，小人替他還了帳；于寡婦死了丈夫無錢殯葬，小人親自送給她十兩銀子……」

「好一個大善人！」板橋提高了聲音，「宋先生，你對于家的照料，怕是不止十兩銀子吧？」

「那是，那是。糧食，衣物，也不……不少。」

板橋話鋒一轉：「既然宋先生對於寡婦母女如此肯行善道，本縣想再成全你一次。諒你不會不高興的吧？」

「嘿嘿。」宋風慶用力一笑，「只要是善行，小人哪有不高興之理？」

「好，善人畢竟不同於常人，開口便慷慨得很！」板橋兩眼緊緊盯著宋風慶，「我聽說于秋妞要嫁人，正愁沒有一份嫁妝，宋先生就再行一次善，周濟她二百兩銀子吧。」

「什麼，二百兩？」宋風慶驚呼起來。

「不錯，一兩也不能少！」板橋的話毫無通融的餘地。

「大老爺，大老爺！」宋風慶從椅子上溜到地上，雙膝跪倒，慌忙答道：「小人乃貧寒之家，哪有如此多的銀子去便宜他們嘛！」

板橋一拍几案站起來，高聲說道：「宋風慶，你要放明白：這些年，究竟是誰家占了誰家的『便宜』——難道要老爺我替你一鍋兒端出來嗎？」

宋風慶一聽，胖頭觸著地面，結結巴巴地答道：「大老爺息怒，小人一定遵辦，一定遵辦。」

「哼！這才像個善人的樣子！」板橋冷笑幾聲，「宋風慶，你既然如此明理，本縣今天索性成全你到底：城南孔家埠有個孫老真，前幾天被賭錢鬼兒子打了個半死，至今下不了炕。本縣本想嚴懲逆子，無奈那壞種逃得無影無蹤——你就行行善，替那惡種挨上八十板子吧。」

「大老爺諒察！」宋風慶連連叩著頭，「天下行善之人，用的都是銀錢、谷米。哪有用皮肉行善之理呀？」

板橋大聲喝道：「宋風慶，明人不用細講。難道你用皮肉『行善』的勾當，幹得還嫌少嗎？來呀，給我將宋風慶重責八十大板，讓他再行一次善！」

四名皂隸不顧宋風慶哭喊，上前拖了下去，等到被拖回來，宋風慶已經站立不起。板橋厲聲喝道：

「宋風慶，回去命家人速交二百兩銀子給于家。再敢欺負人家，本縣的大牢正空得發慌呢！」

自古至今，誰見過讓「善人」用皮肉「行善」的事？以其人之道，還治其人之身！這招兒，對宋善人雖然仍寬容了些，卻使于家母女總算擺脫了貧寒與欺凌。縣太爺的用心，可謂良苦。

至於他給過不了年的失業老塾師「送棗瓤」，那手段同樣令人叫絕。

苦嚼蓮子守歲寒

自從過了臘八，天空中便不斷傳來新年的爆竹聲。辭灶之後，那聲音更是日益稠密，東一聲，西一聲，遠一聲，近一聲，高低參差，合奏出一支辭舊迎新的交響曲。

板橋從一疊案卷上抬起頭來，拍拍昏沉沉的額頭，輕輕歎了一口氣。他正在審閱的是一件「無頭案」。兇手殺死了自己的髮妻，卻將人頭隱匿。但前任縣令秦甸竟然作了判決。凡人命大案，必須屍、傷、病、物、蹤，五證俱全，方可推問。那秦甸連被害者的人頭都未找到，竟輕率結案，實在荒唐之極。但仔細對此案勘察了好幾天，發現與剛剛審結的蟋蟀案不大相同：雖有疑團，卻無破綻。

他站起來，揉揉微微發痛的右側太陽穴，伸展一下因久坐而酸麻的脊背。一眼瞥見一位小皂隸，拿著幾張春聯紙從簽押房前面走過。他忽然想起後天就是除夕，便喊住小皂隸，問道：

「喂，到哪去？」

「請蒯師爺寫大門對聯，老爺。」小皂隸雙手垂立，躬身答道。

「咦，我來代勞行不？」

「怕打擾老爺。」

「嘿，進來吧。」

小皂隸遵命走進簽押房，板橋揭開墨盒，拿起一支毛筆，揮毫寫下兩副春聯：

視民如傷，潍邑蒼生皆我子；
修己以敬，東林[①]前輩是吾師。

官要虛心，總能發伏厘奸，須識我得情勿喜；
民宜安分，若到違條犯規，可憐汝無路求生。

板橋剛剛放下筆，天空中便傳來一陣清脆的爆竹聲。本性好動的老人，被這聲音撫弄得心頭發癢。心想，索性出去散散心，鬆鬆筋骨，看看濰縣過年的風俗。他取過遮耳風帽戴上，一個人悄悄出了縣衙西便門。

穿過衙前街，向西拐，便到了城隍廟街。這條街只有住戶，並無店鋪，十分僻靜。街上除了有三五個孩子在放爆竹，便是幾個匆匆來去辦年貨的人。他們有的手提一塊豬肉，有的柳條籃裡放著蔬菜，有的拿著香燭，有的捧著一張色彩鮮豔的財神像。

① 即東林黨。

家家的大門口，都貼上了簇新的春聯。大紅的灑金聯紙上，閃著繁星般的金光。烏亮的字跡，散放著令人陶醉的松煙香。門楣上飄著五彩繽紛、刻著各種花紋的「過門錢」，迎著大門牆上，都貼著一方菱形的「福」字，下面綴著單幅小帖，寫著「吉星高照」、「出門迎祥」等吉祥文字。這一切，給即將到來的兔年[②]，增添了無限歡樂氣氛。

板橋平生極為喜愛對聯。他在住所中懸聯，畫幅中題聯。有不少副佳聯，成了他的得意之作，被人們廣為傳頌。中進士之前，四十三歲那年，他隱居鎮江焦山讀書，住在山后的別峰庵中，就在斗室的門上，撰寫過一副妙聯：「室雅何須大，花香不在多」。表現了他安貧樂道，自甘淡泊的雅範。他還為揚州瘦西湖長春嶺上的月觀樓題過一副楹聯：「月來滿地水，雲起一天山。」許多行家認為，這妙聯曲盡「月觀」之致。

現在，五光十色的春聯，又引起他極大的興致。他倒背雙手，慢慢踱著，一一仔細看去；還不時停下來，仔細端詳一番，似有所悟地不住點頭，口裡念念有詞。

板橋雖然喜歡給佳節帶來熱烈和歡欣的春聯，但十分厭惡那些一廂情願、祈福祈財、祈子祈祿等聯詞。像「福祿壽喜」、「招財進寶」、「出門迎財」、「三多九如」之類。他特別喜歡的是那些摹景、狀物、抒情、燭理的聯語。像「一夜連雙歲，五更分二年」，「寒隨一夜去，春逐五更來」——雖然樸實無華，卻概括得絕妙；「日麗遠山含淑氣，晴烘芳樹靄青輝」，

---

② 板橋在一七四六年（乾隆十一年丙寅）蒞濰，次年便是丁卯年：兔年。

「春風得意花千里，秋月揚輝桂一枝」──情景交融，生機盎然；「萬物靜觀皆自得，四時佳興與人同」，「書從疑處翻成悟，文到窮時始有神」──則富蘊哲理，耐人咀嚼……

最使板橋留意的，還是春聯的書法。那在灑金朱紅紙上飛舞著的、姿態各異的眾家筆跡，雖然大都平庸、拙劣，卻總有幾副可人意者。縱然算不得形神兼備，也頗有獨到之處。每當看到這樣的字跡，他總要停下腳步，久久揣摩。右手中指像運筆似的，在手掌心連連摹寫著。

在一條街口轉角處，有一副奇特的春聯，映入他的眼簾：一個狹窄的門洞裡，在裸露著木色的門板上，貼著一副用褪色朱紅紙寫的春聯：「歡歡喜喜，他吃棗瓤辭歲；乾乾淨淨，我嚼蓮子過年。」橫批是：「如此這般。」

對聯的字體雖然潦草，但渾厚堅勁，頗見功力。乍一看，板橋十分不解：通常春聯至多不過七字句，這副春聯，不但是十字句，還是用舊紙寫的，而且詞意隱晦，不知何意？略一思忖，他立刻明白了，自語道：

「這人家過不了年嘍！」

到范縣的第二年，他也是到街上看春聯。看到一家的破門上，貼著一副數字怪聯：「二三四五，六七八九」。惟獨缺一（衣）少十（食）。板橋一打聽，寫聯人是個被解職的小官吏，便派人送去五兩銀子，幫他渡過了難關。想到這裡，他便上前扣響了門環。

出來開門的是一位六十來歲的斯文老漢。他的雙眉緊蹙，面帶菜色，驚訝地望著敲門的不速之客，有氣無力地問道：

「老先生，您──貴幹？」

「老兄，」板橋指指春聯，「既然府上只有『蓮子』，我想來送點『棗瓤』呢。」

「這……」老人疑惑地搖頭，不知如何回答。

板橋繼續說道：「是的，蓮子心苦，嚼它怎麼過年？」

「唉！」老漢兩眼發紅，淒然長歎。

「老兄，進屋聊聊如何？」不等主人回答，板橋徑直走了進去。屋裡四壁黝黑，空空蕩蕩，正如對聯上所寫的：「乾乾淨淨」，屋子的東頭是一鋪土炕，炕上躺著一個蓬著頭髮的女人。正間有一個鍋灶，上面放著幾個泥盆瓦罐。北牆邊放著一張破舊的方桌，旁邊橫著一條長凳，桌上放著一盞方形燈籠，一面寫著個大「福」字，另一面寫著四個楷體字：「我也過年」。主客二人並坐在長凳上，攀談起來……

這老漢姓孔，名凡仁，原是濰縣城郎知府家的塾師。他的兩位學生郎驥和郎駒，秋鬥蟋蟀夏捕蟬，養猴耍狗。不但不聽先生教誨，反而經常耍弄他。老塾師實在忍無可忍，有一天，抄起戒尺打「頑貨」。不料，戒尺未打著學生，自己反被戒尺痛打一頓。他當即氣得暈倒在地，被人抬回家去，便一病不起。等到病好了，再也覓不到舌耕的處所。這位肩不能挑、手不能提的老學究，雖然滿腹之乎者也，從此卻派不上用場，只能靠變賣傢俱度日。眼下，家中可以變賣的，已經賣光。眼看年關來到，求告無門，老伴愁得病倒在炕上，奄奄一息。萬般無奈，他便把一腔愁緒，寫在一張陳舊朱紅紙上，貼上了大門口。回頭和老伴相對流淚，一籌莫展。不想，門外傳來了敲門聲……

「唉！『東家歌舞西家哭』！」

聽罷老塾師的辛酸遭遇，板橋不由得想到自己二十六歲那年在真州江村教私塾時的窘境，心中一陣刺痛，不覺吟出自己新作中的詩句。他向唏噓忍泣的老人勸道：「老兄，天無絕人之路，法子總會有的。」

「咳，先生！」兩行老淚滾下孔凡仁的雙頰，「八方無路噢！能……咳！」

板橋勸道：「老兄，今日多虧了你的對聯。不然，你的難處我怎能知曉？不過，你的字雖然寫得不錯，可是換不來年貨。讓我給你寫個『六分半』，試試看，如何？」

「怎麼，先生能寫『板橋體』？」老人知道鄭板橋的字體叫「六分半」，猶疑地問道。

板橋狡黠地一笑：「嗐，人們都說敝人的字，是地道的『板橋體』呢。」

「唉！」老人歎口氣搖頭苦笑。

顯然，他對於面前這位穿著寒酸、言語詼諧的陌生人，並不太相信。

「老兄，決不騙人。我給你寫上兩個大字，保你換回柴、米、油、鹽、蛋、肉、茶，也過上一個『棗瓤年』。快給我紙筆！」

老人猶疑著，拿來了筆墨硯臺。一時沒有合適的紙，找來一張陳舊桑皮糊窗紙，也將就了。板橋想到，十天以前富商丁得天曾求他為書齋寫匾，他藉口「賑災忙」，加以拒絕。於是，研好墨，懸腕寫上了「齋讀」兩個大字。他放下筆，對老塾師說道：

「老先生，你把這兩個字，立刻拿到丁得天宅上去賣。要他十兩銀子，少一錢也莫允。嗐，你只管去！丁府要是不買這字，你就到縣衙告我一個誆騙之罪。鄭板橋准會給你做主的。」

「先生貴姓？在哪裡做事？」孔凡仁依然疑惑地發問。

「就在縣衙門當差。你一描畫我這副尊容，衙門裡都知道我是誰——連縣太爺也不例外。」

他見老人神色猶疑，站在那裡一動不動，又催促道：

「咳！今日已是臘月二十八啦，再耽擱，辦年貨就來不及啦！」

說罷，板橋拱手告別朝外走；剛走了兩步，又轉回身說道：「我出個對兒，老兄給對個下聯，如何？」

「咳，到這地步，哪顧得……」

「不，過年嘛，應當高興！」板橋一面說著，指著方桌上的燈籠，吟出了上聯：「四面燈，單層紙，輝輝煌煌，照遍東西南北；——請對。」

孔凡仁不便違拗，略加思索，淒然一笑，答道：「一年學，幾吊錢，辛辛苦苦，歷盡春夏秋冬。」

「真是三句話不離本行，對得好！」板橋仰頭大笑起來。

老塾師似乎被客人的爽朗笑聲所感染，眉頭一展，說道：

「老先生，老朽也有了一句，想請老先生屈對……」

「好哇，請快講！」板橋興致勃勃。

孔凡仁咳嗽一聲，慢慢說道：

「年難過，年難過，年年難過，年年過；」

板橋不假思索地對道：

「事怕難，事怕難，事事怕難，事事難。——如何？」

「唉！」孔凡仁長歎一聲，「話雖如此，有難不怕——難矣哉！」

「不，凡事知難則易，越怕越難！」說罷，客人扭頭走去。

孔凡仁正在想，該不該說上幾句感謝的話，客人早已走遠了。閉上門，回到屋裡，仔細審視開了「板橋體」。但見筆墨極為嫻熟，肩架結構，精神氣魄，端的酷似「板橋真跡」。不過，這些年，濰縣人學「板橋體」的多的是。寫得亂真的也不是沒有。難道鄭大老爺手底下的人，也有學得如此到家的？不過，學得再地道，也是贗品，不值五兩銀子一個字呀。萬一拿到丁宅上去，討場沒趣？「咳，咳，咳！」他劇烈地咳嗽起來。等到一陣咳嗽過去，他忽然覺得，來人的言談舉止，不同凡俗。立刻端著大字，到屋門口的明亮處，仔細地端詳起來。

看著，看著，他不由大聲叫了起來：

「咳！有眼不識金鑲玉！糊塗呀！如此氣勢不凡的『六分半』，除了鄭老爺本人，哪個寫得出！人人都說，鄭老爺身材不高，細眉大眼，寬額高鼻，三綹美髯——這寫字的人，不是他老人家，還有哪個？嘿！吉人自有天相！鄭老爺親臨寒舍——天降洪福與斯人也！妙哉，妙哉！咳咳……」

「唉唉！老不死的，做美夢喲——哪裡有元寶給你窮鬼揀。來個誆人精，誆得你發流瘋咯！」老妻在炕上連聲埋怨。

「呸！婦孺之輩，懂得什麼！我這『板橋真跡』，就是換不回個大元寶，也准換回一個小元錁③！」

「你行行好吧——莫折磨俺啦！」

「嗨！大難不死，定有後福嘛！我孔凡仁大年底下，吉星照命咯！縣太爺親自來我家送『棗』送『福』，你嘟嘟囔囔，當心給俺咒了福去！」

看看老妻不再言語，孔凡仁學著戲臺上小生的腔調說道：「賢妻，好好在家看守門戶，為夫我背銀子去也！」

被「無頭案」攪得頭昏腦漲的板橋，此時卻感到少有的輕鬆，像吃了奇異的果子，心裡有一股久久滯留的醇香和甜蜜。他踏著灑滿朝陽的石階，腳步輕捷地來到簽押房。剛剛坐定，小皂隸便進來稟告：一大早，外面就來了位叫孔凡仁的老先生求見。

「快請！」板橋一面吩咐，一面站起來，快步迎了出去。

等候在縣衙門房的孔凡仁，見縣太爺親自迎了出來，「哎喲」了一兩聲，踉蹌幾步，提起罩在短棉襖上的舊長衫，撲通跪了下去，頭觸石階，磕了一個響頭。一面說道：「小人有眼無珠，昨日慢待老爺——罪過，罪過！」

「嘿，不知者不怪罪。快快請起！」縣太爺急忙伸手攙起老人。

---

③ 五十兩以上稱元寶，五十兩以下稱元錁。

剛剛站定，孔凡仁手提衣裾，又一次跪了下去，照樣來了一個響頭：「小人多謝大老爺贈銀之恩！」

板橋措手不及，連聲說：「先生豈可大禮——折殺老夫也！」他再次攙起老人。不料，老人又第三次跪倒，磕下頭去，聲音哽咽地說道：

「小人與老荊謝老爺再造之大恩！」

孔凡仁像臣下陛見皇帝似的，行完了三拜大禮，兩眼閃著淚光，激動得說不出話。板橋把客人邀進簽押房，像老朋友似的拉了半天家常。

昨天傍晚，孔凡仁拿著板橋寫的「齋讀」橫匾，去了丁得天家。精明過人的老富商，怕買了贋品，當即請來了古董鑒賞家陳瑜利。陳瑜利將字與丁得天前時買下的對聯，進行了反覆比較，最後認定，確實是「板橋真跡」。這樣，丁得天終於在「少一錢不賣」的壁壘前，忍痛付出了一個十兩的元錁。孔凡仁敘述完了「賣字」的經過後，問縣太爺：

「老爺，丁家重金求不去你的墨寶，竟無償惠賜小人，這是為何？——小人至今依然如在夢中……」老人雙手撫胸，兩眼含淚，顫巍巍地站了起來。板橋怕老學究再次跪下磕頭，伸出兩手準備攔阻。看看老人站著未動，便收回手答道：

「請坐。這有啥？無非為老先生蘊含真情的妙聯所動而已。依我看，倘若老先生看到貴府門上那樣的對聯，照樣會決然叩門的！」

「不，不。此乃義人義舉——老朽聞所未聞！」

這時，性急的板橋，便把準備年後再說的話，說了出來。他向老人問道：「倘若過了年，老先生仍覓不到教館，可否來衙門做事？」

「啊？」老人好像沒聽明白主人的話。

板橋又說道：「請老先生來衙門，你我一起共事如何？」

「咳！」老人頓頓腳，「老爺，小人除了會念『子曰、詩云』，別的……慚愧呀！」

「不對！會教書就連天子……」板橋差點說出「連天子也會坐」的犯大忌的話，不由吃了一驚。他急忙岔開話頭說道：「嘿！會半部《論語》便會治天下，何況滿腹經綸的老先生呢！」

孔凡仁站起來，長揖至地，誠惶誠恐地答道：「老爺，實在是……我怕……」

「好啦，老先生先回家過年。過完了年，我會派人恭請——錢谷師爺的坐椅，已經給老先生安好了——望千萬屈就呀！」

孔凡仁呆在那裡，一時不知如何作答。過了好一陣子，面露欣慰之色的老塾師方才問道：

「老爺，有一事不知小人當問不當問？」

「請說！」板橋快人快語。

「老爺寫了『齋讀』二字，為何指名讓小人賣給丁得天？再者，誰家的書齋也是讀書的地方。那兩個字，似乎……」

「分明是廢話一句——是吧？」

「不敢——小人只是不解。」

「這有什麼難解的！」板橋猛吸兩口旱煙。「一則，丁得天對在下的字，朝思暮想；二則，那兩個字，最合他的身份。」

孔凡仁低頭想了一會兒，答道：「老爺，小人仍不解。」

「把字拆開念，不就解了！」

「拆開念？」孔凡仁右手食指，在桌上劃寫了一陣子，抬頭問道：

「莫非念作『齊小賣言』？」

板橋一拍桌子：「正是！齊國的小子寅咸鹽（言）嘛！」

「真是正合那鹽商的身份呢！嘿……」孔凡仁笑了。

「哈，哈，哈！」板橋也朗聲大笑起來。

板橋略使小計，便讓老塾師吃上「棗瓤」，過了個歡樂年；並給他在縣衙謀得一份差事，從此再無衣食之虞。難怪老塾師要每晚給縣太爺焚香添壽。

不要以為板橋有用不完的妙計與奇謀。他的妙點子之所以多於常人，無非來自於肯「用心思」。他的瘦腦袋，也常常怎麼拍也拍不出一條妙計。他也常有過不去溝坎的時候。

前任遺下的那件錯判的「無頭案」，就讓鄭板橋困惑了好幾年。為了偵破這疑案，他不止一次化裝私訪，也真冒了一些風險……

鬧市測字困「半仙」

被無頭案攪擾得寢食不安的鄭板橋，決定明天到市集上私訪。如果幸運的話，也許能得到點有用的線索。

這幾年，鄭板橋為了私訪隱密，的確費了不少心計。他先後裝扮過漫遊的文士，採購的商販，垂釣的隱者，以及走街串巷的染匠。當然，他並不親自染布，只是將收回的布，讓聽差尹安送到染房染好，再給主顧送回去。不論採取哪種形式，也只能用幾次。次數一多，往往被人認出。有好幾次，他當場被人認出。結果，化裝「私訪」，成了化裝「公訪」。無奈，他只得翻新花樣：或者扮成預卜吉凶禍福的「神算」，或者扮成會觀「風水」的堪輿先生。

在鄭板橋家鄉，有不少人以堪輿為業。他們不僅在當地給人家看風水，相寶地，而且長途跋涉到北方獻技。據說，他們的一雙慧眼與凡人迴異。在羅盤的幫助下，不但能從遠山的形狀，近水的走向，看出「風水」的來龍去脈；而且能從地表看到地裡，辨得出哪裡藏蛟，何處蟄龍。雖然他們嘰嘰呱呱的「蠻語」，聽起來太費力氣，背地裡被罵作「江南蠻子」，但人們內心裡對他們的「神眼」仍然佩服得五體投地。因為，有的人家用了他們相中的「寶地」，前腳埋進祖宗的屍骨，後腳子孫便發跡——當輩旺。當地人認為，這些蠻子的神眼、法力靈驗極了。難怪他們總有著應付不完的主顧。不過，人們對那些「蠻子神眼」也都存有幾分戒心，總是瞪大雙眼，賊也似地防著他們。因為，據說神眼們一旦踏勘到上好的寶地，往往在漆黑的夜晚，偷偷溜到那裡，把自己祖宗的骨灰悄悄埋下去，捷足先登——寶地的風水被他們先占了去。這可不是平白無故糟蹋「蠻子」，那是有著鐵一般的證據：一則，他們個個有一個永不離身的、緊纏在腰間的鼓鼓囊囊的小包裹，據說，那裡面就藏著他們祖宗的骨灰！二則，為啥江南出那麼多大官？據說，連乾隆皇帝都是江南一個大官的兒子，被雍正皇帝掉包換去的。那朱元璋，一個放過牛、當過和尚的蠻子，憑什麼做上皇帝？地氣！還用疑問嗎？喊！

鄭板橋也扮過幾次堪輿先生，儘管他並沒有從他的同鄉那裡學得一手兩手真本事。因為他對靠「風水」發跡這種事，始終持懷疑態度。幼年時，由於家貧，他家無力購置墓地。父母死後，歸葬無所，只得葬到本族剎院寺祖塋旁。要說有「風水」，早已被人搶先占去。但自清代以來，合族中只有他一人獨得「風水之力」——中了進士。足見「風水」之說純屬荒誕無稽！任范縣知縣以後，經濟上略有餘裕，他也曾致書鄭墨，要堂弟為他買下郝家莊一塊舊墓田。當年父親在世時，就相中了那塊地。但因其中有一座無主孤墳，恐怕「風水」已被別人占去，挖掉又覺不義，因此打消了購置的念頭。板橋叫鄭墨給他買下，作為百年之後他老夫妻的黃泉歸宿。他怕堂弟有顧忌，在信中特別寫上一段話：「夫堪輿家言，亦何足信！果真是佳地旺地，先葬其址者，何至絕後而成無主孤墳?! 吾輩存心，須時刻去澆存厚，雖有惡風水，必變為善地，此理斷可信也。」

堪輿那一套，既然不可信，他做起堪輿家來，便心地坦然，無所顧忌。反正「風水」相得好壞，與主顧的興衰禍福並不相干！於是，他常常換上長衫馬褂，褡褳中放一隻從估衣店裡買回的八卦舊羅盤，走鄉串村，做起了「神眼」。每當來到需要踏勘的地方，他支起羅盤，先找准「子午向」。然後，瞇起雙眼，東瞅瞅，西瞄瞄，接著指點一番：這裡走青龍，那裡臥白虎，靠岡處生鳳，臨窪處落凰……用他的「蠻語」，有聲有色，煞有介事地扯上一通。等到賺來一餐豐盛的吃喝，他便趁機與主人暢敘，查奸詢惡，訪俗問苦，幹起他的正事來。

有時，他也扮成過路郎中。因為他年輕時，父親鄭立庵老人遵循「不為良相，便為良醫」的古訓，怕兒子科運不佳，逼著他讀過幾本醫學經典。什麼《黃帝內經》、《金匱要略》、《本草綱目》、《溫病學》等，他都流覽過。甚至望、聞、問、切，所謂「四診」；陰、陽、表、裡、寒、熱、虛、實，所謂「八綱」；他也略知一二。拉過人家的手腕，伸出三指，按上「寸、關、尺」，他還真能切出個洪、弦、浮、沉的脈相來。但是，他對那變化莫測，玄之又玄的醫道，始終打不起精神，自從中舉以後，早已拋在腦後。現在，如要扮成郎中行醫，碰上頭疼腦熱，尚可抵擋一陣。萬一碰上重病沉屙，卻跟踏勘那根本不存在的「寶地」不同。人命關天，貽誤了病家的治療，非同小可！所以，扮成郎中私訪，雖有深入民家的許多方便，他卻始終不敢嘗試。

今天，要到集市上去私訪，顯然不宜扮「堪輿家」，最適宜的莫過於「觀枚測字」。對於「麻衣相」，批八字之類騙人的玩意兒，板橋一竅不通。而用抽竹簽占卜吉凶的所謂「觀枚」，他覺得，四句簽語，詞意太死板，難以變通解釋。只有這「測字」，他試了幾次，覺得十分容易和有趣。作為讀書人，最熟諳的莫過於方塊字了——只須帶上紙筆和一本《千字文》，找熱鬧地方一坐，便有求家上門。會寫字的讓他寫上一個，不會寫的，讓他在《千字文》上隨意指一個字。他便能根據字形和字義，給求卜者一個滿意而又十之八九「靈驗」的啟示。

有一次，一位老翁丟失了黃牛，前來測字問吉凶。他隨手寫了一個「口」字，叫「先生」給他測。板橋細想，黃牛丟失，不是被盜，便是脫了韁繩走失。「口」字四面密不通風，如按字形測，便可解為被人盜去藏在一個嚴密的地方。板橋看看心急如焚的老者，不忍心使他失望。何況，如是走失，最終還會找到。於是解道：「老哥，大吉，大吉——『口』字四方方，你的牛，現在正在張口吃四方的草，安然無恙呢。尋找得法，保准找得到！」

有一個商人，去西邊經商逾期未歸。他的婆娘找到板橋測字。板橋要她在《千字文》上隨意指一個字。她便指了「天地玄黃」一句中的「天」字。板橋一看，不由得一愣：「天」字是「夫」字無頭！幸虧這女人不認字，不然，要想自圓其說，真得費點心思。板橋正在為難，忽然記起，前幾天聽人說，青州以西下了暴雨。那商人遲歸，大半是因雨所阻。於是，他便安慰兩眼紅腫的女人說：「大妹子，你這『天』字，選的好，你當家的遲歸，與他自己無關，也並非是遇到歹徒，乃是天意所為，不過是路上遇雨，車馬難行，才誤了歸期。莫傷心，回家等幾天，他就會回來了。」

就這樣，鄭板橋利用方塊字的無窮變化，得心應手地作著各種解釋。一則給那些篤信占卜的難家寬心解憂，出出主意；二則自己從中也可得到一點民情和慰藉。至於那些微卦資，他都隨手散給了窮人……

板橋來到集市上，在濱水的河灘上放下褡褳，取出一本《千字文》，將墨盒、紙筆，放在上面，又將一面大書「喬半仙靈驗測字」七個隸字的白布招兒展放在一邊，然後放開馬紮，坐了下來。準備招徠幾個主顧，攀談攀談。

不一會兒，走過來一個衣衫華貴，滿面憂愁的老翁。他的獨生兒子患了重病，本城的幾位名醫請遍了，病情不但毫無起色，反而日見沉重。老人走投無路，便來測字問卜。板橋遞上紙筆，讓他寫一個字。老翁工工整整地寫下一個「吉」字。大概是取逢凶化吉之意。板橋一琢磨，這字如往凶處解，可以解為：「吉」字上部為「士」，「士」似「土」，土壓在「口」上，病人必死無疑。老翁兒子的病，經過多家名醫都未治癒，足見是危難之症，如此解，倒也順理成章。但板橋不忍心使老翁驚恐，便語氣歡暢地解道：

「老先生寫的這字，實在是大吉大利！這『吉』字乃是『士，字頭，士下乃是一張『口』，士者人也，人大張其口，病情無虞。不過，病人張口，含有等藥吃的意思，此事萬萬不可耽擱。老先生回去，速速另請高明醫家，令郎還能得救。」板橋想了想，又補了一句：「老先生記住：真正的醫家，未必盡有虛名。僻地出高手，偏方治大病——也不可忽略喲。」

老翁連連答應，放下十個大板兒，步履匆匆地去了。

老翁剛走，來了一個肩上搭條麻袋的中年人。

板橋和氣地問道：「兄弟，要測字問吉祥平安嗎？」

中年漢子沒有答話。他上前一步，「撲」地跪下去，頭碰沙灘，磕起了頭。

「你……這是為何？」板橋慌忙站起來攙扶。

中年漢子雙眼含淚答道：「鄭大老爺，保住我一家性命的，是你老人家的賑災銀呀！」

「咳，過去的事啦，提它幹啥。快快請起！」

趕集的人聽到中年漢子喊測字老頭是「鄭大老爺」，先是一驚，接著呼啦一聲，圍了上來。無人提醒不在意，一旦經人點破，有幾個人幾乎同時認出了測字老人正是縣太爺。「撲通」，「撲通」，許多人爭先恐後地朝板橋跪了下去。有的說，鄭老爺賑災，給了俺全家活命；有的喊，鄭大老爺親手幫襯過銀子；有的喊，鄭老爺斷案公平，給俺伸了冤、出了氣……吵吵嚷嚷的感戴聲，驚動了整個大集。誰不想一睹縣太爺的丰采？山也似的人群都往這兒擠。頃刻間，小小測字攤被圍得水泄不通。

又吃驚、又尷尬的縣太爺，一時慌了手腳，像根木樁似地戳在那裡，不知如何應付。半晌，方才搖著雙手勸阻：「別，別……父老們，別耽誤各位趕集……」

但是，縣太爺的話今天失去了靈驗，圍觀的人反而越來越多。

板橋一時束手無策。

「閃開！閃開！」忽然，人牆被切開一條縫，衝進來三條彪形大漢。一人俯身抓起褡褳，在前面開路，另兩人一邊一個攙扶著縣太爺，擠出人群，快步而去……

鄭板橋化裝私訪，曾經不止一次地被百姓當場認出來，結果，「私訪」成了公開的應酬。但從未像今天這樣，被老百姓人山人海地「圍困」在大集上。不是皂隸們的果斷「搶救」，不但一時難以脫身，怕還要發生意外。「私訪」的目的沒有達到，卻在那麼多人的面前露出了「廬山真面目」。往後再想化裝私訪，困難得多了。

但是，不私訪怎能查知民間真情？他只得耍戲法似地變著法兒裝扮自己。半月後的一天，他扮成釣魚的漁翁外出私訪。歸途中，到一個粥鋪喝了兩碗米粥，不但沒被認出來，還趁機做了一件大好事！

板橋對此感到很滿意……

傷卑嗟老不盡情

「蒼天不作美喲！」板橋疲憊地走著，一邊在心裡埋怨。

今天，他到城東虞河畔私訪，不料遇上冷雨，淋個透濕。此刻，他的下巴骨格格響，渾身直打哆嗦，彷彿跳進了冰窟裡。

進了縣城東關，板橋看到路旁有個老人開的粥鋪，便走過去，在破木桌前的矮凳上坐下來。他要上一碗小米粥，不幾口喝了下去，方才覺得寒冷饑餓減輕了許多。他又要來一碗，慢慢喝著，一面端詳起賣粥的老漢。老漢年約七旬，衣衫襤褸，面如枯瓜，瘸著右腿，顫巍巍地給客人盛粥、端粥。板橋心慈，最見不得淒慘的場面、不幸的人生，兩眼不由得一陣發熱。心想，可憐的老人，一定是個無兒無女的老鰥夫，不然，哪會如此艱難。一打聽，果然不錯。

這老人姓石，今年已經七十三歲，老伴在十多年前就下世了，膝下無兒無女。他有好幾個本家侄子，可是都嫌他人窮，沒人願認「過繼老」。孤苦無依的老人，只得在路邊上搭個席棚子，拖著條風寒腿，每天煮上一鍋清水小米粥，賺幾文銅錢，胡弄著餓不死……

「咳，晚景淒涼呵！」板橋聽罷老人的訴說，難過地歎息起來。

「老弟，人人都說，『七十三，八十四，閻王爺不叫，自己去。』」老人的嗓子帶著淚音，「我今年剛好七十三歲，可閻王爺怎麼不行行好，叫了俺去呢？嗯？」

「老哥，好死不如賴活著。人生在世，豈能不遇上個坑坑坎坎，不可盡往窄路上想嘛。」

「嘿，老弟！話是這麼說。」老人紮煞著兩手，指指胸膛，「眼看來到挪不動這一天啦——還不得……餓死！」

板橋略一思忖，說道：「老哥，我給你出個法子，多掙幾文錢好不好？」

「老弟，那敢情好！」老人用手背揩擦從眼眶流出的老淚，「可快死的人啦，哪有好賺的大錢呀！」他不相信，眼前這位寒酸的瘦老頭，能真的給想出生財的法子。「再說，大錢要是好賺，您先生也用不著背這漁簍跟魚鱉過不去呀——是不是？」

「老哥，我真的有個法子。你坐下來，我仔細跟你講。」板橋等老人在自己面前坐下，拍拍他的膝蓋，說道：「老哥，你把清水小米粥，換成五香粥，准能多賺錢。」

「五香粥？」賣粥人不理解地問。

「是的。先用豆油蔥花爆爆鍋，再加上鹽末、胡椒粉；開了鍋，再加上小米麵兒，就成了又辣、又鹹、又鮮的五香粥。粥還是那一鍋，沒加多少成本兒，費不了多少事，可利錢准能翻一番。」

「唔，照老弟這麼說……」老人似乎被打動了。「不過，把一個大板兒[①]一碗的粥，賣成

---

① 即銅元，當值二十文。

兩個大板兒，只怕沒有人喝……」

「老哥，你試試看。保准賠不著！」急性子人，辦急性子事：「後天，我就給你送塊招牌來。」

「什麼？招牌？」賣粥人瞧瞧釣魚人一身土裡土氣的打扮，懷疑起來。「就憑這破席棚子，不拐帶壞了『招牌』？——老弟，別逗我老漢啦！」

「不，不！老哥，君子說話一句。」板橋急忙分辯，「人不可貌相，海水不可鬥量。您請好吧，有了招牌，過不了多久，你那些侄兒們，就要來爭認『過繼老』啦。」說罷，板橋放下四個銅板，拱手施禮，轉身走了。

「嘿！半路裡跳出個釣魚的，出了這麼個新鮮主意！」。石老頭越想越在理兒：「管他招牌不招牌的，一個窮釣魚的，哪來的那玩意兒？這『五香粥』，倒不妨試一試——八成有門兒！」

石老頭拿定了主意。第二天，照著釣魚老頭的教導，如法熬了一鍋「五香粥」。

「五香粥上市咯！」他吆喝兩聲，立刻擁來一大幫「嘗鮮」的人。不到半個時辰，便把往常整整一天方能賣出去的粥，賣了個精光。

「嘿，真是『人不可貌相』喲，那小乾巴老頭兒，倒長著顆七孔玲瓏的心呢！」石老頭大張著沒牙的嘴，笑了。忽然又感到遺憾：「咳，忘了問問人家貴姓——多失禮！」

第三天上，果然來了個穿戴整齊、二十來歲的後生，送來一塊招牌。石老頭慌忙迎接，一迭聲兒道謝。舀上碗「五香粥」，請年輕人喝。問他住哪兒、奉誰的命來的？年輕人淡淡笑著說：

「老大爺，用不著謝。是我家阿叔讓我給你老人家送來的。再會。」年輕人放下招牌，恭恭敬敬地施一禮，轉身走了。

石老頭舉起兩手，擦擦老淚，急忙捧起了新招牌。立刻，他樂得像個抱上晚生兒子的性急父親，嘿嘿笑個不住。那新招牌，二尺長，半尺寬，紅地黑字，當中是「石家香粥」四個大字，左下角還有一行小字：「鄭燮敬題」。

「這『鄭燮』是誰呢？不成就是那釣魚老頭？」石老頭心裡不解，嘴上在念叨[②]。顯然，他不認得「燮」字。

這時候，恰巧有一個老秀才打粥鋪前經過，見石老頭手中拿著塊新招牌，感到奇怪。近前一看，他立即驚呼了起來：「呀！當今縣太爺的字！老石頭，你哪來的這門路？嘖嘖！等著交好運吧！」

「怎麼是縣太爺的字呢？這不是『鄭燮』寫的嗎？」石老頭指著招牌上的署名問秀才。

「哼！連個『燮』字認不出，虧你不算是個睜眼瞎！」老秀才搖頭晃腦地歎息起來。「這『燮』字上面是兩『火』夾一『言』字，『變』的上面是兩『絲』夾一『言』字，差個豆包兒呢！連這點差別都辨不清，只可惜白吃了七十多年的五穀雜糧！」

「哎喲，哎喲！」石老頭張著沒牙的嘴，半天合不攏，好像根本沒聽見秀才的挖苦話。「這麼說，是鄭大老爺幫俺打的譜兒，又送來了招牌？嘖嘖，老天爺！怨不得呢，心眼這麼好，說話那麼中聽，喝了清水米粥，給的卻是香粥的價——俺硬是把私訪的老爺當成了混窮的。

---

② 濰縣方言，低聲自語。

一口一個『老弟』地叫著——該死！該死！」

人逢喜事精神爽。新招牌像一顆返童丸，使石老頭忽然年輕了二十歲！他腳步輕捷地扯回一尺大紅綢，買來一掛五百頭兒的大響鞭，紅綢拴在招牌上，端端正正掛上了棚柱子。大響鞭「劈劈啪啪」，一陣歡放。

石家香粥鋪，正式開了張。石老頭要抖擻老精神做生意啦。

鞭炮聲驚動了三街五巷。五香米粉粥的香味兒留住了往來客商。鄭板橋的親筆招牌，又引來了縣城內外的文人才子。冷落的粥鋪轉了「風水」，天天門庭若市，熱鬧非凡。來這裡的人，都要「來一碗嘗嘗」。「唏溜」幾口，一個個伸出了大拇指：「怨不得，連縣太爺都誇這是『五香粥』呢——鮮美可口，五香俱全，果然名不虛傳！」

不久，石家香粥的美名傳遍了城裡四關。慕名而來喝粥的人絡繹不絕。人們嘖著舌頭，異口同聲地說，濰縣城的四大名吃，應該再加上一樣：石家五香粥。

從此以後，濰縣的名吃，真的成了五大樣：和樂麵[③]、杠子頭[④]、朝天鍋、燉驢肉，外帶石家五香粥。

石老漢的本家侄子們，一天早晨醒來，忽然發現他們不喜正眼睬的窮伯父，在縣太爺的幫助下，轉了運，發了財。他們爭先恐後地跑來，一迭聲地喊「親爺」，個個爭著磕頭做嗣子。

③ 濰縣的一種壽麵，用木床子壓制而成，味極鮮美。
④ 濰縣一種有名的硬面燒餅，因用木杠壓面而得名。

石老頭正愁一個人累得不行。便挑個忠厚老成的，立了「過繼單」。這樣，粥鋪的營業便由「親兒子」小倆口擔當起來。不到兩年，粥鋪的席棚子變成了三間向陽新瓦房。老頭子乾脆把鋪子交出去，自己領著孫子曬太陽；曬著曬著，就跟行人嘮叨起來：

「好傢伙！真格的：那時節，眼看著挪蹭不動啦，不上吊也得餓死！」他指指新蓋的瓦房，拍拍身上熨燙過的青布大衫，又捏捏孫子的紅臉蛋兒：「瞧！這都是鄭老爺他老人家賜的福喲！」

「嘖！濰縣人沾鄭老爺光的，豈止你一家？碰上這樣一位父母官，乃是一方百姓修來的福分！」聽話的人也感歎地發起了議論。

板橋身為七品小吏，手中的權力有限，但他卻能絕處求生，只手回天！他義無反顧地開倉放賑銀、命富紳捨飯以及以工代賑修城。這三大措施，使數萬濰邑蒼生從死亡線上掙扎過來。他對濰縣百姓的貢獻，是歷代縣令中最為傑出的。至於平素日，他所做的善德義行，更是不勝枚舉。給石老頭悽楚晚景帶來幸福和歡娛，只不過是他千百件善舉中的一件而已！

可是，他也有面對苦難和不幸．束手無策之時。盲人陳孟周的愛情悲劇，「陰陽臉」姑娘的不幸命運，都曾使他一籌莫展，徒喚奈何……

癡魂何日出愁城

鄭板橋的心在隱隱作痛。

這疼痛莫非因病症而來？他雖然身患五疾——偏頭痛、兩耳重聽、雙眼昏眊、再加上疝氣和腳濕。但從來沒有「心口痛」的毛病。為什麼今日心口窩始終時隱時現地疼痛不止呢？

他忽然明白了，今日的心口不適，多半是來自昨夜的失眠。而昨夜的失眠，又是因為聽了陳孟周彈唱的兩闋《憶秦娥》曲子而起。

是的，那哀婉繞耳、淒惻顫心的歌喉，竟是那樣蕩人心魄，彷彿平生從未聽到過。尤其是那唱詞，高雅清新，情真意摯，如一股清風，一掃詞壇鄙俗。只怕李太白、李後主、東坡、稼軒諸大家也要禮讓三分。至於自己幾十年來所寫下的幾百首詩詞，更該付之一炬了！

昨天，板橋應好友郭偉業之邀，去南花園飲酒賞菊。傍晚歸衙時，板橋坐在二人小轎中，聽到遠處傳來清越的歌唱聲。他從轎簾縫中向外一看，縣城文廟大門旁的古槐下，正有一名瞎子彈著三弦在說書。到了近前，板橋才聽清，那瞎子所彈唱的竟是一闋《憶秦娥》。板橋心頭一動，輕聲連喊「落轎」。他彎腰走出小轎，命轎夫返衙，自己則悄然來到古槐下，駐足諦聽。

近一二年來，板橋微服外出私訪，有好幾次被人認出來。頃刻之間，謝恩的、磕頭的，將他團團圍住，逃都逃不掉，只得抽著旱煙與鄉親們閒聊一陣子。但他總覺得，縣太爺的真面目一旦被百姓識破，儘管他布衫、麻鞋、長煙袋，一身農夫打扮；但攀談起來，總像當中隔了一條深溝，再也不能傾心相訴。聽到的總是一片感戴頌揚之聲。至於民間疾苦，卻難得聽到幾句。

「唉，縣門一尺情猶隔喲！」他常常頓足感歎。

文廟離縣衙不過二里之遙。現在，板橋卻很放心：有著朦朧的夜色作屏障，用不著擔心會有人認出自己。

說書人唱罷一曲，稍事停留，便在聽眾「先生，再來幾段」的要求下，清清嗓子，叮叮咚咚撥起三弦，繼續悠聲唱了起來。感情激越，字正腔圓，聲聲送入板橋重聽的耳鼓：

光陰瀉，春風記得花開夜。花開夜，明珠雙贈，相逢未嫁。
舊時明月如鉤掛，只今提起心還怕。心還怕，漏聲初定，玉樓人下。

說書人將「下」字拖了一個悠長的花腔。由高轉低，三回九轉，許久方才緩緩停下。人群中連喊「唱得好」，但說書人彷彿未聽到。只是咬著下唇，低頭沉思，像在用力忍下極大的痛苦。直到有人連連催促「快唱下去」，他才撥弦啟口，重新唱了起來：

何時了，有緣不若無緣好。無緣好，怎生禁得，多情自小。

重逢那覓回生草，相思未創招魂稿。招魂稿，月雖無恨，天何不老！

隨著幾聲重撥，歌聲戛然而止。緊接著，說書人失聲痛哭起來。圍觀的人一時不解，有的進行勸解，有的竟呵斥、挖苦起來。

「咳！先生，說書、唱戲是勸人——何必自己傷心呢？」

「聽書看戲，為的是找樂，哪個要看瞎漢哭鼻子？好沒道理！」

「戲臺底下，掉眼淚——瞎替古人擔憂嘛！」

「別哭啦，快再唱幾曲吧。」

「……」

趁著人群吵嚷，板橋擠出人群，匆匆返回縣衙。一進大門，他便向門子吩咐道：

「去一個人，到文廟前把說書的瞎子找來見我。」板橋一招手，又喊住了門子，「注意，說話要客氣些，就說衙門裡有想聽書的——一定不要嚇著人家！」

「是，老爺。」衙役急急走了。

說書人被客客氣氣請進了縣衙。可能是因為從來沒聽說過，堂堂縣衙門會准許瞎子進去「說書」。所以，當衙役拖著竹竿，領著瞎子走進客廳時，瞎子不僅臉色惶恐，連拿竹竿的右手也嗦嗦抖著，好像將有一場大禍臨頭。板橋一見此情，急忙迎上前去，扶著瞎子的左臂，將他按在上首太師椅上，又從他肩上取下背三弦的褡褳，放在八仙桌上，然後溫和地勸道：

「先生，莫害怕，請你來縣衙，並無別事。是想請你說段書，唱幾支曲子——方才你在文廟前唱的曲子動聽極啦！不知先生肯俯允否？」

「老爺吩咐，小人怎敢不從命。」

「先生貴姓？」

「小人叫陳孟周，濰縣西鄉人。」

「請問你最擅長什麼段子呀？」

瞎子兩隻白眼翻了幾翻，答非所問地說道：「老爺的聲音好耳熟。小人斗膽，敢問老爺上姓？」

板橋爽快答道：「這有什麼不敢的，在下姓賈，是衙門的文案書吏……」

「不，不。」瞎子的白眼又翻了幾翻，「您老人家不姓賈，您是張老爺」。

「咦，你怎麼知道我姓張？」板橋不由一驚。

「張老爺，難道您老人家忘啦？去年春天，您還教給小人好幾支曲牌呢！」

板橋忽然記起，去年到西鄉視察旱災時，在臥龍橋被一個年輕瞎子的說唱打動，曾主動教了他幾支曲牌。分手時，佯稱自己「姓張」。果然，瞽目者耳聰！一次交談，自己的聲音竟被記住了。他不想再隱瞞，便照直說道：

「陳先生，實話說了吧！我既不姓張，也不姓賈，我就是本縣正堂鄭板橋。」

陳孟週一聽，趾溜滑下椅子，雙膝跪地，連連磕頭：「小人在大老爺面前坐上座——罪過，罪過！」

「咦，這是哪裡話！」板橋近前攙起陳孟周，「請你來說書，你就是先生，我們都是聽客。哪有讓先生站著說書的道理哪？快快坐好！」

這時，小皂隸已經獻上茶來。

板橋親手將茶碗端到陳孟周面前，禮讓道：「陳先生請用茶。」

「不敢。老爺願聽什麼段子，儘管吩咐。小人這就給老爺說唱。」陳孟周伸手摸索找三弦。

「咦，先喝杯茶，潤潤嗓子，再說不遲。」

等到陳孟周拘謹地啜飲了幾口茶，板橋揮退聽差，低聲問道：

「陳孟周，我想請你把今晚在文廟前唱的那闋《憶秦娥》的故事，先說給我聽聽。好嗎？」

「老爺！」陳孟周回答得有些惶恐。「評書、戲文，無非胡編亂造，實在並無什麼來歷。」

「不，沒有真情實感，決寫不出那麼動人的曲子！你不必瞞我，這裡沒有外人，你說給我聽聽，說不定我還能為你排憂解愁呢！」

陳孟周淒然答道：「老爺願意聽，小人就跟老爺說實話。」

「這就對了！」板橋高興地一拍桌子。

「不過，老爺聽完了，莫笑俺不長進，沒德行。」

「嘿！老鄭我年輕時，就是個沒德行的荒唐鬼——哪裡有嘴笑別人喲！你儘管大膽地講，越詳細越好！」

陳孟周家住濰縣城東陳官莊。他的父親被「書中自有黃金屋」的古語吸引，一心科舉仕進，光耀門楣。誰知，文曲星總是不來照命，一直考到四十五歲上，僅有的幾畝地產都變賣光了，依然是榜上無名。貧窮加上憂憤，老童生撇下妻子和十二歲的兒子，撒手而去。思丈夫，愁家計，妻子不久也相繼去世。小孟周只得投靠外公家，跟著當塾師的大舅上學。陳孟周有一個三姨母，嫁給濰縣西關富紳蒯福。無奈三姨福命太薄，過門不到八年，便一病不起。將六歲的女兒蘭芬撇給了蒯福續娶的繼室杜氏。杜氏心狠手辣，視前房女兒如眼中釘、肉中刺，恨不得一口氣將小蘭芳折磨死。蒯福無力勸轉妻子，只得將女兒送到岳丈家撫養。孟周到外公家裡時，蘭芬已經在那裡住了四五個年頭。小孟周除了到學屋上學，放學歸來，總是與蘭芬結伴玩耍。外公家的生活，充滿了歡樂。誰知，禍不單行，兩年後，孟周賴以生存的外公、外婆相繼死去。這一年，陳孟周剛交十四歲，蘭芬十三歲，都是不能自立的少年。但是舅父卻容不得「兩個吃閒飯的外甥」，決定將蘭芬送回城裡，讓孟周外出「自尋生路」。可是，蒯福來接女兒時，小蘭芬卻哭著提出了條件：

「大[1]，只接我一個人，我決不回去。你要接，就把俺跟表哥一起接回去。他無爹無娘，叫他到哪兒去混生活？不成也像舅舅那樣狠心，把他趕出去凍死餓死？」蘭芬祈求地望著父親。

看到女兒目光中難以動搖的決心，再看看小孟週五尺高的個頭，蒯福歎口氣，彷彿為難似地答道：

「那——好吧。我就發發善心，將他一起接回去。可是，我有飯給他吃，有活給他幹，可無

[1] 濰縣方言，稱父親為「大」。

錢再供他念書……」

孟週一聽，雙膝跪地，搶著答道：

「姨父只要給外甥一口飯吃，叫外甥跑腿、打雜、挑水、劈柴——幹什麼都行！」

就這樣，蘭芬回到了自家繡房。十四歲的孟周卻成了蒯家的一名使喚小廝。

孟周慶倖自己有了安身立命之所，更慶倖能朝夕與表妹相見。由於雙方是至親，雖有男女之大防，兩人仍可常常來往。孟周雖不敢溜進表妹的閨房，蘭芬卻常常跑到他寄宿的東耳房看望他。一去，不是偷偷帶幾本家裡的藏書給他看，就是央求他說故事。孟周的衣服髒了，蘭芬便悄悄拿回去，洗淨疊好。衣服的領口、肩頭、紐襻、袖口，開了綻或有了破洞，等到送回來時，總是補綴得完整如初……

一轉眼，孟周在姨父家住了三年。

有一天晚上，表妹忽然匆匆跑進東耳房，臉色蒼白，氣喘吁吁地說道：

「表哥，不好啦！」

「什麼事，表妹？」孟周急忙放下手中的《古文觀止》，從床沿上站起來，「別慌，慢慢說。」

「俺大——要把我嫁人！」

「啊？」孟周像挨了重重地一擊，愣在那裡半晌無語；然後低聲問道：「不知要把你嫁給誰？」

「胡舉人的瘸腿小兒子。」

「真的？」孟周幾乎叫喊起來，「胡家橫行鄉里，無人不罵……」

「怎麼不真？今日媒人來，不等我爹吭聲，我那繼母娘便一口答應了。」熱淚流上了姑娘的雙頰，她祈求地望著孟周：「表哥，你說，我們該怎麼辦呀？」

「我們？……不！」孟周頹然坐回到炕沿上，吃力地答道，「表妹，辦法只有一個……」

「表哥，你快說！」蘭芬近前，握住了他的雙手，「你快說呀！」

孟周吃力地答道：「遵從父母之命，媒妁之言，嫁給胡家。」

「啊？這就是你的好主意？」姑娘鬆開雙手，向後倒退了兩步，「難道你連去年我贈給你明珠，你贈給我玉佩的事都忘啦？」

「表妹……我怎麼會忘記呢？可是，我是一個寄人籬下的僕役呀……」

「你不要說啦！我只要你說一句話：你要不要我做你的妻子？」

「表妹，住口！」孟周急忙上前，伸手把門掩緊，低聲答道，「這事由不得你我。你我今世無緣，只有等待來世咯！」

「不！你帶我走——山南海北，關東口外，你到哪兒，我跟你到哪兒！」

「表妹，難道你是小孩子？說的什麼傻話喲！天地雖大，哪裡容得下一雙私奔的男女？況且，我不會耕，你不會織。到了哪裡，也得凍餓而死呀！」孟周快步將門敞開，「表妹，請你快回去。剛才的話，讓姨母聽到了，我在你家也待不住了！」

「好一個男子漢大丈夫！」

蘭芬哭著，快步走了。孟周扶著門扇，入定似地許久一動不動。忽然，一頭栽到炕上，拖過被子蓋上頭，大哭不止……

從這天起，孟周再未見表妹露面。

「莫非表妹病了？」

他的心像被老鼠咬齧一般，疼痛不止。經過幾個不眠之夜，他終於下定決心，趁著黑夜去蘭芬閨房探病。他要傾盡全力去安慰表妹，讓他聽從命運的安排。

不料，城樓上剛傳來一更的更鼓聲，東耳房虛掩著的房門，吱喲一聲被推開了。走進來的竟是上下一身出嫁衣服的表妹。孟周倏地站起來，驚問道：

「表妹，明天才是大喜的日子，怎麼今天就……」

蘭芬沒答話，上前拉著他的左手，向外就走。

「不，不，表妹……」他掙扎著向後退。

「快跟我來，有要緊的事！」

說罷，蘭芬拖著孟周直奔自己的閨房。進了門，她返身將門閂上，一把將孟周按到炕沿上坐下，怔怔地望著他，並不開口。

「表妹，你找我，到底有啥事？」孟周又站起來，結結巴巴地問道。

蘭芬指一指炕上，又指指屋內的櫃櫥：「你自己看吧。」

孟周這才注意到，表妹的閨房從炕上到地上，完全是一派喜房的陳設。

「這，這是為何！」

「表哥，今晚我們就入洞房……」

「你瘋啦？新郎的官轎明天才來！」

「我要跟你拜天地！」蘭芬上前按住孟周。「表哥，也許你是對的。你怕帶累我，我也不忍心使你受累。不過，與其惡死，不如好死。蘭芬的一顆心早在贈珍珠時就給了你。今天晚上，我要把身子也給你！」她鬆開手，替孟周解著紐襻，一面繼續說道，「你抖什麼？拿出點男子漢氣概，大不了，咱倆一塊死！」

「不，不，表妹！那對不起姨父……你讓我走！」

「不——是他對不起我們！」蘭芬伸手捂上他的嘴，扭頭吹滅了蠟燭。

「讓我自己來……」

孟周終於屈服了。

正當兩個年輕人正纏綿在溫柔鄉里，難解難分的時候，「咣當」一聲，房門被撞開了。姨母在前，姨父在後，從熱被窩裡拖出了渾身熱汗的陳孟周。他被赤身露體拖到院子裡，在兩名僕人的幫助下，被擱了個結實。蒯福一聲不吭，姨夫手揮馬鞭，狠狠向他抽了下去。

「甥，甥，甥……」

陳孟周咬牙閉眼，不哀號，不祈求，只希望快快被皮鞭抽死。

「住手！」

一聲高喊，蘭芬衝到了院子裡。她只穿著一身單薄褲褂，快步來到跟前，倏地撲到孟周身上，用身體護住情人，然後叫喊道：

「大，要打，就打死我。是我把表哥拖上炕的，與他無干。快打呀，今夜不把我打死，我也要自己去上吊！」

蒯福手裡的鞭子停在空中，不知該不該向女兒的身上狠抽。一聽女兒要上吊，不知是怕鬧出人命，無法向胡家交代，還是怕把「家醜」張揚出去。他的右腳猛一跺，順手把鞭子扔到地上，扭頭向上房走去；走了幾步，回頭甩下一句話：

「把蘭芬拖回閨房去！把這畜生趕出去！永遠不准他再進蒯家的大門！快！」

第二天晚上，便是洞房花燭之夜。做了新娘子的蘭芬，沒等瘸新郎近身，一剪刀捅人心窩，當天夜裡便死去了……

陳孟周蒙關帝廟老和尚收留，在那裡躲藏了半個月，總算沒有凍餓而死。等到他走出關帝廟，身上的鞭傷痊癒了，周圍的世界，卻變成一團漆黑——他的雙眼氣瞎了……

「春風催花，相逢未嫁，明月如鉤，玉樓人下。多麼令人神往的一樁美滿姻緣喲！可是，陳孟周，你的膽子太小了。辜負了蘭芬一腔癡情。『重逢那覓回生草，相思未創招魂稿……月雖無恨，天何不老』！如今一切都晚了……」

聽罷陳孟周的敘述，板橋沒有一句勸解，竟自語般地感歎起來。

不知是為了打破僵局，還是不願再談這話題，陳孟周忽然問道：「老爺，我是否就給你唱唱這闋《憶秦娥》呢？」

「不——聽了這『故事』，已經夠了。天不早啦，你也該回去了。」板橋從袖中摸出一個五兩的小銀錁子，交到陳孟周手裡：「孟周，天陰下雨混不飽肚子的時候，這點銀子，聊可一解饑渴！」

送走了陳孟周，板橋彷彿失落了一件寶物，心情久久難以平靜，長夜難以入眠，便吟成了兩首七絕。其中一首寫道：

世間處處可憐情，
冷雨淒風作怨聲。
此調再傳黃壤去，
癡魂何日出愁城。

半年後，板橋審理了一個案子。城北一家姓孫的土財主，因嫌女兒生了一張陰陽臉，攀不上門當戶對的親事，竟對女兒打罵不休。姑娘無路可走，一條繩子掛上了梁頭。多虧鄰居發現得早，僥倖保住了性命。孫氏族長氣不過，糾合幾個本家，以孫氏「不念骨肉之情，險些逼死女兒」的罪名，一狀告到了縣衙門。

板橋升堂後，見從大堂外走進來的竟是一個腰肢苗條、步態婀娜的年輕女子。近前細看，濃密的長睫毛下，閃動著一雙又黑又大的眸子。回話時，聲音輕悠清亮，像黃鶯鳴啼。可惜，一片大大的、像朱砂般的紅印記，幾乎遮滿了整個右臉，映襯得左臉更加白皙滋潤。唉，果然是一張難看的「陰陽臉！」這張臉斷送了一個好端端的姑娘喲！但板橋知道，誰家養女都想攀高枝，也難怪孫老財一人。所以他沒有打板子，也沒有「罰銀」，只是狠狠教訓了孫老財一頓。警告他：再不痛改前非，本堂嚴懲不貸！便讓原告被告一起走了。

一連好幾天，板橋面前始終閃現著那張既動人，又使人不忍一睹的「陰陽臉」。倘若閉上眼睛不看，僅憑耳聽、手摸，那女子不是一位極其令人銷魂的西施嗎？可誰又能面對姣娥，不一飽眼福呢？

「對，這事只有瞎子能做到！」一想到這裡，他噗哧笑了，隨口吟了一首打油詩：

說與閨中婦女知，
嫁女須要嫁盲兒。
缺額掀唇都不見，
恩愛到老是西施。

吟罷，他忽然想起了陳孟周。不錯，一個軒昂男子，雙目失明；一個嬌豔女子，臉分陰陽。讓他們配成一對，不是天作之合，再合適不過嗎？可是，板橋派人遍尋城裡四鄉，再也不見陳孟周的影子！有人說他投河自盡了，有人說他流浪到了外鄉。究竟去了哪裡，無人說得清楚。

此後好多年，板橋每每想起這兩個年輕人，就心頭淒惻不止。直到罷官回到揚州後，他還在一位畫友的一張《百瞎圖》上題上了上面這首詩。說明他對當年那件憾事始終沒有忘記。

在灘縣任上，板橋曾寫過一個大橫幅：「吃虧是福。」大字之下，用小字注道：「滿者損之機，虧者盈之漸。損於己，則利於彼。外得人事之平，內得我心之安。既平且安，福即在是矣！」這些話，與其說是在勸別人，不如說在惕厲自己。他總是以「損於己則利於彼」的吃虧精神去求「福」，而這「福」，無非是「人事之平」與「我心之安」。即俗話所說的：人無虧於心睡覺穩。如此而已！

一個人，想處處「利於彼」並不難，總會有許多「機遇」。一個直接握有一方「牧民」之權的地方官吏，更有著利用不盡的機會。板橋充分利用了這些機會。但是，他也有猶疑再三的時候，因為要想「利於彼」，不但得不到「既平且安」的「福」，還要冒極大的風險。

他准許販私鹽的小販「今天賣鹽」，就給惡人留下了攻訐的口實……

今天准你賣鹹鹽

心虛節直耐清寒，
閱盡炎涼始覺難。
唯有此君醫得俗，
不分貧富一般看。

一枝修竹，自岩縫中挺然而出，凜凜寒氣中，頗有沖天之勢。那橫斜曳出的枝椏上，綠葉片片。葉面上雖然凝著嚴霜，但依然泛著青蔥的綠光。鄭板橋正在畫一幅《寒竹圖》。畫畢，便在畫幅右邊題寫了上面那首即興吟成的七絕。

這幅畫，板橋準備送給南花園主人郭質亭。南花園坐落在縣衙東南方，是濰縣城裡私人花園中最有名的一座。園主人郭質亭，識透社會的不平，驚歎世態之炎涼，雖然飽讀詩書，卻不求仕進。藏身祖上留下的南花園，栽樹、種花、吟詩、作畫，過著隱士般的生活。

板橋蒞任濰縣後，第一次訪問南花園，便與園主人郭質亭一見如故。逗留竟日，深夜方歸。後來，總是忙裡偷閒，到這裡「醫醫俗氣」，他很快便成了園主人的摯友和書畫師傅。三年前，他應郭質亭之請，畫過一幅《叢竹》相贈，並題上一首七絕：「我被微官困煞人，到君園館長精神。請看一片蕭蕭竹，畫裡階前總絕塵。」當時，他正被救災、理積案折磨得焦頭爛額，難得到南園閒遊。而每去一次，總覺俗氣頓減，精神倍增。那首詩，清楚地表達了他對郭質亭「絕塵」生涯的羨慕。而今天這首新作，更多的是對老朋友心謙、節直的脫俗人格的由衷讚頌。

板橋剛在題詩下面蓋上「濰夷長」、「俗吏」兩方朱印，便聽到衙前響起了堂鼓——有人喊冤。他急忙換上官衣，吩咐升堂。

擊鼓鳴冤的是城北老榆樹村的兩個農民，一個叫王勝，一個叫劉好。兩人各養了一條犍牛，都拴在河邊吃草。不巧，一個牧童騎著一頭發情的母牛從河邊經過。王勝的黑犍牛聞到了母牛的氣味，便猛衝猛掙。等到把韁繩掙脫，母牛早已不見蹤影。由於母牛是朝劉好拴黃犍牛的方向走去的，黑犍牛追不上母牛，便把惡氣使在黃犍牛身上。牠扭頭奔向黃犍牛，低頭橫角，一陣猛抵。黃犍牛雖被韁繩拴著，行動不太自由，但卻輕捷地躲開了黑犍牛的輪番進攻。等到黑犍牛銳氣漸盡，黃犍牛轉守為攻，橫起兩隻硬角，瞄準黑犍牛的腹胸猛抵。沒用幾下，竟把黑犍牛頂死了。

聞訊趕到河邊的兩個農夫，一個要對方賠牛，一個說，自己找上門送死——活該！唇槍舌劍，連吵帶罵，很快便廝打起來。直到王勝的右耳被撕裂，劉好的雙眼被打腫，仍然誰也制不服誰。兩人撕扯著，來縣衙擊了鼓……

聽罷兩造的控訴，板橋笑咪咪地向下問道：

「王勝，人家的牛拴得好好的，你的牛跑去抵人家，難道人家不該還角？」

王勝捂著右耳嚷道：「俺沒讓牠去牴——那是牲畜自己的事！」

「住口——哪有此理！」板橋輕喝一聲，「俗話說：狗咬人找主人；倘若你的牛拴得牢牢的，牠就是想抵，也碰不到呀。牠不去牴人家，人家也不會抵牠呀。可見，這責任首先該由你這做主人的負！」

這時，劉好一面抹著臉上的血，說道：「青天大老爺說得真在理——找上門來行兇，牴死活該！」

「劉好，你的話也不全在理。」板橋說道：「王勝的牛去行兇，將牠趕走就是，不該將牠抵死。如今，叫王勝用什麼去挽車犁田？可見，你這牛主人也有一份責任。不准叫嚷，聽老爺我來判決。」

說罷，板橋高聲判道：「牛牴牛，角鬥角，活牛兩家使，死牛兩家剝——你們看，這樣妥不妥？」

王勝一聽，急忙磕著響頭說道：「青天大老爺判的公道！」

見劉好低頭不吭氣，板橋催問道：「劉好，難道你不服老爺我的判決？」

「老爺，俺不是不服，」劉好的回話帶著哭音。「俺總覺得平白無故丟了半條牛，心裡頭不是滋味兒。」

「劉好，也算你時運低。」板橋輕歎一聲，「不過，吃虧是福。你多替王勝想一想，也就心安了。」見劉好緩緩點頭，板橋繼續說道：「好啦，你們兩個快回家剁牛、吃牛肉吧。如果哪家再生事，休怪老爺我手狠。退堂！」

板橋剛說罷「退堂」，便有一名皂隸近前稟報：本城大鹽商丁得天抓到了一個販私鹽的漢子，派兩名夥計押來縣衙，現正候在外面。

板橋一聽，吩咐道：「將鹽販子帶上來！」

被帶上大堂的是一名三十多歲的矮矬男子，滿是血汙的瘦長臉上布滿恐懼。上身穿一件青棉襖，兩肩、袖口都綻出了棉絮。下身穿一條破了膝蓋的燈籠褲，已經辨不清是什麼顏色。矮男子一走上大堂，便撲通跪到地上，嗦嗦抖個不停。

板橋一見，便吩咐道：「被告，站起來回話。」等到鹽販子吃力地站起來，他又問道：「你叫什麼名字，哪裡人氏，今年多大歲數啦？」

鹽販子驚恐地答道：「小人叫吳吉，家住城東寒亭，俺今年三十一歲，屬豬。」

板橋又問：「吳吉，你販過私鹽嗎？」

「販……販過，大老爺。」吳吉口吃起來，「俺只販過，這……這麼一次。」

「不會吧？怎麼只販了一次，就恰恰被捉住了呢？」

「是……是呢，大……大老爺。小人至多……至多，也就販了兩……兩三次吧。」

板橋搖搖頭，並不認真追問，聲音和緩地問道：「吳吉，難道你不明白，鹹鹽只准官賣，除了代理鹽號，別人私賣是犯法？」

「俺知道。可……可俺實在是窮極無奈呀！」吳吉抽抽搭搭地哭了起來。

「怎麼個『窮極無奈』法呢？不要怕，仔細說給我聽。」

「大老爺，小人老娘已經七十三歲，老婆是個齁巴。[①]」吳吉說話漸漸流暢起來，「老婆生下五個孩子，最大的才九歲，俺租種了財主三畝地，納上租子，填不飽一家八口的肚皮呀！」吳吉哽咽了一陣子，繼續說道：「小人無可奈何，只得販點私鹽，賺幾文大錢，添補點口糧……」

板橋插話道：「家用自然該補貼，可不該走違法的歪門邪道呀。你說是吧，吳吉？」

「大老爺，小人也知道這不是條正經道兒，可，別的門路俺找不到呀！」

「怎麼會呢？」板橋略微提高了聲音，「地上三百六十行，行行是飯路！莫非是你好吃懶做，或者你家鄰近鹽場，貪圖省力氣？」

「不是呀，大老爺！」吳吉拿袖頭揩揩臉上的淚痕，提高了聲音答道：「小人雖然身矮力薄，可俺不知惜力氣。可是，俺想趕腳，少牲口；俺想砍柴，俺那兒一馬平川沒山場；俺想做個小買賣又無本錢，耍手藝俺啥也不會……」

「原來是逼上梁山！」

板橋沒有把心裡的話說出來。吳吉的話，使他心頭隱隱作痛。不禁想起自己中舉以前，家中的拮据情形。本想教訓幾句，卻變成一聲長歎。然後自語似地說道：

① 方言，哮喘病患者。

「這窘況，讓誰挨上，也是一籌莫展呀！」

吳吉分明聽清了縣太爺的話，立刻忘了恐懼。他兩眼望著縣太爺，繼續說道：

「大老爺，俺活得連頭牲口也不如呀：牲口卸了套，還有現成的草料等著；俺呢？咳！」吳吉哽咽起來，「要不是有老娘跟五個孩子，俺早就跳進萊州灣餵鯊魚去啦！」

「說得好——為了老娘孩子也不能輕生！吳吉，大丈夫男子漢，可不能那麼窩囊！」說到這裡，板橋把話轉上了正題：「吳吉，你私賣鹹鹽多次，依照《大清律例》，理應受到懲罰。不要下跪，站著聽老爺我說！」等剛剛跪下的吳吉站起來，板橋繼續說道：「看在你老母幼子的分上，老爺我不懲罰於你，我給你寫張字條，准你照著去辦。」

說罷，板橋命小皂隸拿來一張桑皮紙，從上面扯下一方，寫上幾個字，親手遞給吳吉。

吳吉雙手捧著紙條，愣了好一陣子。他一時弄不明白縣太爺為何寫字給他．又不敢多問，急忙跪下朝上磕了三個響頭，慌忙一瘸一拐地跑出了大堂。

「天老爺保佑！俺犯了法可沒受罰——鄭大老爺真是一位活菩薩！」吳吉一面走，一面自語，「聽說鄭老爺是個大寫家，可俺並沒向他求字，他給俺寫字幹啥呀？再說，這紙條兒當字畫往牆上掛，也太小了點不是？」

吳吉越想越不解，索性雙手捧著字條，向路邊的一家雜貨店掌櫃請教。留著八字鬍的掌櫃正在低頭打算盤。吳吉近前小心地問道：

「掌櫃的，麻煩您，幫俺看看這上寫的啥字，好嗎？」

掌櫃的抬起頭，眉一皺，冷冷地答道：「有啥不好的？給我。」他伸手接過紙條，低頭一看，不由「啊」了一聲，急忙問道：「老弟，你從哪兒求來鄭大老爺的大筆？」

「在衙門大堂上，鄭老爺親手給俺寫的。」吳吉如實作答。

「哪是咋？」掌櫃一時不解。

「是這麼回事兒。」吳吉斜著身子倚在櫃檯上，答道：「俺販了趟私鹽，讓大鹽商丁得天抓住，好打一頓，送進了縣衙門。俺尋思著，這一回逃不掉打個屁股流血水！誰知，鄭大老爺只把數[②]了俺幾句，就把俺放了。臨走還給俺寫了這張字條兒。掌櫃的，俺是睜眼瞎，你行行好告訴俺，鄭大老爺給俺寫的是啥吶？」

「寫的是——」掌櫃右手撓撓前額，「寫的是『今天准你賣鹹鹽』——下面是『濰縣正堂鄭燮』。」

「今天准你賣鹹鹽？」吳吉疑惑地搖頭，「真的是這麼寫的？」

「哼，難道咱連這幾個字也認不得?!」

「哪……明天，後天，准不准俺賣呢？」

「嘿！准你今天賣，就燒了高香啦！不成准你賣一輩子?做夢娶媳婦，想得真美！」

「唉，往後俺還是沒有飯路呀！」

吳吉揣起字條，無精打采地轉身往回走。走了不多遠，掌櫃從後面追上來了。

「老弟，老弟！」掌櫃喘息著親切地拍著他的肩頭，「反正那字條，你留著也沒用。你

---

②方言，批評。

看……」掌櫃指指西斜的太陽，「都下半晌啦——你今天是販不成鹽啦。就把這字條兒送給咱吧。不白要——拿一隻牛腿缸換！」

「咋？一張小紙條兒，換只牛腿缸？」

「嘿嘿，各有所好嗎！快把字條兒給我，隨我背缸去！」掌櫃急不可耐。

「中——」吳吉麻利地伸手到懷裡摸字條。忽然，他把手縮了回來，愣在那裡，直眨巴眼。

「怎麼，一隻大缸你還嫌少？好吧，咱再加二兩銀子——你可占了大便宜呀！快，快把字條給我！」掌櫃伸出右手抓住吳吉的袖口催促。

吳吉手一甩，大聲嚷道：「掌櫃的，你當俺是傻瓜蛋呀！莫說加二兩銀子，就是加二十兩俺也不賣——這是鄭大老爺送俺的搖錢樹呀！」

「嘻，白紙一片兒，能成了搖錢樹？大白天做得好夢喲！」

「哼！有你這一說！」吳吉退後兩步，兩手抱著前胸，得意地答道：「俺才明白過來：今天、明天、後天，一百年，什麼時候拿出來，都是『今天准你賣鹹鹽』——俺吳吉一家老小再也不愁吃飯穿衣啦！鄭大老爺，他老人家的心好善喲！」

「這小子瘋啦！」掌櫃狠狠地跺著腳。

吳吉並不理會。他雙膝跪到大街當中，朝著縣衙的方向磕起了響頭。

立刻招來一群圍觀的人。

用罰銀子，打板子「成全」善人，用字條「懲罰」私鹽販。用顛倒之名，行懲惡揚善之實，鄭板橋真有怪點子！「今天准你賣鹹鹽！」區區七個字，對《大清律例》進行了公然的捉弄——表面上是准許今天賣，實際是准許永遠賣。鄭板橋簡直怪得有幾分狡黠了。

但板橋有時又顯得很天真，甚至很木訥。他總是以君子之心，度小人之腹，因此他也常常受到「聰明人」的捉弄和坑害。他在濰縣西南山誤中「狗肉計」，便吃了不知防範奸偽之徒的大虧。

板橋常慨歎「難得糊塗」，那要看表現在什麼地方，有時，糊塗並不難得……

貪杯誤中狗肉計

半個多月來，鄭板橋一直悶悶不樂。又像賑災時一樣，吃不甜，睡不香。一靜下來，他就緊皺雙眉，拈著疏鬚想那件難以勘破的無頭案子。

侄兒鄭田怕他病倒，不住地在一旁勸：「阿叔，你不是常說『雞蛋無縫孵出小雞，再難的案子也能勘破』嘛？慢慢總會有辦法的。光這麼焦急，只怕惡人還未落網，你的身體就垮下來啦。」他望著日益消瘦的叔父，歎了一口氣：「阿叔，兩年前你就想到南面的山上逛一逛，一直不得閒。那鬱鬱蔥蔥的山巒，定有引人入勝的所在。趁這辰光不忙，我陪你去一趟吧？」

「嗐，休來聒噪！」板橋第一次向侄兒發起了脾氣。「不破無頭案，抓不住真凶——我哪來的遊山玩水雅興?!」

「阿叔，」鄭田的語氣十分堅定。「待在衙門裡苦思冥想，就能有錦囊妙計？到寥廓的地方走一走，宜人的景色瞧一瞧，心裡一高興，說不定有巧思入心，妙計出胸呢。」

既然苦思冥想覓不到斷明冤獄的錦囊妙計，討厭的偏頭痛又在作祟，板橋終於聽從了侄兒的苦勸。他換上青衣小帽，一個人走出西城門，信步向西南方幾座平緩的山峰走去。

一方方麥畦，早已返青拔節。路旁兩行楊柳，綠絲輕拂。幾隻呢喃春燕，在晴空下自在翩躚。陌上的各種野花，開放得五彩斑斕，給碧玉似的麥田嵌上了五彩花邊。村莊裡，幾株春桃，自矮牆中探身出來，擎著一片紅霞，引逗得蜂繞蝶舞……好一派迷人的春光！兩年前的荒涼景象一去不復返了，大災過後的濰縣一派勃勃生機。

拂面的熏風，三春的煙景，使板橋神清目爽，滿心歡快。把半月多來驅不散的憂煩一時忘在了腦後，而久違的詩興大發於胸。他一面走著，吟成了一首竹枝詞，不覺出聲唱了起來：

木饑水毀太凋殘，天運今朝往復還。
閒行北廓南郊外，麥壠青青正好看。

一個多時辰以後，板橋轉過一個矮山角，來到一片長滿古松的山坡前。忽然，一陣悠揚的古琴聲自松林中飄來。叮叮咚咚，十分悅耳。荒山野林之中，哪來如此動聽的琴音？板橋心裡疑惑，便追尋著聲音，向松林深處走去。走了約有二三百步，松林中露出了一叢茂密的翠竹，竹林中央有一座茅屋。白粉刷牆，一明兩暗。柴門上的春聯更是非同凡響：「月白風清，此處更容誰卜宅；磷陰焰聚，半生喜與鬼為鄰。」橫批是：「富兒絕跡。」好一個清幽高雅的所在！

茅屋的方格窗洞開著，一位銀須飄胸的老者正在當窗撫琴。他疾彈徐抹，重按輕撚，一面還唱道：

留春不住春去，春歸畢竟歸何處？明歲早些來，煙花待剪裁。
雪消春又到，春到人偏老。切莫怨東風，東風正怨儂。

原來這老人唱的，竟是板橋的一闋《菩薩蠻・留春》。聽到自己的詞作被人反覆詠唱，板橋感到分外親切與快慰。他佇立窗前，靜聽多時。那鏗鏘跌宕、琤瑽繚繞的曲調，使得他神馳心醉，暗暗叫絕。心想：「這老先生的琴藝，比我那『琴迷』高明得多呢！」

板橋的如夫人饒筠青，雖然家道中落，出身寒門，但琴棋書畫，都能來兩手，尤其彈得一手好琴。一曲《空山鳥語》或者《雨灑瀟湘》，常使板橋閉目擊節，撚須稱妙。聽慣了如夫人的彈奏，再聽這老者的琴音，更覺老者的彈奏，聲聲叩心，迴異凡響。不覺拍掌叫道：「妙哉呀，好琴！」

彈琴人聞聲抬頭，見外面站著一位五十餘歲的老人，立刻面露驚訝之色。急忙來到門外，拱手施禮：

「何方仙客，屈臨山野荒徑？如蒙不棄，請到茅齋小憩如何？」板橋正被琴音打動，又見老者氣度不凡，以禮相邀，便高興地拱手答道：「在下偶來寶山一遊，不想被這盪氣迴腸、清心滌欲的雅音所動，幾忘歸路呢。承蒙相邀，敢不遵命——打擾了。」

「大駕光臨，蓬蓽增輝，先生請！」老者滿面喜悅，彬彬有禮地把客人請到了室中。

板橋並不謙讓，進到屋裡，在臨窗的一張八仙桌旁坐下來。老者收起古琴，盛人錦盒，向後喊了一聲「獻茶」。立刻，應聲從後面走進一個垂髫小童，端來了一套採龍紫砂茶具。沏好了香茶，主人恭敬地給客人斟上一杯，又給自己斟上。板橋啜飲了一口，但覺異香撲鼻，醇厚甘洌；不由得誇道：

「好茶！但不知叫何名字？」

老者莞爾一笑，答道：「野鄉之間，那有好茶。乃是采自山陰鹿泉邊的一株野茶，老朽隨意泡制，取名『鹿泉』，聊解不時之乾渴耳。用以享客，實為不敬，先生休怪。」

「哪裡話，茶味清醇無比，在下從未喝過如此佳茗呢。」板橋一面說著，連啜了幾口。

「鹿泉有幸，今日遇到識家。老朽也覺光彩呢，哈，哈，哈！」

「請問老丈上姓？」板橋問道。

「賤姓賈。先生貴姓？」

「敝人姓鄭。」

「原來是鄭先生。」老者說完，低頭品茶，不再言語。

「老丈，在下常恨貴邑無山水之勝。想不到，在這小山之陽，松濤深處，竟有這『桃花源』勝境！」

「先生謬獎。敝鄉山低水淺，無勝境可言。唯有這松濤、竹影、清風、桐琴，日夕月昏，聊驅蟄居寂寞耳。」

板橋仔細端詳主人，像是一位告老的官吏。便問：「老丈莫非也是種豆南山的『五柳先生』[1]？」

「哪裡，哪裡！老朽並非是急流勇退的賢哲。乃是一生於林下，老於林下的躬耕農夫。」主人呷一口茶，慢慢說道：「老朽年少時，也經歷過十年寒窗、懸樑刺股之苦。不是老朽誇口，倘求功名利祿，唾手可得。然老朽生性散蕩，豈肯將這自由身去換一頂『阿堵物』。」老者把右手拇指、食指攏成一環兒，指指頭頂，露出一副鄙夷的神氣。「與其折彎腰杆去換『五斗米』，不如在此林壑之中，飲清泉、伴山風，落個一身乾淨。」

「老丈未誦出世之經，已懷出世之志。難能可貴，令人欽敬！」客人無限感慨起來。顯然，他從老者身上，似乎看到了他的老朋友，濰縣關帝廟主持恒徹上人的影子。於是，他欽敬地說道：「老丈一曲清琴，令人傾倒！不知老丈還有其他愛好嗎？」

「老朽身無長技，耕種之餘，唯與琴棋書畫為友。」

「難得，難得！」板橋以手拍案，不勝詫異。

正說著，小童端著方木盤，送來一大盤紅燒肉和一壺即墨老酒。那肉塊熱氣騰騰，濃香撲鼻。板橋一聞，就知道是他最愛吃的紅燒狗肉，不由驚訝地問道：

「老丈也喜歡吃狗肉嗎？」

「哈，哈，哈！」主人開懷大笑起來。「山珍海味，飛禽走獸，百味之中，此物最佳，焉有不愛之理？不過，春狗肉味膻，此乃去冬買回，藏入山間鹿泉邊冰窖之中，至今猶如新宰的

---

[1] 東晉陶淵明的別號。他辭去縣令，回山耘田，有「鋤豆南山下，草深豆苗稀」的詩句。

一般。先生既善辨此佳味，想必亦愛此佳饌。如蒙不棄，與老朽共用之，如何？」

板橋生性怪癖，百獸之中，最愛狗肉。在家鄉揚州興化時就是如此。剛來濰縣時，聽說濰縣有「四大名吃」：和樂麵、杠子頭、朝天鍋、燉驢肉。尤其是這燉驢肉，濰縣人竟把它捧上了天。說什麼：「天上的龍肉，地下的驢肉」，「吃了燉驢肉，多活十八秋」。他吃過濰縣的和樂麵，味道確實不同尋常。但「杠子頭火燒」，卻使他不敢妄加奉承：他這吃大米飯長大的人，吃起杠子頭來像啃鐵板，吃完了，肚子裡塞進了石塊一般，大半天唷唷喊喊不好受。那「朝天鍋」，宛如一張磨盤，不過放石磨的地方，換成了普通的鐵鍋。裡面煮的是「豬雜碎」下貨。煮爛切碎後，捲著單餅吃。雖然經濟實惠，吃來頓增暖意，但他覺得並無多少特色。

板橋每想到「朝天鍋」，就笑濰縣的買賣人會做勢：難道只有這「磨盤」中央的鍋「朝天」，別的鍋都朝著地嗎？好一個生意人的機靈！他也親自嘗過一次「賽龍肉」，去年秋天，有一次，他偕侄兒鄭田去到東關後門街一家著名的驢肉鋪，要了半斤燉驢肉，就著喝了半斤「老高粱」[②]。在回衙的路上，他跟鄭田說：「這『賽龍肉』雖佳，比燒狗肉差得遠。濰縣人舌頭鈍，竟謬贊驢肉！應該說：『天上的龍肉，地下的狗肉』才對。」

現在，面對這不期而遇、使人饞涎欲滴的紅燒狗肉，主人又熱情相邀，何況還有著這兩年

② 高粱燒酒。

已經喝上癮的即墨老酒，哪有不允之理?!於是，慨然答道：「既然老丈相邀，在下願分享佳醪香肉。」說罷，他呷了一口老酒，拾起筷子夾肉。二人相對，大嚼起來。飲酒間，板橋見草堂牆壁上，除了掛著一張古琴，一把佩劍，素淨光潔，竟無一字一畫點綴。便不解地問道：

「老丈既愛書畫，為何尊居壁上無一懸掛？莫非珍奇、墨寶，盡皆蘊櫝而藏諸？」

「咳！」老者搖頭歎息起來，「一幅聊可補壁之作尚不可得，何言珍藏？」

「古今名家如林，難道無一人筆墨，可供老丈雅賞？」板橋分明不解。

「得俗品十車易，得佳品一幅難啊！」主人長歎一聲，面露憂戚之色。「老朽先前藏得十數幅古人墨寶。奈何八年前，祝融暴殄[③]，盡化為灰燼矣!至於時人筆墨，恕老朽狂言，至今未見一幅差強人意者！」

「徐青藤、石濤、朱耷、金農諸家筆墨，老丈也作如是觀嗎？」板橋說出了他喜愛的幾位明清名畫家。

「諸家筆墨，傳世雖多，然多屬平庸之作，不唯絕無神品、佳品，能品亦不多……」

「那就難了！」板橋搖頭歎息，他對主人的苛求，很不以為然。

主人瞟客人一眼，緩慢說道：「聽說，現任濰縣知縣鄭板橋，墨竹、六分半書，頗不俗。然而，傳聞而已，未得親見。不知是以訛傳訛呢，還是真有造詣？」

「是啊，耳聞是虛，眼見是實。老丈，在下也愛塗鴉，我給你老人家塗抹幾幅，如相得

③遭受火災，祝融是傳說的火神。

中，即聊為補壁，如何？」顯然，老者的慨歎感動了書畫家。他想給這「識家」一點安慰，便來了個毛遂自薦。

主人一聽，立刻露出驚疑的神色：「這麼說，先生也善此道咯？」

「試試看嘛！」

「哎喲，怎好勞先生的大駕。也罷，既蒙老先生不棄，小老兒只得從命了。」老者感動地說道，「不過，莫慌，酒足了再動筆不遲。」

說話之間，喝完了酒。老者命童兒撤去盤盞，端來文房四寶。老者親自磨好墨，命童兒扯著紙。板橋略加思忖，便揮毫畫了起來。

不知是即墨老酒和紅燒狗肉給畫家注入了靈感，還是宣紙徽墨的香氣，對書法家產生了魅力。這位書畫大家，今天握起筆來，更覺精神倍增，得心應手。不一會兒工夫，就畫成了一幅《墨竹》中堂。然後又用他的「六分半」，寫了一副對聯：「唯有竹為君子伴，更無眾卉許同栽。」真是淋漓酣暢，一氣呵成。

老者靜靜坐在一旁觀看，不動聲色。板橋寫完，問他的「台甫」時，他才說道：「賤字甫堂。」

板橋覺得這名字很熟悉，想了一想，問道：

「喲！老丈竟與本城富商陳瑜利——陳甫堂同名！」

「哈哈哈！」老者朗朗大笑，「世上同名同姓的人，比比皆是。只怕老朽已經成年，那位陳甫堂還未出生吧？況且涇渭同流，顏色判然，清者自清，濁者自濁。管他富商、財主！陳甫堂享福，賈甫堂受窮，兩不相干呢——對吧，老先生？」老者說罷，又大笑起來。

「說的也是。」板橋點點頭，一面提筆在對聯上，寫了上下款：「甫堂先生方家雅正。板橋鄭燮敬書。」

賈甫堂一看到客人的落款，忽然露出大驚的樣子，長揖到地，誠惶誠恐地說道：「哎呀呀！原來是父母官大駕光臨！老朽有眼不識泰山。慢待，慢待！恕罪，恕罪！」

「哪裡話，哪裡話。我還得多謝你的雅琴跟老酒、狗肉呢。打擾了，再會。」

板橋說罷，拱手施禮，出門而去。走了很遠，還聽老者在背後高喊：「多謝鄭大老爺賞字畫！」

痛飲即墨老酒，大啖紅燒狗肉！

板橋哪會料到，在荒山野林能得到如此享受。好一頓牙祭！難怪他要立即報答：抖擻精神，又寫又畫。直到走在返城的路上，他依然沉浸在醇醪美味之中。一面哼著自度的曲兒，一面得意今天的「奇緣」。他怎會想到，就在他發揚「君子之風」的同時，已經穩穩地落入了小人的圈套！

不過，一旦得知被騙，竟也如法炮製使出「騙術」，讓奸人乖乖落入自己的圈套……

禮尚往來懲狡奸

游罷南山歸來，剛剛過去十幾天，板橋就聽說，濰縣著名古董商陳瑜利的客廳裡，懸上了他的新作。這使他十分驚詫和不解。

吃早飯的時候，他向侄兒鄭田問道：

「阿田，那老鑽錢眼的，多次求字、求畫，都讓我擋了回去。我的字畫怎麼會落到他的手裡呢？你聽到過什麼風聲嗎？」

鄭田是鄭板橋收養的一個同族孤兒，當年他年方六歲。十多年來，不論族叔在揚州賣畫，還是外出做官，始終將他帶在身邊，像對待親生兒子一般，加以撫育和教誨。他也像對待親生父親那樣，悉心照料著叔父的生活，關心著叔父的一切。叔父現在問的事情，他早就從縣衙師爺那裡聽到了根底。只是怕叔父生氣，不願說出。現在聽到叔父發問，實在不知如何回答。可是經不住叔父一再催促，只得吶吶地答道：

「是……阿叔……親自送上門去的。」

「哪有此事？」

「十天前，阿叔到南山出遊……」

「翹辮子的！」板橋恍然大悟。他噔地從椅子上站起來，盯著侄兒問道：「這麼說，那賈甫堂是個騙子啦？」

「阿叔，那人不是賈甫堂——」

「什麼？他是誰？」

「……是陳瑜利的兒女親家，名叫白端，諸城人，聽說還是個告老翰林呢。」

「怪不得！」板橋揮拳猛擂桌子。「當時他說是『躬耕農夫』，我就犯疑。果然……咳，我只顧喝老酒、吃狗肉，可我的心卻讓狗吃了！」板橋又氣呼呼地問道：「阿田，那老泥鰍怎麼會料到我要去南山？又怎麼會料到我會上當呢？」

「阿叔，這也不難。」鄭田苦澀地一笑，「那陳瑜利摸透了阿叔的脾性，便租了一位隱居老者的茅舍，然後請來白親家，耐心地等候在那裡，果然便把你老人家等去啦。」

「不知外面對此事作何議論？」板橋又坐了下去。

鄭田吭吭哧哧地答道：「阿叔，別管那些，有什麼好聽的！」

「不，難聽也要聽！本來是咱家荒唐嘛，你快說給我聽！」

「人家說，阿叔太怪，重金求字畫不答應；一頓老酒、狗肉，灌得暈頭轉向，不但不求而寫，還請『甫堂先生方家雅正』呢！」

「這伢崽，為何不早說？」

「何必找閒氣生，阿叔。」

「不，人家罵得對！」板橋忽然自語似地說道，「大意中奸計，貪饞上大當——我後悔莫及！可是，那廝怎麼會知道我特別喜歡紅燒狗肉與即墨老酒呢？」

「阿叔，您老人家常說：處心積慮，無所不及，他們下了功夫，戲又做得那麼像，誰碰上也得上當！」

說起狗肉老酒，板橋本來有著甜蜜的回憶，此時，心裡反倒有一種說不出的味道。

板橋生平耽酒。早在青年時期，每次與詩朋畫友相聚，談詩論畫，披陳時事，話機漸投，乾杯恨少。不放量，自己也能飲一斤多老高粱。他把「日日紅橋鬥酒卮」，看成是賞心樂事。他曾調侃地對朋友說：「寧可食無肉，不可杯無酒；寧可杯無酒，不可居無竹。」足見，他把杯中物看得比吃飯都要緊。可是，他一生清貧，囊中常常缺少酒錢，有時不得不當了筆硯，換個一醉方休。所以他很少飲名酒，一壺普通高粱老燒，足以使他飄然欲仙。

五十歲後，任山東范縣縣令時，有一次下鄉私訪，一位熱情的老鄉請他吃了一頓紅燒狗肉。從此，他愛上了狗肉，非此佳味佐酒，不足以一醉。不久，因批閱歷年積案熬夜太多，加之上了年歲，不幸害了眼疾，酒喝得一多，眼疾便加重。「酒氣攻肺，肺火傷目」——大夫一再勸他戒酒。他當面唯唯應著，轉身忘在腦後。無奈，有如夫人饒氏的嚴厲「監管」，他的酒壺便常常空著肚子。酒癮一來，他只得低聲下氣地懇求：「我的少奶奶，再寬恕一次——賞給在下二兩吧！」酒量一減，他的眼疾果然減輕不少。

調署濰縣後，有一次，他到南花園指導園主人郭質亭作畫。主人中午留飯，老僕端來一錫壺熱酒。郭質亭篩滿細瓷杯，請師傅品嘗。板橋仔細一看，這酒竟從未見過：色似紹興黃酒，但比紹興酒更加濃豔；光如琥珀，清香四溢。輕啜一口，細細品味，清香甘美，醇厚如飴。一杯入肚，自喉至腹，無比舒泰，彷彿飲了瓊漿玉液一般。板橋驚奇地問道：

「質亭，這是何泉名釀，竟如此不同凡響？一杯人口，便讓人流連得難以釋杯！我這『酒鬼』一生嗜酒，為何不識這佳醪呢？」

郭質亭得意地告訴他道：「此酒名叫即墨老酒，產於東嶗之陰，墨水河畔。所用原料，只有黍米、麥麴兩種。但因獨佔嶗山甘泉之惠，加之歷史悠久，技藝超絕，別處只能學得皮毛，學不去真髓。所以，至今無任何米酒出其右！」郭質亭指著泛著紫玉光輝的杯中酒，繼續說道：「老師請看：這酒不但色、香、味獨具一格；而且酒力平和，飲之通體舒泰，老幼婦孺咸宜。入藥可舒筋活血、壯骨滋陽，常飲則健身益智，祛病延年。連婦女經脈不調，孕婦產後大虛，都必須以此酒做藥引呢！」

「怪不得一嘗便被折服，可惜今日方得識荊！」板橋遺憾地感歎。「此酒堪稱齊魯一寶！質亭，價錢一定很昂貴吧？」

郭質亭搖頭答道：「比高粱老燒還便宜——每斤不過四兩陳麴的價錢。」

「阿唷喂！」板橋驚呼起來。「質優而不索高價！看來，即墨人比你們濰縣人……」礙著學生是濰縣人，他把後面的話岔開去，舉杯說道：「今日如不一醉方休，實在愧對此寶物，來，乾！」

那天，板橋果然喝了個酩酊大醉。

從此以後，他再也不飲老高粱，總是以即墨老酒解饞。可是，這嗜好怎麼會被古董商刺探了去呢？想到這裡，他忿忿說道：

「唉，我上了饞酒的大當！從今天起，我要『戒酒三春』！」

鄭田知道叔父說氣話，搖頭道：

「阿叔，戒酒倒不必。往後跟人來往，多多留心提防就是啦。」

「不！」板橋站起來，慍怒地在地上走著。「沒有那麼便宜。准買，准要，豈可行騙！我決不能讓奸人得計！」

「阿叔——」

板橋不耐煩地搖手：「你別說啦！」

第二天，鄭板橋一反微服出行的習慣，坐上官轎，在侍從衙役的護衛下，來到了陳宅。門上通報進去，陳瑜利慌忙把客人迎進客廳，恭恭敬敬地施禮，讓座，寒暄，獻茶。

縣大爺的突然駕臨，使得古董商丈二金剛一時摸不著頭腦。先前，他多次秉帖相邀，都吃了閉門羹；重金求畫，橫遭拒絕。他為濰縣西南鄉做一件法事，祈祈雨，不過從中賺了點銀子，竟被他傳到衙門，譏諷、訓斥了一通。今天，這怪種不請自至，分明是黃鼠狼給雞拜年——沒安好心腸！想到這裡，他一眼瞥見正北牆上新懸上的《墨竹》和對聯，不由得一驚，心頭怦怦跳了起來。難道他是為此事而來？咳，悔不該把這心辣手狠、無情無義的怪貨往大客廳裡請，要是請到了書房，一來顯得親切；二來，看不到他的字畫呀……

正在這時，縣太爺開了口。他指著壁上的字畫問道：「陳先生，我贈賈甫堂老人的字畫，為何掛到了尊府的客廳裡呢？」

「老爺有所不知，」古董商站起來諂媚地笑著，躬身回答：「他是小人的親戚。小人愛老爺的字畫如饑似渴，所以先借來懸掛幾天，以解久慕之情……」

「怎麼，賈甫堂竟是陳先生的親戚？」

「嗯，是的。」

「那麼，那個『白端』又是你的什麼人呢？」

陳瑜利一聽，不由一顫。他瞥一眼不速之客冷冷的微笑和嚴峻的目光，右眉聳了聳，極力鎮靜地答道：「嘻嘻，老爺，白端就是——甫堂。」

「怪哉！」縣太爺高聲反問，「既是一人，為何既姓白又姓賈？」

陳瑜利一聽，四方臉唰地紅到脖根。他以掌撫胸，俯身低頭，惶恐地答道：「鄭老爺，小人實不相瞞，因小人渴慕老爺的墨寶太甚，萬不得已，才出此下策……」

「於是就定下『狗肉計』，進行誆騙。是吧？」板橋怒目而視。

陳瑜利一看縣太爺發了怒，「撲」地跪在地下，懇求道：「小人糊塗——萬望老爺恕罪！」

「起來，起來。」等陳瑜利站起來，板橋拈鬚笑著說道：「其實，這也怨不得你陳先生。常言道『吃人的嘴短，拿人的手短』——我吃了你們的狗肉、老酒，回贈張把字畫，也算得是禮尚往來嘛！」

陳瑜利一聽，如釋重負。滿面堆笑答道：「老爺如此體恤小人，真乃三生有幸。既蒙鄭老爺屈臨，還求賞光，略飲幾杯小人的賠罪酒。」

「一之為甚，焉敢再受其惠！」板橋說著，從袖中摸出一個用竹根雕成的小印盒，搖搖說道：「那天去南山，未料到要寫字作畫，未曾帶圖章。書畫無印，如眼目無珠。今日特來將印章補上，使之綠葉扶花，白雪映翠，相得益彰。快快取下來，我加上圖章！」

陳瑜利原認為「怪貨」是來尋釁作梗，像上次他仗劍作法後所遭到的申斥那樣。不料，今天「怪貨」變成了「乖貨」，不僅不責罰，反而要親手將圖章補上，這真是求之不得的美事。他樂得鼻子眼睛一齊笑，顧不得呼奴喚僕，五十多歲的人了，輕捷得像後生小子一般，跨步踏上太師椅，一腳邁上紫檀八仙桌，親自將中堂和對聯摘下，恭恭敬敬遞到縣太爺手中。板橋一一接過，疊放在面前方桌上。沒等古董商從桌子上下來，他就一把抄起來，「哧，哧」幾下，撕了個粉碎！

陳瑜利驚得差點從桌子上栽下來。暴怒，竟使一向謙恭的古董商，頓時失去了自制，他噔地跳下地，氣喘吁吁地吼了起來：「哼！身為一縣之宰，竟……竟來坑騙人！」

板橋哈哈大笑道：「陳先生，你急什麼？來而不往非禮也，你騙得來，我再騙回去。此乃禮尚往來嘛，何必如此動怒？況且，我撕的是賈甫堂的東西，與老先生何干？哈……再會！」

板橋一面大笑著，向主人拱拱手，大步向外走去。來到大門外，鑽進轎子，回衙去了。

「鄭瘋子，你，你不得好死！」陳瑜利追到大門外，指著遠去的轎子，破口大罵。

回到縣衙，板橋跟侄子說道：「阿田，那老泥鰍果然未料到我會來武的，乖乖地把畫送到了我手上呢。嘿，三下五除二，我就讓那三幅字畫，變成了紙蝴蝶！以其人之道，還治其人之身——痛快，痛快！哈……」

「阿叔，痛快是真痛快……可是有一點……」

「不文雅，是吧？」他見侄兒會意的一笑，又說道：「往後呀，不摸准底細，休想得到我的隻字、點墨——免得再上馱錢驢的當！」

「對呢，阿叔——小心強似懊悔。」

以牙還牙，以騙制騙！板橋的「禮尚往來」之計，雖然欠文雅，有失士大夫溫柔惇厚之道，但他對這種「對症下藥」的「妙方」，依然很得意，絲毫不顧忌人們的議論。

濰縣東關有個于木匠，臨摹板橋的字很到家，並且明售暗賣，大發其財。板橋對這位脫下短衫、換上長袍的巧木匠所使用的手段，竟惇厚得不能再惇厚。知道內情的人都頗感不平。

又刻薄，又惇厚——鄭板橋是一個矛盾的混合體！

魯班門下魚幻龍

陳瑜利被懲罰不久，又發生了一件奇事。

有一天，鄭田出外購物，歸來跟板橋說：

「阿叔，東關大街寶華堂古玩店裡，掛著你老人家的一幅畫呢。」

板橋正在寫字，扔下筆問道：「什麼畫？」

「一幅《風竹》，要價六兩銀子。」

「咦，我的畫，怎會進了古玩店呢？」

「我想了好久，也記不起是怎麼回事。」

「阿田，你看明白了，真是我畫的？」

「嗯吶。落款，印章，清清楚楚是阿叔的——半點不錯。」

板橋皺眉想了一陣子，忽然站起來吩咐道：「快幫我換上便裝，我去看個究竟！」

鄭板橋剛邁進寶華堂的門檻，一眼就瞥見自己的作品赫然懸在店鋪的東牆之上。上面清清楚楚寫著「板橋鄭燮」的下款，兩方朱印是「丙辰進士」、「七品官耳」。近前仔細打量一番，原來是一件贗品。他回頭向殷勤端茶敬客的老闆，不動聲色地問道：

「掌櫃的，這真是鄭板橋的畫嗎？」

「嗐！看你先生說的！板橋真跡誰還敢假冒！」老闆的態度十分嚴肅。

「但不知要價多少？」

老闆伸出右手的拇指和小指搖一搖：「六兩。不瞞老先生，小店購進時，即花了五兩半呢。」

「噢，原來是薄利多銷呀！」板橋點點頭，「但不知，除了這張《風竹》，寶號還有他的墨蘭沒有？」

老闆分明未聽出板橋的弦外之音。他朝著客人端詳了好一陣子，然後問道：「先生，真的想買鄭板橋的墨蘭？」

「是呀，敝人是專程為此而來的。」

「也許小店能購到。不過，得等些日子。」

板橋笑咪咪地問：「要等多久呢？」

「難說。」老闆看到客人露出了失望的表情，立刻又補充道：「不過，如果先生急於到手，小店多方搜求一下。也許，只需三五天就可到貨。」

「噢，那就請掌櫃的多幫忙啦。」板橋拱手告辭。

回到縣衙門，板橋徑直來到刑房，跟典史蒯弼說了寶華堂賣假畫的事。不料，部下告訴他，本城不少紳士的家裡都掛上了他的「真跡」。

「啊！他們竟造出這麼多的假貨？」板橋被這消息驚得喊了起來。

「不都是假冒，也有真的……」

「怎麼會呢？」

「老爺，你給趙舉人寫的中堂《竹石》，眼下就在本城富商丁得天手裡。」

「這是從何說起？」板橋一跺腳，在地上轉圈圈。「那姓趙的不是酷愛書畫嗎？」

蒯弼慢慢說道：「聽說，丁得天好不容易買到兩個字，在書房裡掛了大半年，才知道你是罵他，便摘下來燒了。後來，千方百計把趙舉人的畫弄到了手。喂，老爺，不知你給丁得天寫了兩個什麼字？」

「齋讀。」

蒯弼伸出長手指一面在桌子上寫著，一面說道：「『齋讀』——怎麼會是罵他呢？」

「嘿，你這機靈人，怎麼跟孔凡仁老夫子一樣，也糊塗起來了？」板橋走近桌前，用食指蘸著茶水寫出「齋讀」兩個字，指著說：「你看這兩個字！倘若拆開來，『齋』字成了『齊小』，『讀』字成了『賣言』——『齊小賣言（鹽）』。」

「噢！」蒯弼恍然大悟，「齊國小子賣鹹鹽——嘿，老爺，你罵的正對茬口呢！」

「喂，輔之，別盡扯閒話。你說說，丁得天是怎麼把我的字弄到手的？」

「這倒不詳細。」

鄭板橋記得，去年秋天有個叫趙瑤的舉人「登門求教」，並獻上一幅中堂，請他「指教」。字寫得雖有功力，卻是循規蹈矩的所謂「館閣體」。板橋雖不喜歡，但盛情難卻，只得畫了一幅《竹石》回贈。這姓趙的是專為行騙而來，還是貪利懼勢，把畫出讓了呢？一時間，板橋掉進了悶葫蘆。

沉思有頃，板橋叫著蒯弼的表字，說道：「輔之，你是濰縣人，人緣熟。麻煩你抽空查訪一下，那些贗品，到底是誰炮製的？」

「好吧，老爺，這容易。」

蒯弼果然不負所托。三天後，他來到上司面前，從懷裡掏出一張四尺宣，展開來，指著說道：「老爺請看，你的『真跡』。」

這是一副散發著濃烈松煙香氣的對聯。剛剛寫出不久，不僅未拓裱，也未裁開。寫的是：

慧裡聰明長奮躍，

靜中滋味有甜腴。

板橋端詳一會兒，方才記起來，有一次在郭家南花園吃酒，曾為一位新結識的詩友寫過此聯，不想被人模仿得如此酷肖。便問道：「輔之，不知這是哪位高手的『傑作』？」

蒯弼苦笑道：「老爺絕想不到，寫字的人竟是一個木匠。」

「什麼？木匠！乖乖，他不去規規矩矩地削木為器，卻來東施效顰造假貨——好一個魯班門下！」

「老爺，聽說寶華堂的贗品貨，大部分出自此人之手。」

「怪不得！顧主一開口需要什麼，那掌櫃立刻便能『搜求』到什麼呢。混帳東西！」

自從鄭板橋來到濰縣任所，他的字畫在社會上流傳的多了起來，便給「效顰」的人提供了方便。不少人學得很到家，幾乎到了亂真的程度。這位木匠就是其中的一把高手。此人姓于名化龍，濰縣東關人氏。他雖然只讀過三年書，卻有著超人的聰明與才氣。他會寫能畫，精雕善刻。臨摹板橋的字，雖然用了不到二年的工夫，卻輕鬆地把財神爺招回了家。近一年來，他的「板橋體」源源進了古玩店。白花花的銀子也就「嘩啦啦」流進了他的錢櫃裡。這細木匠，半生賣大力，一朝中年轉運，立刻雇上五個夥計，開起了「中興」木鋪。他自己則脫下短衫，換上長袍；粗布褡膊，換成羅帶，手捧水煙袋，做起了甩手掌櫃……

蒯弼還未說完，板橋便狠狠地罵了起來：

「真是無邪心不發橫財。好一個會鑽錢眼的木匠！不過，花真錢，買假貨——假斯文上那木匠的當，也屬活該！」他在地上快步走了兩圈，站下來瞅著部下問道：「蒯典史，這于化龍在咱家的眼皮底下，如此毫無顧忌，也太放肆了一點兒。是否該叫他適可而止呢？」

「當然。」蒯弼胸有成竹地答道，「卑職馬上傳信給他：再不洗手，縣太爺對他不客氣！」

「嗬呵，使出衙門口的威風來啦！」板橋跟這位得力的屬員，熟稔得已經不拘形跡。「輔之，我這『大老爺』的威風，只可用在治國安民、掌刑理財上，區區一個造假字的可憐蟲，焉用亮那大招牌！」

「那……」

「當初你不是跟我說，『東關于，不含糊』嗎？那尖腦殼，一旦鑽進錢眼兒，嘗到了甜頭，豈肯輕易縮回！明裡不准他搞，他會暗地搗鬼。所以，必須想個萬全之策。」

「可也是呢。」部下被板橋說服了。

轉眼到了菊華耀金、秋風送爽的季節。板橋想要制止于木匠造假貨的「妥善之計」，仍像大旱之年盼雨信，望眼欲穿，卻不見蹤影。

有一天，板橋的好朋友，南花園主人郭偉業，派僕人前來送請帖，邀板橋於次日赴南花園參加菊花詩社。剛看罷請帖，板橋頓覺計上心頭。便對老僕說道：

「老人家，回去告訴質亭先生，務必加送一份請帖，給東關中興木鋪老闆于化龍——我想會會他。」

老僕回去一稟報，郭偉業雖不理解縣太爺為啥要會于木匠，還是遵囑照辦了。

大紅飛金請帖當天便送到了于化龍的手裡。于掌櫃放下白銅水煙袋，拿起請帖，一面仔細端詳，兩手不由得微微顫抖起來，而且越抖越緊。那用楷書工整寫著「賞菊賦詩，敬候光臨」的請帖拿在手裡，像握著一塊通體是尖刺的木疙瘩，刺得他從手掌痛到心窩。他恨不得立刻把那撈什子扔進骨膠爐裡，燒成灰燼。俺爺喂！這是哪兒刮來的風？俺跟郭偉業素無交往，莫說請俺入詩社，就是他的南花園，也不是俺于木匠落腳的地方呀！這是咋回事呀？

抓了半天後腦勺，于木匠忽然記起，曾聽人說過，郭偉業是鄭板橋的莫逆之交。莫不是那事露了餡？俺娘喂，那可是兔子掉進井裡——碰上了難爬的坡。哼！南花園去不得！

心裡揣著鬼，于化龍的眼睛卻擦上了油。他失眠了。

咕嚕嚕，咕嚕嚕，水煙一袋接一袋地抽，卻拿不定個准主意：赴請吧，連舉人、監生落到鄭板橋手裡都毫不留情，怎能輕饒了俺一個小木匠！不去吧，逃了初一，逃不了十五！反正在他的治下，他什麼時候高興，隨時都能下笊籬！咳，悔不該性子太急，讓那怪物捉住了把柄……

于化龍越想越怕，大睜著眼，迎來了天光大亮。嗓子眼被水煙嗆得苦辣乾澀，像塞上了一根粗榫頭，堵得透不過氣。吃早飯時，婆娘把他最愛吃的「拉塌餅」①捲雞蛋，遞到他手裡。他歎口氣，隨手放進飯盤裡。看看日頭升上東南，只得胡亂洗把臉，脫下長袍馬褂，換上破舊短衫褲，向著郭家南花園，一步一挨地挪去……

「豁上這百十斤——盡那王八蛋留吧！」走在路上，他下了狠心。

不料，滿面春風的鄭板橋和園主人郭偉業早已等候在南花園的大門外。心裡撲騰騰不住跳著的于化龍一到，板橋上前又是寒暄，又是施禮。然後扯著于木匠的手，把他領進了疊翠峰右側的來風軒。

「這位是于化龍先生，本城有名的書法家。」郭偉業指著于化龍向七八位客人一一作了介紹，然後殷勤讓座。于木匠只得勉強虛坐在太師椅上。

僕人獻茶之後，板橋拱手向于化龍說道：

「板橋久仰于先生大名，今日幸會。老夫有一事相求，于先生萬勿推辭。」

于化龍的黑臉上一陣陣泛白，慌忙站起來答道：「不敢，鄭大老爺有何吩咐，小人一定遵命。」

① 濰縣人常做一種雙層單餅作主食。

板橋拱手說道：「今日乃是菊花詩社，少不得要題詩寫字，我想先煩于先生寫副對聯。」

「于先生」一聽，不由得一抖，結結巴巴地答道：「大，大老爺，小人……哪裡……會寫字呀！小人只是，只是個木匠，要說會……只會拉鋸、推刨子。」

「咦，何必多謙呢。你于先生的『六分半書』，誰人不知，遠在老鄭之上。」

「就是呢，」一位客人在一旁插話道。「俺們就曾經拜賞過于掌櫃的墨寶呢！」

「于老闆，你就亮一亮絕招吧！」另一位客人又補了一句。

「別呀，別呀！老爺……」于化龍腦袋搖得像貨郎鼓兒，恨不得一頭鑽進地縫兒裡。

「于掌櫃，你放心。」板橋狡黠地一笑。一面站起來走向臨窗的書案，一面催促道：「放心吧，我出的潤筆，絕不會低於貴邑寶華堂一絲一毫。請吧！」

于化龍無奈，只得近前來，右手嗦嗦顫著，接過縣太爺遞過的毛筆，心一橫，問道：「寫什麼？請老爺吩咐。」

「用『六分半書』，寫對聯。」板橋面無表情地回答，「上聯是：小潭歡魷魚；下聯是：大澤化雲龍。」

板橋見于化龍仍在愣著，知道他未聽清對聯的內容，便扯過一張紙，在上面將對聯寫出。然後指著說道：「于先生，這對聯的意思諒你這大寫家一看便明白：小潭中善布墨陣的『魷魚』[②]，有朝一日會變成駕雲升天的『蒼龍』呢！」

② 烏賊。

于木匠嘴上唯唯應著，只得拿出精神寫對聯。他哪裡想得到鄭板橋是在罵他。單是那個「魷」字，過去壓根不認識，更不知那是「烏賊」的別稱！

于化龍的「六分半書」，今番走了帖。他戰戰兢兢寫罷，放下筆，額上已經滲出一片汗珠子。

「寫得好，好！」板橋指著四不像的「六分半」，嚷了起來。「于掌櫃的字，果然遠出老鄭之右，咱家情願磕頭拜師！」

他一面誇獎，一面伏身打了一躬。直起腰，伸手到懷中摸出一塊銀子，放到于化龍面前，說道：「老鄭的『潤格』是：『大幅六兩，中幅四兩，小幅二兩，條幅對聯一兩。』于掌櫃的字比老鄭寫得好，當然要加倍付『潤筆』咯。來，你這副對聯，我付二兩銀子！」

「別，別！鄭老爺，你老人家莫見怪。俺是學著玩的，哪敢收您老人家的銀子呀！不敢，俺真的不敢！」

「怎麼，已經是兩倍於老鄭的畫資啦，難道還嫌少？」板橋又摸出一塊銀子，放在于化龍面前。

「哪能，哪能！老爺。俺收下這二兩就是造孽啦，焉敢再……」假板橋不知真板橋葫蘆裡賣的什麼藥，雙手捧著銀子，不敢往懷裡揣。

「于掌櫃何必不安──賣的是自家的字，亮出來的，也是自家的招牌──公平交易，兩廂情願，有啥不好意思的！」板橋盯著于化龍的眼睛，忽然話頭一轉：「不過，我來貴縣已經快三年了，怎麼一次也沒見到你老先生署名的大筆呢？是謙遜太過，還是名利之心太淡呢？」

「嗯，是是是。」于化龍像光著屁股坐在棕墊上，坐也不是，站也不是，所答非所問地哼唧著。

「嗐！拿『六分半』換銀子，不比一天到晚啃木頭省力氣！」

「身懷絕技，祕而不宣——難道你于掌櫃連銀子也不稀罕？」

客人們七嘴八舌，半勸半諷。

「是，是是。」于掌櫃站起來，向縣太爺躬身施禮：「大老爺，小人，活，活計太忙。我想，先行一步。老爺你看……」一面說著，于木匠兩腳往外挪，想趕快溜掉。

「咦，詩社尚未開場，于老闆便想退席，豈不抹盡諸位面子？」

「老爺，別，小人不會，實在不會作詩。您老人家開恩，就讓小人先回吧。」

「縣尊，于掌櫃是生意人，莫耽誤他賺錢，讓他先行一步也好」主人郭偉業出來打圓場。

「好吧，既然作詩比不得賺錢，就不打擾于掌櫃啦——請吧！」板橋笑咪咪地做出送客的姿勢。

一看縣太爺准了情，于化龍像遇赦的囚犯，連連打躬作揖：「謝大老爺，謝眾位老爺！謝，謝，謝謝！」

于化龍嘴裡喊著「謝謝」，轉身溜出了來風軒。走出不遠，他便聽到背後傳來一陣響亮的笑聲。

魷魚化龍的「魯班門下」，三步兩步跑出南花園，腳底抹油，一口氣跑回家。他走近倚門張望的婆娘，低聲耳語道：

「根兒他娘，放心吧——不但沒動咱一根毫毛；那怪種，還倒貼了二兩銀子呢。嘻嘻！」

于化龍進屋落了座，接過婆娘遞過來的水煙袋，「咕嚕嚕」抽了好一陣子，忽然「撲哧」笑出聲來：「咿，那老鄭隻字不提俺賣假字的事，還當眾捧俺——原來他是想叫俺不再冒他的臭名呀！好一隻奸狐狸！」于化龍覺得倒像是自己受了鄭板橋的騙。他使出濰縣人「無理罵三晌，有理罵破天」的本領，潑罵起來。「哼，俺是一條駕雲降雨的龍，豈能由他擺布。呸！不是看他在眾人面前識相，一口一個『先生』、『掌櫃』地叫著，俺才不理那王八蛋呢。再說，往後俺于某的字，興許比他鄭板橋的真跡還值錢呢，誰稀罕再冒他的臭名，做那『假板橋』？呸！」

「呵！聽說了嗎？鄭板橋花兩葉子[③]的錢，向于木匠求字呢。」街頭巷尾，人們紛紛議論。

「那于木匠的字真有那麼好？」有人在懷疑。

「差不了。要不然，鄭老爺會那麼傻？低三下四的，捧著銀子哀求他！」

「嗐！愛『六分半』書的快去求吧，不然，那木匠的字，准會漲價的！」

濰縣真是塊「風水寶地」，不僅出富豪大戶，也出「才子」。一夜之間，從天上掉下個大才子——著名書法家于化龍！魷魚果然「化龍」了！

當初，于木匠靠「板橋體」的神力變成了「于掌櫃」，如今，又靠板橋的二兩銀子從「假板橋」變成了真「化龍」。

③濰縣方言，兩倍。

「大澤魚化龍」！于掌櫃來了好運氣。

鄭板橋的「萬全之計」反倒成全了于化龍。他本想挖苦一下造假貨的魯班門下，不料，挖苦變成了幫忙——于化龍從此成了一條真「龍」！他的字，若干年後都是搶手貨。由於他學「板橋體」到了亂真的地步，讓濰縣人吃盡了苦頭——不知多少人花真錢買了假貨。直到今天，人們一見板橋的字，總是先要問一聲「是不是于木匠寫的」？以免再上當。

破裘能補不畏寒

又大又輕的雪花，似團團柳絮，飄忽忽，輕悠悠，自空中灑落。彷彿對行將結束的、在空曠天宇的遨遊依依不捨。

鄭板橋倒袖著雙手，站在縣衙簽押房門前，久久地望著漫天飛舞的大雪。

大雪自中午下起，到申牌時分，地上已積起五六寸深。瑞雪兆豐年。入冬以來，雪水調勻，明年的收成肯定錯不了。不過，雪欺饑寒人。那些終日在外謀生的人，一旦被大雪封閉在家中動彈不得，只怕要餓肚子了。此刻，白浪河河灘上那些淺淺的水氹子，大概早被大雪掩蓋得無影無蹤了……

驀地，板橋想到了那個靠到河灘上挑水謀生的韓夢周。板橋內心頗感愧疚。去年春天，他就從開明士紳郭偉業那裡聽到了韓夢周的不幸遭遇。一直想去拜訪，總因公務繁忙而耽擱下來。他深悔自己粗疏和冷漠。倘使時刻記在心，公務再忙，也會擠出一點時間的。何況，那後生白天外出謀生，只有在晚上才能找到，並不需耽誤白天的公務……

板橋決定立即前去拜訪韓夢周。

侄兒鄭田聽說叔父要冒雪外出，吃了一驚，一再懇求等到雪停天晴再去。不料，竟遭到板橋的訓斥：

「田兒，咱們一身飽暖，人家呢？朝不慮夕呀！難道一點點兒雪，就會翹辮子？雪天路明，用不著燈籠，找根木棍我拄著，既可防滑，又能打狗。走！」

韓夢周家住城東草廟子村，離縣衙不過三里之遙。但因雪深難行，板橋叔侄二人走了足足有半個多時辰，方才走進那個只有十多戶人家的小村。村頭寂寂無人。進村不遠，聽到一陣朗朗的讀書聲。聲音從一個破敗的院落傳出，走到門前，板橋從開裂的門縫中向裡觀看。屋簷下坐著一個後生，正在映雪讀書。側耳細聽，抑揚頓挫地念著的是蘇軾的《晁錯論》。

板橋在門上輕輕敲了敲。後生立刻停止了吟誦，愣了一下，走近來開了門。

「請問小兄弟，韓夢周住在哪裡？」板橋和氣地問道。

「我就是韓夢周。先生，你……」

「我們是來看望你們母子的。」

「啊……」

沒等對方禮讓，板橋便徑直向屋內走去。

屋裡沒有點燈。韓夢周拿起火鐮取火，可能因為手凍僵了，乒乓打了一陣子，仍未打燃火媒子。鄭田接過來，不幾下便打燃了。一點上燈，周圍頓時明亮起來。

四壁幽暗，除了幾件破舊的傢俱，屋內空空如也。一位面容憔悴的中年婦女盤腿坐在炕上。她一隻手停在紡車搖把上，愣愣地望著兩個不速之客。

板橋斜坐在炕沿上，關切地問道：「大妹子，家裡的日子，還能——支持？」

「先生，這是命，是命呵！」女人眼裡滾動著淚光，咬著下唇，不再說下去。板橋又催促了一遍，她才哽哽咽咽說出了家庭的遭遇……

韓夢周現年十五歲。五歲那年，父親蒙冤死在縣令任上，靠寡母日夜紡織撫養成人。母親見兒子生得聰明懂事，咬咬牙，變賣了出嫁時的衣服首飾，供他念了五年書。等到家裡能夠換錢的東西已經賣光，一輛紡車又搖不出填飽兩張嘴的「粑穀」①，更不要說兒子的書筆錢和老師的束脩②了。母親咬咬牙，讓兒子輟學回家。從此，十三歲的少年，靠每天向店鋪賣水，掙幾文錢貼補家用。到了夜晚，便捧著父親遺下的經書，苦苦誦讀……

板橋低頭端詳身材矮小的韓夢周，只見他臉色瘦削枯黃，一雙明亮的大眼睛，正閃動著淚花。板橋長歎一聲，思緒飛向了遙遠的過去……

「我生三歲我母無，叮嚀難割繈中孤。登床索乳抱母臥，不知母歿還相呼！」板橋三歲喪母的慘景，歷歷如在眼前。多虧乳母費氏的無私照料，才沒有凍餓而死。父親立庵先生是一名窮塾師，舌耕得來的微薄收入，難以支撐大家庭的開銷。灶下糧斷，逼債的卻不間斷：「嬖下荒涼告絕薪，門前剝啄來催債！」幼小板橋吃不飽肚子，常常向繼母郝氏發脾氣。等到父親去世，家庭生活的擔子全部落到了自己的肩上，依然是債臺高築，窘困難解。三個孩子餓得啼

① 濰縣方言：窩窩頭。
② 教師的薪水。

哭，他竟抄起竹篾抽打不止！直到南京鄉試中了舉人，仍然借湊不起進京應考的盤纏。實在無路可去啦，除夕前一天，只得向興化縣令汪芳藻獻詩告窘迫：「瑣事貧家日萬端，破裘雖補不禁寒。瓶中白水供先祀，窗外梅花當早餐……」清廉重才的汪縣令被感動了，慨然贈給他二十兩銀子，才得以渡過年關，並解決了進京的盤纏。後來，倘若沒有素昧平生的歙縣人程羽宸，以一千兩銀子相贈，他要想娶回饒氏也不可能。「自遇西江程子駿，掃開寒霧到如今……」是啊，沒有這幾位仁心善施的好人相助，自己的一生，肯定將是另一個樣子……

想到這裡，板橋拍拍後生的肩頭說道：「夢周，你剛才所讀的《晁錯論》中，有這樣幾句：『古之立大事者，不惟有超世之才，亦必有堅韌不拔之志。昔禹治水，鑿龍門，決大河而放之於海。方其功之未成也，蓋亦有潰冒衝突可畏之患。惟能前知其當然，事至不懼而徐為之圖，是以得至於成功。』你能把這句話，講給我聽聽嗎？」

「這……」韓夢周的額頭上滲出了細汗珠，畏怯怯，像個背不出書怕打手心的小學生。他抬頭瞥見老人期待的目光，慢慢打消了疑懼。像小溪淙淙流水似地，錚錚鏦鏦講解起來。講得雖嫌膚淺，但論述十分清晰。

板橋聽罷，扭頭向韓母說道：「大妹子，夢周是個有出息的孩子，應該叫他念書呀！」

「先生，人人都說周兒伶俐，可……」

「大妹子，讓孩子讀書。學費由我出！」

「先生，那怎麼好！」

「咳，獎掖後進乃是讀書人的本分嘛。一言為定，明天就讓我侄兒給你們送銀子來。」

女人淚流滿面，慌忙從炕上爬下地，推推兒子說道：「還愣著呢——快給恩人磕頭！」

「謝謝大爺！」

後生撲通跪到地上，磕起了頭。板橋急忙將他拉起來，深情地說道：

「好孩子，用不著客氣。聖人說：『老吾老以及人之老，幼吾幼以及人之幼』。況且，為有出息的孩子操心，花幾個錢，比花在沒出息的孩子身上好得多。」停了一下，他又說道：

「夢周，你有文章嗎？拿出來讓我看看好嗎？」

後生點點頭，從抽屜裡摸出一個舊流水帳簿訂成的厚本子，雙手遞給板橋。板橋仔細看了兩篇，抬頭向夢周的母親說道：

「大妹子，從明天起，一定不要讓夢周挑水啦。明天下午，叫他到衙門找我，我要……」

「啊！縣衙門！」母子二人齊聲驚呼起來。

這時，鄭田插話道：「大嬸莫吃驚，這位就是咱濰縣的鄭老爺。」

「原來是鄭大老爺！」母子二人一齊跪了下去。

「咳，又不是上大堂打官司，不可如此！」板橋將作文簿交給侄子，親自攙起夢周母子，然後說道：「夢周，作文簿我帶回去仔細看看。明天下午你一定來，我給你批講文章。莫怕衙門難進，我會給門房打招呼的。」

「參見大老爺！」

第二天，韓夢周來到縣衙門，一見板橋便跪下磕頭。板橋雙手將後生拉起來，按坐到椅子上，然後說道：

「坐好。以後，不准大老爺長、大老爺短的，我收下你這個學生，就是你的師傅。往後，稱我師傅就是。」

「是，大老……師傅。」夢周應著，一面將半邊屁股挪在椅子外面。

板橋點上一袋煙，吸了兩口，吐出長長的煙縷，然後說道：

「夢周，你的文章我都看了，寫得尚可。只有幾篇吟風弄月之作，缺少至情至性。記住：文要切於實用，理必出於己意。千古好文章，無非即景即情，得事得理。如處處引經據典，摭拾他人餘唾，必然墮入魔道。」

學生怯怯地問道：「老師，作文真難呀，有時好幾天寫不出一篇，寫出來也不中意。俺寫的，大部分都讓俺撕掉了，留下來的只是一小部分。」

板橋點頭答道：「其實，作詩作文並不難，難在『命題』上。題高則詩文高，題低則詩文低。杜詩、韓文，何故高絕千古？其命題即高踞百尺竿頭——那憂國憂民、忽悲忽喜之情，以及宗廟丘墟，關山勞戍之苦，宛然在目。其題如此，其詩必然痛心徹骨！故其詩文，信當時、傳後世；千秋傳唱，視為瑰寶。而陸放翁則不然。他的詩最多，但『題』最少。不過《山居》、《村居》、《春日》、《秋日》、《即事》、《遣興》而已。放翁與少陵為何如此迥異？蓋因杜詩歷陳時事——寓諫諍也；陸詩絕口不言時事——懼羅織獲罪也……至於目下詩家，更是江河日下：非宴集，即賞花；非喜晤，即餞行；某軒某園，滿紙人名……皆是市井流俗之輩！其題如此，其詩文可知；其詩如此，其人品可知……」末了，板橋意味深長地補充道：「所以，務以此輩為鑒戒？詩文可以終歲不作，切不可一字漫吟苟寫！」

夢周又問道：「老師，作文是不是不應該模仿別人？」

「問得好！」板橋用煙鍋輕輕敲著桌子，興奮地答道：「記住：要作主子文章，絕不可作奴才文章。定要自樹旗幟。為文則直攄血性，為詩則自寫性情，不拘陳規。小夢周，你都聽明白了沒有？」

夢周激動地答道：「學生全記住啦！」

俗話說：名師出高徒。有了詩書畫「三絕」大家的精心指點，諄諄教誨，聰明穎悟的小夢周，學識與日俱增，突飛猛進！三年後，在與近二百名童生縣試逐鹿時，奪關斬將，所向披靡，五場皆捷，一舉題名縣「案首」！又過了三年，他又在鄉試中告捷，成了「舉人老爺」。板橋離開濰縣的第四年，即乾隆二十二年，夢周赴京城會試，黃榜得中，進士及第。後來做了安徽來安縣知縣，清廉從政，官聲卓著。辭官歸里後，設塾授徒，成了名震一方的學者。不過，這些事，板橋都是從夢周的信函中得知的。

板橋離開濰縣的前一年，韓夢周鄉試考中舉人。消息傳開，濰縣人個個伸大拇指：「呵！鄭老爺不愧是識馬的伯樂！要不是他老人家一手栽培，韓夢周休想從困厄中掙脫出來——才氣再大，也就白白糟蹋啦！」

韓夢周有一個遠房本家，名叫韓鎬，比夢周年長十多歲。雖然才華橫溢，但因家貧請不起名師指導，夢周成了「舉人老爺」，他依然是一名白衣童生。他歆羨自己的本家，得益於縣太爺的教誨之力，便央求夢周為之疏通，也想拜在板橋的門下。板橋聽說後，不但答應他每月逢五與夢週一起到縣衙聽講，也像對待夢周一樣，每月接濟他三兩銀子以禦饑寒。可惜，不久之後，板橋便罷官南歸。分手時，他深感韓鎬的文章，起承熨帖，轉折自然，語言也比較優美順暢，只是立意常常露出沿襲的痕跡，行文也顯得冗長拖遝，像盛夏的岸柳，三春的花叢，密集蔥蘢得不辨首尾，鋪展得失去起伏之勢。於是，便寫了一副對聯相贈：

刪繁就簡三秋樹，
領異標新二月花。

這副對聯不僅韓鎬視為珍寶，濰縣的讀書人也都把這兩句話當成作文的座右銘，代代傳誦，百年不歇。可惜韓鎬因家庭連遭變故，生活坎坷，直到乾隆四十八年，方才進士及第。此時，板橋早已作古十多年，再也不能聽到弟子的喜訊了。

板橋宰濰七年，救災拯民，平冤勘獄，不知做了多少深得人心的善政。得到他資助教誨的讀書人，也決不止是兩位韓氏。

當時，濰縣西關住著一個名叫胥倫彝的貢生。此人少年得志，因在縣學中「品學俱佳」，不到二十歲，便被推選出來，送到京城。審查合格，升入太學，成了一名令讀書人歆羨的「貢生」。誰知，得福不惜福的年輕人，在太學裡讀了不到兩年書，便因吃不消嚴厲學規的約束，逃回濰縣老家，迷上了賭館。聰明的讀書人，一旦混進賭徒群裡，拿起天牌、骰子、寶盒，頓時成了一名傻大頭。麻麻利利，十賭九輸。不到二年，好端端的一份家業，全從他的十指縫裡漏了出去。賭迷心竅的胥貢生，依然不知改悔。他東求西告，借錢「撈本」，不料，越撈越輸，連身上的灰鼠皮袍也被人剝了去。但卻死不改悔，三九嚴寒，滴水成冰，仍然披條破氈，挨在賭台旁觀戰。

板橋聽說後，又氣又急。自己不便進賭場，便派去兩名小皂隸，把胥倫彝連拉帶勸，拖進了縣衙。

板橋一見來人的狼狽相，一煙鍋敲在賭錢鬼的光頭上，狠狠地罵道：

「好一個大名鼎鼎的『優貢』！你不但丟盡了濰縣人的面皮，也丟盡了天下讀書人的面皮。你給我跪下！」板橋氣得語無倫次了。

「縣父母，小人雖有錯，卻未犯罪呀！」有功名的人，平時見了縣太爺是不須下跪的，胥倫彝明白這一點。

「哼，你身為貢生，不去苦熬寒暑，爾後濟世澤民，立功效國，反與賭徒為伍，晝賭夜博，你的罪過難道還輕嗎？」板橋又朝光頭上敲了一煙鍋。「你把祖上的家產當光賣盡，落得個身無立錐之地——不是犯罪，又是什麼！唔？夫子曰：『克己復禮為仁』，身染惡嗜欲，當以禮義齊之。這些話，你爛熟於心，為何知過不改！無志氣的東西！」

胥倫彝一聽，雙膝跪地求饒：「請大老爺恕罪。」

「用不著向我告罪！你連自己都輸掉，與老鄭何干？」板橋的怒氣漸漸平息下來。「你傾家蕩產，得罪的是你的父母、祖宗。快快向西南方磕頭，向他們告罪！」

胥倫彝急忙朝西南磕著響頭，一面宣誓似地念道：「列祖列宗聽真：我乃胥家不孝之子！

往後，若不痛改前非，狗彘不如，天打五雷轟！」

說到這裡，胥倫彝竟放聲大哭起來。板橋雙眼一陣熱，伸手將他攙起來，平靜地說道：「胥倫彝，你雖然發了誓，只怕賭錢鬼的話靠不住。我的大牢，正空得發了黴，我想讓你進去委屈幾天。別怕，不是讓你蹲大牢，是想把你的賭癮憋回去。不知你願不願意？」

胥倫彝低頭想了想，立刻答道：「學生很願意！」

「好！這還像個悔過的樣子！不過，不是讓你蹲著白吃我的餑餑。必須寫好三篇文章，才能放你出來。文章的題目是：『論惡習之為害』，『論惡習之難更』，『論克己復禮』。」

這樣，賭錢鬼被關在空牢裡整整待了一個月。等到放出來，不但寫成了三篇感情真摯、鞭辟入裡、文筆恣肆的好文章，還真的改掉了泡賭館的惡習。板橋很高興，但怕他舊病復發，便薦他到長清縣擔任了書院院長。胥倫彝不負板橋一番苦心，克盡厥職，育人有方，頗得學生敬重，一時傳為佳話。直到清末，濰縣還有人寫過一首竹枝詞，以寄感慨。詞曰：「胥君生有樗蒲癖③，臘月披氈一片青。不遇揚州鄭瘋子，只應凍殺老明經④！」

資助孤兒求學，指點童生作文，雖說超越了一縣之令的「吏治」許可權，但卻是拯救、培養了有用的人才，幹了一件極為難得的善舉。而將貢生關進大牢戒賭，手段之怪誕，堪稱前無

③古代一種類似擲骰子的賭博。

④唐代以經義取士稱「明經」，以詩賦取士稱進士。後來泛指有學問的人。

古人，難怪要被譽為「瘋子」了。

其實，那不過是板橋許多傑作中的一件。他為保護寒生李佑的婚姻所用的「亂真」手法，那才叫人想像不到呢……

月老妙手牽紅線

綠楊飛花季節。有一天，鄭板橋正在簽押房批閱文書，忽聽外面傳來急驟的堂鼓聲。便急忙放下手裡的公文，換上頂戴官服升堂。

擊鼓人是個衣衫不整、二十歲左右的青年。他跪在堂下，雙手高舉狀紙，高喊：「富豪賴婚，大老爺做主！」

衙役將狀紙呈上。板橋展開一看，只見上面寫道：

具告狀小民李佑，本城南關人。五歲時由父母做主，與本城西門大街陳介利三女陳淑媛結為百年之好。不幸，八年前，家父在安微風陽縣任所，因治洪遭讒繫獄，瘐死獄中。以致家境敗落。如今小民年已弱冠，家母命小民完婚。前日央媒人去陳家下吉帖，陳家不惟不接，反誣小民刁賴。小民前去辯理，竟遭陳家惡罵毆打！陳介利恃富賴婚，天理昭昭，王法難容。老爺明鏡高懸，為小民做主！

乾隆戊辰（西元一七四八年）四月八日李佑具

板橋看完狀子，和氣地問道：

「李佑，你有訂婚庚帖嗎？」

「有，老爺請看。」李佑答應著，從懷中取出大紅庚帖呈上。

板橋接過庚帖一看，上面將雙方年庚、生辰，情願聯姻等情由寫得清清楚楚，便知李佑所訴屬實。他看看面前的年輕人滿臉怒容，穿著寒酸，便無限憐憫地問：

「李佑，你已成年，為何不劬勞治家，以致貧寒得使陳家悔婚呢？」

「老爺，小民晝夜苦讀，正為重振家聲。」

「唔，好！」板橋讚歎一聲，又問道：「你既歷十年寒窗之苦，為何不去應縣試？」

「應過兩次，老爺。」李佑黯然稟道：「無奈時運不濟……」

「咦，黃榜題名，靠的是經濟文章，豈能碰一時的僥倖！」

「老爺，話雖如此，無慧眼父師，也是枉然。唉！」

板橋聽青年的話恃才不平，頗似自己當年的狂放，不覺心中暗喜。他何嘗不知，這些年，官場弊端叢生，不學無術的祿蠹，把持考院學府，多少才識卓絕之士，被摒諸報國的門外！就說這青州府淄川的蒲松齡吧，文章才識，誰不欽服？可是，連個舉人也考不取。苦苦地靠舌耕度日，以「藍衫秀才」終其一生！想到這裡，他不由得對面前這個懷才不遇的青年人滿懷憐愛之情，便語重心長地說道：

「年輕人，記住：怨天尤人，其害匪淺，懸樑刺股，才是正途。好好用功，今秋開闈，再來一試如何？」

「一定要試，老爺。」李佑堅定地答道。

「李佑，你見過陳家三小姐嗎？」板橋又回到了正題上。

「稟老爺，小民家父與陳介利是好友。小民幼年常隨家父到陳家與三小姐一起玩耍。自從家父去世，兩家才不來往了。」

「喲！原來是『青梅竹馬，兩小無猜』呀！不過，人心難測，你們已經多年未見面，豈知陳小姐不變心？」

「老爺，淑嫒善良忠厚，絕不像她勢利眼的父親！」

「李佑，你拿得准？」

「拿得准，老爺！」年輕人堅定地回答。

「好。既然如此，這場官司你贏定了。」板橋轉身向身邊的皂隸低聲吩咐了幾句，然後指著一名衙役，向年輕人說道：「李佑，你隨他到後面等候！」

「多謝老爺！」李佑磕個頭爬起來，跟隨衙役往後面去了。

板橋立刻發籤，傳被告父女立刻出庭。不多時，陳家父女來到大堂。陳介利老態龍鍾、衣衫華貴。他的女兒身材窈窕，面目端莊秀麗，與李佑真正是天生的一對兒。板橋抿嘴一笑，向下問道：

「陳介利，李佑告你恃富賴婚，可有此事嗎？」

陳介利知道事情掩蓋不住，跪下來，半是回話，半是辯護地答道：

「啟稟老爺，並非小人悔婚。實因李佑小兒，遊手好閒，行為不規，家徒四壁，隔宿無糧。如此不肖子弟，怎配做小人門婿？小女一旦嫁給他，豈不要凍餓而死！」陳介利回答得理直氣壯。「這實在是小人萬不得已的事——望老爺明察。」

「嗯，說得也是。讓貴小姐去做貧家婦，自然要受饑寒之苦。做父母的疼自己的女兒，願意女兒到婆家安享榮華富貴，也是人之常情……」板橋微笑著點頭，一面斜睨著被告。

「所以，小人死也不能把女兒往火炕裡推呀！」

「不過，」板橋露出一副為難的樣子，「令嬡既已與李家聯姻，李佑又執意不肯退婚。論道德、王法，勝券都操在原告一方。你看，叫本縣我怎樣公斷呢？」

「啟稟老爺，小人願出五十兩銀子，由李家另結門當戶對的親事。」

「哈……好一個通神的銀子！」板橋大笑起來。「陳介利，只怕你的銀子，沒有那麼大的法力吧？」

「老爺，有錢買得鬼推磨。那小子窮得肋骨叮噹響——做夢也碰不到這樣的美事嘛！」

「哼！馱錢驢的見識！」板橋又把他最愛說的罵人話在心裡罵了一遍。然後，嚴肅地說道：「陳介利，你以為小小五十兩銀子，就能教李佑緘口不語嗎？知道嗎？此番要是不把你女兒判給他，他豁著進京城告禦狀呢。」

「老爺，不管怎麼說，想叫我把女兒嫁給那窮骨頭，比登天還難！我寧肯把女兒抹死餵狼，那窮骨頭也休想撈到她半根頭髮絲兒！」

「這麼說，你是寸步不讓咯？」

「小人我吃了秤砣——鐵了心！」

「既然這樣，本縣只得按律而斷啦！」板橋慢慢說著，猛地一拍驚堂木，厲聲喝道：「陳介利聽判：被告陳介利，為富不仁，無端賴婚。賴婚不成，毆打門婿。不惟喪德，而且違律！著罰陳介利白銀五百兩，為李佑養傷。原訂婚約，不得悔賴。著李佑當堂將陳淑媛領回完婚！」

「老爺諒情，老爺諒情！」板橋尚未判完，陳介利已經像搗蒜似的磕起頭來。「只要把倒楣的婚事退掉，小人情願多出幾兩銀子。」

板橋沉吟半晌說：「既然你自己懇求多出銀子，那就再出五百兩！婚書作廢，以後永無扯攀，如何？」

陳介利一聽，驚出了一身冷汗，急忙懇求道：「老爺諒情，就是五百兩，小人也得求親告友，才能湊齊。這一千兩，小人傾家蕩產也辦不到呀！」

「那就維持原判！」板橋冷冷地把頭扭到一邊。

陳介利一看縣太爺堅定的神色，知道不忍痛「出點血」，不但要人財兩空，還會落個欺貧愛富的醜名。只得忍痛說道：「老爺，只要乾淨地了結，小人願出千金。」

「好吧。你倆起來。命人回府取銀子吧！」

陳介利心裡狠狠罵著鄭貪官，只得命跟來的僕人回家取銀子。

這時候，板橋忽然向陳介利和氣地說道：「陳老先生，令嬡既已退婚，總不能終老閨中。本縣願意作伐，為令嬡覓一佳婿，不知你意下如何？」他看看陳介利滿臉狐疑之色。認真地說道：「本縣有一好友，年方弱冠，滿腹經綸，一表人才，前途未可限量。與令嬡結縭，堪稱郎才女貌，你看怎樣？」

「多謝老爺，但不知要多少妝奩？」

板橋淡然一笑說：「你如願意，不必另備妝奩。這一千兩銀子，就作令嬡奩資，怎麼樣？」

陳介利忙不迭地答道：「好吶，老爺。那敢情好！只是李佑那窮小子，得不到銀子，怕……」

「咦，不必擔心，自有本縣打發他滿意。」

陳介利聽說他未來的乘龍快婿一表人才，又是縣太爺的「好友」，沒用費力氣，女兒攀上了高門，先就滿心願意。如今又聽到被判罰的一千兩銀子，窮鬼李佑半分得不到，全部成了女兒陪嫁的妝奩，又給自己省下了幾千兩銀子。眨眼的工夫，因禍得福。樂得像一隻下蛋的老母雞，格格地笑著，向在一旁傷心飲泣的女兒說：「媛兒，快給老爺叩頭，謝老爺的大恩！」一面說著，扯著女兒一同跪下，給板橋磕了三個響頭。

「是你們自己的福氣，莫要謝我！」板橋笑著說。「陳先生，看來你跟我一樣，也是個爽快人。爽快人做爽快事。現在，就請你們父女相相姑爺：如相得中，便是親戚；相不中呢，作罷。請李賢弟上堂！」

板橋一聲吩咐，廊下立刻走來一位英俊男子。只見他，黑緞小帽，藍布長衫，青鞋粉襪，風度翩翩。他來到大堂上，向板橋微笑施禮，問了一聲「仁兄何事」？然後靜靜地站在一旁，並不言語。板橋指著青年說道：「陳老先生，這位就是我的朋友。你上前看看，可中意否？」

陳介利從地上爬起來，近前兩步，瞪大了昏花的老眼，把縣太爺的「朋友」，細細端詳了一番。突然轉身，向縣太爺施一禮，伸出右手拇指搖一搖，興奮地答道：「中意，中意！老爺的慧眼，小人五體投地。哈，哈，哈！」

板橋又向低頭哭泣的陳小姐說道：「陳淑嫒，你趕快上前，相相我的朋友。如不中意，老爺我決不強迫！」

陳小姐不敢違抗縣太爺的吩咐，只得慢慢站起來，緩步上前，抬頭把青年瞥了一眼。只見她渾身一顫，急忙扯起袖頭，揩揩雙眼，近前兩步，又把青年仔細端詳了一會兒。緊接著，她身子微微抖著，轉身向板橋施禮答道：

「就依大老爺明斷。小女子無不依從！」

「呵！陳小姐原來也是如此中意我的朋友呵！哈……」板橋見陳小姐連連點頭，站起來大笑著說道：「今天，陳老先生父女，雙雙相中了我的朋友。我的朋友也早就願意與陳小姐永結秦晉之好。這才是郎才女貌，美滿姻緣呢。也罷，聽說今天正是黃道吉日，本縣主婚，兩位新人就在大堂行大禮，然後回家完成洞房花燭！」

老爺一聲吩咐，衙役們立刻在大堂公案桌上擺上了香案燭臺。立刻，紅燭高燒，香煙繚繞，兩位新人戴上了紅花，披上了彩綢，在皂隸的「唱禮」下「由女衙役擁簇著」向著「天地」、「高堂」行了參拜大禮。行禮完畢，板橋命衙役抬上一千兩銀子，伴送兩位新人回家。

淑嫒謝過縣太爺，跟著女婿歡歡喜喜到婆家去了。老丈人陳介利像著了魔一般，兩眼發直，愣在那裡一動不動。剛才，新郎向他「拜高堂」時，他終於看清楚了，那位縣太爺的「朋友」，他的「乘龍快婿」，原來不是別人，正是他恨得牙根癢癢的窮小子李佑！他知道，這是上了鄭板橋的大當。心裡一迭聲地咒罵，嘴裡卻不敢出聲。憋了好一陣子，腳一跺，邁步往外走。剛剛抬起腳，竟一頭栽倒在地上，暈了過去。多虧跟來的僕人又掐又捏，才把他從冥冥之中喚醒過來。

可憐的守財奴、勢利鬼，臉上掛著兩行老淚，花白鬍子上沾著鼻涕，嘴裡不知嘟囔著什麼，被僕人攙扶著走出了縣衙。

在他背後，傳來了鄭板橋爽朗的笑聲。

救人之危，濟人之困，戒人之嗜，成人之美……凡屬「利於彼」的事，板橋總是一往無前，義無反顧，甚至到了「不擇手段」和「瀆職」的地步。板橋常說：「如能兼濟天下，丟掉這小小烏紗又有何惜？丟掉那『阿堵物』，獨善其身，回揚州做我的畫師去——老鄭何所懼哉！」

老鄭的膽子真夠大的，彷彿他從來沒有懼怕的事情！

不過，這話只說對了一半。就是一國之主的皇帝老兒，生殺予奪一手握；權勢之大，舍我其誰？可是，像百姓揭竿、強敵入寇、江河橫溢、時疫流行、皇位被覬覦……這類天災人禍，他就怕得很。因為一旦到了不可收拾的地步，不但「皇祚」，就連自己的小命也難保住！

天底下，沒有永遠毫無畏懼的人！

對於氾濫於「康乾盛世」的文字獄，就使鄭板橋怕得很！誠惶誠恐，避之猶恐不及……

文網彌張徒喚天

山東省丁卯科（乾隆十二年，西元一七四七年）鄉試發榜的第二天，鄭板橋便從濟南府貢院匆匆返回濰縣任所。

清代科舉制度極其嚴峻。據說，為了防止營私舞弊，真正選拔出品學皆優的「牧民良材」，制定了數不盡的清規戒律。不但所有參考的生員要入場搜身，場內嚴密監視，而且，所有涉及考試事宜的人員，上至京城派來的主考大員，下至閱卷官、面試官、筆錄書吏，直至各處僕役，各門的看守，只要一邁進貢院的大門，便像飛鳥入籠一般，不等到發榜之日，休想越出高牆一步；「鎖院」期間，還不得四處走動！

這種長達一個多月，酷似囚徒般的考院生活，對於性格曠達放浪的鄭板橋來說，不啻是一種折磨！但他卻感到頗為欣慰。躋身科考官吏行列，無異是一種榮耀。因為不論各省鄉試還是京城會試，都與朝廷的興衰榮枯攸關。不是政聲、文名、德才俱佳的良吏，休想入選考官。此次鄉試，山東一百單八縣的縣令中，揀選合格、獲此殊榮的，不過十七八人。因此，那鎖閉考院的寂寞滋味，許多人想嘗還嘗不到呢！板橋很清楚，自己之所以能獲此「殊榮」，與包中丞對他的賞識分不開。包中丞即山東巡撫包括。他不僅一再嘉許板橋的政績，對板橋的才藝也是倍加賞識。板橋由范縣移任濰縣，就是包括舉薦的結果。所以，板橋去年一到濰縣任所，便畫了一幅《勁竹》，題上一首《衙齋》詩，贈給包括，以報知遇之恩。詩中寫道：「衙齋臥昕蕭蕭竹，疑是民間疾苦聲；些小吾曹州縣吏，一枝一葉總關情。」包括得畫之後，盛讚詩畫為「雙璧」，派專差來信，表示「謝忱」。從此，兩人成了莫逆之交。

另一件使板橋感到欣喜的事，是離開濟南之前，狠狠地罵了一次「貪豬」。

院試發榜的第二天，鄉試主考、吏部侍郎德保在趵突泉設宴，會請山東司臬大員。板橋雖屬七品小吏，由於文名遠播，加之是巡撫大人的好友，有幸叨陪末席。席間，德保提議以趵突泉為題，即席賦詩。規定每首結句必須以「泉」字收束。於是，傳花行酒，刻燭催詩，依次唱出新作。在已經吟成的詩中，有的詩膽絕壯，有的入筆雄奇，有的雖無驚人之筆，尚屬意顯語暢，聊可塞責。但輪到按察使傅仲孔時，他站起來，舉杯嘮叨了一通「拋磚引玉」的俗套，仰頭乾了杯中酒，立即吟出一首七絕：「遠聞驚雷響四城，近看銀柱破碧潭，多少清流東海去，果然天下第一泉！」

板橋聽罷傅仲孔的「妙句」，差點笑出聲來。心想，傅仲孔的臉皮真比他要拋出來「引玉」的磚頭還厚。加上早就聽說此人是捐班出身，由於擅長轉圜機變，官運亨通，二十餘年下來，竟升到藍頂子三品大員。如此滿腹糟糠的牧民之吏，除了搜刮民財，巴結上司，只怕做不出半點體恤百姓、憂患天下的善舉！板橋聽在耳中，氣在心頭，越想越生氣，一時無法按捺得住。等到「咚」地一聲鼓響，一束桂花落到自己面前，他仰頭飲乾杯中酒，不假思索地吟道：

原原本本豈徒然，
靜裡觀瀾感逝川，
流到海邊渾是滷，
更難人辨是清泉。

不料，板橋剛吟完，即見三四位大員倏地變了臉。主考德保還拿眼梢向他瞟了兩瞟。包括見狀，急忙插話道：

「嗯，克柔仁兄的詩，起句便無比奇峭，頷聯更形雄健，只是末兩句略嫌平實了一點。不過，倒是很符合此泉的歸向。」包括望著神色迷惑的德保，繼續解釋道：「大人有所不知，這趵突泉水，首先注入大明湖，經小清河，過羊角溝，然後彙於萊州灣。那小清河人海處，緊傍黃河入海口，即使流去的全是趵突泉的清流，到了那裡不是泥沙，便是鹽滷，要覓『清泉』，確實辦不到了。哈……」

「哈，哈，哈！」有人附和著笑起來。

可是，散席之後，包括拉住板橋埋怨起來：

「你老先生喲，年近花甲的人啦，如何仍如此不加檢點？」

「中丞大人，這話……卑職不太懂……」

「咦！難道你老先生真的不知，那傅仲孔物議頗多……」

「噢?」板橋佯作不知,「那是為什麼?」

包括左手扯住右袖,向前伸出右手,做了個抓物的動作:「無非善於伸手……」

「那於我的詩有什麼相干?」板橋狡黠地望著上司,「大人不也解釋說,卑職說的是趵突泉水人海的情景嗎?」

「唉,老夫不作如此掩飾,又待如何?你那一句『更無人辨是清泉』,不是正刺著傅按察使的痛處嗎?誰人不知他頗有貪名!」

「也是呢,守著禿子不敢說亮……」

「唉,還有興致開玩笑呢!別忘了,多個冤家多堵牆呀!」

「大人,」板橋正色回道:「我詠我的『清泉』,他做他的濁官,南轅北轍,本是兩無干礙嘛!」

「克柔,難道你連『君子坦蕩蕩,小人常戚戚』的話都忘了?」

「大人說的極是,癲瘡疤是揭不得的!」

話是這麼說,一回到濰縣,板橋就命司徒文膏將《詠趵突泉》刻入書板之中,司徒文膏是上元[①]人,因慕板橋詩、書、畫三絕文名,拜板橋為師,專習蘭竹。司徒擅鐫刻,尤長雕板術。板橋早在范縣任上,即命司徒為他刻版印刷詩文集。調任濰縣後,仍然一面授業,一面請

① 今南京。

他雕板。現在，他對司徒文膏說道：

「文膏呀，包中丞說我這首詩，會得罪那般貪豬、濁流，我倒很喜歡它生著幾棵刺呢，刺一刺那般捐納貪豬何等痛快。快把它刻上板子！哈……」

從不記得「師道尊嚴」的八怪領袖，當著弟子的面，竟指手劃腳，朗聲大笑起來。不料，司徒接過詩稿，端詳了許久，然後猶疑地答道：

「老師，我看……不刻也罷。」

「為什麼？」

「爾後，倘使詩集印出來，讓傳按察使知道了，不是要樹敵嗎？」

「哼，薰蕕異氣，水火難容！對於那般捐豬，尤其是貪豬，鄭某從來就是視為仇敵、死敵的。不必多慮——此等『敵人』，樹得越多越好！」

「也是，老師。」司徒文膏唯唯而退。

半個月後，一騎快馬從濟南府城飛馳來到濰縣。騎馬的差役奔進縣衙，當面交給鄭板橋一封「親啟」密箚。板橋拆開一看，原來是山東巡撫包括的手書：

克柔仁兄足下：

府城握別，倏爾半月有餘。彼時正當秋色宜人。幾番連宵風雨，眼下已是風冷露寒，森森然如嚴冬至矣！

足下趵突泉之詠，當時即令四座皆驚。故曲予圓通排解。以期旁觀者解頤，遭識者釋怨。不意，傅仲孔之契友，當日在座的都察院禦史胡從詠，竟立即密奏京師，劾兄：「以『清泉』喻大清朝，以『更難人辨是清泉』等無稽之詞，垢誣聖朝，原非明澈清流，乃是充斥鹽滷、泥沙的渾濁世界！——用心之蠆毒，令人髮指！」云云。劾本一上，聖躬震怒。星夜降旨，命餘：「勘實複奏，必予嚴究！」

多幸余當時在席，得以目睹者之便利，據實力爭。先陳仁兄詩賦旨在擬景寫實，並無誣枉之情；再陳仁兄乃山左牧民良吏，不可多得之強項令；縱有唐突失恭之處，還當曲予矜全。

昨日終接聖諭「鄭令情既可恕，朕躬暫予寬宥。爾後，如有悖言逆行，定予嚴懲不貸！」至此，老夫方得從驚駭惶悚中脫出。事後思之，猶覺驚駭莫名也！

仁兄：前車之覆，豈可不鑒；聖朝之規，豈可稍違？如實相告，誠望吾兄善自珍重。事體重大，功名前程，身家性命攸關。幸仁兄思之，慎之，戒之，懼之也……餘不一一。

丁卯（西元一七四七年）九月二日包括稽首

翹辮子的狗雜種！老鄭吟那首詩，充其量不過想刺一刺那般貪賄之徒。哪個曾想到要誣衊聖朝？休說康乾盛世物阜民豐，國泰民安；就是瘡痍滿目，流民遍野，鄭某生著幾顆腦袋，敢把怒氣使在大清朝廷身上？是的，攻其一點，不及其餘！歪曲引申，以逞其奸，正是這般國家蛀蟲、民眾蟊賊的拿手本領！此番若不是中丞大人鼎力庇護，挽回天意，此刻，鄭燮頸上這顆頭顱，怕是早已落地了哇！

送走了巡撫衙門的專差，鄭板橋久久陷入憤懣和驚恐的複雜心情之中。

他的驚恐，與其說是怕劾本奏效，因而被罷官殺頭，甚而誅滅九族；倒不如說是，由那般顛倒黑白、指鹿為馬的宵小之徒的不擇手段而來。難道說，名為「英主」、「盛世」，連大員的橫行胡為都不能察之毫釐？那麼，那「英睿」和「興盛」又表現在哪裡呢？

「該死，我怎麼又遷怒到了朝廷身上！」脊背上倏地掠過一陣寒氣。板橋下意識地摸了摸脖頸。但是他仍然驅不開蛛網似地纏繞在心頭的不平。一幕幕淒慘的畫面，浮雲過眼似地在他的眼前映現……

清朝統治者入關之後，為了鞏固統治地位，對各族人民，尤其是漢族知識分子，採取了利誘籠絡和嚴酷鉗制、無情鎮壓兩手政策。一方面，以功名利祿為釣餌，讓廣大知識分子把前途寄託在科舉考試上。十年寒窗，鐵硯磨穿，以期奪取個金榜題名，揚名顯身。而為了籠絡那些雖有滿腹詩書，但仍邁不上制藝[②]階梯的才子名士，康熙十七年（西元一六七八年）便開設了「博學鴻詞」[③]科，加以羅致。這樣一來，「天下英雄盡入彀中」。不僅如此，為了籠絡那些胸無點墨，但仍想「效忠朝廷」的富家子弟，又頒布了「捐納」制度，儘管肚子裡裝著的是幾

② 舊稱八股文為制藝。

③ 科舉之外，從各地推薦，選拔人才。

籮糟糠，只要有了銀子，仍可得到加官晉爵的恩寵。對於那些隱居山林、不思仕進的讀書人，則大力提倡訓詁考證和程朱④理學，讓他們在故紙堆中耗盡寶貴的生命……

另一方面，便是廣布文網。從順治朝起，清朝統治者即大興文字獄。不但士子的詩書文章，官吏的公文奏呈，就是百姓間的書信往還，信口吟詠，甚至私家族譜，死人的碑文，一言以蔽之，凡是一切須用文字及語言加以表達的，統統都得躲開禁忌。稍有一字半句違規犯諱，輕者削職罷官，下獄流徙；重則殺身滅族，甚而掘墳戮屍，以警天下！

板橋清楚地記得，浙江湖州富商莊廷統，於康熙二年（西元一六六三年）請人增編了一部《明史》，只因如實地寫了明末天啟、崇禎兩朝的史實，便被認定是「蓄意反清」。不但作序者、刻印者、校閱者以及售書者、藏書者七十餘人被殺，數百人充軍邊疆；連早已作古的莊廷統，也被開棺戮屍！到了雍正和乾隆朝，文字獄更是登峰造極。不知多少有識之士橫遭慘殺，家人被滅族。一件件震驚天下的虐政，競相演出！「一字丟官，二字處死，三字凌遲」⑤等驚心動魄的慘劇，連民間都在廣泛流傳。不知多少英才正義之士，於有意無意間，橫遭殺頭、流放，不知有幾千萬種寶貴的文史典籍，被一火焚之！一張無形的文網，覆蓋在全中國人民的頭上！要想全身遠禍，除了歌功頌德、大唱讚歌，就只有三緘其口了……

④ 宋代程顥、程頤與朱熹，均為唯心主義哲學家。
⑤ 古代一種分割犯人身體的酷刑。

「天哪！連我自己也險些落人那無邊的文網啊！」

正當鄭板橋為「盛朝」嚴酷的文字獄而痛心疾首、憤懣不平時，他的同鄉好友李鱓自揚州來了一封信，告知板橋：板橋的好友杭世駿因條陳「泯滿漢之見」而被罷官。他的另一位同窗好友陸駿則因涉嫌叛逆，被掘墳戮屍……

杭世駿，杭州人，是板橋出仕之前，在揚州賣畫時結識的一位詩友。兩人詩酒唱和，甚為契合。乾隆元年（西元一七三六年），杭世駿與揚州八怪之一的金農一起，以品學兼優之名，被舉薦應試「博學鴻詞」。不料，進京之後，金農拒不應試，中途收拾行篋南返。留下來的杭世駿卻順利通過了乾隆皇帝愛新覺羅•弘曆的躬親面試。並被取為「一等」，授職翰林院編修。板橋與陸駿的關係，比杭世駿又進了一步。兩人既是同鄉，又是同窗契友。青年時代，為了求取功名，板橋與陸駿、徐宗於等七人就讀於興化天寧寺。時屆冬令，雖然天寒風勁，霜雪侵人，但是，二人談文論詩，常常忘記更鼓早已三響。深夜肚子餓了，一人劈柴，一人洗米煮粥，以鹹鹽豆下粥，大啖大嚼。腹飽身暖，剔燈再談。有時兩人騎上寺門前的石獅子，縱論天下大事。暢談爾後誰可為大將，率兵十萬，立功邊陲，拓展版圖，以報天子；誰能筆力千鈞，頡頏杜（甫）詩、韓（愈）文……如是之樂，何等心往神馳！後來，板橋科場得意，陸駿卻務農林下。不料，如今古廟無恙，寺中論文之無辜學士卻無端蒙禍……

「蒼天何故，如此作踐我輩憂患社稷黎元之熱血男兒！我該為杭陸二公到何處鳴冤去？」

板橋長嘯幾聲，伏案痛哭起來……

「老師何必傷心太過——保重身子要緊呀！」

不知什麼時候，司徒文膏來到了他的身邊。板橋抬起頭，把李鱓的書信向學生面前猛一推：「你自己看吧，我的同學、好友，竟相繼遭此無妄之災！天理何在，人心何在？」

司徒文膏看完信，將信裝回封套，坐到板橋的對面緩緩勸道：

「老師不必怨天，也不必尤人……」

「你說該怨誰？」

司徒左右看看，見聽差不在屋內，俯身低聲回道：「老師難道忘了『欲加之罪，何患無辭』的古語？」

「我怎麼會忘記！文膏，我明知這『盛世』的法度就是如此，但卻想不通——有什麼法子！」

這時，司徒文膏從袖中取出一方青田石印章，遞到板橋手中。板橋瞇眼一看，是「直心道腸」四個篆字，鼻子裡哼一聲，說道：

「看來，我這一生『直心道腸』的虧，要吃到底咯！」

「老師，生氣不如生謀。生氣只有損傷身子，要緊的是立刻加以防範。」文膏繼續說道：

「老師，你的詩版是否也該全面斟酌一番，看看有沒有……」

「說的是！」板橋臉上的淚痕已經不見了，只剩下痛苦悽愴之色。「走，我們看看去！」

二人來到司徒文膏雕版的縣衙後宅東廂。在司徒文膏的幫助下，板橋將在范縣任上和到濰縣之後的全部詩文雕版，從頭至尾檢視了一遍。凡是覺得稍涉梗直、怨懟，能為奸宄握柄的詞句、章節，統統命文膏當場鏟去。兩人花了足足有兩個時辰，才完成了這種「清垢除汙」的大事。結果，除了〈詠趵突泉〉詩之外，另外還有三十多首詩詞和八封家書，都被從印版上鏟了個乾乾淨淨。

「乾淨了，乾淨了！乾淨雖然乾淨，我的詩文全部成了潤唇膏了！」板橋無力地坐到一塊廢版上。「這一回，讓他們雞蛋裡再挑骨頭去！」

此後許多天，板橋臉上一直陰霾密布，嚴霜重重。他嘴裡還不住地吟著一首新詩。如夫人饒筠青和侄兒鄭田都不敢細問。只聽他吟道：

歷覽前朝史筆殊，
英才多少受冤誣！
一人著述千人改，
百日辛勤一日塗。
忌諱本來無筆削，
乞求何得有褒誅？
唯餘適口文堪讀，
惆悵新添者也乎！

司徒文膏也聽到了老師的反覆吟誦。有一天，他鼓起勇氣問道：

「老師的新作，是否該鐫到板子上去呢？」

「你要是不怕麻煩，可以刻上去。」板橋冷冷地瞥學生一眼，「不過，要馬上再給我鏟掉！」

「這……噢，學生明白啦。」司徒文膏長歎一聲，搖頭走開了。

從讀書到出仕，最使鄭板橋恐懼的只有一件事——氾濫在神州大地上的文字獄！

「哼，泱泱大國，煌煌『盛世』，對一言一字，竟懼怕到如此程度，真不知它強盛、開明在哪裡？」

板橋心裡不服，但卻不得不加以防範。他深知，一旦陷進無邊的文網，休說自己難以囫圇著逃出來，連親戚朋友、甚至「九族」都逃不脫身首異處！他決不肯連累別人。因此，常常為自己在語言文字上的「不檢點」，甚至故意帶「棘刺」而惶恐不安！

現在，為了全身遠禍，那些可能罹禍的詩版都剷除乾淨了。但鏟毀詩版容易，要剷除心頭的憤懣與痛惜卻辦不到！

他差一點病倒！

此後許多天，他一直陷入痛苦之中。直到審理了一件風流案，巧妙地使「通姦」的兩個年輕人幸福結合，才使他得到了一點安慰。

一高興，心頭的不平與悵惘漸漸淡了下去……

因禍得福枉捉姦

虛心竹有低頭葉，
傲骨梅無仰面花。

板橋剛剛把昨夜吟成的一副妙聯寫在一張四尺宣上，便覺腰背有些不適，麻酥酥，酸溜溜，像搖了三天上水船。

他下意識地伸手摸摸臉頰，感到額頭的橫紋，眉間的「川」字紋，又加深了許多。下巴上的鬍鬚，彷彿也更加稀疏了。唉，歲月不饒人。蒼天不肯憐惜人，硬讓衰老來干擾心境的平靜！但是，他不甘心，他覺得自己仍是個壯年人。

驀地，一副新對聯浮上心頭，他立刻提筆寫了下去：

富於筆墨窮於命，
老在鬚眉壯在心。

剛寫到這裡，忽聽外面傳來急驟的堂鼓聲。他急忙換上官服，向大堂走去。

「老爺，兩條不知羞恥的野狗，做得『好事』喲！」擊鼓人一上堂，就跪在地上氣急敗壞地大嚷。

「擊鼓人，不要亂嚷！」板橋緩緩說道，「有話慢慢回。老爺我問你什麼話，你回什麼。」

鳴冤人名叫賈升，城西三十里外官莊村人，現年四十六歲，販賣綢緞為生。由於他人勤快，又善於經營，十多年下來，手中居然積下九百兩銀子。不幸，福無雙至。生意興隆、大發利市的綢緞商，人到四十多半輩兒，元配妻子竟未給他生出一男半女。為了得到繼承家產的兒子，五年前，他趁濰縣大災之際，只花十兩銀子，就「娶」回個十六歲的姑娘滕氏做繼室。當初，沒有子嗣，他咒罵元配夫人是「光吃米，不打鳴、不下蛋的二伢子[①]」。娶回繼室後，他處處行善，天天燒香念佛。外出做生意，也把一尊二寸高的送子娘娘塑像揣在懷裡，晨昏三叩首，寄託著他的虔誠。誰知，眼睜睜又過去了四年多，「送子娘娘」總也不肯叫他繼室的肚子變模樣。「命裡無子，不可強求——這話難道是真的？」綢緞商垂頭喪氣，幾乎絕了得子的念頭。不料三月前，繼室滕氏的肚子忽然一天天圓了起來。賈升喜得像已經抱上了胖兒子，逢人便悄悄傳喜訊。誰知，聽到「喜訊」的人，不是含含糊糊地祝賀，就是報之以神祕的微笑。精明的賈升正覺得事情有些蹊蹺，各種訕笑話，相繼傳進了他的耳朵：「嘻，不用出力就抱兒

① 方言對兩性人的稱呼。

子，賈升真有福！」

「什麼『地』都能耕，這樣的長工哪兒找去？」

「噓——小聲點，莫叫那綠帽子聽了去！」

「日他娘，不成是真的？」長舌頭的話，自然都被綢緞商聽了去。

昨天早晨，賈升告訴兩房老婆要進城辦貨，後天才歸。但他進了城就去泡酒館，等到日頭偏西，掉頭往回走。他摸黑進了村，會同事先約好的五位鄰居，包圍了自己的家。等到二更之後，他們悄悄翻牆進了院子。輕輕拔開房門，猛地撲了進去。果然，從繼室的被窩裡，拖出一個赤條條、剛從夢中驚醒的男人。點上油燈一看，原來姦夫不是別人，正是自己家裡的長工莊五。綢緞商氣得發了瘋，將莊五一頓痛打。一條繩子，把兩個偷情的年輕人捆綁在一起，用葦席裹了，扔上自家的馬車，進城告了狀……

捉姦拿了雙，又有五名鄰居作證。三證俱全，案情已明。按說，縣太爺只須提筆判定就行。但鄭板橋卻向原告發問道：「賈升，依你之見，應如何發落他們兩個呢？」

原告毫不遲疑地答道：「大老爺，打板子，上夾棍，下大牢，充軍……都行！反正越重越好——兩個不要臉的畜生！」

「連你老婆滕氏也一樣嗎？」板橋又問。

「她不是俺的老婆——俺把她休了！任憑大老爺處置她！」

「不看僧面看佛面，滕氏身懷六甲，你不痛惜她，也該痛惜孩子嘛。」

「孩子？哪裡是俺的孩子？那是雜種，小雜種！」

綢緞商越說嗓門越高，使得站班的衙役不得不喊起了堂威。

等到賈升低頭不語，板橋才把想好的主意慢慢說了出來：

「賈升，莊五和滕氏私通，固屬非禮，可你自己也有推不掉的錯處：你是聰明人，你想要兒子，應該找個年歲相當的人。」說到這裡，板橋忽然覺得喉頭發哽，他想到自己就比如夫人筠青整整大二十六歲，不覺猶豫了一下。輕咳一聲，繼續說道：「縱然年歲差一點，也該是兩廂情願。你呢？在人家快要餓死的當兒，賤買了來——乘人之危嘛！人家不惟不會樂意，還會恨著你呢。可見，這禍根正是你自己種下的！這是你的第一件錯處。你既然娶回年少之妻，就不該再雇年輕夥計。你經商在外，兩個年輕人長年住在一個大門裡。他們之間由熟生情，由情生愛，原是意料之中的事兒——這就是你的第二件錯處。滕氏既已有孕，你不慶倖得子，卻聽信流言蜚語，黑夜捉姦，鬧得無人不知——這又是你的第三樁錯事！」

「老爺，俺就是要叫滿天下的人都知道，丟盡兩個烏龜王八蛋的臉皮！反正俺不打算再要那騷貨，更不稀罕那雜種羔子！」

板橋忍不住笑著說：「賈升，你聰明一世，糊塗一時呀！你如此莽撞，正是適得其反——成全了他們兩個，害了你自己！」

「大老爺，你老人家一定要把姦夫淫婦下進大牢裡，替俺出這口惡氣！」

「哈……」板橋笑得拍起了驚堂木，「賈升，看來你並不明白《大清律例》。莊五和滕氏是私通，不是強姦。按律而斷，充其量敲幾十板子，放走了事。到那時，他們便可正大光明地做夫妻。可這仇人你卻結下了。莊五血氣方剛，正在好鬥時期，他要是去報這一抓、一打之仇，試問你賈升提防得了嗎？鬧大了，只怕你的性命也難保呢。況且，你毒打了莊五，又凍了他大半夜，我已命人查看去了，如莊五因傷致殘，或凍壞、凍死，你還得坐牢償命呢！已逾不惑之年的人，做事卻如此糊塗！你的如意算盤打到哪裡去啦？」

經過縣太爺一頓訓斥，賈升的臉由青轉紫，由紫轉白，一時哭喪著臉，沒了主意。板橋見時機已到，便揮退站班衙役，從座位上走下來，溫和地對綢緞商說道：

「來，賈升，跟我去客廳喝杯茶，我幫你想個主意，如何？」

綢緞商一聲不響，跟著縣太爺去了客廳。半個時辰以後，小皂隸又將一瘸一拐的莊五和走路蹣跚的滕氏傳了進去。過了不多一會兒，三個人便無事似地互相攙扶著走出客廳，一同坐上停在衙門口的馬車，回家去了。

原來，鄭縣令費了許多口舌，終於使綢緞商明白過來：讓一個跟別人睡過覺並懷上孩子的女人留在自家炕頭上，戴綠帽子事小，只怕還會有性命之憂。變心女人謀害親夫的案子，衙門裡審了不少。因此，與其無償休掉滕氏，何不做個人情，將她送給已經做了她真正丈夫的莊五。那樣一來，不但保住自家性命，還做了一件行善積德的大好事。賈升雖然覺得將老婆白白送人，於心不甘，但又覺得，縣太爺替自己「想的周全」，只得勉強答應。最後，板橋決定讓莊五給賈升白幹三年活，以報答賈升的贈妻之恩。

「大老爺，賈掌櫃待俺這麼好，俺情願像親生兒子一樣，給他老人家白幹一輩子！」莊五流著淚，提出了自己的要求。

板橋一聽，高興地隨口唱了起來：

賈升有善心，莊五欲報恩。
何言期長短，全憑心換心。

唱罷，他高聲判道：「三年期限乃是本縣所判。賈升倘能厚待莊五，幹長幹短，都由莊五自己做主。你們看好不好？」

「多謝，大老爺！」三人一同跪下磕頭。

「哈……好哇。」板橋站起來笑道：「想不到賈升如此開通，莊五如此明理！我想，滕氏大概也不會有異議吧。」

「小女子聽從大老爺吩咐！」滕氏喜出望外。

「好！你們三人的協議，老爺我也無異議。不過，爾後要是哪家反悔，一定嚴加鞫訊！」

三人同聲答道：「大老爺放心，俺們決不會反悔。」

「既然如此，那就回家過安穩日子去吧。」

就這樣，板橋輕而易舉便成全了一對恩愛夫妻。

鄭板橋曾讓相愛著的和尚尼姑成親，現在又讓證據鑿鑿的「通姦者」幸福結合。真不知這位縣太爺將封建倫理、社會道德置於何地！

「我所遵依的只是事理、人情、仁心與闔縣太平。別的，老鄭管不得許多！」他有著自己的主張。

在這裡，板橋的「仁心」不過是早期民主思想的反映。在他的心裡，婚姻自由意識牢固得很！他還主張平等待人，對於那些勢利眼，他毫不留情。難怪，他要對玉清宮老道狠加戲弄了……

「連升三級」看色變

板橋到濰縣任所不久，即從關帝廟主持恒徹上人那裡聽說，城北玉清宮老道大悟是個俗不可耐的孽種。他本想早日拜訪，但又不願與那般骯髒貨打交道。以致時至今日，連近在咫尺的名剎也未得觀光。

剛才，他命小皂隸將寫好的一封信交給侄兒鄭田發出。自己換上一身粗布長衫，悄悄溜出了衙門。

轉過衙西城隍廟街，便是北門大街。出了北門，板橋看到東北方有一片郁蔥古林，樹梢中隱約露出一角青碧飛簷，那便是本城有名的古剎玉清宮[①]。

玉清宮山門大開。板橋剛邁進廟門，便聞到一股濃烈的、焚香燒紙的氣味撲鼻而來。山門兩側，塑著高及梁頭的四大天王像。東面靠北的一尊名叫「南方增長天王」：青面紅須，環眼

[①] 濰縣玉清官為三進大殿。第一進為大通明殿，塑四大天王；第二進為玉皇殿；第三進為三清殿。此外，尚有三皇殿、雹神殿、百子殿、祖師堂等，具有佛道混合的特點。

圓睜，高舉寶劍；彷彿要一劍劈下去，把面前的人砍成肉泥。東面靠南的一尊是「東方持國天王」：面如粉桃，垂睇微笑，懷抱一柄琵琶；他左手按弦，右手撥指，正沉醉在動人的樂曲之中。西面北側，是「北方多聞天王」：面如敷粉，唇如塗朱，手持一柄大綠傘，口唇啟動，似乎正在跟虔誠的參拜者攀談。靠南的一尊名叫「西方廣目天王」：面如重棗，髯若虯鬚，眼珠暴突，凶光逼人；左手高擎一顆寶珠，右手握著一條青龍——它張著血紅的巨口，像要把天下人一舉吞光。板橋剛一仰視，不由地向後倒退了兩步。心想，這四尊主持風、調、雨、順的大天王，雖然塑造得風采各異，栩栩如生，看得出匠人的高超技藝。但令他不解的是，為何要將增長、廣目二位天王，塑得如此猙獰可怖？使人猝然一見，頓覺心頭驚悸，脊背發冷！倘使塑造得和藹慈祥一些，給處於災難之中的善男信女們，哪怕是一點慰藉與安撫，不也是一件功德無量的事嗎？似眼前這般模樣，除了給人不安與恐懼，還有什麼益處？真不知那位造神的聖哲當初是怎麼想的。嘁！

一面想著，板橋轉身來到了大殿上。大殿裡面，一對老夫妻，正跪在拜墊上磕頭禱告。兩人布滿皺紋的臉上，充滿痛苦和憂戚。他們磕一個頭，便仰望著高踞在寶座之上的玉皇大帝，虔誠地喃喃許願。板橋心想，兩位老人不是遭遇了不幸，便是家中有人患重病，實在走投無路了，才把祛災免禍的宏願寄託在玉皇大帝身上。但這位頭戴冕旒，身著金袍的萬神之尊，竟絲毫不為跪在腳下的祈求者所動。全神貫注，垂睇凝視的，只是他左手中的一方玉笏。那四四方方的大金臉，冷漠得像結了冰的湖。

板橋感到很不舒服。他長籲一口氣，轉身走出殿外。穿過一個向西的月洞側門，他來到了方丈院中。這裡栽種著不少樹木，但都被肅殺的秋風，掃蕩得枝葉零落。有些殘留在枝頭的半枯黃葉，宛如大殿中那對許願夫婦的臉，正在風中掙扎、呻吟，似乎時刻擔心著，將被所依附的枝條拋棄。

在方丈的廊簷下，坐著一位胖老道。他趺坐在蒲團上，一面曬著太陽，一面閉目咂舌地正在品茶。大概聽到了腳步聲，他雙眼微睜，向走近的陌生人睥睨了一眼。見來人身材瘦小，穿著寒酸，料定不是私館塾師，就是個小店夥計。於是，他重新閉上眼，自顧飲茶，並不理會。

不速之客上前深深打躬，恭敬地問道：「老道長好？」老道兩眼似睜非睜，一甩下巴，指了指面前的石階，說了聲「坐」。然後懶洋洋地斟上半杯茶，放在地上，伸出手，向前推了推，呶呶嘴說道：「茶！」

「多多打擾。」板橋並不介意，坐下來端茶就喝。

談話間，老道聽客人說的「官話」，帶著南方口音。一問，得知客人姓「鄭」。他估計這人興許是縣太爺鄭板橋的侍從，立刻露出幾分敬意。便命小徒拿來一個蒲團，放在石階上。

「鄭先生，請坐。」他微笑著指著蒲團讓座，一面滿斟上一杯茶，遞到客人面前：「鄭先生，請用茶。」

板橋並不推讓，伸手接過茶杯，慢慢呷著。

老道又親熱地問道：「請問鄭先生，你與屈臨敝邑的鄭大老爺，可是同鄉？」

板橋狡黠地一笑：「比同鄉還要近些呢！」

「那……敢情是本家？」老道驚愕了。

「咦，比本家嘛，還略近些。」板橋依然引而不發。

「這麼說——」老道二目圓睜，臉上倏地變了顏色。「莫非——你就是鄭大老爺？」

「就算是吧。」

老道一聽，「啊」的一聲，騰地從蒲團上彈了起來。他雙手合十，低頭哈腰，滿臉驚恐，一迭聲地喊道：「啊唷唷，善哉，善哉！小道有眼不識泰山，瞎眼，瞎眼！慢待，慢待！恕罪，恕罪！請，請！鄭大老爺，請到方丈中用香茶！」

鄭板橋並不答話，笑咪咪地跟著老道進了方丈。老道一面慌忙用道袍袖子揩淨上首的靠背椅，又小心翼翼地扶著板橋坐下，一面喊道：「徒兒，快給大老爺敬香茶！」話音剛落，立刻從里間走出一個小道徒，端來一套紫砂鑲銀精美茶具。老道斟上半杯，接著又倒回壺中，「打壺頭」。略停片刻，才正式斟上一杯。他雙手微微顫抖捧著茶杯，高舉過頭頂，獻到縣太爺面前：

「大老爺，請用香茶。不瞞你老人家，這點『雨前』香片，小道已珍藏多時，專候大老爺前來品嘗呢。嘻嘻，不料今日果然把大老爺給盼來啦。小寺有福，貧道有緣！嘻嘻！大老爺，務請你老人家賞光喲！」

板橋尚未接茶，便聞到一股撲鼻的異香。等到老道念完了恭維詞，他才接過杯來，呷一口，果然味道香醇無比。不由地贊道：

「好茶，好茶！」

「嘻嘻，小寺香火冷落，並無餘力購買名茶，請大老爺多多包涵！」

板橋瞅著老道一派媚態的胖臉，問道：「老方丈的法號是？」

「貧道賤號——大悟。」

「哦，好一個超塵脫俗的名號——大徹大悟！」

「大老爺見笑。」

「不，這法號，與老方丈脫俗的禮儀，真可謂相得益彰，不同凡響！」

老道似乎聽出了縣太爺的弦外之音，兩條掃帚眉往眉心蹙了一蹙，立刻涎著臉笑道：

「今日幸瞻大老爺雅範，貧道三生有幸。大老爺屈駕光臨，小寺鐘鼓生輝！貧道有一件事相求，但不知當講不當講？」

「老道長，有話儘管講。只要辦得到的，敝人一定使你滿意！」

「善哉，善哉。貧道久聞大老爺政聲顯赫，如雷貫耳；且又詩書畫三絕，如日月經天。敢煩大老爺為小寺……」

「莫非要我為寶剎題詩作畫？」

「豈敢奢求！如蒙你老人家恩賜一副對聯，便是小寺百年之榮，千秋之福咯。合寺僧眾定為大老爺誦經三日，祈千秋萬世之壽祺……」

「哈——」板橋忍不住仰天大笑起來。「以小勞而賺神佑，敝人豈不也成了勢利俗物！」

板橋忽然記起，中進士之前在鎮江焦山讀書時的一件往事。有一天，他到金山寺遊玩，中主持見他衣衫陳舊，對他十分冷淡。及至得知他是揚州才子、舉人鄭板橋，立刻換了另一副面孔，又是讓座，又是敬茶。當老道要他題字時，他忿而寫下一副對聯：「坐，請坐，請上坐；

茶，敬茶，敬香茶」，讓那俗物討了一場沒趣。不料，那老道的行事，竟和眼前的大悟如此相似乃爾。真是無獨有偶！他見大悟老道面露尷尬的神色，便寬慰道：

「既蒙老道長不棄，敝人只得獻醜——準備文房四寶吧。」

大悟一聽，如釋重負一般，眉開眼笑。他親自磨好墨，展開紙，恭敬禮讓：「預備停當，請大老爺開筆。」

板橋蘸飽筆，略一思忖，舒腕揮毫，疾書對聯一副。題罷，又署了上下款：「大悟道長雅囑，板橋道人敬題。」板橋還未收筆，忽聽背後重重地響了一聲。回頭一看，大悟已經跪在了地上。他將盤在頭頂上的髮髻抵著地面，一面碰頭，一面苦苦哀告：

「大老爺息怒。貧道該死，該死！」

板橋忍住笑，正色說道：「老道長，這是為何？你看，」他指著墨蹟未乾的對聯，一字一頓地念道：「橫眉，順眉，低眉；閉口，開口，笑口。——老道長的胖臉，眨眼之間變了三變。簡直是禮優三級，失禮從何說起?!老鄭我還得謝謝你的『上坐』『香茶』呢！再會了。」

說罷，板橋撇下跪地求饒的老道，大步走出方丈。頭也不回，出廟而去。一面唱曲似地吟道：

漫恨世間多俗物，
清靜之地少淨土。

「連升三級」色善變，
老道果然是「大悟」！

板橋終生與筆為伴。他的筆，不但是詩、書、畫的工具，還是銳利的武器。當縣太爺的板子和判決書無能為力時，他便借助手中的大筆，譏貪刺奸。或使對手原形畢露，或讓強權者遍體鱗傷。一支筆，簡直成了他祭在半空中的法寶。

好一支無所不能的大筆！

但是，他也有筆「長」莫及的時候，對賭徒劉小敢的挽救，他的妙筆便無能為力了。

他只得求救於一條長長的繩子……

可憐天下父母心

前一天，濰縣城南十餘里的地方，發現了一具「路倒」——中年男屍。地保立刻報到了縣衙門。無名屍首的背後，往往隱藏著一件兇殺大案。人命關天。身為縣令的鄭板橋聽到稟報後，立即帶上仵作隨從等，坐上官轎，向出事地點奔去。

板橋外出，總是喜歡便裝簡行。非不得已，他從不坐轎。並不是因為坐轎不及兩腳走路舒服；他腳上有濕氣，步行出門，常常害得他一瘸一拐地走得不利索。濰縣和范縣一樣，是無邊無際的大平地，官轎落到鍛煉有素的轎夫們的肩頭上，就像小舟入了平湖，平穩穩、顫悠悠，比在揚州瘦西湖上蕩舟還舒坦。但是，板橋討厭那套耀武揚威的「官勢」！那咋咋唬唬的鳴鑼開道，刺得他耳膜痛。那面宋體字大書著「濰縣正堂鄭」的官銜牌，也使他感到臉紅：一個地方官吏，在自己治下的百姓面前，擺官威，亮芝麻官的招牌，實在滑稽可笑。但他無力改變那鐵鑄般的「祖宗規矩」。尤其使他不解的是：明明被稱作「民之父母」、「一方主宰」的地方官，行動起來，卻要在官轎的前面高擎著「肅靜」、「迴避」的虎頭牌，敲著大銅鑼驅眾開道。這一切，像一道高牆似的，把「父母官」和他的子民遠遠隔在了兩邊。哼！郎中診病，還要望、聞、問、切呢，身為官吏，不敢靠近百姓，還標榜什麼「察民情，訪民苦」？無非掛「父母官」之名，行閻王惡鬼之實而已！在范縣時，他就常常提醒喝道的衙役：「輕點咋呼！」

來到濰縣之後，他索性把虎頭牌上的「肅靜」、「迴避」，連同嚇人的「虎頭」，通通塗了去，改成了「求通民情」、「願聞己過」八個大字。從此以後，喝道的衙役們再也提不起精神吆喝。沿途的百姓，也不像遇見猛獸似的慌忙逃避。萬事相輔相成。這樣以來，反而使很多人都認識了縣太爺的真面目。他那「乾巴老頭」的形象一旦被許多人所熟悉，等到化裝私訪時，便經常被人認出。往往使得一場親切的攀談拉家常，頃刻之間變成了客客氣氣的應對。儘管他態度和藹，也難以一下子消除盡交談人的恐懼。這反倒給他帶來新的麻煩和焦慮，以致不得不減少在縣城附近私訪的次數。

不到半個時辰，官轎便來到驗屍地點。大路旁，坐北朝南，已用葦席臨時搭成了一座接官棚。板橋並不「入座飲茶」，徑直來到屍體旁邊，親自看著仵作驗屍。死者四十餘歲，頭戴緞帽，身穿青布新長衫，身邊有一隻空竹籃和一條藍色包袱。竹籃附近散落著饅頭屑。脫去屍體的衣服，用溫水揩拭乾淨，渾身上下，竟未找到任何傷痕。屍體的臉色和身上，也是正常死人的土黃色，並無中毒的跡象。詢問家屬，得知死者生前為人惇厚，並未得罪過什麼人。外出探親只帶了一籃麵食，斷定不會遭人暗害。兩個仵作商量了半天，認為可能是死者在探親的路上急中風猝死。死者家屬也提不出別的疑點，只得請求領回屍體，買棺材殯葬了事。

板橋受了一場虛驚。

回縣衙的路上，當官轎走近縣城南門的時候，只見大道中央跪著一個老人，雙手擎著一張狀紙，高喊「冤枉」。

一聽有人「攔轎喊冤」，縣太爺急忙命令「落轎」。他走出綠呢轎，伸手接過狀紙，站著看完了，彎腰拉起老人，扶著他坐在路旁的石板上。自己緊挨著坐下來，裝上一袋煙慢慢吸著，向老人仔細詢問冤情。

告狀人名叫劉老套，今年五十八歲，幼年時家中貧寒。但他生著一雙巧手，不但精通農活，編筐窩簍，打魚編席，樣樣來得。靠著一雙巧手晝夜忙活，和勒緊褲帶幾十年的節約，到三十多歲上，終於娶上了媳婦，四十歲上有了兒子。如今已是擁有二十多畝地，養著兩頭騾子的中等人家。老套一個大字不識，飽嘗了睜眼瞎的苦頭。於是，他忍著痛，拿出一文一文積下的大錢，一心讓獨生兒子小敢讀書求功名。二十畝地的莊稼活由他一人獨撐，從不讓兒子沾手。開頭幾年，兒子上學十分用功。老套正做著有朝一日當上老太爺的美夢。誰知今年過新年時，他打開錢櫃取錢置年貨，卻發現錢櫃空空如也！他一個小錢，一個大錢，塞進去的財寶，統統不翼而飛！怪哉！錢櫃鎖得好好的，鑰匙拴在自己的褲腰帶上，晝夜不離身，誰有那神法子偷出去呢？劉老套認為遭了鬼！噙著眼淚過了個窩囊年。誰知禍不單行。前幾天，忽然有人拉著他去立「賣契」，驚得他當場暈了過去……

原來，他的寶貝兒子打頭年冬天起，就迷上了賭錢。他向老師告了病假，把賭館變成了學館。不料，他的賭運不佳，滴溜溜轉的骰子，總愛給他出「么、二、三」之類的低點兒，很快便把口袋裡的錢輸得精光。小敢輸上了火氣，趁老子睡熟，半夜裡解下他褲帶上的錢櫃鑰匙，偷來銀錢想「撈捎」。可是，撈來撈去，錢櫃裡的錢卻都掉進了別人的腰包！劉小敢著了慌。他知道，老子愛金錢不比愛獨生兒子差多少。崽賣爺的田地心不痛。他急中生智，又把錢櫃夾底裡藏著的地契偷出了兩張，打算使出全部賭注，將輸掉的錢贏回來，從此洗手不幹。誰知，賭注下的越大，輸得也越厲害。幾個晚上下來，他家最好的三畝河灘地便再也不姓劉了！

老套被老婆用半瓢冷水澆醒過來，二話沒說，抄起一把鐵鍬，直奔賭館而去。他要「鏟死劉家的孽種」。不料，鐵鍬沒鏟著孽種，他卻被敗家子，客客氣氣地回敬了十來記鍬柄……

板橋讓衙役驗傷。只見老套的背上、腿上，全是被鈍器敲出的一條條青紫腫傷。板橋又問前來作證的地保和族長，他們都說老套的話是實。

「青天大老爺，行行好吧，不替俺除掉那畜生，俺就自己碰死！」告狀人一把鼻涕，一把淚，伏在石板上呼爹喊娘。

板橋略一思忖，拍拍老套的肩頭，勸道：「劉老套，你莫傷心。我一定會給你教導好兒子。只要你明天帶他到衙門來見我。」

「不，老爺。那狼種聽不進人語，你不必瞎費心。俺只求你替俺捉住，狠狠收拾那兔崽子！」

板橋想了想答道：「好吧。只要找到他，盡速帶他見我，保管讓你滿意。」

劉老套從一個遠親家裡找到了他的寶貝兒子。在族長的幫助下，第二天，便把不孝子捆送到了縣衙門。

「大老爺，行好開恩——給俺結果了這畜生哇！」事情過去了好多天，劉老套胸中的怒火依然十分熾烈。他跪在堂下，渾身哆嗦，連連磕頭懇求。

被五花大綁押送來的年輕人，今年十八歲，面貌清秀，眉宇間露著聰慧，絕不像是胡作非為的「孽種」。他被拖上大堂後，歪倒在地上，抖做一團。

「唉，人不可貌相！那些以貌斷案的官吏，真不知枉斷了多少冤案！」縣太爺心裡感歎，面上不露聲色。他命劉老套站在一旁，厲聲向劉小敢發問：

「劉小敢，你父親辛勤半生，掙下點家業。為了你的前程，節衣縮食供你讀書。你五尺高的漢子啦，書念了十多年，連個秀才考不中，已經丟盡了讀書人的面皮。竟又學會狂賭，輸光了老子金錢倒罷了，萬不該膽大包天，將老子血汗換來的良田輸掉。摸摸良心，你還算是個人嗎？別人，像你這樣年輕、體壯，都是成家立業的好漢，孝敬父母的孝子啦。可你呢？天良喪盡，竟敢毒打生你、養你、愛你的生身父親！但凡是有人性的人，做得出這樣的事嗎？嗯？你犯了敗壞家業、忤逆不孝的大罪！你不但不思悔改，還東躲西藏，勞累你的老爹到處找你。真是罪上加罪！天理王法難以饒恕！像你這樣的毒蟲，留在世上有百害而無一利。來呀！」板橋指著大堂院子裡的一棵大槐樹，向站班的衙役厲聲命令：「把這忤逆不孝的東西拴到大槐樹上吊死！」

眾衙役一聲吼，上前把跪地哀求的年輕人拖到大槐樹下，把一條長繩從一根高樹枝上垂下來，一頭打個活索扣，套上了年輕人的脖子，另一頭垂下來，扯在衙役手中。一切準備妥當，縣太爺向劉老套吩咐道：

「老人家，你兒子敗了你的家，打了你。現在，到了你報仇雪恨的時候啦——快去把他吊死！」他見劉老套面帶驚愕，雙腳並不動。又催促道：「留下這敗類，以後還會害人。本縣特准你親手把這孽種吊死。快去，用力一拉繩子，就除了這一害！」

劉老套似乎終於聽明白了縣太爺的判決。他磕個響頭爬起來，快步來到大槐樹底下。接過衙役遞過的繩子，退後一步，拉開架式，就要用力拽。

「親爹呀，饒命呀——俺再也不敢啦！」劉小敢大聲哀號，蠟黃的臉上布滿淚水，乞求地望著自己的老子。

「呸！」劉老套一口唾沫吐到兒子的臉上。「畜生！今兒饒了你的命，早晚你就要了我的命！別怨老子狠心，是你自己找死！活該，活該！呸！」

老套越罵越來氣，聽到衙役催促「快拉繩子」，便把麻繩在右手腕上繞一圈兒，兩手一齊用力，猛地向後拉去。只聽「嘎」地一聲，兒子的兩腳離了地。緊接著，雙眼往上翻，張大的嘴巴中，慢慢吐出了長舌頭。剛才還是蠟黃的臉，頓時變成了紫豬肝。劉老套的手，若是再堅持一分鐘，他的「畜生」兒子准就見了閻王！正在這時，忽然，他雙手一鬆，把繩頭兒摔到地上，踉踉蹌蹌奔回大堂，撲通跪下，氣喘吁吁地哀告道：

「大老爺開恩，大老爺開恩。我不能啊！他是我的親兒子呀……」

劉老套說不下去了，放聲大哭起來。這時候，倒在樹下的兒子，似乎被哭聲喚醒過來，他緩緩睜開了眼睛。聽到父親的哭喊，立刻明白了一切，也哇地一聲，像小孩子似地大嚎起來。

父子倆，一個在樹下，一個在堂上，一聲比一聲高，一聲比一聲淒厲地大哭大嚎。哭聲飛出衙門，傳得老遠、老遠……

板橋並不阻止，也不發問，裝上一袋煙，巴嗒、巴嗒抽起來。

一時間，堂上的衙役和院子裡圍觀的百姓，都不知縣太爺葫蘆裡賣的是啥藥。

板橋抽完一袋煙，敲敲煙袋鍋，方才不慌不忙地向下問道：

「劉老套，本縣命你處死劉小敢，你為何中途又退了回來？」

「大老爺，學好、學壞，全由那畜生去。俺下不得那狠心呀！」

「劉老套，你可知道，不遵本縣判決，是要受罰的？」

「老爺，受罰，受打，俺都認啦。」

「來呀！」縣太爺從籤筒中抽出一支簽，舉在手裡，做出往下扔的樣子，一面高聲吩咐：「劉老套不遵判決，拒不處死劉小敢．給我重打四十大板！」

「大老爺開恩，要打打俺，不能打俺爹呀！」倒在樹下的劉小敢爬起來，踉蹌奔進大堂，大聲哀求：

「不，大老爺，是俺不遵你老人家的判決，該打的是俺。再說，敢兒年紀小，筋骨嫩……」

「不，大老爺，俺爹上了年紀，禁不住打——」

父子倆爭著要挨打，哭得一個比一個傷心。站班的衙役和圍觀的百姓，有人開始抹開了眼淚。板橋也覺得兩眼一陣熱。他放下手中的刑簽，向下吩咐道：

「劉老套，老爺我看在你兒子天良還未泯沒，饒你四十大板。不過，按照律令，劉小敢是死有餘辜。既然你懇求赦免他，看在你年老的分上，准你所請。倘若往後劉小敢再不務正，可別後悔！」

劉老套連連磕著響頭謝恩：「不後悔，不後悔。大老爺，俺決不後悔！」

「大老爺，俺要是再不孝順老人，上進學好，你就殺死俺！」劉小敢哭成了個淚人兒。

板橋冷冷答道：「劉小敢，不是你父親寬恕了你，這辰光，只怕你早已走上了西南大路。當初生你，你父親給了你一條命；今天，他又給了你一條命。是恩是仇，你自己明白。往後，學人、做鬼由你去。不過，要是再犯在大老爺我的手裡，可沒有這麼便宜。你傻瞪著老爺我幹麼？還不趕快謝你爹！」

劉小敢一聽，掉頭跪到父親面前，抱著劉老套的肩頭，痛哭哀求道：「親爹，孩兒有罪，對不起你……」

板橋眼軟，最怕見傷心場面，雖然極力忍住，眼淚終於滾下了雙頰。他便急忙吩咐「退堂」。

在往後衙走的路上，他笑咪咪地問典史蒯弼：「輔之，你看那後生的頑症能治好吧？」

蒯弼連連點頭：「老爺，好一條麻繩計——你這藥方准靈！」

「哈……」兩人高興地一齊大笑起來。笑罷，板橋隨口吟了一首詩：

不孝兒子賽惡狼，
世間多少苦爺娘。
漫道麻繩計謀巧。
浪子回頭靠天良。

一根麻繩，乾淨俐落地了結了一樁父子反目案。將一個墮入魔道、輸光錢櫃、輸掉田地的失足青年，輕而易舉地從賭窟中拯救了出來。自古迄今，誰見過這樣怪誕的理案方式？誰又見過如此古怪斷案的官吏？

鄭板橋不愧是「八怪」領袖，不但畫怪、字怪、待人接物怪、連斷案折獄都怪得令人瞠目結舌！真可謂怪到了家，怪到不可思議的地步！

豈止是怪，簡直是「禪機」妙悟，得心應手，匪夷所思！

然而，他又不是胡怪、亂怪。怪而不離繩墨，怪的背後，處處蘊含著一片菩薩心腸。因此，人們在驚詫稍定之後，總忘不了為他衷心地祝禱。

板橋在秋風瑟瑟的集市上，當眾大畫「秋扇」，又是「怪」在哪分子上呢？

秋風蕭瑟巧賣扇

自古以來，濰縣城農曆「二七」趕大集，集市的中心，就在朝陽門外的白浪河沙灘上。沙灘範圍小，又擴占到沿河的幾條街。每逢集日，人山人海，嘈嘈雜雜，好不熱鬧。市集是百姓生活水平的風信標。看看上市的農副產品，問問百貨的價錢，對當年的收成，百姓的苦樂，就能參透幾分。所以，鄭板橋雖然用不著親自到集市上買賣東西，為了洞察民情，或為了偵破案件，卻經常忙裡偷閒，到集市上去兜幾個圈子，在人叢中擠一擠。

時令已屆深秋。但在中午前後，天氣仍然十分溫暖。在喧囂的集市邊沿，朝陽橋下濱水的沙灘上，板橋放下褡褳，取出墨盒、紙筆，和一本《千字文》，又將一塊寫著「喬半仙靈驗測字」七個大字的布招展放在一邊，準備招來幾個看熱鬧的人攀談攀談。一扭頭，只見右側不遠處竟擺著一個扇攤。擺攤的是一位傴僂老婦。她面前鋪條麻袋，上面擺著二十幾把團扇。那團扇用淡紫色的棠梨木做框，黃褐色的細絹蒙面，扇柄上都雕刻著蘭竹花紋。雖然不及紫檀木、沉香木等名貴團扇精巧華貴，倒也樸素雅致。但扇攤前卻空無一人。

「已經是深秋季節，晨昏涼氣襲人，這老婦人為什麼還賣扇呢？」板橋望著扇攤，心中疑惑不解，便站起來慢慢踱了過去。老婦人好不容易盼來一名顧客，急忙乞求似地問道：

「先生，您行行好——買一把吧。看著給倆大板兒[①]讓俺發發利市。」

「老嫂子，你的扇子倒不錯，做工極精細。可是，秋風涼了，用不著它啦。」

「俺知道，先生。」熱淚在老人的眼眶裡滾動，「俺一家老小五口，兩天揭不開鍋啦。家裡能賣的，全賣啦……」

她哽咽著說不下去了，扯起袖子低頭揩眼淚。

「老人家，你能跟我說說你家裡的情形嗎？」板橋長歎一聲，蹲下來親切地說。

「怎麼不能呢，先生。只要先生您愛聽……」

這老婦人本來有個年力正壯的兒子，是個巧木匠。但他不做桌椅幾凳、車耧犁耙。他春夏做團扇、秋冬雕神龕。掙來的錢，養活一家六口，倒也衣食無憂。誰知今年秋上，兒子忽然得了急病，第三天未到黑，腿一伸，扔下老母、妻子和三個年幼的孩子，死了。家裡沒了掙飯吃的人，就像倒了擎天柱。埋下了死人，活著的老小五口立刻斷了頓。幾天水米不沾牙，孩子嚎得紮人心。沒法子，找出幾把去年賣剩的扇子，來到大集上，想賣掉扇子換回一點米。不想空守了大半天，連個問價的也沒有……

聽罷老婦的哭訴，板橋滿心痛楚。他略一沉吟，便對老婦人說：「老嫂子，我有辦法幫你把扇子賣掉。」

①大銅元。

「真的？先生！」老婦十分詫異。

「真的。我往這扇子上畫上幾筆，就能賣出去。」

「那……」老婦人顯然不相信，這測字的老頭有那樣的神通。

「請放心，老嫂子，讀書人不會騙人。」

板橋到測字攤上，取來墨盒、毛筆，蹲下去，打開墨盒蘸飽筆，拿起團扇，一把接一把地寫畫起來。他先畫一竿竹，再挑幾葉蘭，或勾幾朵菊，或皴一塊石，或題兩句詩。勾、挑、皴、擦，墨飛筆舞。不到三兩袋煙的工夫，二十多把扇子，全部寫畫完。他插上筆，學著小販的腔調，高喊起來：

「哎——秋扇上市咯！一兩銀子一把。現錢交易，言不二價！存貨不多，有識貨的快來買吧！」

隨著一聲高喊，無人光顧的扇攤兒，立刻圍上了幾層人。一個個像司晨的雄雞，伸長了脖頸往裡瞧。誰也不明白，這不發利市的背時扇子，為啥忽然漲了大價錢？

「嘿，劃拉上幾筆，就成了寶扇——值一兩銀子一把？」有人在非議。

「俺娘喂，一石麥子的價錢呢！自盤古開天闢地，誰見過這麼貴的扇子？莫說已經秋風涼，三伏天，熱死人，也扇不起喲！」

「稀賤的梨木，又不是象牙、龍骨、沉香木。癩蛤蟆打哈欠——張的好大口！」

「玄乎，玄乎！」

人們七嘴八舌，紛紛議論，卻無一人想買。

這時，板橋回身對老婦人說：

「老嫂子，千萬記住：貨賣與識家。不管別人說什麼，只准貴，不能賤。賣不掉，回頭我來認著價錢。」

鄭板橋說罷，收起墨盒、毛筆，擠出人叢，坐回到自己的字攤上。

「咻，好傢伙！吹破了尿脬，溜啦！」

「哼！准是個撈人[2]的傢伙。他要真有耍筆弄墨換銀子的本事，怕是早成了趙百萬、丁得天啦！哪裡用得著一身窮酸相，乾巴的像只瘦猴子！」

「老婆子！那傢伙准是拿著你的扇子尋開心——你上當不輕！」

「哈……」人們齊聲哄笑。

漸漸地，譏諷變成了辱罵。濰縣城裡人本來就生著一根能把死人說活的巧舌頭，可要論罵人，撒潑，更是出類拔萃，空前絕後。一時間，粗話、臭話，騷話、潑皮話，一齊使了出來，弄得賣扇子的老婦人，坐不是，站不是，走又不是，哭笑不得，後悔上了大當。人們正在鼓噪、謾罵，忽聽有人驚呼起來：

「哎呀！好手筆！」

說話的是一位身背褡褳的白鬚老人。衣衫整潔，器宇不凡。他剛剛擠到扇攤跟前，一面驚呼著蹲下身去，立刻選好了五把扇子拿在手中，向老婦人問道：

[2] 濰縣方言，騙人。

「這五把，多少錢？」

「一兩──一把──」老婦囁嚅地答道。

「咦，沒那價！」

「您先生──給多少？」

「不少給──五把，三兩銀子。怎麼樣？」

「好！賣，賣給你！」老婦人爽快地答應了。

老翁從褡褳裡摸出銀子，剛說了一聲「給」，忽然又縮回手。問道：「大妹子，你看這樣好不好？我這三兩銀子先做定錢：你的扇子，我全包啦。你趕快收拾起來，跟著我取銀子去。不遠，進了朝陽門就是！」

「那……您給俺多少錢一把？驚訝得張大了口的老婦，卻沒忘記講價錢。

「嗨，有啥不放心的──」老翁指指手中的扇子，「都照這個價給──六錢銀子一把！」

圍觀的人一看這情景，「唰」地一下，把二十幾把扇子，都搶到了手中。有人拿一把，有人拿兩把。也有的人偷偷地把扇子插在背後長衫裡面的褲腰帶上，趁著人亂，溜走了。

老婦人一看著了慌，急忙站起來，大聲嚷道：「一兩銀子一把，少了俺不賣──言不二價！」

沒有人再跟她計較價錢。一個個搶著往她手裡交銀子。老婦急忙扯起布衫的大襟來接。也不知人家給多還是給少。接完了，她瞅瞅兜裡沉甸甸、白花花，雪光耀眼的銀子，熱淚倏地滾出了眼眶。好半晌，方才呆呆地說道：

「老天爺喲！興許，那先生是下凡的財神爺？」

「嘿，什麼財神爺，福神爺！他是鄭板橋——當今的縣太爺！求他的字畫，難著哪！」白鬚老人無限惋惜地說。「唉，悔不該今天少帶了銀子——揹運，揹運！」

「哦？敢情是他老人家！怪不得呢！」老婦聲音顫抖地說：「俺知道，鄭大老爺是憐貧惜窮的好人……俺得給他磕響頭，謝恩。」

可是，她到「喬半仙」擺攤的地方一看，板橋早已不見蹤影。

板橋畫完扇子回到攤位上，忽然記起上次在大集上測字被困的事，急忙收拾筆硯，背上褡褳就走。一面走著，一面回頭看，見後面有幾個人正在朝自己指指點點，彷彿認識自己。他怕走不脫，慌忙加快了腳步。他沒敢徑直進朝陽門，而是沿著白浪河堤朝南走去，打算繞道從南門進城。

走了一段路，見後面並無人跟隨，他才放慢了腳步。秋天的河上景色，另有一番情趣：柳絲搖金，河水清洌。三五遊魚在清流中自在來去。一群白鵝在不遠處嬉水，不時發出「嘎嘎」的啼聲。幾位紅衣女子正在河邊洗衣、擣衣，人影兒倒映在水中，像幾株紅荷在水中搖曳，好看極了。

一股詩情，在板橋胸中勃然激蕩。他正想放聲詠吟，忽聽前方傳來婦人的啼哭聲，不由加快了腳步。轉過一片柳林，只見臨河的小路旁，一位老年婦女懷裡抱著一隻鮮血淋漓的大白鵝，正在傷心地啼哭。一面不住地叨念：「瞎眼的東西！三天下四個蛋——多好的一隻鵝呀！活活給俺拿馬蹄子踏死，俺再到哪兒找這下力的鵝去？」

板橋一聽，便明白了是怎麼事。他近前幾步，低聲勸道：「老嫂子，一隻鵝值不了幾個大錢，何必如此傷心——氣壞了身子，不值得喲！」

老婦抬頭望望陌生人，粗魯地答道：「看你先生說的！俺就這麼一隻下力的鵝。還說俺的鵝絆了他的馬蹄子，踏死活該！你說，先生，天底下有這理嗎？」嗚……老婦又哭起來。

「這事固然可氣。」板橋心中忿忿，卻極力平靜地相勸。「可是，那無賴已經走遠啦，您生氣也沒用，反正你的好鵝是活不過來啦。」

「俺知道活不轉！」老婦哭得越發傷心。「可鵝死了，眼瞅著冬天到啦，俺到哪兒弄錢給小孫子扯棉襖去？」

「難道再就沒有別的法子弄點錢啦？」

「有毛不算禿子！」老婦拍著懷中的死鵝，「除了牠給俺進倆錢，俺哪有別的錢路？」

板橋伸手摸摸褡褳，裡面空空如也。皺眉想了想，歎口氣說道：「老嫂子放心，我替那惡棍賠你的大鵝——保證讓你的小孫子穿上新棉襖。」

「你，你老先生能替俺賠大鵝？」老婦望著板橋，狐疑地問道，「莫說俺這鵝不該叫你賠，就是該當，哪兒再找這樣的好鵝呀？」

板橋神祕地一笑：「唉，我賠的鵝，要比你這鵝好十倍。」

「哪有那麼好的鵝？先生別哄俺老婆子啦！」

「老年人不會哄人。」板橋嚴肅地答道。「老嫂子，過一會兒您就知道啦。」

說罷，板橋放下褡褳，從裡面摸出一張元書紙，展開鋪在地上，抽筆蘸墨，低頭在紙上畫了起來。眨眼之間，紙上出現了一隻昂頭長鳴的大白鵝。板橋還未收起筆硯，老婦便生氣地嚷道：

「哼，俺說呢，原來是畫只紙鵝騙俺呀！這麼大年紀的人，不犯於[③]捉弄人嘛！」老婦氣得扭頭就走。

板橋拿著畫，追上去，說道：「老嫂子，別看這是一隻紙鵝，它比真鵝值錢得多。你不信……」

「老不在乖！」老婦打斷了板橋的話。「要是紙畫的鵝能換錢，滿天下的人，不都去畫鵝發財啦？」

「咦，老嫂子，難道連畫兒值錢，你都不懂？」

「怎麼不懂？哪要看是誰家畫的！」老婦漸漸止住了哭泣。

「誰畫的能值錢呢？」板橋來了興致。

「聽說鄭大老爺畫的畫兒，就比真東西還值錢。他畫一根小竹枝，值棵大樹錢哪。」

板橋會心地一笑：「倘使這鵝也是鄭板橋畫的呢？」

「別逗俺老婆子啦。」老婦連連搖頭，「鄭板橋是俺們濰縣的青天大老爺——俺哪有那福分喲！」

[③] 方言，用不著。

板橋正色說道：「老人家，實話告訴你，我就是鄭板橋。」

「什麼？您，您就是鄭大老爺？」

「我就是。」板橋近前低聲說道。「有識貨的買你這畫，少了五兩銀子不賣！」

「啊？五兩銀子？買頭殼郎豬哪！」老婦把死鵝扔到一邊，撲通跪到地上，磕著頭說道：「多謝鄭大老爺幫襯俺。俺一家忘不了您！」

等到她抬起頭來，縣太爺已經不見了。只有那幅墨鵝展放在面前。她雙手拿起畫幅，正不知該怎麼辦好。忽聽柳林西邊，傳來了縣太爺的歌唱聲：

仁心隳盡恨惡少，
踏掉幼兒新棉襖。
相識莫疑板橋筆，
紙鵝價比真鵝高。

輕搖筆桿，一天做成兩件好事。板橋感到很高興。深為青年時代勤苦發憤、練就一支有用的筆桿而慶倖。

不料，三天後，他便遇到了麻煩：城隍廟老道請他寫廟碑，使他苦惱了許多日子。

他又希望自己壓根兒不會拿筆……

只恐城隍惹不得

「老爺，城隍廟老道元覺，在門房求見。」

板橋正在簽押房裡埋頭研究一份訴狀，一個小皂隸進來稟告。

板橋抬起頭，皺眉答道：「一定是前來化緣，重修廟宇。你去叫鄭田給他十兩銀子，打發他走就是。」

小皂隸答道：「老道說，有要事，定要面見老爺呢。」

板橋歎口氣：「那就請他到客廳吧。」

一提到城隍廟，板橋就在心裡發笑……

正像人間每座城池都要有官吏治理一樣，每座城池自然也要有一位城隍。據說城隍爺是陰間的地方官，陰陽兩界，官吏齊備，各司其職，相輔相成，便把熙熙攘攘、肅肅森森的陰陽兩界，和千千萬萬的芸芸眾生、喧囂群鬼，治理得予奪有據，尊卑有序，俯首貼耳，秩序井然！

據記載，早在南北朝時期，便有了建廟奉祀城隍的事。到了唐代，此風更熾。宋代以後，城隍廟更是遍布天下，凡有城池的地方，必要建築一座城隍廟。明代的朱元璋，一登上皇帝的寶座，一面迫不及待地濫殺開國元勳及功績卓著之臣，一面大肆封官許願。興之所至，連「城隍爺」也叨了光：京城的被封為「帝」，開封、臨濠、東和、平滁的被封為「王」，府城的被封為「公」，縣城的被封為「侯」。不久，這位胸無點墨的開國皇帝又自食其言，收回了城隍的封號。可憐普天之下的城隍，從此以後，除了被一些虔誠的信徒尊為「爺」之外，再也沒有別的光彩了，儘管香火依然十分興旺。

不過，據說在陰陽兩界的千官萬吏之中，政績最為顯赫的，依然首推城隍和土地。儘管城隍爺的職司是管城、管隍[①]，土地爺的職司是管土、管地，但這兩位「爺」似乎都對職權範圍內的事不感興趣，競相爭著去管人——變成了鬼的「人」。據說人們之所以只見惡豪擋道，不見惡鬼橫行，就是託福這兩位「爺」的功勞。

由結果而推知原因，便不難明白，為什麼觸目皆是怠忽職守、貪贓枉法的縣令、地保，卻沒有人見過不稱職的城隍爺或土地爺！這就難怪，人們對縣令和地保往往親熱不起來，而把有限的孝敬與虔誠都獻給了城隍和土地！

濰縣城隍廟就在縣衙西邊半里遠的地方。廟內松柏蔽日、銀杏參天，三進大殿，巍峨莊嚴。廟內除了供奉著城隍爺，還奉祀著十殿閻君。論規模，是縣城廟宇中最大的一座。

板橋初來濰縣時，由於城隍廟離縣衙近，環境又十分幽靜，日夕月昏，常來廟中散步。但每當他來到閻羅殿前，儘管殿門緊閉，心裡總是十分害怕。似乎那可憎的牛頭馬面，猙獰的

① 即城濠，也稱護城河。

惡鬼判官，恐怖的銅蛇、鐵狗、刀山、油鍋，就要破門向他撲來一般。只覺得殿宇森森，陰風颯颯，脊背發冷，毛髮豎立。雖有住持方丈元覺老道在一旁相陪，他也不敢久留，往往匆匆離去。自從他和關帝廟主持恒徹上人交上朋友之後，儘管關帝廟寺小、路遠，他再也不去光顧這近在咫尺的城隍廟了。

今年夏天，不知為什麼，城隍爺竟惹惱了雷神爺。一天傍晚，雷公駕著狂風黑雲，來到了城隍廟的上空。大吼一聲，電火沖天，暴雨如注。他一劍劈下，把城隍廟大殿和配殿的屋頂削了大半去。雷公泄了忿，駕著黑雲得勝回府去了。城隍爺哭喪著臉，大瞪著眼睛，攤存寶座上，一動不動。渾身被暴雨沖得斑駁陸離，活像一隻落進五彩染缸的油雞！

這一來，卻苦了住持老道元覺，只得四處施禮，求告——化緣。他把重修廟宇，再塑金身的希望，首先托在縣太爺的身上……

元覺老道來到客廳，左手擎著化緣簿，彎起右臂，併攏五指，向縣太爺恭敬施禮，同時懇懇切切地說道：

「大老爺，小寺殿宇被雷火焚毀，已經數月。城隍爺，晝夜飽嘗風雨日露之苦。小道痛心疾首，夜不成寐，飲食難安。唯有募化銀兩，重修廟宇，方不愧對城隍爺之神靈。故此，小道特懇請大老爺。首倡捐助。」

板橋從來不信鬼神，更不願把苦苦掙來的幾兩銀子花在鬼神身上。但想到城隍廟毗鄰縣衙，如不加以修葺，不僅有礙觀瞻，還有被惡人捉住把柄，進行攻訐的可能。於是，他爽快地答道：

「老道長所言極是，本縣理當首倡捐助，無奈，我這不足五十兩銀子年俸，除了救貧濟苦，養家糊口，還要穿衣吃飯呢。不怕老道長見笑，」他拍拍腰間，「這裡常常是空蕩蕩的呢。」

「善哉，善哉！」元覺面露失望之色，再次欠身施禮。

「我捐十兩銀子，老道長莫嫌少。」

「善哉，善哉！禮奉神明，並無定例，千兩不為多，十兩不為少。志虔自會盡力，心誠更能忘我——只要恩施主盡力而行，貧道豈敢嫌少。」

「既然如此，我已經算得是『盡力、忘我』啦——請老道長寫上緣簿吧。」

「善哉，善哉！」元覺眉頭微微皺了一皺，拔出毛筆，寫上了化緣簿。合起緣簿，他欣慰地說道：「有了大老爺的倡首，何愁千兩難募！」

「好哇，老道長，我祝你馬到成功！」板橋希望老道快點離去，一面說著，站了起來。

「善哉，善哉。」元覺近前一步，懇求道：「大老爺，貧道還有一事相求，不知能笑允否？」

板橋猜不透老道還要請求什麼，只得答道：「你說說看，只要能做到的。」

「此事只有你老爺做來最合適，而且易如反掌……」老道欲言又止。

「那就快說，是什麼事？」板橋不耐煩地催促。

「煩老爺的大筆，為小廟寫一篇重修碑文。」

「啊唷喂！使不得，使不得！」板橋急忙搖手推辭，「我生平不愛拜神磕頭。哪會寫出敬神的文字？萬一褻瀆了神靈，罪過不小。老道長，快快另請高明吧！」

「善哉，善哉！」元覺毫不退讓。他又向前蹭了蹭，說道：「恩施主首倡捐助，虔誠無比。城隍爺已經萬分感頌。如今再借重大筆，稍事勞頓，不僅小廟增輝，抑且功德無量呀！」

「嘿！拙字醜陋，哪能為神廟增色——實在不敢當！」

「恩施主何必忒謙！」元覺態度堅決，語氣卻很委婉。「前年，恩施主給關帝廟所撰寫的對聯，小道不止一次瞻仰過，真是虔敬至誠，一片皈依真情。那字體，更是端莊秀麗，嚴密遒勁，絕不在歐、柳、顏、趙、蘇、黃、米、蔡之下……」

「哈……」「施主」笑得前仰後合。「老道長，你可真會謬獎！那副對聯，不是明明白白地寫著：『問爾輩，何等樣人？爾自摸心頭，再來拜佛；朝我過，莫作歹事，我這把刀下，不肯容情』嗎？你看，那都是對活人的規勸，哪有半點頌神的意思？『虔敬皈依』，又從何說起呢？哈……」

「善哉，善哉！」元覺的一雙細目連連眨動著，「恩施主乃是陽世父母官，城隍乃是陰間父母官，同為一縣之宰，雖屬陰陽兩界，但職司相同！豈有『陽世縣宰，冷落陰間同行的道理？何況，恩施主既為關帝聖君寫了對聯，如不為城隍爺撰文，縱然不是厚彼薄此，怕也——小道不過是為神明代言，還望恩施主三思。」

元覺老道搖起三寸不爛之舌，死纏軟磨，終於使缺少耐性的鄭板橋敗下陣來。他無可奈何又暗含譏諷地答道：

「這寫碑文的事，我只道是老道長之情，原來還是城隍爺的鈞旨。既然如此，在下乃是凡夫俗子，怎敢冒犯城隍爺？讓我試試看吧。至於褻瀆與否，請老道長定奪就是。」

「恩施主功德無量！善哉，善哉！」元覺老道連連點著頭，歡歡喜喜地去了。

老道去了之後，板橋越想越彆扭。心想，被他化去十兩銀子事小，那元覺打著城隍爺的旗號，死逼著寫「重修碑記」，如不寫這遵命文章，只恐招來那巧舌出家人的汙水。唉，這一次，分明逃不出「城隍爺」的手掌心了。

想著，想著，板橋不由吟起了打油詩：

募化何須打旗號，
張開腰包任爾掏。
又恐城隍惹不得，
違心文章費推敲！

正像元覺老道所預料的那樣，有了縣太爺的倡首捐助，再加上他那三寸不爛之舌的虔誠打動。兩個月後，不僅遭受雷擊的城隍廟大殿和配殿修葺一新，在山門外的空地上，還添蓋了一座戲樓。

「神使」的化緣獲得了巨大的成功！

但是，板橋所允諾的「重修碑文」，卻一字也沒有落紙。元覺老道接連來催促了三次。

看看實在躲不過，他只得搜索枯腸，作那違心文章。板橋一向文思敏捷，但這一次卻苦澀得使他自己也感到吃驚。苦思冥想了好幾天，幾易其稿，好不容易才寫出了一篇典雅莊重、義在言外，長達千餘言的妙文——《濰縣城隍廟碑記》[②]然後工工整整地抄寫在一張六尺宣紙上。寫罷，板橋笑著自語道：「會看的看門道，不會看的看熱鬧——管他城隍爺是喜是惱！」

碑記開頭寫道：

一角四足而毛者為麟，兩翼兩足而文采者為鳳，無足而以齟齬行者為蛇，上下震電，風霆雲雷，有足而無所可用者為龍。各一其名，各一其物，不相襲也。故仰而視之，蒼然者天也；俯而臨之，塊然者地也。

其中之耳目口鼻手足而能言、衣冠揖讓而能禮者，人也。豈有蒼然之天而又耳目口鼻而人者哉？自周公以來，稱為上帝，而俗世又呼之為「玉皇」。於是，耳目口鼻手足冕旒執玉而人之；而又寫之以金，範之以土，刻之以木，琢之以玉；而又從之以妙齡之官，陪之以武毅之將。天下後世，遂裒裒然從而人之。儼在其上，儼在其左右矣！

至如府州縣邑皆有城，如環無端，齒齒釁釁者是也；城之外有隍，抱城而流，湯湯汩汩者是也。又何必烏紗袍笏而人之乎？而四海之大，九州之眾，莫不以人祀之；而又予之以禍福之權，授之以死生之柄；而又兩廊森肅，陪以十殿之王；而又有刀花、劍

②該碑為中國一級文物，現藏山東濰坊市博物館。

樹、銅蛇、鐵狗、黑風、蒸鬲③以懼之。而人亦裒裒然而懼之矣。非惟人懼之，吾亦懼之。每至殿庭之後，寢宮之前，其窗陰陰，其風吸吸。吾亦毛髮豎栗，狀如有鬼者。乃知古帝王神道設教不虛也……

好一篇奇崛斑斕文章！它從麟、鳳、蛇、龍人筆，洋洋千餘言，迂回曲折。乍一看，通篇似在肯定玉皇（上帝）的存在，頌揚神祇之無上權威。但仔細品味便會發現，作者的生花妙筆，無非在證明一個真理：神本沒有，完全是人類照著自己的樣子製造出來的。反過來，人們又讓那「人造物」享受犧牲禮樂之祭。從而使人感到「儼在其上，儼在其左右」，煞有介事；而且還利用那些「人造物」的猙獰恐怖，恐嚇那些喪心敗德、橫行不法之徒。足見，那些發明造神的人，真可謂是機關參透，法力無邊！所以，連公然揭開個中祕密的板橋先生，每當進入閻羅殿，也被殿堂的陰風，恐怖的刀花劍樹震驚得「毛髮豎栗」，相信惡鬼就要向他撲過來……

天底下神祇們的聖靈尊嚴，被板橋的一支羊毫筆蕩滌殆盡！

好一個膽大包天的鄭進士！

《碑記》在敘述了殿廈、寢宮、神像、筍虡，修建得「以堅以煥」之後，筆鋒一轉，寫到了新建的演戲樓：

③煮東西的鼎。

而於大門之外，新立演劇樓居一所。費及千金，不且多事乎哉！豈有神而好戲者乎？是又不然。《曹娥碑》云：「盱能撫節安歌，婆娑樂神。」則歌舞迎神，古人已累有之矣。詩云：「琴瑟擊鼓，以迓田祖④。」夫田果有祖，田祖果愛琴瑟，誰則聞知？不過因人心之報稱，以致其重疊愛媚於爾大神耳。

今城隍既以人道祀之，何必不以歌舞之事娛之哉！況金元院本，演古勸今，情神刻肖，令人激昂慷慨，歡喜悲號，其有功於世不少。至於鄙俚之私，情慾之昵，直可置弗複論耳。則演劇之樓，亦不為多事也……

看，「費及千金」蓋成一座戲樓，也並非是神的需要，而是人們的一種意願。因為誰也沒聽說過田祖愛琴瑟。不過是人們想以歌舞宴樂取悅大神而已。只有人類，看了那些精彩的娛神演出，於「激昂慷慨，歡喜悲號」之後，方能受到心靈的洗禮。所以，建樓演戲，「有功於世不少」！

峰迴路轉，終有盡時；霧罩廬山，真顏遠顯。一篇縈紆文章，探明了「千古禮儀」之真諦：神本無有，乃人所造；祀神無非盡人意；演戲雖可誨人，卻不能娛神。

本是為神廟寫碑，板橋卻作了一篇離經叛道、否定一切神祇的狂悖文章！難怪有人要拍案驚歎了……

④稷神。

元覺老道得到碑文後，大喜過望，連稱「善哉」。他連夜選精料，聘名匠，突擊制碑。為了使縣太爺的正楷書法更加傳神，還特地請來熟悉板橋書體的雕刻家司徒文膏親手鐫刻碑文。

不幾天工夫，一座六尺高的新碑已經巍然矗立在城隍廟大殿前。碑身用水清色花崗岩雕成，石紋如漪，晶瑩澄碧。外砌碑亭一座。水磨青磚砌柱，翠綠琉璃瓦覆頂。雖不及泰山岱廟中的「禦碑亭」巍峨高大，但也十分雄偉典雅。

新碑落成那天，前來瞻仰的人，從朝至暮，絡繹不絕。人們誇文章，贊書法；撫掌翹指，讚歎不已。人群中有一位告老還鄉的翰林。他佇立碑前，凝視良久。忽然，搖晃著齊胸的美髯，吟詩般地說道：

「看文章，言顯義深，波折濤回，跌宕起伏，不落窠臼；論書法，正楷中蘊有隸意：骨堅肌貞、疏放嚴謹，飄逸瀟灑。可謂珠聯璧合，相得益彰！真乃罕見之神品——難矣哉，難矣哉！」

老翰林的話，被添枝加葉地傳了開去。

「啊唷喂！連老翰林都說，城隍廟碑是『神品』，趕快開開眼去！」

「開眼倒是小事。聽說那神品能避瘟祛邪呢！要是能弄回張拓片掛在家裡，保准百災皆除！」

流言生著一千隻翅膀，一日能飛千里。

那些睡夢中也想望「板橋體」的世家大戶，聽到這消息，一個個帶上宣紙、棕刷，紛紛湧向城隍廟，向老道交涉捶拓片。這一來，反到提醒了元覺。

「什麼，捶拓片？」元覺護在新碑前面，不讓眾人近前。「好嘛，想拓片不難，拿銀子來買。這是廟產，懂嗎？」末了，元覺又加了一句：「想買明天來，五兩銀子一張。一手交錢，一手交貨！」

元覺立刻雇來四名拓工，晝夜交替，歇人不歇碑，做起了拓片生意。板橋的《城隍廟碑記》，一夜之間，變成了元覺老道的一棵搖錢樹！

消息傳到了鄭板橋耳朵裡。他開始一愣，繼而跺腳大罵起來：

「翹辮子的！原來清靜道場也出馱錢驢呀！早知一篇應景之作會造這麼大的孽，莫說得罪城隍，就是得罪了玉皇大帝，也休想老鄭寫一個字！」

「嘻嘻！多虧咱使出讓石人點頭的軟功夫，說轉了鄭板橋，弄長聚財符。那鄭板橋總算做了一件積德的大好事！」元覺卻在不住地念「善哉」。

是的，他在城隍爺的寶座下，敲了二十年的鍾磬，親手燒掉的香燭，足可堆成一座小山。但是，城隍爺從不肯拿眼梢瞥他一瞥。如今，鄭板橋的一篇文字，竟比城隍爺靈驗一千倍，怎不叫他心眼裡喜愛這「神碑」呢？他的雙手輕輕在水青碑身上摩挲著。一種滑潤、溫暖的快感，沿著十指，不斷傳人他的心窩。許久，許久，捨不的挪開雙手……

這些天來，每當夜靜更深、眾徒酣睡之後，元覺便把城隍爺寶座前的古銅香爐抱到「神碑」前，焚上一爐上好的檀香，靜靜地跪在郎裡禱告。望著嫋嫋升騰的青煙，彷彿神碑正向他綻開誠摯的微笑。真到三炷檀香燃完，他才恭恭敬敬地磕上三個響頭，然後安安靜靜地去睡覺。

他睡得很香很香……

元覺老道像一隻嗡嗡飛舞的牛蠅，勸不走，揮不退，竟將板橋逼進了死胡同！倘使一個普通的索畫者，只要板橋情願，他會嬉笑推謝，輕易地將「慕名者」打發走。但是，面對城隍爺——「神靈」的祈求，他反而束手無策。即使不顧忌「物議」，他還顧忌有礙觀瞻呢！於是，他只得硬著頭皮作那遵命文章，捧前繞後地用曲筆。看似雄辯詭奇，實則兜著圈子非神。當往宣紙上落筆時，他又是那樣小心拘謹，顯出少有的耐心。結果，文奇字妙，被譽為「雙絕」。連他自己也沒有想到有此意外的結果！但元覺守著「搖錢樹」，大發橫財，卻使他後悔莫及！

也許是因為那恣肆倘佯的非神文字得罪了神佛，事過不久，他的獨生兒子便被奪走了……

兒魂一去不再還

桃花知我至，
屋角舒紅芳；
舊燕喜我歸，
呢喃話空梁；
蒲塘春水暖，
飛出雙鴛鴦……

一盤芥茉雞，一盤涼拌黃瓜，再加一嗉子壺山東即墨老酒，使板橋美美地睡了一個午覺。剛剛醒來，他便在床上吟起了《還家行》中的詩句。《還家行》是板橋到濰縣後的得意詩作。是「三行」中的一首，另外兩首是《逃荒行》和《思歸行》。在這三首長詩之中，他似乎又特別偏愛《還家行》，近來常常不由地隨口吟詠。

其實，與其說詩人鄭板橋是在為自己的佳作得意，倒不如說是為著自己的赫赫政績而興奮。他來濰縣後，經過三年多的拼搏，終於戰勝了海嘯、大旱和澇災。從死亡線上救回了十多萬濰縣子民，爭來了「穀黍等人長」的豐收景象。想想剛來濰縣任所時節，第一次下鄉勘即時所見的景象，那真是慘不忍睹，不寒而慄。「十日賣一兒，五日賣一婦，來日剩一身，茫茫即長路。長路迂以遠，關山雜豺虎……」在《逃荒行》的開頭，他就蘸著淚水寫下了如此痛切肺腑的詩句。「山東遇荒歲，牛馬先受殃；人食十之三，畜食何可量。殺畜食其肉，畜盡人亦亡……」在《思歸行》中，他再次抒寫出當時災荒的慘劇。

這一切，總算都過去了。逃亡關東的人，紛紛結伴還家，重整荒蕪的田園。現在，幾乎每天他都聽到濰縣百姓對父母官的歡呼感戴之聲。作為地方官，他覺得沒有愧對治下的子民。今年，山東巡撫包括在考核地方吏治時，將他的政績列為山東全省第一；並作出「老成持重，才堪大用」的褒語，記錄在案。是的，他也沒有愧對上憲和皇上。近來的歡愉之情，無疑正是來自這兩個方面。

日影已經斜過兩根窗櫺，大概未正時刻已到，該到前衙理事了。

喝過聽差端上的一杯茉莉香茶，剛要起身往簽押房去，在上房當值的小皂隸便送來一封信。

「老爺，您的萬金家書。」小皂隸雙手捧信，恭敬遞上。

好哇，已經快兩個月未接到家信了。他最記掛的兒子鄭麟，今年已經入學了。不知讀書是否用功，天資是否聰穎，對師長、同學是否尊敬？五十二歲上方才老來得子，時時刻刻牽著他的心！

他急忙拆開信，抽出信箋。

信是堂弟鄭墨寫的。板橋無親兄弟，出仕以後，將家事完全託付給堂弟鄭墨照料。展開折疊的素格粉箋，當中夾有一張小紙片，是從作文薄上撕下的。原來是兒子鄭麟的親筆信！「喲，我的寶貝兒子能寫信啦！」板橋高興地歡呼起來。捧著短箋，彷彿捧著兒子的胖臉，兩手竟嗦嗦顫抖不止。兒子的信很短，字體挺大，只有四行字：

阿爹好：

阿媽也好，阿爹莫掛念。老師誇孩兒用功，阿媽誇孩兒懂事，阿叔誇孩兒聰明。阿爹聽了一定會很高興。我要阿爹做大官，比同學的阿爹強百倍！

兒鄭麟上

板橋把兒子的信，反覆看了兩遍。臉上的笑容倏然消失了，雙眉緊緊蹙到了一起，眉心漾出了一個清晰的「川」字。他輕歎一聲，將鄭麟的信放到案上。坐下來，拿起鄭墨的信，讀了起來。

鄭墨的信，先報告了「今年晚稻豐收，超過往年二成以上」。又說到板橋夫人郭氏，如夫人饒氏，「二位嫂子，身體健朗，一派愛心全在侄兒身上」。鄭墨分明深諳堂兄愛子之心，接下來，大部分篇幅，全是寫侄兒的讀書、生活，連侄兒的愛好習慣，也沒忘記詳詳細細地寫上：

鄭麟讀書聰穎刻苦，入學不到一年，已經念完了《三字經》、《百家姓》、《千字文》，開講《論語》。並已念完《里仁篇》，開讀《公冶長》篇了。而且侄兒「飯量日增，身體飛長，已是翩翩少年模樣。」信的最後寫道：「阿侄小小年紀，便勇敢明理，有人譏笑我家，麟侄當即予以反譏。對於曾經偷過我家蔬菜瓜果的人，更是深惡痛絕。他們見了侄兒，即使恭敬搭話，阿侄依然昂首而過，不予理睬。」信的最後贊道：「似此穎悟、奮進、勇敢、明理之後輩，不但吾兄後繼有人，而且青出於藍而勝於籃！麟侄必會光耀鄭家門楣，後來居上……」

官清則民順。前幾年大災期間，案件還多一些，如今災荒過去，盜賊斂跡，訟事銳減。板橋一個下午，待在簽押房中，並無幾件案卷可看。無公事分心，他的思緒便一直纏繞在今天剛收到的一長、一短兩封信上。哼，慣子如殺子。他們都在嬌慣我那生逢其時的福秧子！

板橋由鄭麟的處處受到袒護，不由想到了當年早夭的兒子鄭𣗳……

板橋三十歲上便有了一男兩女，那年正逢父親去世。一介窮秀才依靠做塾師，每年掙回的幾兩銀子，如何維持一家人的溫飽：「天荒食粥竟為長。」子女一旦降生到他家，便過起半饑半飽的生活。營養不良，加上天災頻仍，時疫流行，他所寄予希望的繼承人——兒子鄭𣗳，竟在八歲那年突然夭折了。那時，板橋正在揚州賣畫。揚州距興化老家水路二百餘里，木船緊搖慢搖，等到把消息送到揚州他借居的天甯寺，兒子已經死去了兩天！

三十多歲的人，突然失掉唯一的兒子，這打擊不能說不沉重。但他聽到噩耗時，競分外鎮靜。當時他正在作畫，送信人剛說完「小哥不幸——下世啦」，他便重重地擲下筆，慢慢坐到椅子上，半晌無語。然後緩緩說道：

「回去跟徐氏說，買口小薄皮埋了就是。兒子已經死了，傷心無益，要她注意身體。我，我就不回去了。」

拿出二兩銀子，打發走報信的人，小沙彌便前來喚「先生用飯」。這天的晚飯，板橋的飯量並未減，但老方丈分明看出了異樣。他見客人臉上露著痛苦神色，只顧低頭嚼飯，一反平常日高談闊論、佻撻嬉戲的習慣。便關切地問道：

「板橋先生，莫非小寺照料不周，抑或有什麼心事？」

板橋沒有正面回答，卻反問道：「老方丈久傍蓮台，請問：這天理、神佑，到底有沒有？」

「這……」老和尚愣了一會兒，語氣含糊地答道：「孔子曰：『祭神如神在』。只要篤信，神佛無處不在，無所不護佑。」

「看來老鄭必須改變初衷了！」板橋想到自己對神佛實在缺乏虔敬之意，竟自我調侃起來。話是這麼說，沒有返家跟兒子作最後的訣別，他心裡多少有幾分悔意。唉，鄭槨做了自己的兒子，哪有一天得到過溫飽和愛憐。自己生性暴躁，加之年紀輕，不知痛惜孩子。孩子餓了不敢喊餓，寒了不敢喊冷；心裡有了委屈，更不敢跟自己訴說。就是這樣，還往往遭到自己的斥罵和竹篾抽打。想想實在對不起兒子。而自己，在八歲的兒子告別人世時，竟不能抽出幾天工夫，親自把他送到泉下……

半月後，板橋方才抽空趕回興化老家。到家後的第一件事，便是買上香燭紙錢，前去祭奠亡兒。孩子年幼夭折，不能進祖塋，隨便埋在祖塋旁濱水的一塊斜坡上。橢圓形的小墳頭，已經長出了茸茸的青草。草青水白，四顧無人，可憐的孤魂就長眠在這裡！

「槨兒，阿爹對不起你呀！」狂喊一聲，板橋俯到墳上，痛哭起來。哭聲傳得很遠，幾隻水鳥被哭聲驚起，從水邊的蘆葦叢中慌忙飛了開去。

板橋的兩隻手插進濕潤的黃土中，用力抓著，彷彿要把兒子從陰暗的墳坑中拉出來。他在哭兒子，也是在哭大半生坎坷的命運！

鄭墨焚化完帶來的香燭紙錢，正要勸堂兄止住哭泣，板橋已經站了起來，掉頭往回走。

當天夜裡，板橋一口氣寫了《哭櫛兒》五首。其中兩首寫道：

> 墳草青青白水寒，孤魂小膽怯風湍。
> 荒塗野鬼誅求慣，為訴家貧楮鏹[①]難。

> 可有森嚴十地開，兒魂一去幾時回？
> 啼號莫倚嬌憐態，羅剎非爾父母來。

是的，孤魂已經長眠地下，即使哭泣悲號，也只有面對羅剎惡鬼的凶臉。自己想補償，也無能為力了。死者長已矣，贖罪再無期……

可是，總不能矯枉過正，將對鄭櫛的歉疚，變成對鄭麟的嬌慣呀。眼下，師長、家長的嬌縱，使這孩子在小小的年紀就自視優越，目無鄉鄰。動輒在街坊孩子面前，吹噓「阿爹做大官」！現在，不但命令似地，「我要阿爹做更大的官！」甚至藐視同學，結怨鄉鄰。長此下

① 指紙錢。

去，不但難以成為國家有用的人才，只怕連一個尊老愛幼、勤奮睦鄰的農夫也做不好！

孩子已經開蒙了，懂事了。再不嚴加管束，積習難更，到了不可救藥的地步，鄭家可就徹底無望了！

接到家書的當天晚上，板橋一口氣寫了兩封信。一封給堂弟鄭墨，一封直接寫給兒子。

給堂弟的信[2]，是這樣寫的：

從來信中得悉，你郭、饒二嫂對阿麟頗嬌慣。長此以往，只恐助其驕悍之氣，貽誤子弟非淺！

我五十二歲始得此晚生兒子，豈有不愛之理。然而，愛子之道，首先要使他明理。即使嬉戲玩耍，也要有忠厚同情之心。我雖是微末小吏，兒子卻是富貴子弟。讀書、中舉、中進士、作官，此乃小事，第一要緊的是明理做個好人。要教育其像優秀子弟那樣，學有成，行有德。對待師傅、同學，必須倍加恭敬。對於年紀大的同學，應稱「先生」，小一些的也應稱「某兄」，不得直呼其名。給我們孩子買的筆墨紙硯，也應分給同學一份。有多少貧家之子，寡婦之兒，想得到幾文錢買川連紙釘仿字簿都辦不到！碰到陰雨天氣，離家遠的學生不能回去，要留下吃飯。天黑了，怕家中掛念，定要回家，

[2] 這封信及後面寫給兒子的信，是綜合幾封原信的大意。

務必找雙舊鞋讓其穿上回家。父母都愛孩子，雖無好衣服穿，也儘量做新鞋襪穿上入學，一旦遭到泥濘，再做就困難了。

我不在家，麟兒一切，由四弟嚴加管束，務必長其忠厚之情，驅其殘忍之性。萬不可因為是「侄子」，便加以嬌縱。家人的兒女，都是天地間一般人，應同樣愛惜，不可使我兒凌虐欺侮。有了魚肉果餅等稀罕食物，要同樣分給他們一份。不然，我的兒子坐食好物，人家孩子遠立而不得沾唇齒，人家父母豈會好受？不得已把孩子喊走，心中定像割心剜肉一般痛楚。

我想天地間第一等人，只有農夫。而士為四民之末。農夫苦其身，勤其力，耕種鋤割，以養天下之人。倘使天下無農夫，天下人皆餓死矣。我輩讀書人，入則孝，出則悌，得志加澤於民，不得志修身見於世。如一捧書本，便想中舉，中進士，作官，如何攫取金錢，造大房屋，置多田產，起手便錯走了路頭，後來越做越壞，總沒個好結果！

兒童時代，喜愛活動，可於課餘之暇，命其向老農學稼學圃。我不願子孫將來取勢位富貴。宦途險阻，倏忽多變，願子孫為農家子，安分守己優遊歲月，終生無意外風波險阻。

愚兄平生最重農夫。新招來的佃戶，必須待之以禮。他們稱我們為主人，我們則稱他們是客戶。主客原是相互的稱謂，我何貴，而彼何賤？要體諒他們，憐憫他們。他們來借貸，一定要周全，無力償還，也要寬讓，決不能逼勒。這些道理，四弟必須時刻講給我兒聽。萬不可再有稍微姑息。郭嫂、饒嫂處，你也要多加開導。

另附一信給阿麟。先講給他聽，然後逼他背熟，牢記於心，終生不得忘記。其餘家事，我弟一力主持，諒情裁奪可也。

哥哥字

給兒子鄭麟的信，是這樣寫的：

字諭麟兒：你已經入學，一切心思應全部用在學業上。一切家務，外事有四叔管，內事自有母親管，何必你過問？至於親戚鄰里，無論與我家有隙無隙，是親是疏，在你只有尊敬之。見面要行後輩之禮，笑臉相迎。你既讀完了《里仁篇》，應懂得「君子去仁，惡乎成名」的聖訓。豈可因鄰人與我家略有齟齬，便置之不理，忘記「泛愛人」的道理？即使嬉戲玩耍，也要忠厚悱惻。如籠中養鳥，我圖娛悅，牠困牢籠，何情何理？至於發繫蜻蜓，線縛螃蟹，一時片刻，便拉拽而死。圖一時之歡娛，而傷牠一條性命，於心何忍？要時刻謹記，長忠厚之情，去殘忍之性，不可一時忘記！

你小小年紀，所知無多，所記無多，卻只記住旁人的謬獎過譽之詞。滿紙儘是老師誇你「用功」，阿媽誇你「懂事」，阿叔誇你「聰明」！真正用功讀書的孩子，哪有一句不言詩書，開口便是這些肉麻話的道理？我聽了後，不但不高興，還十二分的生氣。須知，時時誇耀自己的人，個個都是蠢之又蠢的廢物！難道一個六歲的孩童，竟一切至善至美，毫無瑕疵？阿麟，我真為你臉紅，為你擔心呀！

阿爹生平恃才傲物，漫罵無禮，尤其愛罵滿腹糟糠的假斯文。由此不知得罪了多少人，至今痛恨生性難改。但是，我見人有一才一技之長，一行一言之美，總是嘖嘖稱道，虛心學習。當初阿爹讀書，不可謂不用功，《論語》、《孟子》、《大學》、《中庸》，都曾背誦著認真抄錄一遍。四十三歲上，還躲進焦山，苦讀一年。平生見了好文章，總是愛不釋手，百讀不厭，直到爛熟於心為止。就是這樣，依然四下「鄉場」，三次落第而歸。你天資愚鈍，再不發奮，只怕連知四時、種稻麥的農夫也做不得，更不要說大出息了！

你動輒向鄰居孩童、同堂學友，提起「阿爹在外做大官」，今天又以長輩的口氣，命令「阿爹做大官」！我明白告訴你：阿爹乃是天底下最小的「官」。人皆以做官為榮，我反以做官為苦。倘若不是至今不敢停下書畫筆，你的衣食、學俸錢，尚不知何處籌措呢！阿爹做的不過是芝麻大的官，你不以為恥，還時時向人炫耀。這已經超乎愚蠢了！況且，阿爹的官，是苦拼三十年掙來的，與子孫毫不相干。多少官宦子弟，借著祖宗的蔭庇，不肯用功深造，終於潦倒終身，永無寸進，甚至淪為乞丐強盜。我兒慎之，戒之！

我兒眼下年小，許多事尚難盡知其理，好在四叔在堂，應時刻聆聽教誨，方不負阿爹一片苦心。

抄上唐代詩人聶夷中的《詠田家》，李紳的《憫農》，北宋張俞的《蠶婦》及流行俗詩一首。我兒必須背熟，朝夕背給二位奶奶，二位母親及叔叔、嬸娘聽。

見信後，要立即復信，說說你的志向與想法。

一口氣寫完兩封長信，時刻已近亥時。板橋站起來，活動活動麻木的兩腿，信步來到中庭。圓月已升至中天，庭院沐浴在一片銀輝之中。溫暖的秋夜，已經高過人頭的翠竹，在微風中輕輕搖曳，像兒子伸開雙手，正想撲向自己的懷抱。此時，大概麟兒早已人了夢鄉。但願這封信，能使他明白許多道理。板橋覺得，剛接信時的那種不安心情，此時已平復了許多，彷彿不需十多天的郵路耽擱，剛寫完的書信已經到了兒子手中……

五十七歲的老人了，身體本來就軟弱。加之先為貧窮所累，繼為吏治而苦，近來精神更是一天不如一天。志愈強，氣血愈不足。白日認真作了文章或書畫，往往通宵失眠。今晚雖然寫了一個多時辰的信，他覺得心裡反倒挺平靜。今夜大概不會失眠了。

果然，這一夜，板橋睡得挺香，並且做了一個好夢。他夢見兒子接到他的信後，一改從前的不良習氣，不但讀書倍加用功，謙恭知禮，而且功課、文章日見精進……

發走兩封家信之後，板橋日日盼望著得到兒子的回音，但復信卻遲遲不至。直至霜花滿天，大地凍結的歲暮，久盼的書信，才伴著紛飛的雪絮，來到了濰縣衙署。

「好哇，終於盼來啦！」板橋從聽差手中接過家信，一眼看出是堂弟鄭墨的筆跡。他拆開封套，尋找兒子的信。可是，他失望了：信封內只有堂弟一封信。

鄭墨的信極短，板橋剛看了一眼，信箋便從他手中飄落到地上。他覺得眼前一陣黑，雙手扶著桌子，幾乎站立不住。緊接著，兩行熱淚，沿著他瘦削的臉頰，滾滾而下……

板橋久久盼望的平安家信，竟是一封報喪信！

兩個月前，他的愛子鄭麟突然患病，高燒、喘息，三劑中藥未服完，便溘然長逝！孩子的生母、愛妾饒筠青，也因傷痛太過，一病不起，最近方才脫離險境。主持家務的鄭墨，一直拖到此時，才鼓起勇氣給堂兄寫了這封「於心何忍，又不得不寫」的「萬金家書」！

晴空霹靂，天塌地陷！年近花甲的老人，靈魂出了竅。板橋斜歪在靠椅上，木雕泥塑一般，久久無語，連一聲「可憐的嬌兒」都喊不出！

秋後坐鈕不成瓜[3]，命裡無兒難強求！這些古語，竟在自己身上應驗了……

當初，他給第一個兒子取個又低賤、又奇特的名字——㸬。七尺以上的犍牛，才稱得上是「㸬」。他希望鄭門的繼承人，像一條大㸬牛那樣，體魄雄偉，勤奮堅韌，力大無比。可是㸬兒連四尺還沒長到，剛剛八歲，便被虎痢奪去了生命。當時，他剛剛三十出頭，喪子的悲傷不久即過去。他對再生幾個兒子懷著滿腔希望。

不料，原配徐夫人，因痛子成疾，不久便撒手而去。繼取的郭夫人，除了精心撫育大娘遺下的兩個女兒，自己竟無生育。

他整整等待了二十年，如夫人饒氏方才在范縣任上給他生下了一個胖兒子。當時，他已是五十二歲「知天命」的老人了。暮年得子，人生大幸！既然當初遵照家鄉的習慣，給兒子取了個賤名，仍不能使之「長命」。這一次，他一反其道，故意給晚生兒子取了個極不平凡而又金貴的名字——麟兒。他要讓兒子做一匹麋身、牛尾、龍角的「麒麟」！祥獸行天，獨往獨來，比

[3] 山東方言，意為秋後結出的小瓜，長不成大瓜。

那只會吃草犁田的犦牛，肯定能得到上天的體恤和青睞，健康成才，長命百歲。況且，麒麟專事送子，說不定再給自己送一個來……

不料想，那竟成了自我嘲諷！

古人說：「人生大不幸有三：幼年喪母，中年喪妻，老年喪子！」三歲上，他失去了端莊聰慧的生母汪夫人，三十九歲上，溫良勤儉的原配夫人徐氏又病逝。如今，他已是五十七歲的花甲老人，竟又失去了眼珠子一般金貴的兒子！

人生的「三大不幸」，無一遺漏的全部落到了自己的頭上！不，豈止是三大不幸，他一生始終在不幸的漩渦中苦苦掙扎。調署濰縣三年多，一介小吏，隻手回天，屢得上司褒獎。但官紳的訴狀，禦史的參詰，依然接踵而至。「幾年落拓向江海，謀事十事九事殆。長嘯一聲沽酒樓，背人獨自問真宰。」前幾年寫下的《七歌》中的詩句，正道出他一生的遭遇。「真宰」在哪裡？仰首長天，叩問千百遍，卻得不到一聲回答。「嗚呼七歌兮淚縱橫，青天萬古終無情！」

「哼，光叫老鄭一生坎坷潦倒，也就罷了，連我的獨根苗苗也要強行奪去——好一個公正的蒼天！」

可是，埋怨又有何用？溢滿雙眼的熱淚，漸漸退了回去，靈魂又回到了他的軀殼。伸手抓過桌上的一張索箋，用半乾枯的毛筆抖抖嗦嗦寫了下去：

蠟燭燒殘尚有灰，
紙錢飄去作塵埃。

浮圖縱有三生說，
已了前因不再來！

這是二十年前他寫下的《哭犉兒五首》中的最後的一首。原先的結聯，是這樣：「浮圖似有三生說，未了前因好再來。」當時，他對再生幾個兒子還滿懷希望，呼喚「兒魂一去幾時歸」堅信「未了前因好再來」！

「浮圖縱有三生說，已了前因不再來！」如今，養兒的夢，徹底破滅了。

「阿叔，你到炕上歇一會兒吧？」侄兒鄭田近前攙扶老人。一面試探地問，「阿叔，我想寫封信，請饒孀立刻動身來濰縣……」

板橋明白侄兒的意思。一種孤獨感猛烈地侵擾著他，便隨口應道：「隨你吧。」躺在炕上之後，他像夢囈似地繼續咕嚕道：「是的，命中無兒，不可強求啊！」

板橋終其一生，時刻想著他人，處處為著他人。到頭來，「人生三大不幸」卻無一例外地統統降臨到他的頭上！足見，所謂蒼天之理、人情之平，不過是療痛的麻藥，騙人的鬼話！但板橋並不以此為悔，依然我行我素，做著他認為應該做的事。

他對和尚、尼姑「私通」，所謂「風流案」的越規處置，再次表現了他「順天理」、「泛愛人」的無私風範……

今朝勾卻風流債

「梆梆——梆梆——」

二更的梆聲，在靜謐的春夜裡，顯得特別清脆、悠長。梆聲消失後，板橋似乎聽到一種聲音。聲音來自大牢的方向。側耳細聽，像是女人在啼哭。監中早已沒有女犯了，哪來的女人哭聲？板橋十分不解。隨手放下正在彈撥的阮鹹，轉身往外走。他想去大牢親自查看一下。走了幾步，又站住了。覺得深夜之間，一個人去女牢不妥，掉頭想去問問典史蒯弼。

是的，應該順便去看看這位忠誠的部下。聽說蒯弼近來白天貪杯，夜晚外出，常常凌晨方歸。唉！三十六歲的光棍漢，連個家口也沒有，常年住在縣衙內，也難怪他經常要往花街柳巷鑽咯！

蒯弼臥室的門上掛著鎖，果然外出未歸。板橋歎口氣，轉身往回走。剛走了不遠，幾乎與無精打采歸來的部下撞個滿懷。

「輔之，才回來呀？」板橋喊著部下的表字問道，口氣裡露出幾分埋怨。

「喲，是老爺！」蒯弼猛地一怔，「夜深了，老爺怎麼還不安歇？」

「唉，你不是也正在『忙』著嗎？」見部下滿臉不自在，板橋急忙轉入正題，問道：「蒯典史，監中為何有女人啼哭之聲呢？」

「八成是那小尼姑。」

「哦，小尼姑怎麼會進了大牢呢？」

「是天仙宮的小尼，與石佛寺的和尚私通，被人捉住遊了街，今天下午又送到縣衙。因老爺私訪未歸，只好暫且收監。」

板橋若有所思地點頭答道：「明日升堂審問。」

「是，老爺。」蒯弼急忙走了。

濰縣城南門裡，有一座有名的古剎。古剎內有一尊白玉雕成的釋迦牟尼坐像。這像，兩丈多高，顧盼如生，雕工極精。因此，這古剎便得名「石佛寺」石佛寺的大殿後面，有一個不小的花園。花木掩映之中，有一口不知什麼年代留下來的古井。

這古井，上口細，下口粗，青磚砌成，井口上壓著一塊鑿上圓洞的整片大青石。年深日久，那青石上已經被汲水的井繩磨出了道道深痕。古井極深，晴天不見底，陰天霧沉沉。對著井口喊一聲，井底便發出一陣悠長的、沉雷般的迴響。

正當濰縣大鬧災荒的時候，有一年春天，古井忽然顯了靈：在颳風的黃昏，或者飄雨的清晨，井裡常常發出「嗡嗡」的響聲。仔細聽去，好像井底有波濤翻滾，又像狂風在井底怒吼。有時，在黎明的晨曦中，隱約可以看到一縷嫋嫋青煙，自井口飄出，繚繞升騰，與浮雲相合。於是，「石佛古井內蟄了條青龍」的神話便迅速傳遍了城裡郊區方圓幾十里。人們都想親眼見識見識青龍，看看青龍怎樣取水升天、駕雲降雨。有不少好事的人，甚至趁著黑夜，溜進寺內，在井旁徹夜等待。但是，並沒有一個有慧眼的人，看到過什麼青龍、白龍。

前天夜裡，城裡的幾個紈絝子弟閒得發膩了，便想碰碰運氣，試試他們的慧眼，去摸摸青龍的虬鬚。他們摸黑來到石佛寺後，搭著人梯，爬進了花園。手拉手，躡手躡腳溜到古井旁，伸著耳朵向下仔細諦聽。可是，古井內寂然無聲。既無風吼，也無雲行，更不見黑浪翻滾。他們正覺掃興，忽然，從古井南邊不遠處的芍藥花叢中傳來一種奇特的聲音。聲音斷續低沉，既像秋蟲唧唧，又似輕聲的歎息。尋聲覓去，芍藥叢中清晰地傳出了男女媾歡的聲音。他們一聲呼喊撲上去，捉住了兩條一絲不掛的「白龍」——一對來不及紮帶整衫的小和尚小尼姑。

「白龍」取代了「青龍」，狂喜驅走了失望。紈絝弟子們歡欣若狂。他們團著兩個抖成一團的出家人，推、搡、捏、掐，捶罵撕打不止。吵嚷聲驚動了已經睡下的石佛寺老方丈，急忙點起燈籠，火速趕到後花園。他舉燈籠一照，兩個幽會的人，原來一個是他的徒弟小僧泓雨，另一個是東鄰天仙宮的小尼妙雲。老僧又驚又氣，搖著禿頭又歎氣又嘟嚕：「唉，唉！褻瀆，褻瀆！阿彌陀佛！」

「好喂，今天，我們才知道，石佛寺的和尚專會偷尼姑呀！」紈絝子弟們哄笑不止。

「老方丈，你總共偷了幾個？」

「咦，什麼話！老方丈要是還偷得動尼姑，能捨得把這絕招，傳授給他的高徒嗎？嘻嘻！你說是不是呀——老和尚？」

「阿彌陀佛，罪過，罪過！」老方丈無言可對，只有不住地念佛。

紈絝子弟們把小僧，特別是小尼，侮辱了大半夜。大概終於覺得乏味了，便找來條繩子，把兩個出家人捆到了一起。然後，吩咐老方丈：「好好看管著。明天早晨，我們來提人。若是跑了兩個小禿驢兒，惟你是問！」

第二天，紈絝子弟們，用一條繩子把兩個出家人拴在一起，牽著遊開了大街。他們跟在小僧、小尼身後，嬉笑謾罵，輪番狂喊亂叫，髒話醜話順嘴往外冒，招惹得濰縣城人山人海跟著看熱鬧。

遊完了濰縣城幾條主要大街，他們牽著小僧小尼，來到了縣衙告狀。狀紙是合轍押韻的四字句：

「石佛寺內，芍藥叢中，尼姑和尚，夜半偷情。玷辱佛門，罪孽不輕。雙雙拿獲，老僧作證。從重發落，以懲奸種……」

第二天，鄭板橋升堂後，一看狀紙，便明白了八九分。他瞧瞧跪在堂下的兩個出家人，兩人前額觸著方磚地，嚇得縮成一團。小僧小尼都是一色打扮：黑袈裟，褐麻鞋，白布襪。光光的禿頂前方，都整齊地排列著九顆戒疤。當板橋吩咐「鬆綁」，並命他們「抬起頭來」時，小僧小尼驚恐地緩緩抬起頭，卻仍然不敢睜眼朝上看。兩人的臉上雖然滿是汙穢和斑斑血跡，但眉目卻是那樣清秀。不加仔細辨認，很難分辨得出那個是小僧，那個是小尼。只是一個秀美中顯著英俊，一個端莊中露出幾分嫵媚而已。板橋看罷，不覺心裡感歎起來：

「唉，兩個多情種，一對好夫妻呀！你們明明懷著一顆熾烈的凡世塵心，卻要做超塵脫俗的西天佛子！只落得整天焚香、打鍾，敲磬、念經；在青燈黃卷、暮鼓晨鐘中，耗盡春花夏荷般的歲月！看來，無情的佛火，能燒出頭皮上的戒疤，卻燒不掉頭皮底下的人生情慾。誤人青春的禪門喲，你也做盡了孽呀！」

「請大老爺拷問這兩個傷風敗俗的孽種！」一個站在堂下的紈絝子弟大聲叫喊起來。

「大膽，下站！」板橋怒喝一聲。「莫非連老爺的事，你們也要管一管嗎？放肆！」接著，他又和氣地向下問道：「你倆叫什麼名字，多大年紀？仔細講來！」

「我叫泓雨，今年二十歲。」小僧答道。

「俺叫妙雲，十八歲。」小尼的聲音低得幾乎聽不見。

「你們家裡都有什麼人？」板橋又問。

「我家裡只有一個哥哥。」泓雨答道。

「老爺，俺父母早死了。當初是伯父送俺出家的。」小尼說罷，傷心地哭起來。

「唉！梁山是逼上去的，佛門是窮進去的。兩人原來都是無父無母的孤兒呀！」板橋心裡難過，嘴上卻大聲說道：「泓雨，妙雲，你倆既然已經剃度受戒，皈依三寶，就該了卻塵心，以修正果。怎麼可以在菩薩的蓮座底下，做出那等風流勾當呢？要是出家人都像你們兩個這樣，佛殿豈不成了閨房，經壇豈不成了婚床？你們說，荒唐不荒唐？」板橋一面暗笑自己在撒謊，一面向兩個抖成一團的年輕人輕歎一聲，說道：「也罷，姑念你二人年幼無知，初犯戒律，老爺我今番從寬發落，不加刑罰。但你二人既然做出了骯髒事，失去乾淨身子，已經不配留在佛門參禪。你們脫下袈裟，還俗回家種田去吧。」

「老爺，俺……無家……可歸。」妙雲流淚不止。

「老爺我知道。」板橋安慰說，「泓雨、妙雲，你們既然已經做了露水夫妻，願不願意做長久夫妻呀？不要怕，大膽說，老爺我一定替你們做主。」

「俺願意，老爺。」泓雨急忙回答。

「妙雲，你可願意？」板橋問低頭不語的女尼。看看女尼不答，便說：「妙雲，你要是不願意嫁給泓雨，老爺我決不勉強。那就再回尼姑庵去吧。」

小尼一聽急了，急忙哭著說道：「老爺，俺願意。俺願意嫁給他！」

「好！」板橋高興地大笑起來，探著身子，向前說道：「泓雨，妙雲已經是你的人啦。老爺我送你們二十兩銀子。你領她回家，置買點衣服被褥、日常傢俱，兩個人勤儉過日子。以後，男耕女織，孝敬兄嫂，莫辜負老爺我成全你們的一番苦心。」板橋扭頭向衙役們吩咐道：「到後面拿銀子給他們。然後，幫他們取回行李，護送他們出城，不准惡人再欺負他們！」板橋又向下問道：「泓雨、妙雲，老爺我這麼判，你們可願意？」

兩個年輕人眼含熱淚，小雞啄米似地給板橋磕起了頭。他們齊聲喊道：「大老爺的大恩大德，俺一輩子也忘不了啊！嗚……」

「唉，為何又哭起來啦？老爺我只想看新人歡笑呢。快快回家去吧！」

小僧從地上爬起來，伸手攙起小尼。他「嘩」地一聲，扯下了自己袈裟的前襟，給她把禿頭裹上；又撕下一片後襟，自己也裹了頭。然後接過衙役遞過來的銀子，歡歡喜喜地隨著衙役下堂去了。

這時候，板橋忽然從狀尾上扯下一條紙，提筆寫下幾行字，交給衙役說：「追上去，把它交給那兩個年輕人！」衙役接過一看，原來是一首打油詩：

應謝「青龍」做月老，芍藥叢中夜正好。
今日了卻風流債，他年莫怨鄭板橋。

衙役追出去了。

板橋一看，那幾個鬧事的紈絝子弟還站在堂下，正在扭鼻撇嘴，竊竊私語，一派不服氣的神色。他一拍驚堂木，嚴厲地喝道：

「你們幾個人聽著：看你們一個個穿綢著緞，紅光滿面，我就知道你們家裡缺的是德，不是錢。你們是用不著窮得削髮出家的！你們吃飽了農夫種出來的米麵，就該從善學好，讀書上進。可你們竟然結幫成夥，遊手好閒；深更半夜，闖進清淨佛門瞎胡鬧，管閒事！而且隨意辱罵，捆人遊大街。足見，目無王法、傷風敗俗的不是別人，正是你們幾個！如再不痛改前非，繼續胡作非為，一旦落到老爺我的手裡，小心無情的板子，敲斷你們的兩條腿！這次我饒了你們一頓打——各人滾回家去吧！」

板橋一頓訓斥，紈絝子弟們無人再敢吱聲。一個個灰溜溜地夾起尾巴走了。

「哈，哈，哈……」鄭板橋望著紈絝子弟們遠去的背影，高聲大笑起來。

「縣尊……」陪審的蒯典史來到上司面前，欲言又止。

「唔？說下去嘛！」急性子人，最不喜歡吞吞吐吐。

「縣尊讓兩個出家人成婚，只怕……旁人要說閒話的。」

「喊！老鄭做事，所憑依的是天理、王法和人心……好官我自為之。鹹（閒）話、淡話，由他們說去！」

蒯弼長長歎了一口氣，轉身走出大堂。

連人人視為傷風化、亂人心，萬不可恕的和尚尼姑「私通」案，鄭板橋都敢「勾卻風流債」。大概他再也沒有什麼不敢做的事情了。縣太爺的權力，到了板橋手中，竟派上了那麼多異乎尋常的用場！

他是個循規而不蹈距，順人情而輕陋習的執法者！

果然，「風流案」審過不久，板橋競將一名贓證俱全的盜賊放掉了！不但放掉，還讓失主給盜賊以賠償……

無奈孤兒從強梁

家書抵萬金。板橋盼了許久的家書，今天終於盼來了。

信是板橋的堂弟鄭墨寫來的。自從上次來信報噩耗，已經有半年多未收到「平安家信」了。這使他很高興。來信開篇先報喜訊：「夏稻豐稔，家人安泰。」然後，筆鋒一轉，寫了一件「本不想告知大哥，但又不得不告知、令人痛恨的禍事！」

上月二十五日，三更時分，一名盜賊趁天陰月黑，翻牆進入鄭家內宅，盜走了板橋剛剛寄回老家，準備一部分資助貧苦鄉里、一部分作為家用的五十兩銀子，並盜走了板橋妻子郭氏的一副玉鐲、兩根金簪及新衣六件。共合紋銀八十兩之多。等到家人發現，盜賊早已不知去向。

鄭墨在信的末尾寫道：「盜賊如此熟悉門徑，定是本鄉人無疑。而吾兄往常寄回的銀子，凡貧寒鄉里，幾乎人人得益。那入室行竊的惡徒，說不定就是受惠者之一。別家不偷，單偷我家，忘恩負義、恩將仇報以至如此！破財已經使人心痛，負義更令人髮指。小弟擬向衙門報案，求縣尊早日破案。以挽損失，而儆效尤！不知吾兄意下如何？」

「好哇，悖厚機敏的墨弟，也有遇事失察的時候！必須馬上回信勸勸他才是。」

看完信，板橋不由地自語起來。一面說著，他記起了二十年前賣畫揚州時一件遭竊的往事。

那是一個風清月白的夜晚。板橋對著紙窗上的竹影，臨了大半夜竹子。剛剛睡下不久，便聽到院內有異樣的聲音。開始窸窸窣窣，繼而咯咯吱吱，像有只老鼠在啃木頭。板橋心中生疑，舔破紙窗向外一看，一個黑衣人正在撬東廂的房門。那裡是板橋的廚房兼儲藏室。顯然，這是一個想偷食品的竊賊。板橋不由得苦笑起來：

「好一個初出茅廬的竊賊，不到官宦大戶人家去偷，卻來偷一個半饑半飽的窮畫匠，實在可憐之極！今日恰恰缸中無米，手中無錢，我該怎樣打發他離去呢？」

板橋的眉尖蹙到了一起。忽然，他雙眉一展，大聲吟出了一首打油詩：

大風起兮月正昏，有勞君子到寒門。
詩書腹內藏千卷，錢串床頭無半根。
出門休驚黃尾犬，越牆莫傷綠花盆。
夜深不及披衣送，收拾雄心重做人。

板橋剛吟完，黑衣人便溜著牆根，翻牆逃走了……

「唉，當年一介窮秀才，無人賞識我的書畫，常常柴米不繼，只得吟詩退賊。如今，自己是一縣之宰，百里之侯，再遇上偷兒，用不著靠打油詩告急了。看來，此次入宅行竊的偷兒，還是一個機靈鬼呢。倘使不是在我剛剛寄回銀子的時候下手，充其量只能盜去值不了幾個錢的首飾和衣物……嘿，三百六十行，行行有學問，連行竊也不例外呢！」

性喜調侃的人，遇到不幸事，依然忘不了開自家的玩笑。

想到這裡，板橋展開紙，給鄭墨寫了一封回信。其中有這樣一段話：

長夜失竊，固屬憾事。然則，區區八十兩，何須「心痛」、「髮指」。竊賊固當繩之以法，但因饑寒所迫，鋌而走險，情猶可恕。而且，不偷農戶，而竊官家，蓋因農家積蓄無多，官室儲藏豐富，竊之無損其毫末也。足見，行竊我家者，乃是有道之賊。愚兄以為，與其農戶被竊，何如我家被竊；農戶收成有限，一旦失之，何處彌補？我則不然：月有官薪，年有養廉[①]。責字、責畫，也可賺得幾兩銀子，勝似農家百倍。故愚兄既不痛心，也不耿耿於懷，反為有道之盜而額手也。

古人見梁上有賊，呼之下，詢之始末。良言規勸，並贈金銀，令作小本經營——如此度量，我輩理應學之也！

話雖如此，以後還應留心門戶，勿使穿窬入室之徒，得隴而望蜀焉。

板橋剛寫好信封，便有小皂隸進來稟報：

「老爺，衙前裕豐銀樓掌櫃賈崇擊鼓告狀。」

---

① 清代官吏除薪俸外，每年還給「養廉銀」若干，以促使官吏，不致貪枉。

板橋放下信，吩咐道：「傳呼升堂！」

裕豐銀樓坐落在棋盤街。昨天半夜，強盜挖穿房頂，進入了銀樓的庫房，盜去了三百二十兩銀子。幸虧被當時值夜的夥計發現。他們一陣吆喝，盜賊越牆而逃。夥計們點起燈籠火把，四處追趕。其中一路，追到北馬道，終於將盜賊拿住。盜賊身背一條褡褳裡！面藏著三百二十兩銀子，與丟失的銀子分毫不差。真是賊贓俱獲！

肥胖矮矬的賈掌櫃敘述完了案情，向上磕著頭，懇求道：「盜賊已經押到，請縣太爺從重發落！」

板橋吩咐把罪犯押上大堂。銀號夥計立刻拖上一個五花大綁的少年，狠狠地摜在了地上。板橋往下一看，原來是個十五六歲瘦後生。身穿一件通體開花的破棉襖，蠟黃的瘦臉上凸著幾個大紫包。兩隻嘴角流著鮮血。小賊雙眼緊閉，淚流不止，渾身像篩似地嗦嗦抖著。

板橋吩咐給他鬆了綁。和氣地問道：

「被綁人，你叫什麼名字？」板橋沒有用「被告」這個詞兒。

賊犯吃力地把雙手從背後挪到胸前。聽到問話，抬起頭驚恐地問道：「……我？」

「年輕人，你叫什麼名字？家住哪裡？」板橋又問了一遍。

「我叫孫石頭。大老爺，我家住城西三里莊。」

板橋指著堂上盛銀子的褡褳問：

「這褡褳裡的銀子，是你偷的嗎？」

「是——不是……」孫石頭渾身哆嗦著，不知說什麼好。

「老爺，您看這賊骨頭耍無賴吧？」胖掌櫃得意地站在一旁插話。

「不許多口！」板橋猛喝一聲，接著又向孫石頭和藹地說道：「孫石頭，你莫怕。我看你小小年紀，不像是個做賊的。你說實話，銀子怎麼到了你的手裡？不許撒謊，老爺我會替你做主的。」

孫石頭抬頭望望，上面坐的縣太爺是個挺和氣的瘦老頭，不像胖掌櫃和夥計們那麼凶。便大著膽子回道：

「大老爺，我全說實話。我要撒半句謊，你就打死我！」

「好吧，別著急，慢慢說。」

「是，大老爺。」孫石頭應了一聲，低頭看看腫得像紫茄子似的雙手。抽抽搭搭地哭著，說出了事情的經過……

昨天過晌，他在北門大街要飯。過來了個黑大漢問他：「討郎子！餓不餓？」他說：「餓呢。」「餓就跟我來！給你好吃的。」他肚子實在餓得慌，就跟著大漢走去。大漢把他領到北馬道一個破廟裡。給了他兩個大燒餅，一包燒雞爪子。等到他狼吞虎嚥地吃完了，大漢便問道：「討郎子，燒餅就燒雞，好吃不？」石頭說：「真好吃呢！」「奶奶的！想吃好的就得動彈。只會拖著棍子打狗，活該餓死！聽著：今天下黑，跟我去背銀子。幹得好，白花花的銀子賞給你幾兩。吃燒雞也撐破你的狗肚子！怎麼樣？幹不幹？」石頭知道黑燈下去背銀子，准沒好事，急忙答道：「不幹，俺害怕。」大漢一聽，「嗖」地拔出一把刀子，明晃晃，足有一根筷子那麼長，戳著他的心窩吼道：「小雜種！嘴角抹石灰——你想白吃呀？好便宜！說痛快的：幹，有你的好處；不幹呢，紥個透眼兒，放放你狗肚子裡的髒腥氣！快說，幹不幹？」石頭嚇得趕快說：「俺幹，幹！」等到天黑，大漢領他來到裕豐銀號東巷，叫他等著「背錢」，自己爬牆進去了。他靜靜地等在外面。也不知過了多大工夫，大漢從牆頭上扔下了一個褡褳。

他背上就往回走。還沒走到破廟，就叫人捉住了，好一頓毒打……

最後，石關哽咽著說道：「大老爺，這全是真的。俺連半句謊也不敢撒呀！」

鄭板橋聽完了孫石頭的哭訴，心裡一陣難過。不由得想起了自己幼年時家裡的拮据情形。那時候，常常灶下無米下鍋，門前有人逼債。直到四十歲後，他的畫能賣幾文錢了，才漸漸不愁饑寒。現在，面對這衣衫襤褸、遍體傷痕，被人脅迫失足的窮孩子，感到無限憐憫。他仔細向石頭詢問了有關黑大漢的一些細節，以及黑大漢的相貌特徵，命捕快限期捉拿歸案。然後，當堂作了判決：

「孫石頭年幼無知，被盜賊脅迫，實出無奈——免予追究；當堂開釋。裕豐銀號不經縣衙審問，私設公堂，打傷無辜，著將追回之贓銀零頭二十兩賠償孫石頭，作為他的養傷之資！」

板橋剛剛宣判完畢，胖掌櫃賈崇便頭觸方磚地面，粗嘎著嗓子，大喊「冤枉」！

「賈掌櫃，請問你冤在哪裡？」板橋冷冷地向下問道。

「大老爺明察：老爺不嚴懲盜賊，小人不敢多言。現在反要苦主出錢，給盜賊養傷——世上哪有此理？小號實在冤枉啊！」胖掌櫃傷心得幹嚎起來。

「哼！本縣按律而斷，豈會冤枉你們！」板橋的濃眉蹙在了一起。我問你，孫石頭可是寶號的人打傷的？」

「大老爺，我們打的是偷銀子的盜賊呀！」

「胡說！」板橋猛拍驚堂木。「莫說孫石頭是被逼無奈的無知少年，他就是真正的盜賊，自有王法處置，何用你銀號執法？冤有頭，債有主，人是你們打傷的，你們不出錢給人家治傷，難道叫我鄭板橋出嗎！嗯？」

胖掌櫃一看縣太爺發了火，不敢再大吵大嚷；但仍然磕著頭哀告：「大老爺開恩。就算是小號打傷了他，傷勢並不重嘛。賞給他二兩銀子，也不少呀！」

「好個『賞給』，財迷心竅！不是老爺我開恩，那能如此地便宜你們！」板橋看看驚愕的胖掌櫃，慢慢說道：「試想，要是換個快步如飛的壯漢，眨眼之間，無影無蹤，你們哪裡追得上?!多虧孫石頭年幼體弱，跑不快，你們才得把三百二十兩白花花的銀子分毫不差地追了回來。分明是孫石頭幫了你的大忙！你不但不感激他，反而毒打他。現在要你出幾兩零頭銀子給他治傷，你反倒喊冤叫屈。有良心的人，會這樣嗎？難道偌大一座銀號，拿出幾兩銀子就關門了嗎！嗯？」

板橋一席話，駁得胖掌櫃啞口無言。呆了半晌，只得歎口氣說道：「唉！小人給他就是。」

「哼！這還算良心沒有味盡！」板橋冷笑著又補了一句：「不然，占了便宜還叫屈，我決不會這麼便宜寶號！」

賈老闆未敢再吭聲，當堂交給孫石頭二十兩銀子。

板橋囑咐孫石頭，拿回銀子，不可胡亂花盡。買上冬衣、口糧，剩下的做個小本生意。以後，切不可再上壞人的當。囑咐完了，又吩咐裕豐銀號派兩名夥計，輪流把孫石頭背回家。

孫石頭給板橋磕了三個響頭。夥計背上他下堂去了。板橋見賈掌櫃垂頭喪氣地站在那裡不動，便戲謔地說道：

「賈掌櫃，你呆在這裡幹啥？還不趕快回去，把損失的二十兩銀子儘早賺回來！」

「是，是。多謝大老爺。」胖掌櫃垂頭喪氣地走了。

對不幸者寬厚，對強橫者嚴厲，是鄭板橋理案的一貫作風。他只遵從一個「理」字，為了人情入理，有時甚至將《大清律例》也置於腦後。因此，他一會兒是笑面菩薩，一會兒又是「活無常」——就看對象是什麼了。

他對霸佔婦女的惡棍——胡舉人的懲罰，端的使出了辣手段……

森森地穴藏機關

有一天，城西十里圩河村，一個叫譚伯耕的老漢，到大堂擊鼓喊冤：他的獨生女兒，十六歲的杏花前天傍晚在河邊洗衣裳，直到天黑沒回家。他到河邊一看，竹籃、棒棰和洗好的衣服都在，單單不見了女兒。他尋思是掉到河裡淹死了。誰知，街坊四鄰幫著，順著河邊打撈了兩天，始終不見蹤影。真是活不見人，死不見屍。街坊們告訴他：「一定是你閨女長得俊，叫人拐走了。快去找鄭老爺吧，興許還有指望呢！」於是，他便來大堂擊了鼓，求鄭大老爺替他找閨女。譚伯耕跪在堂下哭訴說：

「青天大老爺，俺三十八歲上，才娶了個瞎婆娘，好不容易結下這個秋鈕子。杏花就是俺老倆的命根子呀！她這一去，這兩天她的瞎娘水米不進，哭得死去活來。杏花要有個三長兩短，俺一家人都活不成啦。大老爺！」

板橋命衙役把哭倒在大堂下的老人扶起來，關切地問道：

「譚伯耕，你女兒經常出門嗎？」

「不，老爺。前二年，她還常常到地裡挖野菜。這二年，人長大了，模樣兒長得又俊俏，她一出門，一大幫子壞後生跟在身後瞎胡鬧，氣得閨女無事不出門。連正月十五耍龍燈她都不去看。因為她瞎娘不能洗衣裳，她才不得不去河邊。」

「你女兒許了人嗎？」板橋又問道。

「沒有。俺雖然人窮，可閨女人好，營生好，提親的不少呢。閨女不肯，捨不得她娘。俺也不願意委屈她。就連城裡舉人老爺要娶俺閨女給他做二姨太，俺都沒答應——好端端的閨女，送給人做『小』，作孽嘛！」

「譚伯耕，你說的是哪個舉人老爺？」

「老爺，就是住在城裡胡家牌坊的胡魁，胡老爺。當年還做過知縣老爺呢。他家是十頃地的財主——富著哪！」

「胡魁見過杏花嗎？」

「見過。頭一回，是他到俺家裡催租見到的。後來，胡老爺出城辦事，不嫌小人家裡髒，總是進去歇歇腳。」

「噢……」板橋一直緊鎖著的眉頭舒展了一下，語氣肯定地答道：「老人家，莫傷心。你的閨女保准丟不了。你回去勸勸老伴，叫她好好吃飯。我一定想法子給你把閨女找回來就是。」

第二天，板橋換了一身破衣服，杠起條糞叉，挑個糞籃，扮成個揀糞的老翁，來到圩河邊杏花洗衣服的地方，來回溜達著「揀糞」。他碰人就嘮叨譚老頭丟閨女的事。不久，就從一個放牛的孩子口中打聽到，三天前的傍晚，他在河邊放牛，看見有兩個大漢躲在樹林裡，向杏花洗衣的地方探頭探腦，不住張望。當時，樹林外的大路上，停著一輛青花馬拉著的紅漆轎車。

板橋一聽大喜。他立刻返回衙門，命人到胡家牌坊一帶，查訪明白：胡魁家的轎車，套的是什麼馬？三天前的傍晚，他家的轎車出過城門沒有？

當天，衙役就帶回了令人欣慰的消息：胡魁家經常駕轎車的是一匹青花馬。三天前，有好幾個人看見，有一輛青花馬拉著的簇新轎車，出了西門。天黑後，才回城的。車上只有一名車俠，並無僕從跟隨。轎車門簾垂著，看不見裡面坐的是什麼人。

第二天一早，板橋便發簽，傳胡魁到縣衙。衙役去了不久，回來稟報說，「胡魁患病，不能到衙。」板橋問，得的是什麼病？衙役說，聽管家說，患的是「頭痛風」。板橋一聽，氣得立刻罵了起來：

「哼！准成是一頭惡驢！管他是舉人還是進士，頭痛還是腚痛！立刻傳話：再不來衙，給我捆了來見我！」

常言說，官嚴衙役狠。衙役們一看老爺發了怒，飛快來到胡魁府上，吆吆喝喝，要動手捆人。胡魁看看躲不過，只得跟隨衙役來到縣衙。他昂首來到大堂下，輕蔑地向上一揖，高聲問道：

「學生有一事不明，想請父母官指教！」

「請問吧！」板橋不動聲色地答道。

「常言道：『官不欺病人。』學生患病在家，杜門謝客。究竟身犯何罪？敢勞貴衙差役們咆哮捆綁？」

板橋見胡魁的脖頸上紮著黑緞帶，心裡正在疑惑。一聽胡魁以攻為守的譏諷，就像在火上澆了油。本想狠罵一通，但他極力壓住怒火，平靜地問道：

「我聽說胡先生貴體恙，但不知患的是什麼病呀？」

「老公祖，傳學生到大堂，難道就是為學生診病嗎？」

「不錯，本縣今天就是要從你的『病』上診起。」板橋盯著胡魁的脖子，厲聲問道：「胡魁，你到底患的是什麼病？」

「我患的是——頭痛風！」無好問，也無好答。

「既然患的是『頭痛風』，緞帶為何不纏頭，而捆在了脖子上？嗯？」

「這……」胡魁顫抖了一下，陝陝眼：「我的脖子上，生，生了個瘡。」

「驗他的瘡！」

板橋一聲吩咐，兩個衙役立刻上前，動手解開胡魁脖子上的緞帶。但見白胖細嫩的脖頸上，左側露出了一個又紅又腫，圓圓的，像爛桃似的傷口。兩個衙役仔細看了一會兒，其中一個回身稟道：

「回稟老爺，傷口扁圓，不是生瘡，像是咬傷。而且臉上還有抓傷的痕跡。」

板橋一聽，心裡明白了九分，便問道：「胡魁！你脖子上的傷痕是怎麼來的？」

「我已經說了——是生瘡。」

「故作鎮靜的刁驢，你逃不出我的懲罰！」板橋心裡罵著，半譏半怒地問道：「胡魁，不知你脖子上長瘡，腳底流膿了沒有?!」

說罷，板橋不願再跟胡魁廢話，便向衙役吩咐道：「胡魁暫留衙中，不准回家。你們立刻到他家裡搜人。搜不出來，不得回來見我！退堂！」

胡家牌坊街，就在縣衙東邊不遠的地方。捕快、衙役腿快，眨眼的工夫，便來到了胡魁府上。他們把前堂、後堂、左廡、右廊，以及花園、廚房，仔仔細細地搜了一遍。可是，哪裡也不見譚杏花的蹤影。想到縣太爺的嚴命，他們不敢回衙復命，只得再認真搜查。最後，終於在後宅東里間的一張羅漢床底下，發現了一個偽裝得極難辨認的暗道口。他們揭開鑲著方磚的炕蓋，下面露出了青磚砌成的暗道。下去一看，果然有個年輕女子綁在那裡。只見她一絲不掛，混身青紫，已經奄奄一息。將女子抬上暗道一問，正是他們要找的譚杏花。

譚杏花聽說是縣太爺派人來救她，便哽咽著訴說了她被綁架的經過……

三天前的傍晚，她正在河邊低頭洗衣裳。忽然，被人從後面抱住了。她剛要呼喊，嘴已經被堵上了。接著，便被拖進了樹林外面的一輛轎車裡。兩條大漢給她綁上雙手，蒙上眼睛，馬車就開動了。過了不少時候，她被從馬車上抱下來，抱到了一個陌生的地方。這時候，蒙在她眼上的黑布解開了。原來進了一間牆上糊著花紙，床上疊著緞被的華麗房間。她正要詢問自己被弄到了什麼地方？走進來一個四十多歲的婆娘。婆娘放下手中提著的包袱，笑嘻嘻地勸她洗臉、梳頭，並要她換上她帶來的紅綢、綠緞新衣服。然後，笑嘻嘻地告訴她，她已經來到了舉人老爺家，是胡老爺看上了她，才把她接回來的。「你只要好好伺候老爺，不但有你享不盡的榮華富貴，興許還能熬上老爺夫人哪——杏花姑娘，你的造化不淺哪！」婆子的話還沒說完，杏花便端起一盆洗臉水，「嘩」地澆在了她的頭上。婆子兩手抹著臉上的水，頓腳罵道：「好個不識抬舉的賤骨頭！敬酒不吃，你想吃罰酒呀？告訴你，落到了胡老爺的手心裡，由不得你！你也不睜開眼看看，這是什麼地方？入了籠的蟈蟈兒，還想蹦出去？想得倒美！」

婆子正罵著，衣衫華麗的胡魁進來了。他嘴裡噴著酒氣兒，上前把杏花斜睨了一會兒，瞇著雙眼，對婆子喝道：

「她不換就算了嘛，省得一會兒再費事往下脫！」

胡魁使個眼色，婆子轉身退了出去。他伸手閂上門，自己先脫了個精光，然後俯身抱起躲在牆角抖成一團的杏花，按倒在床上，餓虎吃鹿似的，撲在她的身上。杏花的身子被壓得動彈不得，伸開兩手，又抓又撓。不料，兩手被緊緊抓住了。正在危急之際，她急中生智，照準壓在嘴邊的胖脖子，狠狠一口，咬住不放。胡魁大吼一聲，往外猛掙・但脖子上的一塊肉，已經留在了杏花嘴裡。胡魁倏地跳下床，左手捂住脖子，掄起右拳，劈頭蓋臉地往下打。他一面打，一面罵：

「野雜種！還敢不依從！莫說是你，再厲害的女人，落到胡某的手心裡，也沒有囫圇著逃出去的！快來人呀！撕塊緞子給我包傷！」他指指床下，向聞聲趕來的僕人和婆子說道：「把這野雜種關進地道，先餓上三天，然後我再慢慢收拾她！」

就這樣，譚杏花便被關進暗道，整整餓了三天……找回了杏花姑娘，鄭板橋立即吩咐升堂。衙役將胡魁帶上大堂。他仍然昂首挺胸，立而不跪。板橋憤怒地喝問道：

「胡魁，你可知罪？」

胡魁自從被傳到縣衙，就猜到是搶人的案子發了。但轉念想到，他的暗道口偽裝嚴密，萬無一失。只要找不到人證，任你鄭板橋有多大的能耐，也休想撬開胡某的嘴。這樣，他有恃無恐，舌頭也跟著硬起來。聽到堂上問話，他冷笑一聲，說道：

「我乃忠厚人家，詩書門第；堂堂舉人，赫赫孝廉。以修身、齊家、治國平天下為己任，豈會做出越規之事！何況，我多日養病在家，大門未出，何罪之有？哼！有罪的，只怕是那些目無綱紀、濫施權術的大人先生吧？」

「哼哼！哪個有罪，也難逃法網！」板橋冷笑幾聲。「本縣捉到奸民兇犯，從來都是關在堂堂正正的大牢內，總沒把哪個關進地穴吧？嗯？」

板橋猛擊驚堂木，「砰」地一聲，像一聲炸雷，震得大堂嗡嗡響。

胡魁一聽到「地穴」二字，知道祕密敗露。立刻，像個撒了氣的皮球，軟軟地癱在了地上。過了好一陣子，方才甕聲甕氣地向上回道：

「老公祖，學生有罪。」

「你『堂堂舉人，赫赫孝廉』，何罪之有？」

「學生疏於教誨，致使惡奴在外胡行……」

「這麼說，把良家婦女搶進府內、關進地穴的事，統統是『惡僕』所為，與你無干咯？」

「俱是家奴所為，學生實實不知。」

「哼！你推得倒乾淨，帶僕人上堂！」

胡府的兩個僕人立即被帶上堂來。分明是瞥見自家主人、見了縣令從不須下跪的舉人老爺，乖乖地跪在堂下，認為主人已經招了供，便把到河邊綁架杏花的經過，如實招了出來。僕人畫了供，板橋又傳杏花上堂。杏花的哭訴，與僕人說的一般無二。

板橋聽罷，遏止不住滿腔的憤怒，兩眼冒火，向下怒喝道：「胡魁，你這惡棍，你還有什麼說的？」

「學生願招供！」胡魁像在呻吟。

「畫供！」板橋厲聲吩咐。

胡魁畫了供。板橋立即判道：

「舉人胡魁，誦讀聖賢之書，不遵周公之禮。白晝搶人，強行姦淫；姦淫不遂，毒打關押。目無法紀，登峰造極！不予嚴懲，民冤難伸。著革去功名，永不敘用。重責四十，監禁三年——此判！」

「老爺，小人願以銀錢贖罪。」胡魁磕著頭，連聲哀告。

按照清朝律令，銀錢既可買官鬻爵，又可以贖罪。板橋只得順水推舟，恨恨地答道：「贖罪也可，紋銀三百，監刑可免。但監刑可贖，杖刑難饒。給我把胡魁重責四十！」

胡魁被按倒在地，狠狠敲了四十板子，痛得殺豬似的嚎叫。伏在地上，他哼唧著吩咐僕人，速速取銀子贖他。不多久，僕人送來了銀子。如數交清後，兩個僕人，一邊一個，攙著胡魁走出了衙門。

這時，板橋對譚杏花說道：「姑娘，你那一口咬得好極啦。既保全了自己，還幫老爺破了案。老爺我罰惡棍的銀子，送給你做妝奩。將來嫁個正經人家，好好過日子。」

「多謝大老爺！」杏花朝上磕起了頭。

胡魁垂涎的美人沒撈到，脖子上掉了一塊肉，屁股上挨了四十大板，庫房裡還少了三百兩銀子。偷雞不著，大大地蝕了把米！他又痛、又惱、又恨。回家一病不起。如不是治療及時，差一點見了閻王爺！

鄭板橋聽說後，狠狠罵道：「善有善報，惡有惡報，惡棍的好下場——活該！」

譚杏花的牙齒，派上了正當用場！可是，丟了牙齒的磨坊主馬五鬥，也把威勢赫赫的郎太守「咬」倒了。這主要靠的是縣太爺的「法術」。鄭板橋的「鬼點子」多得很哪……

太守妙計造花園

原湖州知府郎佩迪，告老還鄉，回到久別的濰縣，每日與三朋四友，飲酒弈棋，賦詩寫字，倒也悠閒自在。但過了不多久，他便感到膩味與寂寞。

三十多年的老官場，炙手可熱的從四品官，一旦卸職交印，脫下命根子一般的頂戴補服，換上平民百姓的袍褂衣衫，儘管照樣閃耀著緞光錦彩，他總覺得像穿上囚衣一般狼狽與晦氣。當初，每當他低頭看見胸前那展翅翱翔的雲雁[①]，就有一種悠然騰飛的感覺。彷彿那文雅的大鳥，飛馱著他騰雲駕霧，翱翔於千家萬戶之上，願升則升，願降則降。而不論降臨到何方，都是官紳恭迎，百姓仰望！如今，收翅回到故土，雖然鄉親們畢恭畢敬，餘威猶在，但那只不過是盛筵後的殘羹，烈炎後的餘燼，失去了當初那種火爆、熱烈，威惠雙收的愜意……

最令郎佩迪不能容忍的是，一個其貌不揚、只會畫竹寫蘭的揚州怪物，竟然君臨於百里濰縣的頭上，成了主宰一方的父母官，包括他郎佩迪在內！那怪物只是品行不端、面目可憎，

[①] 四品官的補服上繡的是雲雁。

也還罷了；最可恨的是，不但不來巴結自己，還視同寇仇。他一回到老家便去拜訪了一次。不料，那廝竟面掛冷霜，似理非理。對於前年罰他家的銀子，去年關押他抗賑的三兒，竟掛口不提！等到自己想質問一下，那廝竟蠻橫地端杯「送客！」

好一頭強驢！

每想到這一切，他的拳頭便握得緊緊的。哼！「惹惱了地頭蛇，有你的好官做！」他在心裡一再發誓。不過，君子報仇十年不晚。眼下，他還要自尋樂趣，歡度餘年。從風光旖旎的水鄉江南回到濰縣，深感故鄉的平淡乏味；平野漠漠，碧水難尋。與太湖之濱的湖州，簡直不可比擬。濰縣縣城內外，雖然也有二三十家私人花園，但一則他不願求人，二來那些所謂園林，個個小於鬥箕。即使流連其間，也不能賞心澄懷。他必須想別的主意。

於是，他想到了擴建自家的後花園。

但是，後鄰開磨坊的馬五鬥，卻執意不肯讓出他的宅基和院落。價錢出到了五十兩，中人跑了若干回，磨粉匠仍然一口回絕：「想叫俺賣祖業產？作孽喲——別想！俺忘不了老爹臨終的囑咐！」

多虧大管家郎世想出了一條妙計：他帶上僕人馬三，去跟馬五鬥認「本家」，攀交情。一番迷魂湯，便把馬五鬥哄進了名菜館「一品香」。嗜酒如命的馬五鬥．一見名菜醇酒，不用多勸，便喝得醉眼朦朧，涎流舌梗，趴在桌子上，動彈不得。

這時候，大管家從懷裡取出一張早已準備好的房契，把著醉漢的手，在上面打了手模。兩位「新朋友」然後把醉漢攙扶著送回家，放下房契和五十兩銀子抽身走了。

爛醉如泥的馬五鬥，一頭栽到炕上呼呼大睡。直到第二天上午，他才舒舒服服地醒來。記起了昨日的美酒佳餚，他摸摸肚皮，慶倖自己走了運，交上了兩位慷慨大方的好朋友。他越想越高興，躺到炕上大聲唱了起來：

「昨夜晚，吃酒醉，合衣而臥。稼場雞，驚醒了，夢裡南柯。二賢弟在一品香，相勸與我……」

「砰！」他的後腦勺挨了重重的一笤帚把。急忙睜開眼，喲！他的婆娘正站在炕前瞪著他：「裝完了死豬，又學狼嗥，你處心要把老娘折騰死是咋的？」

「嘿嘿，人逢喜事精神爽嘛！」

「死屍，你從那兒弄來一個大元寶？」

「元寶？在哪？」他一骨碌爬起來，果見炕邊木櫃上放著一個大元寶和一張房契。拿起來一看才知道，他「賤貴不賣」的祖業產已經成了人家的產業。他把房契一丟，兩手抱頭，號淘大哭起來，一面狠狠地罵婆娘：「喪門星！我醉了，你也醉了？大瞪著眼收下房契、銀子？餓死能賣祖業產嗎！嗯？你逼我馬五鬥做不肖子孫嗎？臭娘們，你作多大的孽喲！……」

「你見了黃湯，像蒼蠅見了血！自己灌醉了馬尿惹了災，回家罵老婆——有你這號大丈夫男子漢嗎？德行！有能耐，上太守府使去！」

婆娘又舉起了笤帚把。馬五鬥脹破了肚子，卻沒敢再吱聲。他呼哧呼哧喘了半天粗氣，懷裡揣上房契，抱起銀子，直奔太守府而去。

「灌醉了人耍奸計，太守府騙人！我要找太守老爺講理！」馬五鬥一面嚷著，衝進了太守府的大門。

「喂，站住！」從裡面走出了大管家，伸開雙手攔住了磨粉匠：「馬五鬥，你瘋啦？這是什麼地方，由得你胡鬧？你四十多歲的人啦，難道不明白：寫下的文書，立下的契——天子王法制不得！由得你賴帳？你敢再吵嚷，驚了老爺的早覺，送到縣衙門，問你一個反悔誣賴之罪。到那時，別怨太守府無情！你給我滾出去！」

馬五鬥氣得正要跳高大罵，大管家連拉帶推，將他推出了大門外。馬五鬥站立不住，往前踉蹌幾步，一頭栽倒在高臺階下。由於手裡抱著銀子，失去了支撐，嘴巴碰在了石階上，等到他掙扎著爬起來，「撲」地吐一口，兩顆門牙和一攤鮮血，便落到了地上。

馬五鬥從地上揀起了血淋淋的兩顆牙齒卻把元寶和房契扔在地上，一口氣跑到縣衙，擊了堂鼓。

聽到喊冤的堂鼓聲，鄭板橋吩咐立刻升堂。

馬五鬥嘴裡流著血，向著神態慈祥的縣太爺哭訴了受騙的經過。末了，他把兩顆牙齒高擎在手中，繼續哭訴道：

「青天大老爺，這明明是仗著有錢有勢，欺負人嘛！把俺灌得人事不省，打了手模，房子就成了郎府的！世上有這個理嗎？俺這房子是俺爺爺和俺爹推了兩輩子磨置下的。毛驢子都累死了好幾頭呢，那麼容易就給俺騙了去？青天大老爺，要了俺的命，俺也不幹呀！」

鄭板橋聽完馬五鬥的哭訴，立刻派衙役傳郎府大管家郎世和做「中人」的僕人馬三到案。並派人去「一品香」菜館，打聽昨天郎世等三人喝酒的情況。

兩個被告來到了縣衙。大管家跪在堂下，翹著八字鬍，搶先不慌不忙地辯解道：

「啟稟老爺：馬五閂好酒貪杯，遊手好閒，貧窮之極，才賣房子，怎麼成了我們『騙買』呢？」他從袖中取出房契，大聲念起來：「『立賣契人馬五閂，因無錢使用，情願將祖業房三間，連同前院後夾道，賣與郎世名下為業。言明：房價白銀五十兩，當交不欠。恐後無憑，立字存證。買房人郎世，賣房人馬五閂，中人馬三。』老爺你看：三方當面，自覺自願，手續齊全——小人不明白，這毛病出在哪裡？」

板橋笑咪咪地說道：「唔，這房契倒是無可指責。」

「正大光明，公平買賣嘛！馬五閂刁賴悔約，王法難容！大老爺替小人做主呀！」郎世以攻為守，反倒叫起屈來。

「老爺，他們把俺灌成了死豬，俺哪兒來的『情願』呀！老爺做主！」馬五閂急得大喊大叫。

板橋不動聲色地問道：「郎世，立契之前，你們喝酒來沒有？」

郎世嘻嘻一笑，說道：「老爺，立契簽約，哪有不喝酒之理？」

「我問的是：立契之前，喝酒沒有？」板橋把「之前」兩個字說得特別重。

「沒，沒，老爺。是立契之後，才喝了兩盅兒。」郎世回答得有些慌張。

「胡說！『兩盅』酒會把馬五閂灌得立了賣契都不知道？」

「老爺，立契之後，這酒鬼一看見白花花的銀子，香噴噴的酒，就不要命地喝起來了。」

郎世在繼續辯解。

「馬三，郎世說的是實話嗎？」

「句句是實，老爺。」馬三略顯猶豫地答道。

「郎世、馬三，你們兩個可知道：欺官如同欺父母？如若當堂撒謊，小心老爺的板子！」

板橋厲聲呵斥，接著又向剛從「一品香」歸來的衙役吩咐道：「你說說他們喝酒的情形吧！」

衙役上前打千，站起來回道：「小人奉命去『一品香』查問。堂倌說，昨天午後，太守府大管家曾領著兩個人去喝酒。其中有一人，醉得不省人事。大管家按著他的手，在一張寫滿了字的紙上按了手模。然後，兩個人把醉漢攙扶著走了。至於紙上寫的是什麼，堂倌說沒看清。」

「郎世，馬三，你們聽清楚了沒有？」板橋憤怒地厲聲喝問。

「聽清楚啦。」郎世、馬三齊聲答應。

板橋一拍驚堂木：「那麼，你們剛才是怎麼說的？」

「老爺，小人該死——剛才說了謊！」馬三叩著頭答道。

「郎世！」板橋又是一聲怒喝。

「小人在。」郎世渾身一抖。

「你還有什麼話說？」

「老，老爺，馬五鬥酒是喝多了點。可是，三間土坯房，公理公道，不值二十兩銀子呀！小人一下子給了他五十兩——他就是不喝醉酒，也難找這樣的便宜呀！」郎世強作鎮靜地為自己辯解。

「好一個巧言善辯的無賴！」板橋又一次猛拍驚堂木。「買房不成，騙人喝酒；灌醉人家，強按手模——如此無賴行徑，與強盜何異！來到本衙，不但不從實招認，還說人家沾了你的『便宜』！來呀，狠打郎世四十板子——也讓他沾點『便宜』！」

板橋舉簽在手，剛要往地下扔，郎世嚇得篩糠似地叫起來：「老爺饒打，老爺饒打。小人願招！」

郎世將騙買馬家房產的經過如實供認了。

「畫供！」板橋一聲吩咐，郎世、馬三乖乖地在口供上畫了供。板橋接著宣判道：「刁民郎世，騙買房產，行兇傷人。當堂抵賴，王法難容。房契作廢，銀兩充公，監禁六月，以儆效尤！僕人馬三，助人行騙，本應嚴辦，念系從犯，著取保開釋。此判！」

「多謝大老爺恩典！」板橋剛剛宣判完，馬三便流著淚叩起頭來。

「老爺，小人有冤呀！」郎世卻在一旁，哭喊起來。

「郎世，你冤在哪裡？」

「老爺，小人實不相瞞：馬五門的房子，乃是家主人所購，小人只不過是頂名而已……」

「哼！冤有頭，債有主。房契上寫得明明白白，買房的是你郎世，行騙的又是你郎世。叫老爺我去找你家主人算帳嗎？嗯！」

「大老爺，端人碗，受人管。小人不過是太守府裡的一條狗——主人叫咬就得咬。就是叫小人去死，小人也不敢打隔②呀！」

② 濰縣方言，猶豫。

「我何嘗不知你是一條聽命的狗！」板橋心裡罵著，嘴上卻說：「一派胡言！堂堂太守府能縱奴詐騙奪產、打人行兇嗎？分明是一個吃裡爬外的奴才！也罷，看在太守大人要修花園歡度餘歲的分上，那房契本縣認可了，郎世的監禁也予赦免……。」

「多謝青天大老爺的恩典！」郎世磕開了響頭。

「慢謝！免打不能免罰！罰郎世白銀五十兩，以贖監罪。馬三，你回去取五十兩白銀贖出郎世。回來，把馬五鬥的房錢也一併捎來。去吧！」

馬三磕頭去了。郎世被帶下堂一旁看管，等候贖走。

那馬五鬥，剛剛聽說老爺判房契無效，正滿心高興，一眨眼工夫，又聽說房契被認可，便伏在地上哭喊起來：

「俺娘喂，太守府欺人喲！沒有人給老百姓做主哇！啊，啊，啊……」

板橋命馬五鬥站起來，然後安慰他說：

「馬五鬥，你先別急。老爺我把房子斷給郎家，正是替你著想呀……」

「老爺，可俺爹臨死的時候囑咐俺，窮死也得守住祖業產呀！」

「這我知道。不過，要是太守府賠了銀子，又沒撈到地皮，你的官司縱然打贏了，你跟他家住近鄰，往後能得太平嗎？」

馬五鬥眨著眼，想了一會兒，答道：「老爺說的在理呢。得罪了山神爺，養不起豬崽子！要是得罪了太守老爺，准沒俺的好日子過！」

「著啊！因此，我才把房子斷給郎府。五十兩銀子的房價，和五十兩銀子罰金，總共一百兩，統統歸你。你回去花上五六十兩，買上三間瓦房，再把毛驢換成匹大騾子，還愁你的磨坊不興隆？你去世的先人知道你瘦驢換大騾，也會高興的。你為何還不願意呢？唔？」

馬五閂眨眨眼，「撲通」跪在地上，一面磕著頭說：「俺願意，俺願意！鄭大老爺，您比俺的爹娘還疼俺。俺回家一定要給你燒香祈壽呢！」

板橋大笑道：「你用不著給我祈壽。要緊的是改掉你貪酒的毛病。記住：貪杯誤事。往後，再貪酒乾出荒唐事來，老爺我可再不替你說話啦！」

「老爺，俺要是再喝酒，對不起您老人家，也不是俺娘養的兒！」

過了不多會兒，馬三拿來銀子，贖走了郎世。馬五閂也背上一百兩白花花的銀子，回家向婆娘報喜去了。

饑者濟之，寒者助之，強者克之，騙者譏之，淫者懲之，豪者罰之……緣情設計，辨證施治，處處得心應手。鄭板橋不愧是妙手回春、奇方療疾的「良醫」！他如此輕易地便使失掉祖業產的磨坊主得到了更多的財產！

他也沒有忘記狠狠地教訓馬五閂，改掉酗酒的毛病，以免「貪杯誤事」。他自己何嘗沒因貪杯誤過事！但至今改不掉饞酒的毛病。為此，不知受到愛妾多少懲罰……

鄭板橋也是個意志薄弱的人。至少，在戒酒這件事情上是如此……

嬌女秋千打四圍

轉瞬之間，紅杏飛英，碧桃綻蕾。南歸的春燕又在梁間呢喃築巢。春天裡最熱鬧的節日——清明節來到了。

蒞濰五年以來，板橋從未感到心情如此舒暢愜意。像暢飲罷幾大杯甘露，又像登上泰山之巔觀日出，心胸是那樣開闊，那樣愜意。政事的繁冗，世事的坎坷，人生之不幸，所帶給他的惆悵與痛苦，好像禁不住春陽溫煦手指的撫弄、如迅速消融的積雪與堅冰一般，消失得無影無蹤。

古人說：悲憤出詩人。這話，板橋卻不以為然。他在極度憤怒的時候，胸膛彷彿要被脹破，嗓子眼也像塞上了一團棉花，呼吸都感到十分吃力——哪來的詩興？而在他極度悲痛的時候，像父逝（板橋三歲喪母，他已經記不得當時的悲痛情景了），子亡，妻子病故，胸中又變得空蕩蕩，彷彿連五臟六腑也不再存在，更談不到詩興畫意了。

只有在憤怒略略平息，劇痛稍稍緩解時，他才想到寫詩，也才能寫出詩。而在他心情愉悅的時候，心裡反倒充滿著詩意，甚至詩興噴薄，一發不可收拾。往往一口氣便能寫出許多首得意佳作，畫出若干幅傳神妙畫。

昨天，他畫了一幅《蘭竹石圖》。他覺得那是幾年來最為得意的佳品。當即吩咐如夫人為他仔細收藏：「倘使放在上眼處，會被長手君子搶走的！」最慷慨的人，也有慳吝的時候。他捨不得把最為得意的精妙之作贈人。他還常常為自己辯護，說他的揚州八怪同道，個個都有這個「佳癖」。大概這是不會錯的。

十天前，板橋耐不住侄兒鄭田的鼓動慫恿，答應給如夫人買回一丈淡綠湖縐，做成一套「換季」的春裝：偏襟肥袖的長身長衣，三折掃地裙；袖口、衣襟和裙裾上都滾上了五彩絲條花邊。如夫人當時試穿了一下，依然風姿綽約，娉婷動人。他剛來濰縣不到三個月，似乎已經恢復了喪子前的風韻。但仔細看上去，眼角的魚尾紋比先前深了許多；眼白的邊緣，往常那種白玉般的光輝似乎也黯淡了許多。

為了給擺脫不掉喪子悲痛的如夫人分心和解憂，他答應了侄兒的要求：清明節，一家人外出踏青，看轉秋千。不料，佳節到了，卻被一件騙產案纏了兩天走不脫，幸虧濰縣的轉秋千盛會連續舉行三天。今天已是最後一天了，錯過良機，還要再等一年：鐵打的衙門，流水的官。明年清明節，誰又敢說板橋仍然是濰縣縣令呢？

想到這一層，板橋便高興地跟侄兒說道：「阿田，快請阿嬸梳洗打扮，今天咱們忙裡偷閒，白浪河邊踏青，看轉秋千去！」

「阿叔，太棒了！」鄭田高興地跳了一個高兒。

人人都說：鬥促織、耍大龍、出大殯、轉秋千，是濰縣的「四大奇觀」，不可不看。

板橋外出私訪，親眼目睹過富貴人家的出大殯。那被謔稱為「耍死屍」的隆重葬儀，規模之大，觀眾之多，賽過鬧元宵、趕廟會。為了復勘一件因鬥蟋蟀而起的冤案，他曾專程私訪過促織市，看到過小小秋蟲拼死搏鬥的有趣場面。今年元宵節，他又飽覽了濰縣的高蹺、旱船和耍大龍。尤其是金龍騰空噴火，以及惟妙惟肖的「下河取水」，使他眼界大開，驚歎不已。連稱「唉，濰縣人不但善吃，而且善耍！」現在，他又偕如夫人和侄兒向秋千會走去——領略「第四大奇觀」的風采。

心裡暢快，腳下便格外輕捷，出了朝陽門不遠，他便把筠青和鄭田遠遠甩在了後面。濰縣習俗，每年清明節期間，都要在東門外，朝陽、通濟兩橋之間的白浪河沙灘上，鬧三天轉秋千會。由商民集資，架起一座高聳人雲的特大轉秋千。一年一度的盛會，便以轉秋千為中心，掀起高潮。

那轉秋千的構造，極為別致：平地上安放一頁磨盤，磨心眼兒朝上，作轉軸的槽孔。用一根三四丈長的粗木杆，兩端釘進粗鐵釘。下端鐵釘插入磨盤槽孔中，上端鐵釘套上六個大鐵環，由六根繩索將木杆拉起，六角拉緊釘牢，便成了秋千的轉軸。轉軸上端，橫綁一根木杆，準備奪標的人在上面表演武功。在轉軸的上部和下端，各有兩根十字交叉的橫樑。上層十字梁上垂下八副秋千畫板。底下的十字梁，便是轉秋千的推杆。在主軸上方的鐵釘上，豎綁著一根細竹竿，一面三角形的白邊杏黃旗，正在竿頭上迎著春風呼喇喇作響。旗杆中部，用細麻繩拴著一個閃閃發光的銀元錁！

板橋一家三口，登上東城牆，打算居高臨下，向外觀望。城牆方垛口上已經爬滿了人。板橋個子矮，踮起腳跟也看不到外面的景色。有人似乎認出了縣太爺，勸走幾個年輕人，讓出了一個城垛口，板橋一家才得到合適的觀望點。站在這裡俯身下看，不僅秋千會近在眼底，十里河灘景色也一覽無餘。

秋千會已經開始，此時正在換班。一群花枝招展的妙齡少女，正在搶著往秋千板上爬，都想一嘗騰空飛翔的滋味。無奈板少人多，爭搶了好一陣子，十六名捷足先登、或力大氣壯的少女方才坐上了秋千板。

震天的鑼鼓敲起來了，十二名大漢推著主軸底部的橫杆，慢慢走了起來。腳步由慢而快，由快而跑。十六副秋千畫板，開始斜垂著旋轉，不久，便向外展開，宛如一把五彩巨傘，在晴空中旋轉，又像一朵盛開的五彩蓮花，迎著春風搖曳。十六位少女，幻成了十六隻大彩蝶，你追我趕，翩翩飛舞。彷彿時刻都要掙脫羈絆升天飛去。這彩蝶飛天的奇妙景象，倒映在碧水之中，花團錦簇，十分壯觀。自城頭望去，令人眼花繚亂，目不暇接。

板橋仔細端詳著畫板上翩飛的少女：有的蛾眉高揚，朱唇含笑；有的肢體僵硬，面無表情；有的雙眼緊閉，面如黃蠟；也有的大汗淋漓，失聲驚呼……引得圍觀的人海中，發出一陣接一陣的轟笑。但推秋千的壯漢們，似乎誰也沒聽見，依舊飛奔前進，把秋千推得更加快速……

鑼鼓咚鏘，笑語沖天，彩鳶翩飛，仙女升天——好熱鬧的轉秋千！

板橋正在讚歎，忽見飛旋的秋千底下，閃出了一個青衣少年。隨著鑼鼓的節奏，他做了個瀟灑的亮相姿勢，忽然飛身攀上秋千主軸，輕捷得像猿猴一般，手腳並用，向杆頂爬去。一眨眼的工夫，便翻過「聽風繩」，穩穩站在飛快旋轉的橫杆上。他先來一個金雞獨立，接著又是一個丹鳳展翅。板橋正要喊「好！」只見少年一頭向杆下栽去。板橋一聲「啊喲」還沒出口，少年雙腳足尖已經牢牢地鉤在橫杆之上。原來這是在表演「珍珠倒捲簾」！青衣少年在橫杆上的武術表演，足足持續了有一袋煙工夫，方才攀上細杆頂部，解下杏黃旗旗杆上的銀元錁。然後一手扶竹竿，一手高擎元錁，向腳下的觀眾致意。

「好哇，好武功！」

人山人海的河灘上，歡呼聲似春雷滾滾，響遏行雲，把秋千盛會推向了又一個高潮……

板橋正在歡呼，只見那少年一手高舉銀元錁，一手攀著主軸，嗖地滑了下來，穩穩站到地上，臉不紅，氣不喘。

「練武取寶」成功了！那銀元錁自然成了勝利者的獎賞。

「唉，沒有猿猴的靈巧，梁山泊好漢時遷的武功，休想扮演這空中絕技！」

板橋大聲歎息起來。他聽說，這「旗杆上取寶」，不僅給少數優勝者帶來了光彩和獎賞，也給不少人帶來了恥辱，甚至有人為此付出了生命的代價。有的人好不容易攀上橫杆，亮了幾個架式，便再也無力攀上杆頂取寶，只得在倒彩聲中溜下來。聽說，有一年，一個好漢在半空中表演，不慎失手摔下來，把腦袋戳進胸腔裡，當天便見了閻王。可見，這「練武取寶」還是賣命的玩耍。難怪人人都知道銀元錁懸在杆頭，卻沒有幾人敢於嘗試一下。三天盛會下來，能夠取到「寶」的，充其量不過三兩人。

「唉，取寶固然熱鬧，有傷人的危險卻不好。」板橋想到了那個取寶摔死的人。

「老爺子，時候不早，該回去啦！」

筠青在一遍遍催促歸衙。板橋只得戀戀不捨地踱下城去。

當天晚飯後，板橋便興致勃勃地寫下了一首新作《清明》：

紙花如雪滿天飛，
嬌女秋千打四圍。
五彩羅裙風擺動，
好將蝴蝶鬥春歸。

他在方磚地上慢慢踱著，低聲吟哦了兩遍，覺得很滿意，將詩稿收入木匣中，信步來到中庭。

新月如鉤，繁星滿天。風吹竹叢，發出簌簌的細響。宛如情侶們的喁喁低語。廊下燕巢中，偶爾傳來幾聲雛燕的啁啾，接著聲息全無。彷彿嬰兒夜間醒來，吮幾口奶，又沉沉睡去。板橋忽然想起古人「蟬噪林愈靜，鳥鳴山更幽」的詩句。是的，幾聲雛燕低鳴，端的是更加增添了春夜的靜謐……

忽然，不知從什麼地方傳來幾聲夜鶯的悠揚鳴囀，打破這春夜的寂靜。

「呵，夜鶯兒也唱起了春夜曲！」

板橋來了興致。轉身走進屋裡，悄悄摸出錫酒壺。回到竹叢前，在石凳上坐下，對著壺嘴兒啜飲起來。剛飲了兩口，背後伸過一隻手，抓住了酒壺。接著便是如夫人嗔怪聲：

「好哇！半夜偷酒喝——忘了自己的眼病！」

「唉，這是即墨老酒……」他抓住酒壺不放。

「老酒也是酒！」

「今日高興。只此一回，下不為例……行吧？」

「一之為甚，豈可再乎！」她的答話，毫無通融的餘地。

「唉！」長歎一聲，他無可奈何地鬆開手。

「倘若身體好，哪個要管你！」甩下一句話，她端著酒壺進了屋子。

「斯人也，而有斯疾也；斯人也，而有斯疾也！」

板橋苦笑搖頭，低聲吟起了孔夫子的名言。但不知他聽說的「斯疾」，是指自己的嗜酒癖難改，還是指如夫人對他管束太嚴的「毛病」難改。

反正，他一連吟了兩三遍。

貪杯的人，尤其愛醇酒。自然特別憎恨將好端端的醇醪兌成酒不酒、水不水的「泔水」！對不知饜足的「貪豬」，板橋無比痛恨！

對擅長酒中加水的天仙樓酒家的巧妙懲罰，不知是板橋靈感忽至，還是深思熟慮。反正，那多加的「一點水兒」，無人不叫絕。那實在是常人想像不出的……

一個「酒」字四點水

俗話說：「滷水點豆腐，一物降一物。」

如夫人筠青從興化老家，一來到濰縣衙署，就給丈夫立下了新的約法三章：不得飲高粱燒酒，午間晚上只准飲即墨老酒，而且每次不准超過半斤。

「不得，不得！你這三『不得』，等於封了老鄭的酒缸——半斤老酒，連二兩老高粱也抵不了嘛！」吹鬍子瞪眼睛，板橋向內當家發起了脾氣。

他嘴上忿然，行動上卻不得不聽命。那真叫作一物降一物！前天晚上，他因白天看了令人眼花繚亂的轉秋千，來了興致，想趁如夫人熟睡之機，偷偷對竹暢飲。不料，被當場捉住手腕，奪走酒壺。

「三杯通大道，一鬥合自然。」有詩無酒困煞人。想寫出好詩，畫出得意的畫幅，不暢飲美酒，怎麼行呢？可是，這位管家婆……

「膽大包天」的鄭板橋，不僅畏懼文字獄，對如夫人也懼著三分。天底下，懼內的人，何其多哉！

轉眼過了穀雨。俗話說：「穀雨三日看牡丹。」今天，如夫人饒筠青被郭質亭的夫人楊氏請到南花園賞牡丹去了。板橋在簽押房忙碌到巳時，忽然覺得喉頭發癢，低聲哼了幾句小唱，仍覺又澀又燥，似乎想尋覓點什麼。驀地，濰縣名酒館「天仙樓」浮上心頭。他不由得啞然一笑，扭頭向侄兒使個眼色，輕步走出了簽押房。

他要到天仙樓去飲酒。

「何必哪？阿叔。」鄭田苦笑相勸，「阿嬸知道了，要生氣的。」

「先斬後奏，她奈何不得。大不了罵一通！快，換衣服！」

回到內宅，他逼著侄兒一同換上私訪時的便裝，褡膊上插了竹竿煙袋，悄悄溜出東便門，向天仙樓而去。

這天仙酒樓，坐落在縣城朝陽門外，白浪河西岸的橋頭畔。這裡商賈雲集，又是交通要道，在這塊寶地上開酒館，顯出生意人的不凡眼力。酒店的東家就是本城首富丁得天。

酒樓面對寬闊的大街，三樓三底，花窗雕欄，青椽紫柱，輝煌華麗。大門上有一副略略退色的春聯：「生意興隆通四海，財源茂盛達三江。」一進店門，迎面是一塊閃著黑光的大橫匾，上寫五個鎦金大隸字：「天仙樓酒家」。匾下是一副雕聯，也是黑地金字，「劉伶借問誰家好？李白還言此地香！」二樓上是雅座。牆上掛滿了裱拓精美的名人字畫。東山牆上是一幅中堂財神爺，兩側配著一副對聯：「千秋懷抱三杯酒，萬里江山一水樓。」雅座內陳設華貴，青一色的紫檀精雕傢俱，八仙桌的桌心，太師椅的靠背上，都嵌著或方或圓的回紋雲石。那天然生成的花紋，或似山水，或似雲霧，惟妙惟肖，好看之極。

坐在雅座裡，俯身下看：朝陽橋上，穿梭般的車馬行人匆匆來去，演著繁忙的生存競爭的喜劇；白浪河上，綠柳搖翠，細浪低吟，鶯燕啁啾，鵝鴨高唱，合奏出一曲醉人的田園交響樂。憑窗遠眺，不僅十里河灘景色盡收眼底，連遠處星羅棋布的村舍，生機勃發的無垠綠野，都使人心澄懷暢，陶然樂極。尤其是炎熱的夏天，在這裡當窗舉杯，習習的南風撲窗而人，暑熱頃刻消盡。三杯落肚，更是榮枯盡紓，寵辱皆忘，飄飄欲仙！

這酒家取名「天仙樓」，真是名實相副，詩意盎然。

鄭板橋來到濰縣任所不久，就愛上了這座既清靜幽雅，又可制高覽勝的酒樓。只因公務倥傯，很少有泡酒館的閒情逸致。所以，到任四年了，也只來過兩三次。但是，每當他坐在雅座的窗口，望著拂窗的搖曳柳姿，聽著悅耳的鳥啼，潺潺的流水聲，和有節奏的擣衣聲，常常是意興勃發，詩情溢懷。他的名作《濰縣竹枝詞》，有好幾首詩，就是在這裡構思完篇的。

板橋叔侄二人來到二樓，揀個臨窗的座位坐下。要來一壺老酒，兩盆小菜，相對啜飲起來。誰知剛飲了一口，板橋修長的雙眉，便擰成了一個疙瘩。

板橋喜歡茶酒。但他不善品茶，只善品酒。不論燒黃米酒、陳釀老窖，只要一滴到口，略加品味，便知高低醇薄。現在，他只飲了一口，便覺得「天仙樓」的酒味，比他上次來時，又薄了許多：淡如溫水，澀若殘茶，氣得他指著青花杯低聲罵了起來：

「哼！酒味越來越淡，汨水一般——足見老闆是一頭昧盡良心的馱錢驢！」

原來這「天仙樓」，因是濰縣首富丁得天的買賣，所以必須帶「天」字。酒樓掌櫃就是自密州來投靠他的老丈人葛尤。由於酒樓地處繁華之地，風光宜人，占盡了地利。自開業以來，生意興隆，日進鬥金。這樣一來，葛尤的胃口，也和他的錢櫃一樣，惡性膨脹起來。自以為趙公元帥獨獨愛上了他，跟他訂了終身搭夥契約，便毫無顧忌地讓他的酒窖膨脹——拼命往酒裡摻河水！

「就是呢，我也品著不是正味兒。」鄭田咂著嘴，低聲答道。

「喂，小兄弟！」板橋喊來一個正在抹桌子的酒保，「麻煩你，請寶號掌櫃前來，有話說。」

酒保應了一聲，快步下了樓。緊接著，走上來一個五十餘歲，手捧水煙袋的胖子。他來到鄭板橋面前，哈腰一禮，笑嘻嘻地問道：

「敝人姓葛，小號掌櫃。不知先生有何吩咐？」

「葛掌櫃，請坐。有件小事，想跟您商量，但不知當講不當講？」板橋站起來讓座，客氣地說道。

「客官貴姓，何必多謙？有話儘管說！」葛掌櫃一面說著，一面吹燃火媒子，點上了水煙袋，咕嚕嚕地抽起來。

「在下姓喬，名莊。外地客商。」板橋狡黠地眨眨眼。「葛掌櫃，我見寶號堂內有號匾，門外卻無招牌——美中不足呀！您說是不是？」

「不錯，不錯！」葛掌櫃隨口應道，「敝人是要請人寫上一塊的。」

「葛老闆，我想給寶號寫上一塊匾，不知肯不肯用我這自薦的毛遂？」

「哪裡，哪裡。難道喬先生善書法？不過……」葛尤說著，一面上下打量客人。

板橋見葛尤言語支吾，知道是他怕多花錢，趕緊說道：「您放心好啦！讓我試試看，您相不中就作罷；要是相中了，一壺黃酒作潤筆，此外分文不取。您看如何？」

葛掌櫃知道他的女婿丁得天當初請人寫匾，連酒席帶潤筆，花了二十多兩銀子。現在，聽說寫塊店招，只索一壺黃酒，先就樂了七分。再端詳一番面前這位「喬老頭」：清瘦，乾巴，衣衫陳舊，渾身不帶福相，充其量是個窮教書先生。但看他三綹長須飄胸，雙目炯炯有神，氣宇不同凡輩，像是個有學問的人。是的，人不可貌相。於是，哈腰抱拳爽快地應道：

「好，好！那就勞您喬先生的大駕啦。要是能使敝人滿意……小號還不只孝敬『一壺老酒』呢。來呀，端文房四寶，請喬先生賞字！」葛尤把「賞」字喊得響亮悠長。

酒保應聲送來文房四寶。葛掌櫃放下水煙袋，親自研好墨。板橋濡好筆，由鄭田扯著紙，用他最拿手的「六分半」體，端端正正寫下「天仙樓酒家」五個大字。板橋剛停下筆，站在一旁認真注視的葛尤，便指著散發墨香的「酒」字問道：

「喬先生，您的字寫得滿不錯呢，頗似本縣鄭太爺的『板橋體』。可是，這『酒』字，怎麼多了一點呢？莫非是……」

「葛掌櫃，你莫笑——諒你不知其中的奧妙！」板橋瞥葛尤一眼，「世界上三百六十行，有的行業怕水，有的行業卻喜歡水。像打漁、開船、油布、做傘等行業，就喜歡水多：水深魚肥，水漲船高，雨水多了需要油布、雨傘……」

「咳！喬先生，那是些沾『水』便宜的行業。可我這酒家，卻上過水的大當呢！」

「怎麼，竟有此事？」

「那還用說！」葛老闆長歎一聲，指指窗外，「三年前，這白浪河裡發大水，小號進了水，半月多沒開張。唉！少說損失了兩顆元寶！」

「哈……」板橋暢快地大笑起來。他按上一袋煙，慢慢抽著。「葛老闆，你是只知其一，不知其二呀！請問你：寶號釀酒，用的都是什麼原料？」

「自然是高粱、黍米、谷糠、麥麯咯。」掌櫃不假思索地答道。

「還有呢？」

「別的都用不著啦！」葛尤回答的很肯定。

「不會吧？」板橋盯著對方的臉，笑咪咪地問。

「……再就是要用柴禾蒸酒、煮糜[1]。」

「光用柴禾不加水，能煮出糜來嗎？」

「水，自然是要用的嘛！」

「著哇！」書法家用煙袋鍋輕輕敲打著八仙桌心的大理石，得意地發起了議論：「既然無水煮不出糜，無糜釀不出酒——足見酒家是萬萬離不開水的。倉頡造字，讓『酒』字從『水』，正是這個意思。可見，你們酒家這一行，就是跟龍王爺搭火做生意。水，是越多越好——水多酒旺，酒旺財就盛。要不然，寶號大門上為什麼寫著『生意興隆通四海，財源茂盛達三江』呢？這『四海』、『三江』中無涯無際的大水，不都是和『生意興隆』、『財源茂

---

① 做黃酒時用黍米煮出稠粥稱糜。加上麥麴發酵後，便可榨出酒來。

盛』，連在一起嗎?!因此，我把『酒』字寫成四點水兒，正是取此深意。暗寓水多財旺，財旺多福之吉祥！葛掌櫃，你們生意人，都是生著七孔玲瓏心，腰裡別著九把算盤子，怎麼連這點淺顯的道理都不懂呢？」

「對，對，對呀！」葛掌櫃拍著自己寬闊、油光的胖腦殼，「喬先生，你老人家不愧才高八斗，學富五車！您老先生一席話，使敝人茅塞頓開！這水，還真的是我們酒家的一大寶貝呢！」

「豈止是寶貝，簡直就是財神爺、命根子！」書法家仍然不動聲色。

「是呢，是命根子呢——喬先生說得對！」葛掌櫃沒聽出『毛遂』的弦外之音，高興地應著。一面放下水煙袋，瞇起眼睛仔細端詳起來。他退兩步，進兩步，端詳了好一會兒，八字鬍須幾乎翹到了耳根上，得意地指著「酒」字說道：

「喬先生，您把『酒』字寫成四點水兒，不但暗寓吉祥，而且『四點水兒』，比那『三點水兒』更端莊、更好看，一派富貴相呢！妙哇，妙極啦！」

葛掌櫃拍著大腿，滿面春風地連聲誇獎，樂得鼻子眼睛挪到了一處。這時，「喬先生」眨眨眼睛問道：

「葛掌櫃，這麼說，你真地相中了我這歪字啦？」

「嘿，字寫得沒說的！」他拍拍「喬先生」的肩膀，「老兄，我得好好答謝你呢！來呀，給二位燙兩壺陳釀，炒四品本櫃名菜：獮猴獻桃，白鶴展翅，丹鳳朝陽，鯉魚跳龍門。快！」

板橋和侄兒喝著甘醇的陳釀黃酒，吃著色香味俱佳的四品名菜，望著窗外宜人的景色，天南地北地閒談起來。直到把酒菜吃喝了個精光，兩人方才慢慢走下樓去。

走出酒館大門不遠，板橋瞇著紅紅的雙眼，低聲問侄兒：

「怎麼樣，阿田？今天的『牙祭』還過癮？」

「阿叔，想不到濰縣有這麼好的妙菜！」

「我到濰縣四年多了，也是頭一回嘗到。比揚州著名酒家『菜根香』的名菜，似乎也勝一籌呢！你伢崽子今天跟阿叔沾了光。今晚阿叔挨臭罵，你可不准站在乾沿兒上瞧熱鬧呀！」

「侄兒一定跪下，替阿叔求情。」鄭田也開起了玩笑。

板橋用長煙袋戳戳年輕人，神祕地說道：「阿田，咱來個謊報軍情，行不行？」

「嗄，騙得了別人，騙不過阿嬸。」鄭田詼諧地瞅瞅叔父，「除了遞降表……」

「這麼說，在劫難逃咯？」

鄭田收住了笑容，正色說道：「阿叔，葛掌櫃還蒙在鼓裡呢！」

「哼！那胖豬只是坑人有心計！」

兩壺酒，四盤菜，換來塊稱心如意、大吉大利的新招牌。葛掌櫃像一口氣喝下八斤蜜，從頭頂甜到腳後跟。憑著他八年寒窗的苦功夫，他看得出，喬老頭的字功力不淺，而且頗似「板橋體」。但自己拿不准，便去找幾位「名流」鑑定。看到的人都說「酷似板橋真跡」。一問寫字人的相貌，有幾個人斷定，「喬先生」就是鄭板橋。葛掌櫃像平地揀了個金元寶，驚喜得半天閉不攏嘴，恨不得生出十八張嘴，齊聲念佛。

「我的財神爺，咱也有了老鄭的真跡！城隍廟老道，就是老鄭給他寫了塊石碑，發了大財嘛！我堂堂天仙樓，有了這堂皇的大招牌，還愁金山銀山不一齊跟進來？噢！招財進寶的『板橋真跡』喲！葛某前世積了德，今世有這好報應呵！」

走在大街上，葛掌櫃覺得，人們都在用羨慕的眼光望著自己。他用力挺起胸，八字鬍向天翹著：「哼，望吧，眼饞吧！當初，我那丁得天姑爺，為求板橋字，千求萬求，求了『齋讀』二字——花了銀子還挨臭罵——人財兩丟。老丈人我，一不求，二不請，乖乖兒親自送上門。叫化子似的，只要一壺黃酒——天下難找的便宜！葛某有了這玩意兒，等著瞧吧：龍王爺和財神爺准是手拉手兒，一齊住進天仙樓咯！丁姑爺，往後少給老丈人臉色看。哼！」

葛掌櫃買回棠梨木，請來高手巧匠，連夜趕制新招牌。新招牌一尺寬，三尺長，朱底金字，輝煌耀眼。擇個黃道吉日，鳴鞭放炮，懸在大門外的廊簷下。也許趙公元帥望見了金碧輝煌的「板橋真跡」，真的來到天仙樓下了馬。一連好多天，從凌晨到夜半，前來飲酒設宴的人，絡繹不絕，把樓上樓下六間店面，擠得滿登登，針插不進。

水煙袋不離手的葛掌櫃，雖然趕忙添了兩個新夥計，仍然忙不迭。他只得放下水煙袋，挽起袖子，親自招呼買賣。

銅錢和銀子丁當響著，往錢櫃裡擠，河水和著米酒「滋滋」叫著，往酒客的肚子裡灌。天仙樓的買賣，火爆興旺得驚動了附近三州十八縣……

把酒裡滲水的限度忘到了九霄雲外的葛掌櫃，正謀劃著添店員，設分號，不知為什麼，他的酒樓競像染上瘟疫似的，酒客頓減，門可羅雀。除了偶有幾個異鄉遠客前來飲幾杯，本地人竟很少登門光顧……

葛尤望望牆上的趙公元帥畫像，只見財神爺兩眼瞪得像雞蛋，又憤怒又譏諷地瞅著自己。

一張紫臉冷得像塊鐵，兩腮上的虬須像無數鋼針，刺得他心口直痛，脊背一陣陣發冷。他不覺打了個冷戰。這到底為什麼？當初，這黑漢子笑咪咪地住進來；一眨眼，便白眼相看，反目成仇。俺晨昏三叩首，早晚一爐香，雷打不動，難道還不算虔誠？

葛允像掉進酒缸裡的老鼠，圍著缸邊團團遊，也找不著個逃命的蹤腳之處。寬厚的腦袋，拍不出答案，他只得四處求教。終於，他從一個近親那裡打聽到，縣城內外，近來到處流傳著一段順口溜。唱的是：

天仙樓，敲骨頭。七分水，三分酒，惹怒了鄭太爺，送了加「水」的「酒」。河水想喝狗，快去找葛允！

毛病原來出在這裡！葛允兩眼冒金星，肚子鼓得像被鞋底踢翻的癩蛤蟆。他踉踉蹌蹌跑回酒樓，大聲吆喝夥計：「快！搬凳子，摘牌子！」

他接過那閃著黴光的倒運招牌，往花崗岩臺階上猛砸猛摔，一面氣喘吁吁地破口大罵：「狗娘養的！整雞整魚，三年的陳釀，灌進你狗肚子裡，給你爺爺背後捅刀子。鄭板橋，你不得好死！」

頃刻之間，「板橋真跡」變成了碎木屑，被扔進白浪河，隨水漂走了。葛允命夥計買回三串五百頭的大響鞭，霹靂啪啦一頓好放——驅邪氣。「邪氣」驅乾淨了，他親筆寫了幾十張大紅「告白」，貼遍了城裡、四關和一切熱鬧的地方。「告白」的內容是：

慶祝本酒家開業五周年，酬謝老主顧，一律八折，優待三天。陳釀出缸，老窖開壇；名師獻藝，佳餚美饌。雅座無多，良機莫失！

葛掌櫃招魂幡似的「告白」，貼出了整整三天，酒客沒有招得來，卻招來了瘟神。他眼睜睜地瞅著烏鴉、麻雀在店門前自由自在地覓食，硬是不見酒客登門。一氣之下，肝火攻心，害了一場大病，一躺就是兩月多。等到他從病榻上搖搖晃晃撐起來，他精心經營的酒館，已經倒賠上了幾百兩銀子。幾年來，辛辛苦苦往酒裡摻白浪河水所賺來的昧心錢，幾乎全貼了進去。

丁姑爺忍痛把店盤了出去。他當面沒罵老泰山，只逼著他改行開了豆腐店。葛尤掌櫃宛如猛虎落平川，從此失了威，打了蔫……

後來，鄭板橋聽說，天仙樓酒家關了板兒，掌櫃葛尤改行賣豆腐去了。他仍然忿忿地罵道：「狗改不了吃屎！馱錢驢改不掉鑽錢眼！等我打聽明白了，他往豆腐裡摻啥假，還得去治治他！」

懂得恨，才能「泛愛」。板橋恨一切強橫貪婪、歪門邪道，更愛一切不幸的弱者。因此，他不但敢於讓和尚、尼姑成婚，也敢於推倒貞節牌坊，讓寡婦改嫁。

他的膽子，大得真可以稱得上「包天」了……

同是天下孀居人

鄭板橋的心情十分沉重。退堂後，回到簽押房，未摘官帽，未脫補服，便疲憊地倒在太師椅上，閉上了雙眼。小皂隸獻上的一盞香茶，早已涼了，他依然像睡著了一般，紋絲不動。

他剛才升堂審問的是一件逼婚案。寡婦袁氏，二十三歲上丈夫去世，過繼了大伯的六歲兒子胡召興為繼子。胡召興年幼，不願到繼母家居住，便繼續留在父母家裡。雙方商定，待胡召興成年後，便過去給袁氏掌家。

袁氏年紀雖輕，卻精明能幹。她選中東村一個老實巴結的光棍漢史二牛，雇來做長工。二牛正當中年，力氣大，營生好。田裡、場上，莊稼活路樣樣在行，幹活一人頂兩人。他白天忙農活，夜晚喂騾馬，經他的手侍弄的莊稼，黑油油，壯墩墩，全村數頭份。他餵養的兩匹棗紅馬更是膘滿毛亮，人人眼饞。袁氏嘴裡不誇，心中暗暗慶倖自己選對了人。為了表達感激之情，她不顧主母身份，親手給長工縫補漿洗。平時自己省吃儉用，也儘量把伙食調製得合乎二牛的口味。長工的餐桌上，不僅飯香菜鮮，還常有二兩高粱老燒，供他「解乏」。到了年底，總是在商定的工錢之外，再給他加上十吊八吊。二牛人老實，心卻不笨，東家的體貼關照，他心裡一明二白，像懷裡揣著個小火爐，心窩裡總是暖煦煦的。他嘴笨話拙，不會說一句感謝話，便把滿腔感激，變成力氣，統統使在袁氏的田地裡。

就這樣，外有二牛的拼命地幹，內有袁氏的精打細算，袁氏的小日子過得比丈夫活著的時候還紅火。十多年下來，在丈夫遺下來的田產上，又增加了兩畝好田。早已看得眼熱心急的大伯，天天盼著兒子胡召興快長大，好過去接過繼母的財產。誰知兒子滿了十八歲，不但懶饞全占上，還學會了賭錢貪杯。袁氏擔心胡召興會敗壞自己的家業，一再拒絕嗣子過門掌家。大伯找來族長，幾次勸說，逼袁氏遵依「過繼單」上定的條件，但是袁氏堅決不允。她說：「過繼單上寫的是召興成人後『可以』給俺掌家，並沒寫『一定』給俺掌家。眼下，家俺自己能掌。到了不能掌的那天，再讓興兒過來不晚。大伯、興兒盡可放心：毀約的事俺不做，俺也沒那膽。俺這點罎罎罐罐，別人得不去一件，到頭來都是興兒一個人的！」

「哼，現在就大把『倒貼』，到頭來還不都成了那牛種的？哪兒還會有我兒子的一針一線！」大伯不甘心，悄悄囑咐兒子：「早打譜兒。」

賭錢鬼哪個不生著七孔玲瓏心？興兒對父親的囑咐心領神會，從此處處留心。有一天，瞅准了二牛因鋤地澆了冷雨，受了風寒，喝下袁氏燒的紅糖姜湯水，在袁氏的熱炕頭上發汗。他便約來五個賭友，請上本族族長，「忽啦」一聲，衝進孀母繡房「捉了奸」。他們將二牛結結實實捆起來，飽打一頓，然後押著到縣衙告了官。

胡召興向堂上的縣太爺控訴了繼母與史二牛「數年通姦」的醜行之後，又補充說：「大老爺，這都是俺親眼目睹的，冤枉不了他們！」胡氏族長也「懇求大老爺明斷」。他說：「既然袁氏早已無意守節，必須逐出胡門，讓她跟二牛一路去——胡氏族眾決不容納此等傷天理、敗風化的淫婦！」

聽罷原告的陳述，鄭板橋心中早已明白了八九分。他滿心希望被告人承認「有私情」，以便順水推舟，成全他們。不料，袁氏和史二牛都矢口否認有任何越軌行為。並異口同聲地說，他們有的只是主雇關係，別無其他邪念。

板橋心想：「你倆十多年為主雇，性情合得，日子過得滿興旺，兩人的年紀也相去不遠，真要結成夫妻，內外有人，老來有靠，也是一件美事。」但他身為縣太爺，有維護「綱紀」之責，不便公開勸寡婦改嫁，便反覆加以誘導啟發。結果史二牛雖然表現出猶疑的神態，胡袁氏卻堅決表示：「甘願守節，決不改嫁！」

勸阻無效，板橋只得進行判決。他訓斥了胡召興父子的誣告，然後提筆在胡召興遞上的狀紙上判道：「孀居寡婦，應善為撫恤，緣何誣陷逼嫁？姑念系初犯，從寬發落，不予追究。再敢誣陷，加倍懲處！」

退堂之後，一回到簽押房，板橋感歎一聲，坐到椅子上。他越想越感到惆悵，不由得大聲自語道：

「可歎哪！本縣成全他們的深意，已經說得明明白白，那胡袁氏的心竟如死水一潭，絲毫不為所動。唉，守節做烈婦的陳規，斷送了多少女人的美好青春喲！」

「咚咚咚。」板橋正在難過，急驟的堂鼓聲，自衙前傳來。堂鼓忽然響起，定是有人告狀。板橋仰頭喝下杯中的涼茶，吩咐一聲「升堂」，大步向大堂走去。

無獨有偶！原來又是一件與寡婦有牽連的案子。

擊鼓人名叫潘永福。他控訴說，他的弟弟三年前去世，撇下個二十歲的寡婦潘郎氏，幾年來，郎氏不但與娘家的鄰居柳相喜勾搭成奸，十天前竟將野漢子領回家中，合法夫妻一般，公開通姦。傷盡了風化，無法無天！他們忍無可忍，便將姦夫、姦婦一齊捉來，求縣太爺「嚴懲姦夫，並將姦婦逐出家門，以保潘氏宗族的清白。」

板橋接著詢問被告郎氏，不料，郎氏坦然地承認說，當初在娘家為閨女時，即和「小柳哥」相好。無奈父母嫌柳家貧寒，硬把她嫁給了潘永貴。潘永貴本來就是個病歪歪的弱身子，一朝結婚，竟像壯漢子一般跟新媳婦親熱。結果，病上加病，不到半年，便伸腿死去。郎氏苦守了三年。大伯、小叔，急著要她過繼自己的兒子，卻無一人幫她料理田地。萬般無奈，才說通父母，將柳相喜招來，做了過門女婿。

郎氏雖比袁氏年輕，卻不像袁氏那樣迂腐固執，居然敢於衝破「寡婦改嫁是奇恥大辱」的偏見，勇敢追求自己的幸福。板橋聽罷兩造的陳述，心中又高興，又欽佩，向下輕聲問道：

「郎氏，這麼說，你是因為生計有困難，才不得不改嫁的咯？」

郎氏答道：「老爺，小婦人駕不得犁，鋤不得地，但凡自己能過日子，哪會走這千人唾、萬人罵的窄路！」

「老爺，不要聽那騷貨扯油嘴！」潘永福大聲向上叫嚷，「她既然缺人少畜，為什麼不求我們兄弟相幫？明明是個不知羞恥，『腰饞』的騷貨！離開那玩藝兒夜裡睡不著，卻來大堂上裝本分婆娘，矇騙您老——」

「休得放肆！」板橋怒喝一聲，「胡攪蠻纏，當心掌嘴！」

「大老爺恕小人失禮。」潘永福在地上磕了一個頭，繼續說道，「老爺，人所共知，這娘們自己也承認，在過門之前，跟那流氓私通已不止一年。潘家的臉皮，讓她丟盡了呀——這算什麼再嫁婚娶？」

板橋說道：「『之前』也罷，『之後』也罷，都是他們倆之間的事情，與他人何干？況且，郎氏改嫁，乃是由父母做主，也算是明媒正娶，他人不得干涉，你明白嗎？」

「大老爺，大老爺，既然郎氏出嫁前就和那小子勾勾搭搭，她就沒資格做我們潘家的媳婦——我兄弟當時要知道，決不會娶這爛汙貨！讓她留在潘家天理不容！」

「這正說明他倆是青梅竹馬呀！」板橋大笑道：「可見，要不是你們潘家娶了人家，她與柳相喜早就做成恩愛夫妻啦！」

「老爺，並非我家強娶，乃是她家強送。她老子不願把她嫁給窮光蛋，看上了俺潘家的田產……」潘永福振振有辭。

板橋冷笑道：「哼！當初你們依仗財產，生生拆散一樁好姻緣，已屬不道。如今又覬覦人家的財產，干涉郎氏改嫁，更屬混帳。哼，財迷心竅的東西！」

說罷，板橋提起筆在潘永福的訴狀上批道：「郎氏因無嗣而嫁，又有父母主婚，豈是苟合？明明是爾等得不到財產，藉故誣控。不准！」寫罷，將狀紙扔到地下，吩咐道：「潘永福，念你是初犯，本堂暫不追究，如再敢誣控，或欺凌郎氏、柳相喜，定責不饒，回家去吧！」

潘永福還想抵賴，看看兩旁肅立的、虎視眈眈的站班衙役，嚇得味甘吭聲，慌忙溜下大堂，走了。

這時，板橋和氣地說道：「郎氏，柳相喜，你倆的婚事，老爺我認可啦，一同回家好好過日子吧。」

「多謝青天大老爺！」兩個人一同跪下磕了三個響頭，站起來，肩並肩走出了縣衙。

望著郎氏和柳相福遠去的背景，板橋長舒一口氣。心慰，今天總算做了一件彌補遺憾的好事。他站起身往堂下走，隨口吟出了一首小詩：

逼嫁阻嫁情何般，
只緣金錢汙良心。
夜守空房日受凌，
可憐天下孀居入。

韶光似錦，便喪夫居孀，兩個女人的命運竟是如此的酷似。但她們選擇的人生道路，卻是天差地異：袁氏心如一潭死水，夫妻的歡洽情愛，早已伴著丈夫的屍體，永遠埋入了地下。郎氏卻毅然決然，與被包辦婚姻拆散的情侶，重飲愛情醇酒。她的勇敢選擇，使板橋無比欣喜。袁氏的固守，卻使板橋久久悵然若失！由於不願拂逆當事人的意願，一件唾手可成的好姻緣，竟使他徒喚「愛莫能助」！

兩個月後，萊州府一件扎手的冤案，推到了板橋的頭上。他辨陰謀、頂壓力，連施絕招，數日之間，便使冤情大白於天下。直到辦完這件大快人心的好事，袁寡婦為他留在心頭的惆悵，才漸漸平復下去……

萊州府城雪奇冤

濰縣城東去萊州府的驛道上，來了兩個騎馬的人。騎白馬的是一位年約六旬的清臒老者，騎棗紅馬的是一位白皙文雅的中年人。有兩個穿公服挎腰刀的差役跟在後面。騎馬的人並不揚鞭催馬，卻放鬆轡繩，任憑馬兒並轡自在地走著。兩人有時陷入沉思，有時低聲談論幾句。這便是濰縣縣令鄭板橋和刑廳典吏蒯弼。他們是遵照萊州知府杜賢的命令，前去審案的。

那杜賢，雖然年輕時被老子逼著在墨水缸裡浸了十多年，但他的老子求祖宗，告菩薩，費盡心機，也沒讓心肝兒子染出件黑官衣。望子成龍心切，他只得走趙公元帥的門路：花了三千兩雪花白銀，給寶貝兒子捐了個「現任同知」。不料，掏不出半篇文章的呆雞，卻裝滿了機關和智謀。一旦混跡官場，很快便練就一副過硬本領：像尺蠖似的能屈能伸，像水晶頂子似的玲瓏剔透。不幾年的工夫，他的頂子便變了幾次顏色：金的變成白玉，白玉換成水晶。從七品知縣，升到從四品知府，真可謂春風得意，官運亨通！

科舉出身的鄭板橋，對於這位扯著財神爺馬尾巴升天的上司，一直深惡痛絕，不屑一顧。他明知自己的命運，在很大的程度上掌握在杜賢手裡，但「在人屋簷下，怎敢不低頭」的千古箴言，在這倔強人身上競絲毫不發生效力。他已經做了三四年杜賢的屬下，不但不用他的「三絕」佳品去孝敬巴結，反而利用杜賢渴求他的字畫的心理，主動「敬」上一副對聯：「交忠朝廷，因受百姓」加以揶揄。聽說，不學無術的杜賢得到對聯和「金修前程」橫額之後，如獲至寶，立刻請高手裱好，掛到了官署客廳最顯眼的地方。不料，過了不久，萊州府城便流傳開一首民謠：

可笑萊州杜府尊，
錦繡前程靠黃金。
效忠朝廷卻無「力」，
恩愛百姓少真「心」！①

民謠傳進了杜知府的耳朵裡，他才知道上了鄭板橋的大當。命人將對聯摘下，親手撕了個粉碎，將碎紙屑摔到地下，還用高底官靴猛踩，猛踩……

不敬再加上冒犯，心狠手辣的官場裡手，怎肯與鄭板橋甘休？此番命令他前去，表面上誇他「精於刑名」，「相助勘破疑案」；實際上恐怕藏著令人猜不透的奸謀。板橋和蒯弼都在心裡嘀咕。

① 「錦繡前程靠黃金」，譏諷杜賢是捐官出身；「效」去了「力」成了「交」，「恩」「愛」去了「心」，成了「因受」。

但性格曠達的鄭縣令，雖然看到了橫在前面的荊棘，也提醒自己加倍留意，卻並不把那無知的笨伯放在眼裡。去年，在濰縣郭監生的宴席上，他就指著破鞋底兒，吟了一首打油詩，使那捐豬當場敗下陣去。哼，邪不壓正。一介捐豬，諒不是老鄭的敵手。讓他演猢猻戲吧，我瞧瞧熱鬧去！

為人精細的蒯弼，一路上卻對橫在面前難蔔的吉凶，憂心忡忡。沉默了大半天，他終於說出了心中做的結論：

「老爺……這分明是出難題，敗壞你的名譽。」

「輔之，敗壞名譽事小，怕還有更險惡的奸謀！」板橋冷笑幾聲，「放心吧，車到山前必有路，沒有過不去的火焰山！」

「老爺，千萬大意不得。」膽小的部下對上司的過分自信不以為然。

俗話說，「翻了春，凍斷筋。」時令雖然已交孟春，但自萊州灣吹來的東北風，吹到臉上，仍像鞭梢抽打似的疼痛。

板橋一行，頂著二月的寒風，奔波了兩天，第二天掌燈以後，才趕到萊州城。他們隨便找個客店住了一宿，第三天辰時一到，便去州府衙門遞了手本。

知府杜賢一副禮賢下士的笑臉，迎出客廳，用接待平級官吏的禮節迎接部下。他眉眼帶笑，滿面春風，又是問辛苦，又是表歡迎。一遍又一遍地重複，他「對政聲遠揚的鄭老先生早已望眼欲穿」，「此案非老先生親審，難以結案」……

杜賢忙不迭地奉承，似乎說明，對聯遭辱、民謠蒙羞的事，壓根兒沒有發生。他向屬下扼要介紹了所要審理的案子之後，問道：

「貴縣一向斷案如神，多少奇難大案，老先生手到案結。此番制服幾個毛賊，諒無礙難的吧？」

板橋淡然一笑答道：

「大人，卑職尚未細研案卷，焉知能否勘明？」

「但不知需要多少時間？」

「現在還不好說。」

「好吧，我立刻命人將一應案卷送到貴縣下榻之處，望老先生及早動手。」

板橋用冷冰冰的公事腔答道：「上憲嚴明，卑職焉敢耽擱！」半年前，萊州城發生了一起大盜案。城裡隆茂銀號夜間遭到明火執仗的盜賊搶劫，全部庫存被洗劫一空。計丟失黃金二百兩，白銀一千餘兩。杜賢派把總臧河帶領捕役四出緝捕盜賊。誰知，兩個月過去了，竟毫無所獲。有一天，臧河與十名捕役忽然全部帶傷而歸。他們有的鼻青臉腫，有的滿臉血汙。臧河本人左臂上還被砍了一刀。臧河向杜賢訴苦說，他多方偵察，終於探明搶劫隆茂銀號的盜賊匿藏在城南三十里外的棘溝屯，一個叫梁新的農夫家中。他帶領捕役前去捉拿，不料，梁新不但將盜賊放走，還夥同本家兄弟、族叔梁浩和村鄰等二十餘人，將他們毆打成重傷。杜賢一聽大怒，立刻發簽，派臧河帶領一百名兵丁，包圍了棘溝屯，一舉將梁新等全部兇犯抓獲歸案。兇手所用的鐵鍬、糞叉、菜刀等兇器也被全部繳獲，並帶回兩名親眼目睹梁新等殺傷官兵的農夫。可謂是人證、物證、旁證，三證俱全。杜賢第一堂審問，即動用了大刑。罪犯受刑不過，紛紛招認。他便以「縱盜抗官，殺傷捕役」的罪名，給兇犯定了罪。但首犯梁新和梁浩剛剛下堂，就喊起了冤枉。此後，杜賢輪番用刑，終於使梁浩不敢再翻供，但年輕氣盛的梁新卻堅決不認罪。他的雙腿已被夾棍的三根木頭夾得露出脛骨，依然大喊冤屈。半年過去了，至今仍審不出實供。這使得善於刑訊逼供的杜賢一時束手無策。他怕影響自己的政聲，便想到了斷案頗有高招的眼中釘鄭板橋。「對呀，把鐵刺蝟讓那頑牛捧！結了案，自然是杜某的功勞；如他陷在裡面拔不出腳，不是又多了一條『沽名釣譽』的罪名嗎？嘻！」

於是，「鐵刺蝟」便落到了板橋手上。

鄭板橋和蒯弼花了一晝夜的時間，查閱了自開審以來，原告、被告的全部口供筆錄。不料，原告、被告的口供，證人的供詞，三者極其吻合，覓不到絲毫破綻。

當天深夜，疲憊的板橋向雙眉緊鎖的部下說道：

「輔之，這當中有鬼！你看呢？」

蒯弼指指案上的案卷：「這上面——無懈可擊。」

「表面文章！串了供的官司往往更加嚴絲合縫。」板橋放低聲音，談出了自己心中的疑竇：「你想，幾個山民焉有抗拒官府的膽量？即使有，一旦放走盜賊，並毆傷捕役，他們豈會不知躲藏，依然安坐在家中，等候緝拿？這是其一。」

「嗯，這倒是令人生疑之處……」蒯弼點了點頭。

「其二，既然三證俱全，而且酷刑用盡，為何首犯依然翻供？這正是有冤情的力證！」

蒯弼對上司的推斷連連點頭：「有道理！老爺。」

翌日，杜賢在會見屬下的時候，劈頭問道：「貴縣查閱過案卷之後，不知欲用何計制服兇犯？」

板橋慢慢答道：「大人，要想制服兇犯，只有從頭複勘。」

「什麼？」杜賢大為驚訝，「三證確鑿，口供、證詞毫無差池，何必多此一舉？眼下要請貴縣出高招用妙計的是，趕快迫使首犯伏罪就範！」

「既然大人不准從頭問起，卑職才疏學淺，無計制服兇犯，大人另請高明就是。卑職告辭。」板橋站起來拱手告退。

「慢著！」杜賢臉色鐵青，「貴縣十載為邑令，難道連『上命難違』都不知？」

「越衙問案，非屬卑職的職分。不是大人三番兩次堅請，卑職豈敢越權來此？按照朝廷定例，卑職更應立刻返回！」板橋說著轉身要往外走。

「等等！」杜賢揮手制止。他沉吟半晌說道：「好吧，就依貴縣。不過，不得拖延時日。』

「——卑職恨不得今天就結案。」

「好極了。嘿……」杜賢發出幾聲刺耳的尖笑，「貴縣，但不知要添制何種刑具？」

「眼下還不必。只請大人指派兩位刑名師爺及幾名捕役輔助。」板橋這樣做是為了找旁證，避嫌疑。

「這容易！」

鄭板橋從杜賢的簽押房走出來，便來到刑房西偏廳，開始下一步的複勘——重審。

西偏廳是單獨提審犯人的地方。正面是一座屏風，前面安設一案、一椅，供問案人起坐。旁邊有兩張小幾，是師爺錄供之處。

今天，板橋並未換官服，仍穿著他來時的便裝：瓜皮小帽，青布長衫，外罩一件矮領馬褂，腳下是薄底夾鼻單靴。他在正中的椅子上坐定，左邊椅子上是杜賢派來的一位隋師爺做筆錄。板橋吩咐一聲「帶首犯梁新」。立刻，四名皂隸用一把舊扶手椅將犯人抬了進來。

犯人是一個骨瘦如柴的青年。他極其虛弱地歪倒在椅子上，雙眼緊閉，暗紅色的囚褲上，全是斑斑膿血，汙穢不堪。一股惡臭直刺鼻端。一看便知，他的雙腿已經潰爛。

「被毒刑折磨得奄奄一息，尚不招供好一條硬漢子！」

板橋見狀，又難過，又欽敬。過了好一會兒，才開始審問。按照常規，他先問犯人的姓名、年齡、家庭地址。犯人閉著眼睛，有氣無力地作了回答。

板橋語氣緩和地又問：「梁新，你說實話：放走盜賊，打傷官兵，可是你等幹的？」

一直雙眼緊閉的漢子，可能為第一次聽到的和氣問話所動，忽然睜大了雙眼，把面前的問官端詳了好一會兒，然後問道：「不必多問，儘管用刑就是！」說罷，又閉上了眼睛。看來，他已經做好了必死的準備。

「梁新，今日絕不會用刑，你儘管放心。」見犯人仍閉目不語，板橋催促道，「梁新，你應該相信朝廷的王法——絕不會冤枉好人。」

「……」犯人的臉上露出了一絲冷笑。

「唉，糊塗呀，你這年輕人！」板橋歎息起來，語氣想跟老朋友談心。「你想呀，即使真的放走盜賊，打傷了官兵，你總不至於犯死罪呀！你還年輕，三年五載之後，還可回家種田，養活父母妻兒……似你這樣堅不招供，落得遍體鱗傷是小事，最終還得把性命賠在刑具之上！你仔細想想我的話，在理不在理？」

「……」犯人閉緊嘴唇，像在極力忍下難咽的痛楚。半晌，方才睜開眼睛問道：「老爺，你是誰？」

這奇怪的「犯人審官」，並未使板橋生氣。他急忙答道：「濰縣縣令鄭板橋就是我。」

「真的？」梁新瞪大了雙眼。

板橋答道：「鄭板橋又不是顯官貴人，我冒他的名字作甚？」

「好。只要你是鄭老爺，我就跟你說實話！」犯人忽然來了勇氣。「鄭老爺，俺從來沒見過盜賊，也沒跟官兵動過武……」

「那為什麼把你們抓了來？」

「小人不知。」

「梁新，你說的是實話嗎？」

「老爺，反正小人活不了幾天啦，俺要跟你老人家撒謊，你割去俺的舌頭。」

可是，梁新的叔父，首犯之一的梁浩，被提來審問時，卻堅持原來的口供。這滿臉是胡茬的中年人，打量著反覆追問的和藹老人，面露猶疑之色。但他卻一再堅持：自己曾經夥同侄兒梁新等放走三名強盜，並打傷若干名官兵。

板橋略一思忖，不動聲色地突然問道：

「梁浩，你放走的三名強盜叫什麼名字？年齡多大？身材、相貌是什麼樣的？講！」

「一高、一矮、一瘦。」梁浩聲音低沉，但回答得很流利，像背書一般：「高的長臉，矮的方臉，瘦的圓臉；高的四十歲，矮的三十，瘦的二十出頭；高的叫胡七，矮的叫苟三，瘦的叫宋寶。」

「他們是哪裡人氏？」

「這，小人不知。」梁浩顯得有些慌張。

「連他們的籍貫都不知道，憑什麼窩藏他們呢？嗯？」

犯人吭吭哧哧地答道：「老爺，強盜是梁新的朋友，所以小人不知。」

板橋又問道：「梁浩，你是怎樣傷殺官兵的？」

「俺手拿鐵鍬，橫劈豎砍，就砍傷了好幾個人……」

「都砍在哪裡？」

「頭上，肩上——」

「當時你是站在哪裡與官兵拼打的？」

「在大街上——」犯人更加慌張起來，「後來，是在，在梁新的家裡。」

「你們都在梁新家裡廝殺嗎？」

「是，是的。」

「梁新家，住幾間房子？」

「三間——一明兩暗。」

板橋忽然厲聲喝道：「嘟，大膽梁浩！本堂好好問你，你卻胡言亂語。梁新家既是一明兩暗，三間房子由兩堵壁子界開。兩頭是炕，明間少不得還有兩個鍋灶。試問，你們雙方三十餘人，如何廝殺得開？難道你還未嘗夠夾棍的味道嗎？」

梁浩低垂雙眼，兩頰肌肉顫動。呆了半響，忽然哭喊道：「老爺，小人冤枉……」

梁浩終於吐露了真情：他跟梁新等百姓一樣，既未看見過強盜，也根本未與捕役爭鬥過，更不要說「殺傷官兵」了。連他自己也不知為什麼被糊裡糊塗地抓了來，一進縣衙，便嚴刑鞫訊……

鄭板橋吩咐暫將梁浩押在別處看管，不回原監，以防串供。緊接著，一個接一個地復審下去。梁浩的推翻原供，使板橋信心倍增。他已經初步摸清了冤案的漏洞。對那些開始堅不改口的犯人，只要認真追查傷殺官兵的細節，或縱放盜賊的詳情，用不了三言五語，立刻破綻百出，張口結舌，紛紛承認是受刑不過作的假供。到進午餐時，板橋已提問過十二名被告，除了兩個之外，其餘的人都吐露了真情。

板橋草草用過午餐，正想繼續審問，杜賢卻一步闖了進來。

他臉色鐵青，八字鬍須微微顫抖著。一進門，便向著侍立一旁的部下氣呼呼地質問：「貴縣，本府命你前來，為的何事？」

板橋冷冷一笑：「自然是審案咯。難道大人竟如此健忘？」

「既然是審案，為何不制服兇犯伏罪，卻指使他們一齊翻供？」

「此話從何說起？」板橋笑咪咪地反問。

「你一個上午，問了十二名兇犯，竟叫十個人翻供——難道不是鐵證！」

「哈……」板橋仰天大笑起來，「我道大人為何發怒，原來為了這個呀！」他踱到旁邊在椅子上坐下，裝上一袋煙，拿火鐮打著火媒子，點上煙，抽了幾口，緩緩吐出縷縷的煙霧，然後慢慢說道：「大人，有道是真案不怕賴，假案最怕供！此案如無冤情，卑職自會讓他們重新招認。如有冤情，他們推翻原供，正是為著拯救無辜，捉住真凶，刑加歹徒。不知卑職何錯之有？」

杜賢一甩辮子，邁步往外走，一面說道：「好，我等著瞧你的『刑加歹徒』！」

「慢著！」板橋大步攔在上司面前，「大人既命卑職複勘此案，自當由卑職自主其事，自擔其責！如今，審問剛剛進行了半日，大人便這般不放心！既然如此，何不親自勘問，命卑職前來為何！」

杜賢一時語塞。他斜睨部下一眼，態度軟了下來：「只要貴縣能夠『自擔其責』，當然由你『自主其事』。本府靜候佳音，何樂不為？」

板橋語含譏諷地答道：「謝大人栽培！」

杜賢轉身往外走，板橋又說道：「卑職還要大人預備幾樣東西。」

「什麼東西？」杜賢停下腳步，「莫非要添什麼新刑具？」

「不，一壇好酒，八盤佳餚，外加二斤燒狗肉……」

杜賢氣呼呼地問道：「鞫賊斷案，要這美酒狗肉何用？」

「非酒肉相佐，此案難結。」橋板狡黠地一笑，「卑職要跟臧河把總等受害公差飲酒談心，共商制伏兇犯之良策呢。」

杜賢不解板橋的用意，又不便追問，只得冷冷地答道：「這倒容易！」不料，當天下午，板橋提審餘下的十名犯人時，儘管個個被問得張口結舌，但竟無一人再推翻原供。

審問完畢，憂心忡忡的蒯弼低聲向上司說道：

「老爺，分明他們從中做了手腳，這一來……」

「輔之，不妨事。被告全屬無辜，已經昭然若揭。蠢豬們不過枉費心機罷了。今晚再演一出好戲，事情便見端倪。」

板橋見蒯弼尚不理解，便附在他的耳朵上交代了幾句。然後，兩個人又低聲商量起來。

當天晚上，板橋在白天問案的地方擺下酒筵，首先請把總臧河同飲。板橋寒暄說，此番前來萊州，人地兩生，希望臧把總及眾捕役大力襄助，以制伏狡詐奸滑的兇犯。但又不正面詢問有關案子的事，只是一味攀談交情。東一句，西一句，天南地北地親切勸酒。

一開始，身材魁梧，但嗓音尖細的臧把總，似乎很警覺，推說「量小」，總不肯開懷暢飲。板橋並不強勸，只管自己一杯接一杯地仰脖就幹。漸漸地臧河打消了疑慮，開懷暢飲起來。等到他的臉上泛出了玫瑰色，板橋才漫不經心地問道：

「臧把總，聽說你帶人捕盜之時，與兩倍於己的兇犯白刃相搏。雖然身負重傷，依然率領全體兵丁安全歸來——如此勇武，實在令人欽敬！」

臧把總仰頭飲乾了杯中酒，吞下一塊肥狗肉，一面嚼著，興致勃勃地答道：

「鄭老爺過獎。卑職經過多方訪察，得知搶劫隆茂號的盜匪匿藏在梁新家裡。那天，我帶領十名捕役前去緝拿，不料，剛沖進梁新家大門，他們二十餘人早已埋伏在院子裡。一聲呼嘯，猛衝上來。卑職等與狗娘養的奮戰了一個多時辰，無奈寡不敵眾，不得不撤回城裡。咱帶的人吃了狗娘的不少虧。」臧河露出了右臂，指指肘腕上方的一條刀傷疤痕，「他娘的，咱也挨了梁新那小子一菜刀！不料，趁咱受傷的空檔兒，強盜被他們放跑了。」

「臧把總，你們見過那些強盜嗎？」

「嘿，咱忙著跟狗娘的格鬥，沒看仔細。他們向南山上逃的時候，從背影看，一高，一矮，一瘦……」

橋板打斷他的話問道：「你是在什麼地方被梁新砍傷的？」

「咱衝在最前面，他藏在屋門後面，冷不防就是一刀！」

「你受傷時，在什麼時刻？」

「日頭已經偏西，大約是未時。」

「好，有了臧把總這扎扎實實的證詞，何愁此案審不清！」板橋扭頭向屏風後吩咐道：「來呀，請臧把總在證詞上畫個押。」

「咋？畫啥押？」

「咳，你剛才說的話，就是證詞麼，有了它，何愁兇犯不就範！」

這時候，蒯弼從屏風後走了出來，把筆錄簿遞給臧河。臧河看看記錄上記的，與自己剛才所說的完全相符，便高高興興地在上面畫了押，板橋又勸了臧河幾杯酒，才命他退出，由自己帶來的人陪著臧河喝茶。然後又分別請捕役們喝酒。板橋仍然殷勤勸酒，閒談，並引導他們談被殺敗的經過。由於鄭縣令熱情勸酒，態度和藹可親，先後進來的捕役們都毫無拘束。他們一面猛吃猛喝，一面像閒擺龍門陣一般，繪聲繪色地談起「捕盜」時「落入埋伏」的經過。不過，他們雖將發案的時間、地點說得基本相符，但一談到具體細節，便互相矛盾起來。如梁新家的街巷方位，格鬥時他們在什麼位置，對方是誰，拿著什麼兇器等，都漏洞百出，驢唇不對馬嘴。尤其是對把總臧河「在何處被砍傷」這一關鍵細節，這些「參與者」更是眾說紛紜。有的說「在街上」，有的說「在大門裡」，有的說「在客堂」，有的則說「在廂房裡」。板橋照樣讓他們在口供上畫押。他們高高興興照辦，殊不知已經入了圈套。但，一個個仍然打心眼裡感謝板橋夠朋友，歡天喜地地打恭告辭，回去等候「兇犯就範」的好消息。

第二天，板橋又分別審問了兩名證人。追問之下，又是漏洞百出。有了如此多自相矛盾的證詞，板橋便趁熱打鐵，立刻在知府大堂升堂復審。

站班衙役喊過堂威之後，先提審的是兩名證人。板橋一拍驚堂木，劈頭喝道：

「大膽刁民！不本分務農，卻充作偽證，誣陷好人，還不從實招來！」

「老爺，小人不敢胡說，實在是親眼得見。」兩名證人理直氣壯。

「還敢狡辯——與我掌嘴二十！」

劈劈啪啪，兩名衙役左右開弓，狠抽證人的嘴巴。二十個嘴巴抽完，便都說了實話。原來，他們根本不知梁新與官兵毆鬥之事，是本鄉武舉賴崇給每人送了五兩銀子，買通他們作偽證的。證詞也是賴崇教給的。「證人」畫了供，接著，把總臧河被帶了上來。

臧河身穿公服來到堂下，朝上打千，說了聲「參見鄭老爺」，便大模大樣站在一旁。鄭板橋狠狠瞪著他，厲聲問道：

「臧把總，梁新是在哪裡把你砍的？講！」

「老爺，這是從何說起？昨天晚上，卑職不是說得一清二楚了嗎？」

「不錯，你是說得一清二楚──不然，本堂怎知你無中生有，誣陷好人呢！」板橋冷笑道：「你明明未到過梁新家，也未與梁新……」

「那，咱臂上的刀傷是哪來的？」臧河打斷板橋的話，反問起來。

「嘿嘿！這只有你自己明白！臧河，我問你，你身上有幾處刀傷？」

「老爺你見過──只有一處。」

「卻又來！」板橋怒拍驚堂木，「既然只有一處刀傷，為何你說被砍傷是在『大門口』，而捕役們有的說『在大街上』，有的說在『院子裡』，有的說在『客堂裡』，有的說在『廂房裡』呢？你既在四五個地方受了傷，為何只有一處刀傷？你如不能亮出五處傷痕給本堂看，便是你說謊！請吧，臧把總！」

臧河一聽，長臉倏地變得蠟黃，吼叫似地說道：「不！他們胡說──咱是在梁家大門口受的傷。冤枉呀！」

「臧河，難道還要賴崇跟你對質嗎？」板橋忽出奇語。

「……」臧河一聽，臉色頓時由黃變青，撲通跪了下去。

「嘟！大膽臧河，身為公差，不與朝廷效勞，卻串通惡人坑害良民，天理王法哪裡容得。來呀！將臧河頂戴摘去，重責八十！」板橋手舉刑簽，做出要往下扔的架勢。

臧河上堂不久，即知計議不周，露出破綻。緊接著又聽鄭板橋說出賴崇的名字，知道把柄已被捉住。尤其是，知府大人不出面親自審理，卻請了個八條老牛拉不轉的鄭板橋，八成是借刀殺人之計。想到這裡，他只得向上回道：

「鄭老爺饒打，小人願招！」

武舉人賴崇，包攬詞訟，霸佔財產，橫行鄉里，無惡不作。梁新家唯一的三畝河灘好地被他看中，便賄通掖縣縣令譚貴，硬是霸佔了去。梁新一怒之下，聯合叔父梁浩及同村二十餘人，聯名寫了一張狀子，列舉賴崇十幾樁大罪，告到了掖縣縣衙。不料，知縣譚貴竟斥責他們「誣陷忠良縉紳，罪當反坐」。將為首的梁新叔侄拘押半年之久。梁新出獄後，又到萊州府喊冤，結果，又以「咆哮公堂」的罪名，被重責四十大板，趕了出去。梁新等忍無可忍，揚言要告到濟南府，甚至到京城告禦狀。譚知縣深怕事情一旦鬧大，暴露了他貪賄養奸的老底。到那時，不但頂戴保不住，還有身陷囹圄之虞。於是，派人勸阻梁新，應許他只要不帶頭告狀，賴崇情願退還他的三畝好地。誰知，兩次遭冤的年輕人，寧肯失掉祖傳的好地，也要把是非曲直爭個明白。譚知縣的說項計落了空。正在無計可施之際，發生了隆茂銀號搶劫案。強盜的手腳很俐落，竟未留下任何蹤跡。譚知縣偵緝了兩個多月，竟毫無所獲。於是，急中生智，定下了梁新等「縱盜抗官」的巧計。滿以為一箭雙雕，一則替老朋友與自己除了後患，二則落一個緝盜有方的政聲，為爾後的升遷鋪平了道路。這樣，他便把誣陷重任交給他的親信把總臧河……

正如一座滿溢的堤壩一旦衝開缺口，便勢不可擋一樣，把總臧河率先吐露了真情，其餘兵丁沒有拷問，便都紛紛招供。鄭縣令又把被告一齊提來審問。他們一聽說梁新、梁浩等都推翻了假供，紛紛說了實話。有的還當堂招認，昨天是獄卒威脅他們：「翻供加倍刑罰。」他們才不敢改口的。

僅僅用了三天的時間，鄭縣令便將拖延七八個月之久，牽連二十餘名無辜農夫的誣陷重案，審理得一清二楚。第四天上午，當他和蒯典史一起，帶上全部卷宗來到府衙簽押房，向杜知府稟報詳情時，杜賢臉色陰沈，強作鎮靜。只顧低著頭，一袋接一袋地抽著水煙。他並不仔細聽部下的稟報，也未翻一翻放在面前榻幾上的案卷，卻中途打斷部下的話，反問道：

「貴縣，照你這麼說，那些『蒙冤的良民』都該無罪開釋咯？」

「不是無罪開釋，大人。」

「那又是什麼呢？」

「要給他們賠償損失，嚴辦誣陷的人——譚貴、賴崇、臧河等，必須反坐問罪！」

「貴縣！」杜賢終於抑制不住憤怒。他怒視著部下，質問道：「那麼，搶劫隆茂銀號的兇犯是誰？他們又在哪裡呢？你回答我——強盜在哪裡呀？」

板橋冷笑道：「卑職怎會知道！」

「既然不知，為何放走已經落網、招供的強盜？」

「大人，我已經回明：他們都是屈打成招……」

「貴縣，你是說本府刑訊逼供、冤屈好人咯？」

板橋終於忍無可忍。他憤怒地提高了聲音回道：「有冤案在，還用卑職來說麼?!」

杜賢被堵得一時語塞。他的八字鬍須上翹，捧著水煙袋的左手，嗦嗦抖動起來。停了好一會兒，他猛地將水煙袋放到桌幾上，問道：「鄭縣令，你到底要怎麼辦？」

板橋輕蔑地一笑：「我已經說得再明白不過了。」

「胡來！」杜賢氣急敗壞地站了起來，「你說兇犯有冤。我說他們有罪。倘若放走他們，『縱盜』的罪名你敢擔當?!」

板橋指著卷宗大聲說道：「大人，執掌刑名遵依的不是哪家的好惡，而是《大清律例》！請問杜大人，難道『誣良為盜』的罪名，你就敢擔？」

「這……」杜賢氣得一屁股坐了下去。「不管怎麼說，除非另外捉到強盜——不然，休想放人！」

「哼，不見死屍不落淚的汙吏！」板橋在心裡暗罵，一面咄咄逼人地說道：「大人命卑職前來複勘的是梁新等『縱盜抗官』一案，現在案情已明：他們都是善良百姓，一未縱盜，二未抗官；三證確鑿，冤情昭然！至於是立即開釋，還是繼續把他們關下去，自有你杜大人做主。卑職使命已畢，請即刻放歸。」

「哼，不給我找到你所謂的『真正劫犯』——別想回去！」

板橋大笑道：「搶劫銀號與誣良為盜，完全是風馬牛不相及的兩件事。卑職並未受命偵察搶劫案！」

「嘿……」杜賢冷笑著斜睨著部下，「貴縣，難道必須本府給你磕頭求告，你才算是『受命』嗎？」

杜賢的要求，早在板橋的預料之中。在此之前，蒯弼即反覆叮嚀，千萬不可再接手審理搶劫案的差事。蒯弼在一旁不斷使眼色，但板橋並不理會，仍然決絕地答道：

「大人嚴命，卑職焉敢不遵。不過，此案已經過去七八個月，當時都未偵破，延誤至今，更是難上加難。卑職才疏學淺，只怕難當此重任！」

「貴縣，你何必忒謙——有人說，你老先生『斷案如神』！乃是包拯再世，哈……」杜賢忽然尖著嗓子笑起來。

板橋明知杜賢心懷叵測，卻詳作不知地答道：「既然大人強求，卑職只能勉為一試啦。」

一回到下榻的地方，蒯弼便向板橋埋怨起來：

「老爺，千不該，萬不該，不該接那個刺蝟呀！」

「輔之，我何嘗不知那捐豬心藏兇險。」板橋仰臥在坐榻上，困倦地閉上眼睛。來萊州的路上，兩天長途奔波；來到之後，三晝夜連續不停的問案，今天整整一個上午，又與杜賢舌戰，已使板橋疲憊不堪。只覺左額隱隱作痛，擔心又要犯偏頭痛的老毛病。他用拇指揉著左側太陽穴，感歎地說道：

「可是，端人碗，受人管，官大一級壓死人。要是不應諾，那豬豈肯輕易放過你我！況且，咱們甩手一走，真凶捉不到，梁新等二十餘名善良百姓就要冤沉海底啦！所以，我打心裡還是願意留下來。只要偵破搶劫案，救出無辜冤民，我等是利是害，不必管它！」

「可是，這是少有的大案。咱們的時間又這麼少，實在是……」

「是呀，今天是十六，離二十六日縣試，只剩下十天了……輔之，你得多想想主意呀。」

「唉！」蒯弼無可奈何地搖頭。

隆茂銀號被盜案，發生在去年六月六日三更時分。強盜越牆進入銀號，將四名值夜的更夫打翻，捆綁結實，便放手作起案來。強盜共有七八人之多，都是彪形大漢。有的手拿刀劍，有的身背布袋，都穿著青一色的緊身密扣黑衣褲，都用鍋底灰塗成黑臉……

板橋和蒯弼仔細分析了案情之後，覺得此案雖棘手，但仍留下了破案線索：強盜塗黑臉，證明是當地人；而且，強盜人多、嘴雜，心必不齊，難免不露出破綻。根據這種情況，他們仔細商定了第一步行動計畫：由蒯弼帶領一名皂隸，在府城內外，酒樓、茶館、妓院、旅店等處逗留。故意製造迷陣：梁新等蒙冤的百姓已被開釋，杜知府請來斷案高手協同破案，並已拿到充分證據，不久就會將強盜一網打盡。同時，留心察訪形跡可疑之人。做賊心虛，眾強盜一旦聽到風聲吃緊，必然惶惶不安，十有八九會有人求神問卜。板橋再扮成觀枚測字的半仙，四處查訪，說不定就能覓到蛛絲馬跡……

「這倒不失為一條妙計！」兩人對第一步的決策很滿意。

可是，整整過去了三天，蒯弼把「迷魂陣」撒遍了整個萊州城，卻未偵察到形跡可疑的人。在這三天之中，找鄭板橋測字的不下幾十人，有的問病祟，有的問禍福，但與劫案毫無關係。板橋的計畫落了空！

偵察毫無進展，離縣試的日子卻只剩下五天，性急的板橋心憂如焚，寢食難安。偏頭痛還未痊癒，疝氣病又發作了。到了第四天，無精打采的蒯弼見上司身體清瘦，精神委頓，勸他在下處歇一天。但板橋不聽，仍然拖著沉重的腳步，背上褡褳走了出去。

傍晚，當他像前幾天一樣，失望地回到下處時，蒯弼已經在等候他。他把疲憊不堪的上司扶到坐榻上躺下，自己坐在對面，探過身子說道：

「老爺，我又想出一條計策，你看，可否一試？」

「噢，什麼計？」板橋精神一振，又掙扎著坐了起來。

蒯弼低聲說道：「以州署的名義出一告示，不論首犯、從犯，投案自首者，一律免罪重獎——說不定會有人投案。」他探詢地望著上司，「我看，只有孤注一擲了！」

板橋重新躺下去，閉上雙目想了一會兒，自語似地說道：「這豈不等於給強盜吃定心丸？明白承認了咱們並未捉住他們的把柄嗎?!」

「可是，重賞之下……」蒯弼見上司擺手，便把後面的話，咽了回去。

沉默了好一會兒，板橋忽然睜開眼說道：「輔之，你這計雖欠妥，卻提醒了我。我想出了個破腹挖心的主意。」

他慢慢坐起來，向靜聽的部下說出了自己的想法，然後問道：「輔之，你看能不能奏效？」

蒯弼想了想，答道：「兵不厭詐。而且與拒捕案所設下的迷魂陣相吻合——強盜們准識不破。」

「好，再碰碰運氣！」

第二天一大早，在萊州府衙大門對面的迎壁牆上，貼出一張告示：

萊州府明諭昨日匿名投書人：爾既痛悔染指錢莊劫案，並願投案自首，足見系一時失足，誤入迷途。知過能改，德莫大焉。只要吐露真情，本府不惟加恩寬宥，而且給予獎賞。空說無憑，布告為證。

萊州府正堂

過了兩天，果然有一大漢前來投衙自首。根據他的口供，立即進行緝捕。結果，除了首犯已經外逃，其餘五名兇犯全部抓獲歸案，並搜出了大部分贓物。鄭板橋會同半信半疑的杜知府，只審了一堂，便將這大案審清斷明。投案自首人獎給二十兩銀子，無罪釋放。其餘眾犯，下了大牢，單等首犯歸案，一同判處。

退堂後，滿面羞愧的杜賢向板橋低聲下氣地說道：「貴縣名不虛傳，名不虛傳呀！本州魯莽之處，萬望老先生海涵。老先生為本府助了一臂之力，立下汗馬功勞！本府已備好酒筵，為老先生、蒯典史慶功。然後，陪老先生到海上蕩舟，去蓬萊閣上訪仙蹤——領略當年八仙自蓬萊閣飄然過海的雅興。此乃人生幸事，老先生一定要賞光哪！」

板橋仰頭一笑，答道：「卑職不敢當——斷獄雪冤，乃是我輩為吏者的本分。只要大人不降罪，卑職就感戴莫名了！大人，濰縣縣試在即，卑職不敢耽擱，告辭了。」

說罷，板橋帶領部下，匆匆趕回了濰縣。

兩件十分棘手的大案，板橋晝偵夜審，旬日之間便輕易結案；釋放了無辜，懲罰了真凶。板橋的精細、智謀，決非等閒之輩可比！

而當兩個無知轎夫受惡人唆使，用惡作劇捉弄他時，他靈機一動，巧妙地用「惡作劇」回敬，使耍奸的轎夫乖乖告饒不止……

性格佻撻的人，發怒的時候，往往也「莊重」不起來。在這方面，鄭板真可謂「不可救藥」……

自食苦果憨夫慚

三月初六這一天，鄭板橋在濰縣郭家南花園設宴，慶祝弟子韓夢周高中縣案首——縣試第一名。

當歡樂的慶筵正在熱烈進行的時候，匆匆跑來一名小皂隸，向縣太爺施禮稟報：衙門有人擊鼓喊冤。

性急的板橋，推開酒杯，站起來拱手告辭：「諸位繼續歡飲，刑名事耽誤不得——我必須回衙料理一番！」

板橋乘坐的小轎停在花園大門內。板橋鑽進轎子許久，兩名被主人安排在花園門房飲酒的轎夫才在聽差的催促下，懶洋洋地走出來，慢騰騰地抬起轎子往外走。

自從遭到「沒頭帖子」[1]的攻擊之後，板橋才真正意識到，他在濰縣的處境已經日益險惡。雖然那沒頭告示絲毫沒有煽動起百姓對他的詈罵與仇恨，因為人們是長著眼睛與良心的，

[1] 又稱沒頭告示，是不署名對人進行揭發、攻訐的一種告白。

但卻透露了一個重要資訊：那些無恥之尤的惡棍，對他是恨之入骨的。因此，他不得不強迫自己接受身邊親信的建議：除了化裝私訪，外出一定要坐轎，絕不徒步而行。因公外出自然是坐四人官轎，即使因私外出，也必須坐二人小便轎。因為這種轎子，當地豪紳經常乘坐，只要轎夫換下公服，外人絕不會想到轎裡坐的是縣太爺。再派上幾個人，暗中加以保護，部下們方才感到安全。今天，他到南花園赴宴，第一次乘轎而來，正是這個緣故。

小轎輕飄飄，顫悠悠，平穩舒坦，就像蕩漾在瘦西湖平靜無波的春水上的一葉扁舟。綠呢轎簾，遮住了春天的風塵，也遮擋了沿街的光景，使人眼不亂，心愈靜，如不是惦記著擊鼓喊冤的事，喝過幾杯美酒的板橋真能昏昏睡去……

驀地「嘭」的一聲響，板橋身子猛一晃，一頭撞到了右面的轎杆上。沒等他坐穩，又「嘭」地一聲響，撞到了左面的轎柱上。這一下撞得更狠，痛得他兩眼金星亂冒，眼前一陣發黑。他急忙抱頭，誰知「撲」地一下，又差一點一頭栽出轎外！不知怎的，小轎忽然像遇上了狂風惡浪的孤舟，上下，左右，猛烈顛簸。而且越顛越急，越顛幅度越大。板橋顧不得頭痛，只得伸開兩手，把住兩側的轎杆，叉開雙腿，蹬住轎底。但費盡氣力，也無法把身子穩在座位上。他像落進了中藥鋪晃大粒丸的藥篩子，又像掉進扇著稻米的簸箕，身不由已地被撩過來、摔過去……

抬轎的轎夫都是經過挑選訓練的，不但身材高矮適中，步幅也很勻稱。現在，轎子是走在縣城平坦坦、鋪著青石板的大街上，又不是在崎嶇的山路上行走，怎會如此猛搖不止呢？做過十多年縣令的鄭板橋，無數次坐過轎子，但卻從未遇到過像今天這種情形：轎子竟成了一隻貨郎鼓！他不顧危險，好不容易抽出一隻手，掀開轎簾向外看了一眼。

「翹辮子的！」一看之下，他大聲罵了起來。

原來在前面的那個叫呂中的轎夫，並不是在徑直地抬轎前進，而是一面像鴨子趕路，左右猛搖著身子；一面像扭秧歌似的，兩條腿交叉，扭著翦於股兒——原來他們在故意「扇簸箕」！

他們玩的足什麼鬼畫符？

「落轎，落轎！」板橋怒喊起來。但是轎夫好像根本未聽到他的呼喊，照舊猛扭、猛顛、猛搖。縣太爺的威嚴今天失了靈。憤怒的板橋，忍無可忍，兩手猛地一按轎杆，大步跳出轎外。他立腳不穩，頭撲倒在地上，幸虧兩手撐著地，才沒摔傷。

坐轎的人跌出了轎外，轎子只得停了下來。板橋從地上爬起來，劍眉倒豎，二目圓睜，厲聲喝問道：「呂中，你們晃什麼？莫非是喝醉了!?——不想吃這碗飯，就痛痛快快地說明白！」

「嘻嘻，老爺，這怪不得小的們咧——小人們每人只喝了半盅酒，醉不了！」呂中毫無懼色，嬉皮笑臉地答道。「這是轎子的毛病！」

「轎子有什麼毛病？」板橋抬了抬右手，差點向對方的歪臉上扇去。

「底兒飄唄！」呂中指指轎底，擠眉弄眼地說。「要不，人家管這轎叫做『簸箕小轎』?!簸箕轎，實在妙！老爺，坐進去，烏紗也撂高呢。嘻嘻！」

開始，板橋不解轎夫為何如此胡鬧，心裡十分生氣。聽呂中的口氣，似乎是因為自己中途返衙，他們沒喝夠酒，才藉故捉弄他出氣。這樣一想，怒氣反倒平息了不少。可是，兩名轎夫公然在大街上搞此等惡作劇，實在不成體統。他不便當眾發脾氣，尤其是圍觀的人越來越多，跟上來的護衛又在一旁憤怒地吆喝擼袖子。板橋怕他們魯莽打人，便手扶轎杆，裝模作樣地指著轎底說道：「嗯，不錯。這轎底果然太輕——壓不住風，所以發飄……」

「老爺真有眼力，嘻嘻！」兩名轎夫齊聲揶揄。

板橋向四周看了看，恰好路旁有幾塊大青石。他不動聲色地一語雙關道：「把這堆石頭，搬進轎裡——准治好這東西的壞毛病！」

兩名轎夫一聽，登時沒了笑容，一齊哀求起來：

「老爺，老爺，這髒石頭怎好進老爺韻轎呢！」

「用不著擔心——老爺我不怕髒——快往裡搬！」兩名轎夫見從不向他們發脾氣的縣太爺，瘦臉冷得像黑鐵，毫無通融的餘地，哪裡還敢不遵，只得磨磨蹭蹭地將那堆石塊全部搬進了轎裡。剛搬完，板橋便俯身鑽進轎中，大聲吩咐「升轎」。板橋人瘦身材矮，體重僅有七十餘斤，加上轎子的重量，也不過一百餘斤。所以，剛才兩名轎夫搖晃顛簸時，竟是那樣輕鬆爽快。現在，至少又加上二三百斤大石頭，總共約有四五百斤的重量，壓在兩個轎夫的肩上，休說是扭搖，他們使盡吃奶的力氣，才好不容易把轎子抬得離開了地皮。鼓著眼，屏住氣，拼命掙扎著往前走，走了不足一箭之地，已經是汗流浹背，氣喘吁吁，再也挪不動一步。

「老爺，老爺，小的們該死！」兩名轎夫放下轎，趴在轎前磕開了響頭。

板橋掀起轎簾，忍住笑，指著轎底答道：「咦，這是轎底的毛病嘛，與你們無干——快抬起來走！」

「老爺，開恩。老爺開恩！」兩名轎夫的前額撞得地上的石板咚咚響。

「喲，這麼說，『轎底』的毛病治好啦？」

「老爺，小轎再有半點不穩，你打死小的們！」

板橋走出了轎外，一本正經地說道：「既然毛病好了，就把石頭搬掉。如果舊病復發，就再想別的法子！」

兩名嘗到苦頭的轎夫，哪裡還敢再搗鬼。一個個像走在薄冰上一般，戰戰兢兢，小心翼翼。小轎便像底下生了勁風一般，悠悠然地向前飄去。走了不多遠，忽聽轎內傳出了縣太爺的大聲吟唱。原來，吟的是一首打油詩：

不學人走學鴨擺，
居心不良自遭災。
多虧一堆亂石頭，
治好兩個活無賴！

事後，板橋一再納悶：這兩個轎夫，我平時並未虧待他們，為什麼敢如此放肆地捉弄我呢？難道只是因為沒喝夠酒嗎？這內中怕還有著值得認真思考的原因吧？

但他一時找不到答案。

過了幾天，部下蒯弼悄悄告訴他：「縣尊，那天你從南花園歸來，你知道轎夫為啥扇你？」

「嘿，我正在納悶呢。快告訴我，是什麼原因？」

「聽說，他們花了胡舉人的銀子，才……」

「好，有錢買得鬼推磨！」

「小人已經打聽明白，」蒯弼繼續說道，「寫沒頭帖子誣衊你老人家，也是胡魁幹的。」

「哼，善有善報，惡有惡報——讓他等著吧！」

板橋搖頭苦笑起來。

兩個愚頑轎夫的惡作劇，並非無賴取鬧，原來背後有人唆使！這是板橋沒有料到的。

萬事相反相成。一門子心思成人之美，到頭來，竟是跟許多人結怨。多個冤家多堵牆。沒頭帖子潑汙水，「扇簸箕」加以捉弄，不過是報復的信號，陰謀的開端。更加險惡的計畫正跟在後面！但是鄭板橋依然心地坦蕩地開著「逆風船」我行我素地「橫行蠻幹」下去！

果然，不幾天後，他的聽差尹安便受到了惡人的脅迫——逼他投毒害板橋。尹安不忍心暗害恩主，只得自己把毒藥喝了下去！

板橋這才感到更大的危險正向自己逼近。他無比憤怒，決心針鋒相對地鬥下去……

超塵奇語驚癡魂

縣太爺的聽差尹安突然失蹤了。

可是，找遍了縣城內外，方圓幾十里所有可能尋短見的地方，仍然杳無蹤影——活不見人，死不見屍。小尹安彷彿升了天，入了地！

被痛苦折磨得兩夜失眠的鄭板橋，直到雄雞三唱，方才睡了一會兒。但立刻又被院子裡樹上的烏鴉吵醒。他勉強爬起來，到院子裡活動活動四肢，只覺兩眼昏花，頭腦發脹，像被戴上了緊箍咒一般。

天陰雲厚。暗灰色的濃雲，低低的壓在縣衙的上空。接著，滴滴嗒嗒下起了雨。

「蒼天也跟人作對！可惡！」他狠狠罵起來。

早飯後，板橋冒雨去了關帝廟。他想與老朋友恒徹上人認真交談一番，以排遣塞滿心頭的鬱悶。

恒徹上人站在山門前，向南引頸張望，像在等人的樣子。一見板橋走近，他便高興地喊著板橋的表字說道：

「哎喲，克柔！我的縣太爺！今天大駕再不至，下午我就打算去登門拜訪呢？快快進方丈。」

板橋指指東面不遠處，那裡瀕臨白浪河岸，有一座小樹林，說道：「我心裡悶得慌！這會兒雨停了，到那邊走走如何？」

「也好。那地場很僻靜，老僧也常到那裡漫步。」上人說著，便與板橋一前一後向樹林走去。

「克柔，從你的臉色和這身裝扮上便可知道，小聽差仍無下落。對吧？」一面走著，恒徹問道。

「喲！禪師也得知啦？」

「可謂滿城風雨——焉得不知？不過，詳情倒不清楚。」

板橋把幾天來發生的情況以及尹安失蹤，四處遍尋不見等情況，向老朋友詳細作了介紹。最後，他憂心忡忡地說道：「禪師，唉！我真擔心這後生的生命！」

「依老衲之見，你自己更使人擔心！」老和尚出語驚人。

「禪師，這是從何說起？」板橋驚訝地瞪大了眼睛。

恒徹許久未開口。直到兩人走進樹林以後，方才語氣沉重地說道：「克柔，你自己剛才不是已經說出來了嗎？」上人見老朋友不解地搖頭，繼續說道，「人家要你的聽差做的是『傷天害理』，卻又『萬不能告訴』你鄭老爺的事——請問，還有比這更明白的！唔？還有，你的轎夫竟敢用轎子扇你，惡吏郎佩迪臨死前伸出的『八』字指，依我看，打根上都是一碼事兒——你是揚州八怪領袖嘛！」

板橋「噢」了一聲，立刻冷笑說道：「怕狼怕虎莫住山林！他老虎口大，我老牛頸粗！我鄭板橋早已横下一條心，非跟濰縣這群惡狼較量個你死我活不可！」

恒徹半晌未語。走了幾步，停在一棵參天巨楊跟前，回頭瞅著老朋友深情地說道：「克柔，你我相識，已經六年多了。可是，有許多話，一直沒能說出來。今天，我實在憋不住了——我要敞開胸膛，讓老弟看看我的五臟六腑！」

板橋既欽佩又敬畏地答道：「禪師，有話儘管講——弟子洗耳恭聽。」

「克柔，你真的打定了『鬥下去』的主意？」

「是的。不管是輸是贏！」板橋脫口而出。

「老弟！」上人第一次用了這樣的稱呼。他輕歎一聲，說道：「你比老衲多念了些詩云、子曰，又做了十多年的縣太爺。論吏治、刑名，我遠不如你；可是，我總比你多穿了幾十條有襠的褲子，論洞明世事，你不如我。上一次，我跟你嘮叨了一大陣子，許多話已經到了口邊，我又咽了回去。一則，怕你聽不進去；二則，也太犯忌。老衲雖然這把年紀，還不願做那刀下冤鬼呢……」

「禪師，不管什麼話，你儘管大膽地說好啦！」板橋聽出了上人的言外之意，鼓勵道：「我不會……怪你。」

「克柔呀，在這世界上，只生著一個心眼的人，不論是做官，還是為民，就只配栽跟頭，碰壁。可你呢，還生著一顆菩薩心。一味想著讓百姓沐盛世之薰風，飲忠悃之甘霖；卻忘了鄉願[1]們的奸詐，魍魎輩的毒計。甚而至於，把自己是愛新覺羅氏的奴才，也忘在腦後；不但做事毫無顧忌，還寫出那麼離經叛道的詩文——這樣一來，禍根可就種下了……」

「這麼說，當初就不該做官？」板橋反問道。

「是的，做官不如當和尚！方丈的蒲團底下是塊淨土。摔一跤，爬起來，身上還是乾淨的。官場呢？寶座上懸著尚方寶劍，腳底下藏個臭糞坑！尚方寶劍一降，人頭落地；掉進臭糞坑，淹不死，也沾一身洗不掉的騷臭！所以，要想耳目清靜，身家平安，就莫沾那勞什子頂戴補服的邊兒！」

「禪師，倘使人人都如此想，治國安邦的重任誰來承當？況且，禪師身入空門，尚且時刻不忘黎庶，我輩走上科舉之途的人，又怎能置社稷民生於不顧呢？」說到這裡，板橋吟起了出仕之初寫下的一首自勵詩——《君臣》：

君是天公辦事人，
吾曹臣下二三臣：
兢兢奉若穹蒼意，
莫待雷霆始認真。

[1] 欺世盜名的人。

「愚忠！」恒徹猛地把棗木手杖一頓，由於用力太猛，那手杖竟陷入地下二三寸深。他拔出手杖，朝天指一指，忿然說道：「君王——穹蒼？狗臭屁！……故紙堆愚弄了多少熱血丈夫呀！」

「……」板橋被老朋友激烈的言詞震驚得半晌無語。身為七品官的他，當然明白，按照《大清律例》，僅憑這一句話，他們兩人都犯下了株連九族的大罪！老朋友今天是怎麼啦？

「大逆不道，是吧？」上人輕蔑地一笑。他指指潺潺流動的河水和地上的落葉，「老弟！你就是被愚弄的一個！試問，你的似錦年華，繡口文章，十載忘我，夜以繼日，不都付與了這西風流水，枯枝敗葉?!」

「禪師，想到這些，我真想大哭一場……」

「哭倒不必，要緊的是醒悟過來。」上人指指瀕臨河邊的一株歪倒在地的柳樹，說道：「到那裡坐坐，老衲還有更重要的話跟你說。」

上人向四周看了看，見四面無人，才挨著老朋友並排坐在樹幹上。他兩眼盯著滔滔北逝的流水，低沉而緩慢地說道：

「老弟，奸宄騰達，忠魂蒙冤——自從盤古開天地，三皇五帝到如今，哪個朝代不如此？千古名相比干被剜了心，蕭何被殺了頭。前明的海剛鋒，忠君愛民，鋤奸除惡．浩氣沖天，只差沒被砍去腦袋，落了個削職罷官的下場！另一個忠良左光鬥②，只因寫了一封奏呈給熹宗皇

②安徽桐城人，官拜禦史。他正直廉明，被專權太監魏忠賢誣為「東林黨」遭害。

帝，開列了權閹魏忠賢二十四款『當軒罪』，便被誣為『東林黨』，抓進監獄，受盡酷刑，被活活打死；他的哥哥遭株連，被砍了頭；失掉兩個兒子的母親，疼兒子，疼死了！就說這『盛朝』吧，你的同鄉李鱓，『兩革功名一貶官』，光大牢就坐了兩回。咋著的？就因為他興利除弊，一副鐵面！另一位畫家李方膺，做了三十年的清知縣，先被參『擅開官倉』，再被劾『違例請糴』，又被劾『貪贓納賄』——連中『三元』！罷官後，回到南京，連處房子買不起，借了項氏花園居住，靠賣畫換米吃！——這不都是你告訴我的嗎？請看，這就是歷代忠心耿耿之臣的下場！哼，『曲如鉤，封公侯；直於弦，死道邊！』——孔聖人的話，倒說得至理至真。」

「唉！難為的清官喲！」板橋沉痛地歎息起來。

「可是，要想飛黃騰達，也很容易：只要黑起心肝，不要臉皮。想把綠頂子換成紅頂子嗎？那就讓別人的脖子多流血！想腰纏萬貫嗎？那就別怕弄髒了手！誰要是能像狼一樣，看准對手的咽喉，猛撲過去，不等他哼一聲，就把他吞掉，誰就不愁得不到榮華富貴，錦繡前程！一句話，誰越沒心肝，誰就越有功德，越有人替他念阿彌陀佛！我的老弟呀！說起來，我都怕髒了嘴，可我還是要說。連升三級難嗎？半點也不，只要能像禽獸那樣無恥！眼前就有例子：濰縣城有個前明的京官，姓郭，此人鑽營的本領獨擅勝場。聽說就是『出奇制勝』地送了一把金尿壺給魏忠賢祝壽，那權閹一高興，就升他做了尚書！想不到吧？你最愛去的著名花園，竟是『尿壺尚書』修造的。那精美絕倫的松篁閣、知魚亭上，都有魏老公的尿臊味呢……」

「不錯，我也聽說過。」板橋遺憾地搖頭。他裝上旱煙，吸了幾口，說道：「不過，眼下畢竟是『乾隆盛世』。當今皇帝也算得是勵精圖治，禮賢下士……」

「金尿壺！」上人忿忿罵著，打皺的雙頰上泛起了紅潤。「老弟，你真的覺得他比那亂世的昏君好多少嗎？不！就像那金尿壺——外面金燦燦，裡面臭烘烘！這位『盛世明君』，至今都幹了些什麼？封泰山、下江南，四處遊山玩水。他登泰山，你這給他充當『書畫史』的，親眼見過；他每去一次，偌大一座山，就要變一次模樣。金子，銀子，流水般地往外撒。倘若拿出一成半成給濰縣災民，縱然有十倍的災荒，也不至於餓死一個人吧？用得著你這做縣令的把俸銀都墊光，大冬天連件皮袍都穿不上?!那乾隆皇帝，吃膩了山珍海味，吃畫眉舌、鯽魚精——將鯽魚精灌進用竹簽挖空的綠豆芽裡，做成什麼『銀絲玉膾』！這位山水皇帝，到了哪裡，謅幾句歪詩，塗幾個歪字，臣下們卻像得了天書神冊，又是刻碑，又是建亭，從此成了千古不泯的『御碑』聖跡。他看過的文墨稱『御覽』，呆過的地方稱『駐蹕』，連清白少女被他們糟蹋，也叫『受幸』！一句話，什麼事到了他們身上都翻了個個兒——惡行成了善德，作踐成了廣恩厚寵，無恥成了榮耀。看，這便是『盛世』的淳風，『明君』的『功德』！這一切，莫說無人敢背味兒，連『功德無量』和『萬萬歲』喊遲了，還是大罪呢！」

「禪師，此事自古皆然，豈止本朝如此。」熟讀儒家經典的黃榜進士，自然對於這些使他脊背冒冷汗的話，一時還接受不了。

「本朝是青出於藍，而勝於藍！」上人越說越氣，越氣越急，連珠炮似的發洩著憤怒。「單說那文字獄，就是這『盛朝』的拿手好戲！你老先生比老衲更熟悉：有人奏本獻奉承，可不小心把『陛下』，寫成了『狴下』，就成了罵皇帝——丟了官！有個主考官出了個考舉人的題目：『維民所止』。這是《論語》上的話，有啥錯的？可就讓雍正皇帝殺了頭！說『維』和

『止』是『雍正無頭』——陰謀弒君！還有人寫了句『清風不識字，何故亂翻書』，便被砍了腦袋。哼！吟一句風吹開了書頁的詩，都成了蔑視聖朝！至於有人寫祭文，用了『創大業』三個字，也被說成『謀反』，株滅了九族！——請看，這『盛世』，除了荒淫盛、冤獄盛、災禍盛、魑魅盛，還『盛』在哪裡？嗯？」老和尚朝河水中狠狠吐了一口唾沫，坐下來閉上雙目，不再言語。

鄭板橋微微點著頭，頗像個在塾師面前聽講的小學生，過了好一陣子，方才自語般地說道：

「我從來沒想過這麼多……幾十年來，心裡常常裝著的，只有『仁者愛人』……」

「要不然就不算愚了！依我看，什麼三綱五常，溫良恭儉讓！都是遮羞的脂粉、障眼的迷藥！使人看不見血沃的赤縣，淚浸的中華！」

「可是，不靠聖賢遺訓，又靠什麼去匡時濟世呢？總不能只靠焚書坑儒，利刀強弩吧？」橋板簡直有些茫然了。

「冰凍三尺，非燭火可熔；病人膏肓，無猛藥不治！」上人揮起手杖，猛地斬斷了橫在面前的一根樹枝。

「這『猛藥』，又是什麼呢？」板橋如入五里霧中。

「陳勝王的長竿，李闖王的寶劍，咸陽宮裡的大火，煤山頂上的鎖鏈！不然，就休想治癒這中華瘡痍，洗淨這九州汙穢！」

「啊？」板橋張大了嘴，怔怔地瞅著激動的老人，他幾乎不敢相信自己的耳朵。過了好一會兒，他才吃驚地問道：「禪師，你是說，只有造反，才能濟世安民咯？」

「正是。除此一途，別無良策！咳，我只恨晚生了一百多年，不能跟隨闖王爺，揮一把寶劍，斬妖除邪，旋轉乾坤！」

「哼，結局呢？」板橋反問道，「不都是以謀反開始，以潰散、喪生而告終——徒作無益的犧牲罷了！充其量，不過為新王朝的登基，作了一塊墊腳的基石！」

「不對！埋葬暴秦和朱明王朝，就是蓋世的功勞。而且為天下人出了氣，也使後來者從前車之鑒中，有所收斂！」上人停下來，沉恩有頃，忽然說道：「克柔，我告訴你件事，你莫吃驚——」

剛才，恒徹上人罵當今萬歲是「金尿壺」、「狗屁」，已把板橋驚得目瞪口呆；繼而又說揭竿舉義才是匡世救時的唯一正途，又使他冒了一身冷汗。這脫離紅塵的佛門弟子，今天像是得了瘋癲之症，竟連傾覆朱明王朝，導致赤縣神州落入異族之手的李闖王也崇敬萬分，並對他大加讚譽。而對他朝夕為之誦經焚香的關聖帝君，卻從未聽到過他一言一辭的讚頌——好一個出家人！十幾年前，他在《賀新郎・贈陳周京》的一首詞中，對陳的祖父在崇禎十六年曾射瞎李自成一隻眼睛的傳說，倍加欽敬，滿懷崇敬之情寫出了「令祖射闖賊中目，炳千秋凌煙褒鄂，雲台耿賈」[③]的讚頌之詞。這首詞還載入他抵濰後所刊刻的文集中。恒徹上人是讀到過的，但對世事，卻得出了與自己水火不容的評價。這怎麼能不使他於驚愕之中倍感不安呢。他抬頭望望老朋友。老人雙二目炯炯地瞅著自己，期待著回答。唉！連造反的話都說了出來，天底下哪

③ 唐太宗開國勳臣褒公段玄志，鄂公尉遲恭。耿賈：東漢明帝功臣耿弇、賈復。

有更值得吃驚的事呢？他淡然一笑，答道：

「禪師請講就是。」

「嘿嘿，你絕不會想到喲，克柔！」老和尚的語氣反倒平靜了下來。「我自己就造過反！」

「什麼？你造過反？」板橋騰地跳了起來，想了一想，連連搖頭：「禪師，你的話，越來越離譜兒咯！」

「不，不！」老和尚臉色嚴肅得像一尊金剛，他站起來往前走著，一面說道：「這不是開玩笑的事！你跟上來，聽我說。當初，我何嘗不想把這乾坤整頓一番。不過，我跟你走的是兩股道。我撇開八股文，拔劍斬了禍害一方的『雙尾蛇』，跑上昆崳山[4]，除暴安良，為替天行道的好漢們做了三年軍師，轟轟烈烈大幹了一場！唉，可惜呀，我這無用之輩，空有陳勝的雄心，卻缺少闖王爺的韜略。到頭來，終於敗在了滿韃子的手裡。只落得在這梵宮僧寮，與黃卷青燈、木魚、鐵磬為伴——與敲鐘的木棒，白吃麥米的倉鼠何異！」熱淚在老人的雙眼中旋轉。他停下來，淒然地望著高天，半晌無語。

南行的灰雲，露出了一片青天，漸近正午的太陽，把一片溫煦赤光，灑在河堤上。一隻失群的大雁，發出幾聲哀鳴，匆匆向南飛去。

「唉！世人俱醉君獨醒！」板橋深深受了感動。「我只道，你芒鞋袈裟一身輕，卻原來是誦出世之經，而懷濟世之志——人間多少違心事呀！」

④ 山東省膠東半島的一座大山。

「是的，『戲中小天地，人生大舞臺』。此言乃千秋至理！老衲就是在假作戲！」他指指自己頭上明晃晃的九顆戒疤，又指指頸上的佛珠，身上的黑袈裟：「你看，我這福田衣袈僧，卻原來並非是皈依三寶的信徒。可爾後，要是我『坐化』⑤了，人們還會造七級浮圖，慶賀我的『修行正果』呢！可我心裡頭，從沒有一天皈依過禪宗！神在哪裡？佛在何方？正像老弟在《城隍廟碑記》中所道破的，巧手揑起的一堆爛泥，利刃削出的木偶而已……」

「禪師，當初在范縣，我就有山林之戀。不料來到濰縣，就改變了初衷，一心要把這滿目瘡痍之鄉，治理成堯天舜地。上不愧對朝廷，下不愧對黎庶……」

「可是，濰縣百姓雖不能『愧對』你，總有一天，朝廷會『愧對』你的。到那時候，誰也救不了你！」恒徹無限愛憐地抓過老朋友的左手緊緊握住。「現如今，有錢就有勢，有勢就有理！別小看你結下的只是幾個仇敵，須知，濰縣咳聲嗽，京城流鼻涕！他們枝葉長在濰縣，根子紮在北京城。盤根錯節，力大無窮！老弟呀，將軍不離沙場死，清官難逃牢獄刑。老哥早就為你擔心啦，只是不忍心開口勸你而已……」

「咳，我這人，不到黃河心不死！前些年，你勸也勸不轉。不久前，我還跟韓夢周發誓，要跟惡驢們拼鬥個涇渭分明呢！」

「我何嘗不痛惜養活了我六十年的濰州父老，我多麼盼望你給他們多造點福哇！老僧我也實在捨不得人生難得的知音離我而去呀！克柔，這就是我遲遲沒開口的一點私心。可是，再也

⑤ 佛教僧侶由於長期趺坐，往往能坐著死去，俗稱「坐化」。認為這是得到了「修行正果」，要造浮圖（塔）為之埋葬遺骨。

不能誤你了，你如再戀棧下去……」

上人說不下去了。他把頭扭到一邊，強忍著胸中的悲憤，半晌無語。

板橋忽然緊緊地握住了老人的雙手，無限激動地說：「老兄」，他也用了一個使老人吃驚的稱呼。顯然，他已把老和尚看成了自己的手足兄弟。「聽君一席話，勝讀十年書！你撥開了我眼前的迷霧，使我認清了頂戴下的猢猻，道場上了鬼蜮，笑面後的殺機——此刻，我的魂兒又被招回來啦！」

上人回過頭來，含淚的臉上，露出了笑容。他深情地望著老朋友，低聲吟唱起明人薛論道的一首《玉抱肚・官悟》：「才稱王佐，總不如清閒快活。一邊是富貴榮華，一邊是地網天羅，忠臣義士待如何？自古君王不認錯！」

熱淚滾出了板橋的雙眼。他信步往前走著，大聲吟起了湧上心頭的詩句：「『半生圖名圖利，閒中細算，十件常輸九。跳盡猢猻裝盡戲，總被他家哄誘。』——狗娘的！我這個康熙秀才，雍正舉人，乾隆進士，一場癡夢三十年，今朝總算醒過來了！」

「吟得好！」上人的話帶著哭音，「達則兼濟天下，困則獨善其身！當年，一心盼望著『致君堯舜上，再使風俗淳』的杜甫老夫子，不也照樣沒遇到堯舜之君，半生顛沛流離，窮死在湘水孤舟之中嗎？」

「如今再種揚州竹，依然淮南一片青！」悲憤出詩人。澎湃的心潮，使板橋的胸中不斷激盪著新作。

恒徹上人低著頭，望著腳下的枯枝敗葉，黯然自語似地說道：「塞翁失馬，安知非福。倘使杜老夫子終生飛黃騰達，官運亨通，哪有如許的千古絕唱？克柔呀，留得青山在，不怕沒柴燒。趁著現在你還耳聰目明，多為炎黃子孫留下點『三絕』珍品，也是國家社稷之大幸。如再戀棧，縲絏之苦，尚在其次；一身絕技，不得施展，才是千古恨事呢！」

「好吧！」板橋握緊右拳，猛擊擋在面前的一棵老榆樹。「雲外一帆揮手去，要看江海迫天流！」

「好哇，克柔！」上人抬起頭，兩行熱淚奪眶而出！

兩位朋友的手，緊緊握在了一起……

鄭板橋有一句口頭禪：「老鄭做事，不求盡如人意，但求無愧我心！」

殊不知，「無愧我心」不難做到，而「盡如人意」卻非易事。因為他在「無愧我心」的同時，必然常常拂逆人意——與許多人結冤樹敵。結果，豪紳怨，惡人罵，濰縣有黑帖，京城有劾狀。那罪名更是大得驚人：目無綱紀、貪贓枉法……連「千秋難逢之盛世，萬代欽仰之明君……都屢加誣謗！」

詈罵聖朝無異於造反，鄭板橋真該千刀萬剮了！

但他仍不醒悟。彷彿「於心無愧」，便可安之若素。妄想讓濰邑蒼生繼續「沐盛世之熏風，飲忠悃之甘霖！」若不是恒徹老和尚一席發聾振聵的「佛家語」，真不知他還要癡迷到幾時。

從關帝廟回到縣衙後，當天晚上，板橋便在一張四尺宣紙上，寫下四個隸意頗濃的大楷字——「難得糊塗！」大字下面，又寫了幾行小楷作注：「聰明難，糊塗難，由聰明而轉入糊塗更難！放一著，退一步，當下心安，非圖後來福報也。」

做好事，得到的卻是惡報：他希望能想得通，不再悲憤不平——「由聰明而轉入糊塗」。但他總是做不到。「更難」的滋味，時刻在折磨著他。他的脾氣也變得更加暴躁，時刻想罵人。花甲之年，依然不識「事務」，鄭板橋真是愚頑到家了！

他無力地扔下筆，痛苦地吟道：

無邊好事結眾怨，
行盡仁政是貪官；
無奈糊塗太難得，
從此江南一梗頑！

人，有時需要猛擊一掌。恒徹老和尚這一掌，擊得正當時。不然，真不知他還要「梗頑」到幾時。

好難得的糊塗啊！

十載官場，一朝夢醒，他決定辭官。不料，在他的辭呈「上達天聽」之前，攻訐他犯下二十款大罪的劾狀，早已擺在了乾隆皇帝的御案上。不是山東巡撫包括的極力維護，不是板橋的詩書畫日益風靡海內外，只怕他的一把瘦骨頭非扔在濰縣不可。乾隆皇帝弘曆畢竟還是一個憐惜英才的「明君」。他知道石朱筆一勾，嚴予誅戮，難逃「摧折士林、暴殄俊才」之譏。於是「法外施恩」，「皇恩浩蕩」地給了鄭板橋一個「罷黜歸耕」的處分！

這樣，板橋終於得以結束十載官場生涯，騎上毛驢，回揚州賣畫去了。

當他悄然離開濰縣時，不料百姓傾城而出，夾道歡送。餞別宴一席接一席，直到日中，仍未走出濰縣城。為了答謝濰邑父老的深情，他含著熱淚當眾畫了一幅《瘦竹圖》敬贈濰縣紳民。並在畫右題上了一首七絕：

烏紗擲去不為官，
囊橐蕭蕭兩袖寒；
寫取一枝清瘦竹，
秋風江上做漁竿。

詩意寂寥淡遠。但仔細品味，似乎仍有些苦澀和惆悵。但是，他畢竟得到了解脫。千金難買自由身！此後，他不但煩惱頓減，還給後世留下了大量「三絕」珍品。「爾後再種揚州竹，依舊淮南一片青」。他回到揚州後的賣畫生涯，自在閒適。

不過，需要的時候，他仍然要「管閒事」。板橋晚年外出，肩頭總是掛著一隻布袋，裡面裝了食品和碎銀子。見了饑寒人，特別是見了貧困的孩子，總是立刻饋贈。遇見「蠢豬」，他也忘不了譏刺一番。

難怪，他的畫價越來越高，他卻一如既往，貧窮，貧窮……

難怪，已到古稀之年，仍與人結仇……

豈容黃濤捲綠萍

「哎喲喲！輕一點兒，輕一點兒嘛！」

鄭板橋坐在床沿上，斜扭著身子，輕握雙拳，正在給如夫人饒氏捶腿。可能拳頭重了一些，她便連聲喊起痛來。

「嗨，我這裡已經是鬆腕虛拳，高抬輕落——怎麼還會疼呢？」板橋的雙拳停在空中，不解地搔頭。

「誰知道你！反正痛得很，左膝頭像錐子紮一般。」饒筠青緊皺雙眉，兩手撫在左膝上連連地揉著。

「不是我手下重，怕是你的腿病又加重了。」

「唉！也許是因為這鬼天氣……」

去年秋天，有一天，筠青晾衣裳時不慎從矮凳上摔下來，跌了跤。當時，她的左腿既無傷痕，也不紅腫。後來卻留下了一個腿痛的毛病。走路時隱隱作痛，尚可忍耐。一蹲下去，想要再站起來，左膝頭便像針紮火燎，不扶住什麼東西，休想站起來。自從人夏以來，陰雨連綿，近幾天又降下幾場冷雨，她的腿病便更加劇了。夜裡常常痛醒，白天不但幹不了家務活兒，躺在床上還不時地發出呻吟之聲，害得板橋無心緒寫字作畫。前天，學生牛先春及幾位好友，約他去瘦西湖蕩舟賞荷，飲酒賦詩，也被他婉言謝絕。壯遊失機，心頭自然十分惆悵，但想到三十年如一日，細心照料自己的愛妾正在病中，只得煮雞煎藥，伺候在床側，把一腔遊興儘量拋在腦後。現在，聽到如夫人說到天氣，板橋急忙介面道：

「嗯，准是這麼回事！」如夫人的話提醒了他，頓感心頭輕鬆許多。「俗話說：腰疼腿疼盼天晴，生瘡長疥要火烘嘛！一定是這翹辮子的鬼天氣，害得你三天起不得床，誤了我賞荷吟詩的雅興……」

「誰讓你不去·賞荷吟詩啦？留在家裡笨手笨腳，心裡還不知藏著多少委屈吶。煮米飯糊鍋底，捶腿掄鐵錘。讓我自己清清靜靜待幾天，倒更省心些！」人在病中，沒有好心情，語氣中總是含著幾分埋怨和挖苦。

「唷呵！我老鄭這把年紀啦，跑前跑後，床頭孝子似地，忙活了三整天。到頭來，得了個不甘心盡力的獎賞，實在是榮幸之至！」板橋站起來踱到窗前，指指白雲飄浮的藍天，賭氣地說道：「天已轉晴，你的腿肯定不治自愈。用不著我床前床後掙這份光彩。乾脆，現在我就去平山堂[①]飲清泉香茗，然後到『魯家老店』吃山東饅頭——嚼著狗肉，過過山東即墨老酒癮！」

詩書畫三絕高手，卻應付不了燒煮涮洗。他在心裡憋了三天的悶氣，半真半假地一股腦兒

①在揚州城北，風景極佳，廟中有「天下第三泉」。

倒了出來。剛說完，又後悔失言。氣不養人，雖是老夫妻，對病中之人，不可過於粗率。於是他歉歉然說道：

「當然啦，你不願意我出去，我自然是留在家中，寸步不離——鞠躬盡瘁，死而後已嘛……」

「俺擔不起！那狗肉老酒怎好耽擱！天老爺睜眼放晴，我的腿自會好的，何用……」明知丈夫性喜調侃，並不是不疼自己，她卻雙眼一陣紅，低頭抹起了眼淚。

「唉，唉！我不過是嘮閒話嘛，幹嘛當起真來啦？」

板橋訕訕地走近床前，正想軟語消解愛妾的慍怒，不料，她竟將頭扭向牆角，睬也不睬。

「內當家，難道非得老鄭長跪賠罪，你才肯莞爾一笑？」見妻子依然不回頭，他佯歎一聲：「唉！夫人息怒，在下與夫人跪下賠禮了！」

一面說著，板橋真地做出了下跪的姿勢。不料，雙膝剛一彎，便覺一陣酸痛。身子一歪，竟倒在了地上。

「哎喲喲！老師傷著了沒有？」

一陣急驟的腳步聲由遠而近。板橋一回頭，見學生牛先春大步走了進來，羞得兩手撐地想趕快爬起來。無奈，年近古稀的老人身子不靈便，撐了兩次，仍未站穩。

「老師，傷著了沒有？傷著了沒有？」牛先春慌忙攙起老人，扶到椅子上坐下，連聲詢問。

饒氏顧不得腿痛，急忙溜下床，抓過竹帚，為板橋掃著身上的泥土。她紅著臉埋怨道：「這把年紀啦，不長安穩相，還當自己是小孩子哪！」

「嘿，老萊子八十娛親，老鄭我還未交七十，難道不該為親人下跪？」說罷，嘿嘿地笑起來。

當著外人的面，饒氏不便多說，狠狠剜了丈夫一眼：「人家老萊子是娛老親——你哪？」見老人並未傷著，牛先春急忙把話岔開：「老師，方才學生在窗外聽老師說，要去魯家老店吃狗肉。我看還不如讓學生做東，飽享一頓比狗肉還好吃的上上佳味呢。」

板橋急忙問：「哪是什麼？」

牛先春在板橋對面坐下去，答道：「知味軒的羊肉。」

「嘿，那算得是什麼佳味！前些天剛剛吃過一次羊肉，腥羶難當，怎能與狗肉相比！當年我在濰縣做七品芝麻官時，就曾說過：天上的龍肉，地下的狗肉！熱上一壺山東即墨老酒，再加一盤紅燒狗肉相佐，那才是天地間人生第一消受呢。哈哈哈！」

「哈……」牛先春也搖頭大笑。「老師只知其一，不知其二。那知味軒的羊肉不但毫無腥羶之味，你嘗過一次，便決不會再想那紅燒狗肉了。要不然，該店天天被踏破門檻，擠破門，連出家的和尚都不斷進出呢！」

「好哇，在師父面前胡吹海聊起來啦！」板橋笑著指點著牛先春。「出家人都是吃素齋的，怎會到羊肉店去？」

「老師難道忘了，飲食男女是人生之大欲？俗話說得好：『和尚不吃葷，雞蛋鴨蛋一口吞。』就拿樂善寺的寶月和尚說吧，學生不止一次在知味軒見過他大吃大嚼，連羊肉湯也捨不得剩一滴呢。出家人尚且如此喜愛，更何況我們在俗的凡人啦！」

板橋搖搖頭，指指如夫人答道：「先春，我實在是不饞羊肉。況且，床上有病人，床下有愁人。連蕩舟賞荷的良機，我都可以放過，這羊肉，只好改日奉陪了。」

牛先春因為已經在羊肉店訂好了座位，瞅一眼伸腿歪坐在床上的師母，近前俯著身子，放低聲音勸道：「師母方才已能下地走動，可見腿疾轉愈。您老人家已經多日悶在家裡，何不趁機到那枕清流、擁綠荷的去處散散心？況且，羊肉乃是味中之最，不吃實在是可惜呀！」

「唉，又來替腥膻之物溢美！」板橋粗魯地打斷了弟子的話。

「老師，並非弟子為羊肉胡吹。古人為羊肉爭百味之首席，也是不遺餘力呀！」

「哪有此事？」板橋來了興致。

「試看古人造字：有『羊』才美，有『羊』才鮮；無『羊』不羹，無『羊』不吉利，無羊失規範，無羊失……」

「又在編造！」板橋哧地一笑，「『羊』字與吉利、規範何干？」

「學生不敢編造。」牛先春正色答道：「試想，吉祥的『祥』字，像樣的『樣』字，不都從羊？就連蕩漾的『漾』，海洋的『洋』……」

「哈……」板橋仰頭大笑。「先春，這樣淺顯的道理，我竟沒有在意，算讓你占到理咯！」

「那就快隨弟子走！」牛先春站起來，攙起師傅就要走。

板橋兩眼望著夫人，遲疑地答道：「先春，我今天實在……」

「實在是早流口水啦！」如夫人截住了板橋的話頭。

筠青說著，慢慢打開床頭的木箱，找出一件漿洗挺括的灰色杭紡長衫遞給板橋。「快換上這件乾淨衣裳──免得冷了你們的熱羊肉！」

牛先春急忙幫著師傅換好長衫。板橋向夫人長揖至地，拖著長腔說道：

「多謝夫人厚恩！」

說罷，朗聲笑著，跟隨弟子出門而去。

牛先春剛交而立之年，他的家境優裕，卻不求仕進，終日以書畫自娛，是板橋罷官返回揚州後，收下的唯一關門弟子。板橋非常喜愛這位剛直豪爽的年輕人，在他的悉心指導下，先春的「六分半書」及蘭竹技藝日見長進。相識不久，二人便成了莫逆之交。牛先春愛詩酒，好冶遊，隔三斷五便要強做東道主，拉上師傅及幾個契友，或到酒樓行令賦詩，或到青樓擁妓飲酒。板橋好遊樂，常常「顧不得」推辭一句，便被拉去坐首席。不用說，今天的羊肉會，又是牛先春「作東」癖發，變出來的又一個新花樣……

知味軒羊肉店，坐落在揚州小東門外碼頭近旁，面對柳巷，背臨清流，是個遠離鬧市極幽雅的地方。板橋和牛先春來到店堂，只見肉鍋旁已經圍著許多人，既有穿短衫草鞋的，更多的是穿長衫戴草帽的斯文先生。板橋正在猶疑，過來一名「走堂的」[②]跟先春打招呼，領著師徒二人，上了二樓，安排到臨窗的一張四仙桌旁坐下。不一會兒便送上一壺香茶來。

板橋緩緩啜著香茗，一面扭頭觀望著窗外的景色。被雨水沖洗過的柳叢，青翠欲滴。一聲聲悅耳的鶯啼，不時從柳浪中傳出，使人精神為之一振。只是連日降雨，河水陡漲，沿河的翠荷綠萍，大部淹沒在滾滾黃濤之中，失去了往常亭亭玉立的姿致。板橋觀望良久，心頭忽地生起一股淡淡的哀傷。不由輕歎一聲，扭頭向西方看去。府城的東城牆，高高橫在前方。不遠

② 即跑堂的，揚州方言。

處，那凹凸的城垛，像猛獸齜著的巨牙，彷彿要把人一口吞下去。他記得當年居官濰縣時，因救災修城，遭到大戶的誣罵攻訐，當時看到濰縣的城垛，也曾有過這樣的惶恐之感。不知為什麼，這感覺，此刻又襲上心頭……

「莫非是因為她的病，因而心緒不佳？」

正在胡亂想著，走堂的已將熱氣騰騰的一大盤羊肉端了上來。

知味軒的熱羊肉果然名不虛傳。不知是因為選料講究，還是因為廚藝高超，吃到嘴裡，肉嫩絲細，鮮美無比。不似往常吃羊肉，滿嘴像嚼著牛皮筋，咬齧不動。板橋咂嘴吐舌大嚼起來。忽然，他放下筷子，皺眉向軒外河上久久注視。

牛先春以為師傅嫌羊肉冷了，招手喚來走堂的，吩咐道：

「冷狗肉，熱羊肉——快快拿去走走鍋，剪剪尾！」

堂倌剛把羊肉端走，板橋便問道：「先春，你剛才跟堂倌說的什麼，我怎麼聽不懂呢？」

先春答道：「羊肉加熱重燴名為『走鍋』；漉去浮油，名為『剪剪尾』。羊肉性熱，吃了冷肉，熱性不易發散；漉去浮油，味道更加清爽不膩……」

「唷呵，想不到吃一頓羊肉，還有如許的講究！」板橋指點著學生嘻笑道，「今天你倒做起了師傅！」

「老師，這叫三百六十行，行行有學問。」師傅忘了師傅尊嚴，徒弟也就不拘形跡，竟是一副教訓口吻。

「領教，領教，哈……」板橋大聲調侃起來。

正在這時，忽聽傳來一聲高喊：

「有人投河啦——救人哪！」

板橋急忙站起身，探頭向窗外觀看。只見河流斜對面一座樓房的後窗上，一個中年婆娘正探頭向外，嘶聲呼喊。板橋慌忙向河上巡視，黃濤滾滾，並不見有人落水。低頭看近處，只見激流中閃出一片紫裙，旋即隱沒不見了。

「我看到了——落水人就在窗下！」一面喊著，板橋登上椅子，俯身要向窗外跳。

「師傅，別動！」牛先春雙手將師傅攙下椅子，麻利地將自己的長衫脫下，站上窗臺，一頭向水中紮去。

水鄉人好水性。牛先春紮了幾個猛子，便托著一個落水的人爬上岸來。落水者原來是一位妙齡女子。板橋急忙跑到樓下，幫著牛先春將落水女子倒俯在石階上——控水。女人口鼻中流出一大攤黃水，慢慢睜開了雙眼。這時，那個喊救人的婆子和一個長著酒糟鼻的矮個男子趕來了。婆子向牛先春說了一聲：「多謝先生行善積德，救了我家姑娘一條命。」便讓那男子將落水姑娘抱走了。

低頭看著石階上的一攤黃水，板橋沉吟了許久。忽然，他抬起頭，向弟子吩咐道：

「先春，快向店家借身乾衣服換上，到對面打聽一下：那姑娘為何小小年紀竟尋短見。慢著，一定要探聽明白其中的原因。我到樓上等你！」

大約半個時辰後，穿著一身肥大短衫的牛先春回到了知味軒。上得樓來，他連飲三杯熱酒，向師傅談了打聽到的情況……

投河的女子名叫綠萍，現年十六歲，正在豆蔻年華，是緊挨著董子祠南側蘊芳樓的妓女。原系蘇州人氏，因家貧，九歲上被賣人妓院。不幾年，便出脫成揚州城第一流藝妓，而且唱得一腔好評彈，稱得上是色藝雙絕。老鴇丁三胖雙手捧著搖錢樹，卻不肯輕易搖動。儘管兩年前即單獨給綠萍掛出了金字招牌，但除了陪客伺候「茶圍」，和「出局」清唱評彈，並不讓她正式接客。奇貨可居。她要給她的寶貝姑娘覓一個肯掏光腰包的慷慨主兒。半年前，揚州有一個姓朱的鹽商，迷上了綠萍的姿色，掏出一張千兩的銀票，要求「梳攏」。丁三胖一看，樂得不住口的喊「好大爺」，一迭聲念阿彌陀佛。立刻扭著小腳把「佳音」告知了綠萍。不料，姑娘頭一扭，一口回絕。任憑丁三胖說得風落地、龍升天，她始終不肯點頭。老鴇氣急敗壞，竟命大茶壺「收拾」她。綠萍不願讓「大茶壺」玷汙自己的清白，扯條汗巾，掛上了梁頭。不是發現得早，救轉過來，老鴇的搖錢樹早成了一堆枯樹枝。那朱客人得知後，連歎豔福太淺，當即討回銀票，「兩無干礙」。被「孽種」砸掉一樁「好買賣」的丁三胖，氣得咬牙切齒，加緊了對「孽種」的監視。有一天，終於「捉姦拿雙」，抖開了姑娘與人「暗媾」的謎底。原來，一位常到蘊芳樓「吃茶」的年輕人，早在幾個月前，即在老鴇的眼皮底下，玉山暗登，桃溪偷渡。這年輕人，姓任名再思，腰包雖不闊綽，卻生得修身明目，風流倜儻。於是，公子癡迷，姑娘傾心，兩人一見鍾情。在眾姐妹的幫助下，常常趁著「吃茶閒話」的當兒，簾不落、戶不掩，雲驟雨狂，巫山夢成；神不知、鬼不覺地暗暗勾卻了相思債！「倒了大黴頭」的老鴇，滿肚子的惡氣沒處出，本來粗短的腰身，頃刻間暴成一隻癩蛤蟆。她先跺著小腳罵了個樓顛牆搖。又命人當著姑娘的面，將任再思打了個死去活來，然後剝光了衣服，趁著黑夜，扔進了城外大河裡。回頭又把綠萍毒打一頓，終日派老媽子看住，逼她接客。今天，綠萍趁著看管的老媽子下樓出恭，便投河尋了自盡……」

最後，牛先春補充道：「聽說老鴇怕雞飛蛋打兩不得，只要有人肯出這個數」，牛先春搖搖右手五指，「就肯脫手呢。」

「救人一命，勝造七級浮圖！」板橋：拍桌子站起來，大聲說道：「先春：你手頭不缺五百兩銀子，乾脆把那姑娘買下來，如何？」

「這……」

「怎麼，你還嫌人家配不上你，還是嫌已經……」

「不，不。那姑娘的人才無可挑剔！」牛先春搖頭歎了一口氣。「不瞞老師，學生並非無納妾之意。只是，我家有個女霸王，要是領回個花骨朵兒，哪裡有人家的喘息之地喲！」

「也是。天底下，打不盡的醋罐子！怪不得你小子三天兩頭鑽柳巷，原來床頭上拴著只母老虎呀！」板橋緩緩坐了下去，沉思有頃，抬頭說道：「先春，你幫我挪借五百兩銀子，如何——我要給那姑娘贖身！」

「何必呢？」牛先春認為老師要仗義救人。

「怎麼，你怕我還不起你的銀子？」

牛先春正色道：「老師，天底下不幸的人，何止成千累萬。區區你我師徒，只怕顧憐不過來呢！」

「不，並非只為行善。」

「那是為何？老師年近古稀，難道還想……」

「天下英雄愛美女。少年之心人皆有之。何況，我差三歲才到古稀之年呢。」板橋狡黠地眨眨眼，「先春，不怕你見笑，當年，老師我不光愛美女，連俏麗後生，也曾喜愛得神魂顛倒呢。哈……」

「好吧！學生遵命。」

牛先春完全相信了師傅的解釋。認為師傅要效仿當今乾隆皇帝，納娶一位周身溢香的美人，以娛晚景，並可兼顧師母的病體。當天回家，即取出五百兩銀子送到蘊芳樓，將綠萍贖了出來。雇上一乘小轎，親自送女子到板橋借住的竹林寺。

不料，過了不到二十天，牛先春再到板橋住處，竟不見了使他青睞的綠萍。一問才知，師傅暗暗托人費了半個多月的工夫，終於在高郵城找到了大難不死的任公子，並說服他前來揚州「迎親」。原來，他落水後，多虧識水性，掙扎著遊到岸上，解開繩子，揀回一條活命。三天前，任再思已將綠萍接回家去，結成了百年琴瑟之好。

牛先春一聽，肅然站起來，深深一揖，慨然說道：

「老師，當初我就疑心您老人家是在行善舉，果然如此！」

「不，不！先春，你至多說對了一半。老鄭要是肯做『善人』，何至於老而無子？無非生性難改，見了不平事，就想管一管而已。」板橋語氣平靜，像在說著別人的事。

牛先春怕師傅傷感，急忙把話頭岔開。

見不得慘淒，容不下不平，瞧不起權勢，忍受不了假斯文！早已換上平民布衣的鄭板橋，仍像頂戴補服吏治一方的權官一樣，鋒芒畢露，什麼事都想管一管。對綠萍的搭救與成全，對知府司擴圖的戲弄，對淫僧德山的譏諷，對財主趙員外的蔑視，處處體現了他的仁心與嫉惡如仇的民主精神。連板橋自己也認為是罷官南歸後的得意「妙筆」！

他固執了一輩子，「怪」了一輩子！是個勸不轉的「頑種」！

「唉，江山好改，本性難易！俺老鄭這輩子——認了！」不知是愧悔，還是自喜，他常常發出這樣的感歎：

「二十年前舊板橋……」

二十年前舊板橋

「哐，哐，哐……」

震耳欲聾的「七棒鑼」①自遠而近，在鄭板橋借住的竹林寺山門外，忽然停了下來。竹林古剎地處僻巷，是個「門前冷落車馬稀」的清靜所在。平時不但從未聽到過「靜街」的銅鑼喧嗚，連小販的叫賣也難得聽到幾聲。

板橋正在當窗揮毫，聽到熟悉的靜街鑼聲停在門外，不由得停下了手中的筆。為吏十二載，他熟知七棒鑼響，定是有七品以上官吏出行。不過，這官吏全副執事，耀武揚威，來這僻靜之地幹啥呢？

他三思不解。正想派小童到外面看看，一抬頭，小童從外面走進來，近前稟報：

「先生，」板橋罷官後，不准任何人再稱他「老爺」。「揚州知府司擴圖前來拜訪——現正在寺外求見。」

① 大鑼每次連敲七下，意思是：「軍民人等齊閃開」。

板橋略一猶疑，放下筆，粗聲答道：「有請。」

板橋剛剛邁出屋子，一個全身頂戴補服的陌生人已經走進了院子。不等鄭板橋開口，來人便滿面春風地自我介紹道：

「先生就是板橋仁兄吧？下官乃是本州正堂司擴圖。剛剛公務完畢，趁回衙之機，特地繞道貴舍，造訪先生。」

「哎呀呀，原來是府尊大人屈駕光臨，實在是蓬蓽增輝——不敢，不敢！」板橋的語氣，冷淡多於驚訝。「在下乃一介布衣，大人怕是走錯了門戶吧？」

「那裡話。下官乃是專來向鄭大進士求教的——怎會走錯了門戶呢？哈……」

「那就屋裡請！」板橋伸開右手往裡讓。

可能是「那就」二字不順耳，司知府眉頭略一皺，旋即抱拳答道：「仁兄請。」

進屋坐下之後，板橋並未讓童兒獻茶，卻拱手說道：「司大人，在下客居揚州，雖有幾壺劣茶，只恐有汙大人清喉，故而不敢敬獻，請大人多多見諒。如蒙大人不棄，」板橋抓起桌上的旱煙袋，揚一揚，「請大人嘗嘗我從山東帶回來的旱煙。如何？」

「哪裡，哪裡！今日下官既非來討香茶喝，也非要討旱煙吸，乃是專程向仁兄道歉而來。」

「哦！道歉——這是從何說起？」

「唉！」司擴圖一聲長長的歎息。「仁兄山左歸來，寄居維揚。兄弟蒞任已逾三載，今日方來動問寒暖，實在是禮疏之至——萬望仁兄海涵。」

「哈……」板橋仰頭大笑，「大人之佛心，令人感激涕零！不過，在下為官無德，罷黜歸田。無奈，身無長技，只得借府城一方寶地，聊度餘生。所幸，高僧借給的閒屋可以白住，賣幾幅字畫可以換回嚼穀。庶幾乎，安身立命兩無憂——怎敢再勞大人費神呢？」

「不，不。照料不周之責，兄弟是推不掉的呀！」司知府臉色歉然，分明是一番真情。

「大人屈駕而來，定是有什麼要事吧？」板橋不願無聊寒喧，開門見山地問道，「那就請快快吩咐，在下無不從命。」

其實，司擴圖一到，板橋很快就猜出他的來意，不是索字，就是求畫。嘘寒問暖云云，不過是正戲前的開場鑼鼓。繼而一想，如今身居揚州賣畫為生，在人屋簷下，怎敢不低頭。唯有敷衍一下，請他快快「起駕」的好。

司知府一聽，紅潤的圓臉上，立刻綻滿了笑容，順勢答道：「豈敢，豈敢！如蒙大進士不棄，賜下官一幅墨竹，則不勝欣幸之至！」

「大人所求，在下不敢不從命！」板橋立刻站了起來，向童兒吩咐道：「溶墨。」

等到童兒研好墨，板橋便濡筆揮毫，旁若無人地畫了起來。他先畫出兩枝竹竿，點好竹節。推、撇、收、藏，眨眼的工夫便畫成了兩竿竹子。然後在畫幅右上方題了三個大隸字「竹石圖」。板橋放下筆，退後一步，仔細端詳起來。司擴圖認為板橋畫完了，不解地問道：

「仁兄，這《竹石圖》上，怎麼只有竹枝，而無片石呢？」

「在下正要畫石呢！」板橋頭也不回地答道。

板橋說著，近前抓起一支小楷狼毫，在畫幅左側，高高低低、長長短短地寫了起來。隨著筆鋒的遊動，畫幅上出現了密密麻麻的一片字。寫的是：

今日醉，明日飽，說我情形顛顛倒，哪知腹中皆畫稿。畫他一幅與太守，太守「哐哐」鑼來了。四旁觀者多驚異，連說畫卷畫得好。請問世人此中情，一言反覆知多少？籲嗟呼，一日反覆知多少！——以字作石，以補缺耳。

放下筆，板橋在畫的右上方加上了兩方朱印：「鄭大」、「二十年前舊板橋」。見板橋在收拾畫筆，而畫幅滿滿當當，已經沒有畫石的空隙，司擴圖又問道：

「板橋仁兄，這石頭……閣下打算畫在哪裡呢？」

板橋指指密麻麻的題字：「就在這裡呀？」

「沒見呀……」

「府尊退後五步看！」板橋笑咪咪地答道，「如再不見石頭，板橋賠你兩塊就是。」

說罷，板橋捏著畫的兩隻上角，提了起來：「府尊仔細看看，到底有沒有？」

司擴圖順從地退後五步，剛一注視，便驚呼道：「哎喲喲，那片題字，竟變成了一方怪石呢！」

「府尊，你再瞇起眼睛看看！」板橋命令似地說道。

司擴圖把兩眼瞇成一條縫，凝視片刻，竟大聲嚷了起來：

「嗨，不但像塊石頭，端的就是一塊奇石。而且漏、瘦、皺、透，米南宮[②]當年論『巧石』的優點，全在其中啦。哈……妙不可言、妙不可言！」司擴圖快步近前，握住板橋的雙手，連搖幾搖：「仁兄呵，仁兄！八怪領袖的神筆，果然不同凡響。不但將無作有，而且飛神揚采，令人歎為觀止，歎為觀止呀！」

「大人謬獎啦！」板橋淡然一笑，「在下今日忽出奇想，故而以字代石。如大人不嫌棄，就以此幅聊以塞責，如何？」

「多謝、多謝！」司知府長揖至地，「但不知需要多少潤筆？」

「不多，不多。」板橋坐回到椅子上，「在下雖然早已定出『潤格』：大幅六兩，中幅四兩，小幅二兩，條幅、對聯一兩，扇子斗方五錢。府尊求畫，自當別論。況且，大人全副執事，親自登門，一文不給，已是蓬門的榮耀咯，在下何敢言價呢？」

司擴圖兩眼只顧盯在畫上，並未細聽板橋的話，自然也未分辨出話中的譏諷之意。仍然謙敬地答道：

「唉！如此奇筆妙畫，下官怎敢白取。」他扭頭向身後的跟差吩咐：「小心將畫收好。速取三十兩銀子，交給鄭大進士！」

「唷呵，這可是府尊大人逼著在下漲價的喲！剛才小人不是言明『大幅六兩』嗎？」板橋嘴上謙讓，雙手卻把銀子接了過來。

---

② 名米芾，宋代著名書畫家。

「仁兄真會開玩笑——如此妙畫，區區三十兩銀子算得什麼？」司知府站起來拱手告辭，「如蒙仁兄不棄，歡迎屈駕來府衙做客。」

「不敢。」板橋急忙站到門口，伸手向外讓：「大人走好！」

司擴圖走了以後，板橋門上門，回到屋子，裝上一袋煙，指著桌幾上的銀子，長歎一聲，向如夫人說道：

「筠青，你看：二十年前，我是一個窮秀才的時候，本想靠手中的畫筆，在揚州混下去。可是，無人肯來光顧，只得去真州江村設私塾教幾個蒙童，僥倖沒有餓死。二十年後，揚州還是揚州，板橋還是板橋，求畫的卻日日不絕，躲之猶恐不及。方才，司知府不但全副儀仗前來求畫，而且高出畫價五倍付潤筆！唉，讓那闊大這樣風風勢勢地鬧騰，往後，只怕竹林古剎的門檻兒，也要被踏斷了！」

「求畫的人多，有啥孬處？多得幾兩潤筆，捎回興化老家去，也省得讓郭姐及四叔他們犯難著急。再說，人家求上門來，何必拿架子得罪人家？」

「我並未跟銀子出『五服』——難道說我不知無銀錢，不要說家人妻小，連我自己也得餓死？」板橋用力磕出煙鍋中的灰燼，語氣堅定地繼續說道：「我的老章程絕不能改：懂畫的，莫說給銀子，一文不給送上門；不懂畫還裝假斯文，給多少銀子也不畫。對那般昏豬，得罪多少我也不怕。往後，我不在家，不准給我隨便應差。聽見了沒有？」

筠青苦笑道：「我怎麼知道哪個人懂畫呢？」

「那就都不應，一律推給我，由我決斷！」

板橋的發恨，並非出自他的怪癖，也不是老糊塗了。早在坐濰縣時，他就因對魑魅人寰，不平世情，難以索解，發出了「難得糊塗」的憤慨。但是，江山好改，本性難移。如今六十六歲了，依然未學會「糊塗」。

本來，罷官南歸，既有無官一身輕的欣慰，又有故地重遊的歡悅。所以，自山東濰縣歸來，只在興化老家住了半個月，便匆匆來到闊別多年的揚州。剛剛安頓好住所，便在畫出的第一幅《墨竹》上，題了一首充滿歡愉之情的七絕：

二十年前載酒瓶，
春風倚醉竹西亭；
而今再種揚州竹，
依舊淮南一片青。

他早已打定主意，一朝脫去官衣，便重操舊業，種（賣）竹淮南。不料，歸來不久，便被日益增多的求畫者，弄得痛苦不堪。並不是因為畫多勞神，他的筆下通常快得很。而是碰到不願給人家畫的主兒，卻推卻不開，非畫不可。「打著哭孩做笑臉」，他感到無法忍受。

據記載，唐代詩人王播，少年時孤苦貧寒，曾寄居揚州惠照寺讀書，討和尚一碗僧飯吃。不料，主持怕壞了出家人「慈悲為懷」的名聲，只得當面應承，背地裡卻命小僧開過飯再敲鐘，弄得王播飽嘗饑腸轆轆之苦。無奈，只得到別處安身。後來，王播做了淮南節度使，駐守揚州。當他重訪惠照寺時，發現自己當年題在住處牆上，並無人理睬的一首詩，已被用碧紗紫檀框小心地保護起來。王播有感於世態炎涼，當即題詩兩首於舊詩旁，一首是：「二十年前此院遊，木蘭花發院新修。如今再到經行處，樹老無花僧白頭。」另一首題的是：「上堂已了各西東，慚愧闍梨[③]飯後鐘。二十年來塵撲面，如今始得碧紗籠。」

想到王播的遭際，板橋痛感自己在揚州的前後境遇，與當年的王播竟是如出一轍。那時，「寫來竹柏無顏色，賣與東風不合時。」如今，正像他在《自敘》中所寫的：「王公大人、卿士大夫、騷人詞伯、山中老僧、黃冠煉客，得其一片紙、只字書，皆珍惜藏庋。」連高麗國宰相李艮，都親自登門求字，真可謂名震遐邇！因此，回到揚州的第二年，他便親手鐫了一方陰文閒印：「二十年前舊板橋」，以抒發他的不平和感慨。也希望人們知趣一點，讓他的晚年少一點煩憂。

可是，他的希望落空了。正像他所擔心的那樣，司擴圖來訪之後，索畫的人更比以前多出幾倍。他心煩至極，求索者，十之八九都被他拒之門外。這樣一來，倒真的得到了幾天清淨。

不料，有一天清晨起來，他在小園竹叢前鵝卵石鋪砌的甬道上，發現了一塊大石頭。這「飛來石」的側面，糊了一張紙，上題一首打油詩：

---

③ 高僧。這裏泛指僧人。

禿筆一支誰得求？
黜吏滿腹是膏油。
送爾一塊青石板，
吃罷狗肉好碰頭！

「無恥——竟使出了無賴手段！」板橋一見，指著石頭大罵起來。「哼，老鄭是罵不倒的。從今往後，我一幅也不再畫，誰求也不去。看看翹辮子的能不能用青石板砸破老鄭的瘦腦袋！」

罵罷，他拿過一張紙頭，寫了一張「告白」，貼在門外：「本處畫匠病重，不能寫字作畫。如來客敲門，妄加攪擾，必遭畫匠詈罵！」

整整三天，板橋沒有再摸紙筆。

三天後，他百無聊賴地邀如夫人跟他下棋。他讓了一匹馬，二人便在小幾上對弈起來。筠青見丈夫不時用眼梢瞥畫案，知道他的畫癮又上來了。心想，剛剛停筆三天，便憋不住了，不由撲哧一笑。

「你笑什麼？」他不解地問道。

「克柔，我笑你……」她親切地望著丈夫。

「笑我？我有什麼值得你笑的？」

「我笑你大風大浪經過，惡吏奸官鬥過，無一次低眉彎腰。這一回，卻讓一塊青石頭打倒在地，再也爬不……」

「無稽之談！」他吃掉對方一炮，把棋子狠狠摔在幾上。「休說是一塊石頭，就是一把利刃按在脖子上，鄭某也決不會皺皺眉！你快走棋。」

筠青望著丈夫，兩手輕輕地敲著棋子，款款說道：「要不，為什麼連畫筆都不摸了？你可是愛畫如命的呀！」

「唉！我是被那般索畫的蠢豬氣的。」

「克柔，似這樣，不但氣壞了自己，連許多好人也讓你得罪了。再說，咱們不就是以寫字作畫為生嗎？長久地封筆不畫，一家大小吃你嘴裡呼出來的『熱氣』嗎？」

板橋瞅著妻子的臉，半晌未吭聲。然後，他長歎一聲答道：「唉！也是呢——宦海歸來兩袖空！可是，似這樣吵鬧求索，一時都不得清靜，怎教我不氣呀！」

「……我倒想出了一個好主意。」

「你快說！」

「自明白起，照舊寫字作畫……」

「唉，這算是啥主意喲！」他打斷了她的話。

「你聽我說完嘛。」妻子瞪他一眼，「你就不會來個看客下菜碟？別打岔，聽我說完。懂畫的，你給他認真畫，不懂裝懂的假斯文，就潦潦草草應付一下……」

「好主意！」板橋一拍畫案站了起來，「從前，我總是不動筆則已，一動筆便要出使渾身解數——我不願自己作踐自己。看來，我這快七十歲的老頭子，仍未學會『搪塞』二字。」他朝如夫人注視了一會兒，繼續說道：「不！搪塞不合我的脾性。自明天起，那些蠢豬再來求索，我要認真地捉弄他們一番！」

「克柔，多個冤家多堵牆，當心得罪人！」

「你放心好了！」板橋打定了主意，別人是勸不轉的。

第二天，板橋撕去了門上的「告白」，重新接待求畫者。

揚州城外無染庵，有一個名叫德山的住持。此人六根未淨，色空未悟；蒲團不坐，木魚不敲，如來不拜，彌陀不念；嗜酒貪肉，縱情女色；白日昏睡，夜人青樓。板橋早聽說德山是個淫僧。不料，這淫僧內貪酒色，外裝斯文。板橋揭去「告白」的第二天，他便來向板橋索畫。板橋一聽求畫人報稱「貧僧德山」，便慨然應允。他喜滋滋地提筆寫下《蘭蕙圖》三個大字，接著在題下正中畫了一隻空缸。然後換過一支筆，在空缸左下方先寫上「題贈佛門德山上人」上款，款後題上一首七絕：

蘭蕙種種要盆栽，
無數英雄擠破門。
不如畫個空缸在，
好與方丈作酒樽。

德山和尚一見，袖子一甩，扭頭往外就走。板橋扔下筆，大笑不止。忽見德山又轉了來，他從袖子裡摸出六兩銀子，扔到桌上，卷起畫幅，揣進袈裟內，快步走了。板橋想了許久，始終猜不透，淫僧拿走罵自己的「無蘭空缸」，到底想幹什麼？

戲弄德山之後不久，有一天，揚州東鄉一位姓趙的財主派管家前來求畫蘭。

「不知貴府主人可有飯吃？」管家剛說明來意，板橋便突兀地發問。

「唉！誰不知趙員外是揚州府有名的大糧戶，說什麼『可有飯吃』，金銀財寶花都花不完哪！鄭先生儘管畫。潤筆要多少都可以，我家主人決不會在乎！」

板橋哈哈一笑，答道：「我不是怕貴主人不付錢，只因在下的蘭竹，只能果腹充饑，擋風禦寒。尊主人既然溫飽有餘，何須在下再去錦上添花呢？」

「先生，諒情！」管家拱手低頭，連連懇求。「俗話說，端人碗，受人管。今日小人要是帶不回畫去，小人果腹充饑的飯碗，只怕也保不住啦。鄭先生，你老人家就行行好吧。」

「喲，還這麼嚇虎？」板橋故作驚訝，「那好吧，為了大管家的飯碗，板橋只得從命。不過，畫出之後，如不符合尊主人的雅意，在下就無能為力了。」

「不會，不會。誰不知先生的大筆，天下第一——我家主人高興還來不及呢。」

板橋未再答話，展開一張紙，命管家扯著，在畫幅的正中，勾、抹、皴、擦，不幾筆，便畫上一塊橫居河水中流的巨石，然後加上「板橋道人喜題《蘭石相伴圖》」幾個字。緊挨下方，加蓋了那方「二十年前舊板橋」的閒章。然後拿起畫幅，交給管家。

管家一看，急忙縮回手，退後一步，哭聲哭氣地說道：「先生，你老人家題的是《蘭石相伴圖》，怎麼，這畫上，不要說是花，連一片蘭葉都不見呢？」

「這裡不是寫得清清楚楚嗎?」板橋指指題詩。

「鄭大老爺,」管家突然改變了稱呼,「你老人家寫的清楚是清楚。可是,我家主人指名要的就是蘭花,現在卻連半片蘭葉也不畫上,小人回去無法向主人交差呀!」

「好罷,我來幫你交差。」

板橋重新抓起筆,在石頭上方飛速寫道:

山中本有蘭,
人人尋不到。
千岩萬壑深,
但聞波浩浩。

寫罷,板橋將畫疊好,交到管家手裡,認真地說道:「告訴你家主人,愛蘭到山中去尋找,今天我只能送他一塊被清流沖洗得乾乾淨淨的大石頭!」

管家接過畫,揣進懷裡,慢慢騰騰地走了。板橋望著管家的背影,唱歌似地吟道:

「我平生寫字作畫,用以慰天下之勞人,不供天下安享人也!癖也如此,性也如此。其奈我何?哈、哈、哈!」

笑著笑著,板橋突然背過身子,抹去了簌簌流上臉頰的兩行熱淚……

三年後，板橋剛畫完一幅《蘭竹石圖》，還未放下筆，便無疾而逝，享年七十三歲。時當乾隆三十年（西元一七六五年），十二月十二日。

一顆東方藝術巨星從中天殞落了！他留下的豐富遺產卻發出越來越耀目的光輝！

板橋死後葬在興化東鄉管阮莊。

橋板四十三歲那年，為了考進士，隱居鎮江焦山讀書。有一天，正逢父親忌辰，他想到父親一生窮困潦倒，作為獨生兒子，自己並未對父親盡幾分孝道，以致惆悵終日，書也讀不下去。

忽然，他記起父親在世時的一件憾事。

在興化縣與臨城縣交界處，一個叫郝家莊的地方，有一塊廢棄的墓田。父親打算買下來，作為身後長眠之地。但墓田中有一座無主孤墳，刨去於心不忍，留之則恐好風水已被他人搶先占去。猶疑再三，終於作罷。結果，父親去世時，只能安葬在鄭氏老塋的邊沿。這使板橋深以為憾。

既然無興致讀書，索性給堂弟鄭墨寫一封信，讓他打聽一下，如那廢墓田尚未賣出，便買下來作為自己百年之後的「牛眠之地」④。並特意叮囑：「所遺孤墳不但不得剷除，還要刻石立碑，並曉諭後世子孫：清明上塚亦祭此墓。卮酒、只雞、盂飯、紙錢百枚為例，不得更改！」但這塊墓地，早已為別家買去了。

④ 晉書〈周光傳〉雲：陶侃微時丁艱，將葬，家中忽失牛。一老翁告曰：牛眠前岡，若葬其地，位極人臣。後遂稱安葬地為「牛眠地」。

板橋逝世後，鄭墨只得在興化東鄉管阮莊一個名叫「椅把子地」的地方，另買了一塊墓田，將堂兄安葬在那裡。並將先期去世的徐夫人、郭夫人一併遷入，使老夫妻泉下團聚。

鄭墨為尋找這塊「牛眠地」，的確費了一番苦心。該地東、西、北三面，為高阜環繞，形成了一圈「椅把子」；高阜上綠篁翠竹，鬱鬱蔥蔥，南面是一方池塘，碧波澄清，水鳥聲聲。板橋一生愛竹、戀竹、伴竹、畫竹，這裡真是一塊理想的「幽冥之宅」。板橋在這竹林深處整整安眠了二百餘年，從來無人打擾這清靜之地……

西元一九六四年，興化縣人民為紀念這位光耀千秋的藝苑奇才，表達興化人民對先生人格才華、德治文功的懷念和崇敬，決定建立「鄭板橋故居紀念館」，同時重建「板橋陵園」。為了便於海內外人士瞻仰、憑弔，便將先生的遺骨從交通不便的管阮莊遷到了城邊鸚鵡橋畔、海子池中的方壺島上。

鄭板橋生前長住鸚鵡橋的夙願終於實現了！

板橋生前，曾多次向四弟鄭墨談到，以後有了錢，要在鸚鵡橋北買下一片荒地，建上八間草房，作為歸田後的娛老之所。他覺得，那裡雖然面對荒城衰柳、斷橋蘆叢，但清晨東方一片紅霞，薄暮斜陽滿樹。煙水平橋，白鷺聲聲，有此佳境，人生足矣。無奈「宦海歸來兩袖空」，板橋想望了大半生，買地建宅的願望終成泡影……

在他逝世二百周年忌辰時，興化人民終於滿足了他的夙願一他可以在理想之地，千秋萬世「長住」下去了！

誰知，先生在這「新居」裡，住了不到兩個年頭，一場「史無前例」的、橫掃一切的狂飆，席捲中華大地。板橋留下的寶貴文化遺產，全部成了「橫掃」的垃圾。他在方壺島的新墳，也被「造反有理」給蕩平了！而從他墓中「破」出的「四舊」，僅是一對粗糙的陶瓶！

俗話說：一任清知府，十萬雪花銀。整整做了十二年知縣的鄭板橋，墳墓中的「殉葬品」竟是如此的可憐！

板橋一生克己利人，高風峻節，他留給後世的決不僅僅是數不清的詩、書、畫藝術珍品；他留給後世的精神財富也是無法估量的。但他什麼也沒有帶走。不僅什麼也沒有帶走，當妖氛蕩盡，理性複歸，興化人民想修復陵墓時，連他的一根遺骨也找不到了。

板橋生前，為了保護一座無主荒墳，不惜要立碑勒石，命子孫後代千秋永祀，他自己的墳墓卻連同遺骨，被他的子孫親手毀掉了。兩相對照，反差何等強烈！

先生泉下有知，怕是要目眥盡裂的……

一九九三年，為了紀念這位不朽的藝術家，興化人民隆重地舉行了鄭板橋誕辰三百周年藝術節。並在先生的原墓址新建了莊嚴肅穆的「鄭板橋陵園」。先生的陵墓靜臥在綠水蕩漾，翠竹搖曳的興化東鄉管阮莊，讓後世人民永遠瞻仰。

相信，先生在天之靈，定會感到無比欣慰……

讀歷史28　史地傳記類　PC0299

難得糊塗——鄭板橋傳

作　　者／房文齋
責任編輯／陳佳怡
圖文排版／陳姿廷
封面設計／秦禎翊

發 行 人／宋政坤
法律顧問／毛國樑　律師
出版發行／秀威資訊科技股份有限公司
114台北市內湖區瑞光路76巷65號1樓
電話：+886-2-2796-3638　傳真：+886-2-2796-1377
http://www.showwe.com.tw
劃撥帳號／19563868　戶名：秀威資訊科技股份有限公司
讀者服務信箱：service@showwe.com.tw
展售門市／國家書店（松江門市）
104台北市中山區松江路209號1樓
電話：+886-2-2518-0207　傳真：+886-2-2518-0778
網路訂購／秀威網路書店：http://www.bodbooks.com.tw
國家網路書店：http://www.govbooks.com.tw

2013年7月　BOD一版
定價：570元

國家圖書館出版品預行編目

難得糊塗：鄭板橋傳 / 房文齋著. -- 一版. --
臺北市：秀威資訊科技, 2013.07
面； 公分. -- (史地傳記類)
BOD版
ISBN 978-986-326-119-3 (平裝)

1. (清)鄭燮 2. 傳記

782.874 102009434